AF855401

Le commerce international

Analyses, institutions et politiques des États

Lahsen **Abdelmalki**
et René **Sandretto**

Préface de Pascal Lamy

REBUT

UNIVERSITE SAVOIE MONT BLANC
BIBLIOTHEQUES
Inv. : NA 36682
Dewey : 382 ABD

deboeck SUPÉRIEUR

Pour toute information sur notre fonds et les nouveautés dans votre domaine de spécialisation, consultez notre site web :

www.deboecksuperieur.com

© De Boeck Supérieur SA, 2017

Rue du Bosquet, 7 – B1348 Louvain-la-Neuve

Tous droits réservés pour tous pays.

Il est interdit, sauf accord préalable et écrit de l'éditeur, de reproduire (notamment par photocopie) partiellement ou totalement le présent ouvrage, de le stocker dans une banque de données ou de le communiquer au public, sous quelque forme ou de quelque manière que ce soit.

ISBN : 978-2-8073-0737-7
ISSN : 2030-2061
Dépôt Paris : juin 2017
Dépôt Belgique : 2017/13647/107

Imprimé en Belgique

PRÉFACE

Le commerce international nous concerne tous. Il a investi tous les niveaux de notre vie quotidienne, qu'il s'agisse des conditions matérielles de notre existence ou de notre mode de vie. Il n'est guère de questions qui ne soient étroitement conditionnées par cette dimension des relations internationales. Paradoxalement, ce champ de connaissance fondamental reste, en France, une spécialité réservée à une minorité d'experts. Ce fait est sans doute dommageable. Il explique peut-être en partie les suspicions et/ou les craintes parfois exprimées à l'égard du monde qui nous entoure, perçu davantage comme une source de menaces que comme un espace d'opportunités et de coopération.

De là résulte l'intérêt de l'ouvrage, opportunément illustré et copieusement documenté, que nous offrent Lahsen Abdelmalki et René Sandretto. L'intérêt de ce livre est qu'il traite le commerce international comme une part de la culture d'un « honnête homme » en ce début du XXIe siècle. Certes, l'ouvrage s'adresse en premier lieu aux étudiants et aux enseignants, mais son ambition est aussi de rendre intelligible, y compris pour le lecteur non-initié, certaines mutations du monde actuel en tentant de situer leurs origines et leurs enjeux. Former en même temps qu'amener à réfléchir, tel est le défi auquel s'emploient les deux auteurs.

Pour y parvenir, ils proposent une démarche qui part des analyses théoriques, anciennes et récentes, pour aller vers l'étude des rapports de force internationaux, en passant par l'examen des institutions et des règles du jeu du commerce international. La théorie est appréhendée pour ce qu'elle est effectivement, non pas comme le résultat de spéculations abstraites, mais comme une véritable boîte à outils, offrant les matériaux nécessaires pour comprendre le monde dans lequel nous vivons. Le lecteur appréciera sans doute l'apport du principe de « l'avantage comparatif », élaboré dès le début du XIXe siècle, pour trouver des réponses à certaines des questions que nous nous posons aujourd'hui : pourquoi les nations échangent-elles ? Sous quelles conditions la spécialisation internationale est-elle (le plus) bénéfique ? Faut-il craindre la concurrence des pays à bas salaires ? Comment les effets des disparités salariales ou fiscales peuvent-ils être compensés ? Quels sont les risques et les dangers qui peuvent résulter d'une escalade en matière de protectionnisme ?

Cherchant à répondre à ces questions, Lahsen Abdelmalki et de René Sandretto explorent tour à tour les multiples facettes de l'échange contemporain, en se préoccupant de dépasser les visions manichéennes et les slogans faciles sur lesquels se cristallisent certaines peurs aujourd'hui. En particulier, les auteurs mettent dos à dos les doctrines extrêmes (libre-échange intégral *versus* protectionnisme pur et dur) qu'il est d'usage d'opposer comme si elles étaient les seules options envisageables et comme si leur opposition épuisait les termes du débat. Opportunément, ils soulignent, illustrations à l'appui, l'intérêt et la pertinence de l'approche stratégique du commerce issus des travaux académiques les plus récents, tout en mettant en évidence les incertitudes et les risques liés à sa mise en application concrète. Allant plus loin, les auteurs fournissent les éléments théoriques permettant de comprendre les ressorts et les limites du protectionnisme, sous sa forme traditionnelle aussi bien que contemporaine, ce qu'ils appellent le « néoprotectionnisme ».

Dans l'ordre du concret, la référence à l'approche stratégique du commerce international permet de mettre en perspective l'évolution historique de la politique américaine et, partant, de mieux en saisir les implications pour le reste du monde. En écho à l'examen de la politique commerciale des États-Unis, les auteurs se livrent alternativement à l'étude de la politique commerciale de l'Union européenne et de celle de la Chine. Pour l'Europe, les auteurs défendent la responsabilité historique de cette dernière qui lui vient de sa position intermédiaire entre le monde développé et le monde en développement. Cette position peut, selon Lahsen Abdelmalki et René Sandretto, potentiellement amener l'UE à se muer en puissance capable de peser sur le destin du commerce international. Enfin, ils soulignent aussi les promesses et les problèmes liés à l'émergence de la Chine comme nouveau géant du commercial international. La volonté systématique de captation des rentes commerciales par la Chine est clairement identifiée et illustrée, mais cette dernière n'est-elle pas la nation la plus commerçante et l'une des rares locomotives de la croissance mondiale au cours des toutes dernières années ?

Toute bonne politique doit s'appuyer sur une connaissance approfondie, à la fois théorique et empirique, des ressorts qui la sous-tendent. Le débat d'idées, lorsqu'il est riche des savoirs accumulés par la recherche, permet de renforcer cette connaissance essentielle, et d'améliorer ainsi l'efficacité et la pertinence des politiques publiques, loin de tout dogmatisme. La politique commerciale ne fait pas exception à cette affirmation générale. C'est pourquoi les auteurs ne se contentent pas de mobiliser les seuls concepts et outils de mesure que propose la théorie économique du commerce international. L'analyse proposée puise également dans le droit – par exemple la description des règles de l'OMC – ou dans les sciences politiques – par exemple l'analyse de l'influence des « lobbies » sur la politique commerciale. À cela s'ajoute une perspective historique, qui éclaire la construction de la régulation multilatérale du commerce ainsi que les évolutions de la politique commerciale des grandes puissances.

La principale caractéristique du monde actuel est l'interdépendance. Il y a vingt ans, le contenu en importations des exportations (la part des composants étrangers dans le produit national vendu à l'étranger) était de 20 %. La proportion est aujourd'hui de 40 % et sera dans quelques années de 60 %, voire davantage dans les secteurs d'activités où la chaîne de valeurs est la plus internationalisée. Parce qu'il met les nations dans des rapports de plus en plus étroits les unes avec les autres, le commerce international joue un rôle central dans la croissance mondiale. Bien régulé, il permet une plus grande efficacité économique et accroît le bien-être à l'échelle de la planète. Il a permis le développement de nombreux pays depuis la fin de la seconde guerre mondiale, ainsi que la réduction de la pauvreté dans plusieurs régions du monde. Après la crise économique et financière de 2008-2009, qui a durement affecté l'économie mondiale, la reprise du commerce a soutenu le retour de la croissance, confirmant le rôle moteur des échanges dans le jeu du système de l'économie mondiale. Si la croissance générée par le commerce stimule les gains de productivité et l'innovation, elle peut être également créatrice d'emplois et génératrice de revenus. En d'autres termes, l'augmentation des échanges peut, sous certaines conditions, bénéficier à tous.

Le fait que l'ouvrage se concentre sur les politiques commerciales des grandes puissances ne doit pas faire oublier que les pays en développement et les pays les moins avancés, qui représentent la majorité des Membres de l'OMC, sont aussi des acteurs essentiels du système commercial international. Le commerce, parce qu'il permet à de nombreux pays de mettre en valeur leurs ressources humaines et/ou matérielles peut être, en effet, un outil de développement. La situation des pays émergents en est la démonstration. D'où l'importance d'une régulation des échanges commerciaux afin de favoriser le développement. D'où, aussi, l'intérêt d'initiatives comme « l'aide pour le commerce » qui visent à donner aux pays en développement les moyens concrets de s'insérer avec succès dans les flux commerciaux mondiaux.

Une telle régulation doit cependant être multilatérale. C'est seulement ainsi que l'on parviendra à éviter les asymétries de traitement et les discriminations. C'est par ce moyen-là que les plus faibles pourront résister aux pressions des plus forts. C'est l'un des objectifs centraux de l'OMC qui est à la manœuvre, depuis sa création en 1995, pour faire prévaloir davantage de régulations collectives. Point n'est besoin de répéter que l'ouverture des échanges doit reposer sur des règles tangibles. Pour reprendre cette phrase de Lacordaire, que citent les auteurs, « Entre le fort et le faible [...] c'est la liberté qui opprime et la loi qui affranchit ».

À l'inverse de certaines idées reçues, l'OMC n'a pas pour objectif la libéralisation brutale et sans nuance de tous les marchés. Les auteurs rappellent, à ceux qui pourraient en douter, qu'elle n'en a ni le pouvoir, ni la capacité. *A contrario*, l'objectif de l'OMC est l'ouverture progressive et concertée des échanges dans un cadre juridique sûr, qui garantit la réciprocité, l'égalité et la non-discrimination. Si l'on exclut la question agricole, traditionnellement l'une des plus sensibles, les dérogations les plus significatives sont principalement à l'avantage des pays les moins avancés. L'efficacité économique n'est pas le seul principe de l'OMC : le préambule de l'Accord de Marrakech, qui institue l'OMC, mentionne expressément l'objectif de développement durable et la nécessité de préserver l'environnement. À des fins d'efficacité, le respect des règles est assuré par un mécanisme inédit en droit international, l'Organe de règlement des différends de l'OMC, complété par un mécanisme de revue formelle et informelle des politiques commerciales.

Grâce au système multilatéral fondé sur des règles décidées en commun et sans cesse revisitées et améliorées, grâce également à sa fonction d'institution médiatrice et coordinatrice, l'OMC est parvenue à contenir efficacement les tentations protectionnistes. Elle a aussi aidé à traverser les crises récentes, y compris celle particulièrement violente de 2008-2009. Mais nous vivons désormais une nouvelle période d'incertitudes. Les analyses que livrent les auteurs des changements majeurs intervenus au cours des dernières années – et même des tout derniers mois – suggèrent que nous sommes au seuil d'une période où rien n'est impossible, où la prédictibilité s'affaiblit, où les crises peuvent rapidement devenir des crises existentielles et où les acquis, y compris sur le plan institutionnel, qui pouvaient paraître irréversibles, s'avèrent plus fragiles que jamais. En même temps, dans cette période instable, apparaissent de nouvelles promesses et s'ouvrent de nouvelles opportunités, ainsi que nous l'avons nous-même suggéré, avec notamment la conclusion de nouvelles générations d'accords, plus largement ouverts sur les préoccupations sociales, environnementales, voire éthiques, plus soucieux de la défense des intérêts des consommateurs.

Pour l'avenir, l'un des enjeux majeurs sera de faire face au risque d'un délitement accéléré du multilatéralisme, que pourraient entraîner les bouleversements récents. Les signes avant-coureurs d'un tel délitement existent et les auteurs avertissent qu'on aurait tort de les sous-estimer. L'histoire a montré, de la manière la plus claire, les dangers résultant de la mise en cause du multilatéralisme et le retour à une approche mercantiliste, dans laquelle le commerce est vu comme un jeu à somme nulle, voire comme une « guerre économique ». Aujourd'hui, avec 164 Membres, comptant près de 7 milliards d'habitants et plus de 98 % du commerce mondial, l'OMC est devenue quasiment universelle. Un tel système, qui s'est construit progressivement depuis soixante-dix ans, est un atout fondamental qui doit être protégé et renforcé.

À plus long terme cependant, le système de l'OMC, c'est-à-dire ses Membres et son Secrétariat, devra s'emparer de sujets nouveaux : les auteurs de l'ouvrage font ressortir avec justesse l'importance croissante des barrières non tarifaires et des « politiques stratégiques » des États, constitutives du néoprotectionnisme, sans oublier la nécessaire réflexion sur de nouvelles méthodes de négociation appropriées au nouveau contexte dans lequel elles se déroulent : accroissement du nombre et diversité des parties prenantes, rôle de plus en plus important des coalitions, apparition de nouveaux centres de pouvoir dans le monde, complexité des thèmes à négocier dès lors que les enjeux de la précaution l'emportent sur ceux de la protection.

Enfin, il est souhaitable que puissent s'apaiser, dans un cadre multilatéral renforcé, les tensions qui peuvent émerger de la rivalité entre les plus grandes puissances commerciales. À cet effet, certaines conditions sont nécessaires, notamment une plus grande cohérence de l'action des États auprès des organisations internationales, une volonté politique de coopérer et de négocier de bonne foi et une capacité à mieux convaincre les opinions que l'échange peut être à l'avantage de tous et porter davantage d'espoirs et moins de peurs.

Pascal Lamy
Mars 2017

INTRODUCTION GÉNÉRALE

Depuis un demi-siècle, les économies de quasiment tous les pays sont de plus en plus « mondialisées » : chacune d'elles se trouve plus étroitement insérée dans un tissu de relations (monétaires, financières, commerciales, industrielles, technologiques) à l'échelle de la planète. Il en résulte un réseau de dépendances et de solidarités de fait entre les différents pays qui déborde le seul domaine des rapports économiques pour s'étendre à la culture, de plus en plus uniformisée, aux modes de vie, de plus en plus standardisés, *etc.*, sous l'impulsion de l'extraordinaire contraction de l'espace-temps produite par la globalisation et les changements technologiques qui l'accompagnent, spécialement dans le domaine des transports et des télécommunications.

L'analyse structurale nous apprend que le tout (l'économie mondiale) est plus que la somme des parties (les nations). Réciproquement, les économies nationales ne sont pas une simple subdivision de l'économie mondiale. Elles tirent certaines de leurs caractéristiques intrinsèques de leur appartenance et de leur mode d'intégration au tout. L'ensemble se réfléchit en chaque partie. Comme l'écrivait J.P. Sartre, « Le tout est entièrement présent à la partie comme son sens actuel et son destin ». (J.P. Sartre, *Critique de la raison dialectique*, 1985, p. 164).

Ainsi, les économies de marché sont-elles largement tournées vers l'extérieur et dépendantes de l'extérieur, à la fois pour l'écoulement des produits (contrainte de débouchés), pour l'obtention de biens de production et de consommation indispensables (contrainte d'approvisionnement), et pour le choix même des techniques de production. Cette extraversion ou cette internationalisation des économies s'est accélérée au cours du dernier demi-siècle, en particulier sous l'effet du développement des investissements internationaux, de la délocalisation de la production et de l'essor des firmes transnationales (FTN).

L'ampleur de cette intégration planétaire des économies est perceptible à tous les niveaux de notre vie quotidienne. Une proportion importante des objets familiers qui nous entourent est, en effet, importée. Parmi eux, combien, de marque française, sont-ils fabriqués en Chine, en Corée, à Singapour ou à Taïwan ?

La production des biens domestiques eux-mêmes nécessite le plus souvent l'incorporation d'un nombre important d'éléments de fabrication ou de matières premières provenant de l'étranger, par exemple dans le secteur de la construction automobile, l'aéronautique, l'équipement électroménager, audiovisuel ou informatique…

Ce mouvement d'intégration mondiale n'est pas propre aux pays développés. Il concerne aussi les pays en voie de développement (PVD) où il revêt parfois la forme extrême d'une hyperspécialisation. De manière spectaculaire, ce courant irrésistible a embarqué aussi les ex-pays à économie planifiée.

Cette transformation du monde explique l'importance, l'intérêt et la complexité de ce domaine fondamental de connaissance qu'est le « commerce international ».

1. LE COMMERCE INTERNATIONAL, « SPÉCIALITÉ » ÉCONOMIQUE FONDAMENTALE

En France, comme dans tous les autres pays, les caractéristiques de la production, la nature même des biens produits sont fortement influencées par la position du pays dans l'économie mondiale et par la manière dont cette insertion évolue dans le temps.

Ce renforcement des interdépendances entre nations et des contraintes qui leur sont liées (que l'on résume par l'expression « contrainte extérieure ») n'est pas limité au domaine de la production matérielle. Il affecte aussi le secteur tertiaire (les services). En France, par exemple, depuis le début des années soixante-dix, l'activité et l'organisation du système bancaire et financier se sont fortement internationalisées.

Plus généralement, la politique économique des États, y compris même les plus puissants, ne peut plus être appréciée dans ses objectifs et son efficacité ni définie dans ses moyens sans tenir compte de la dimension internationale. Ceci ne signifie pas que toutes les économies nationales soient également interdépendantes. La « contrainte extérieure » est, en réalité, le résultat du jeu complexe des interrelations entre toutes les parties constitutives de l'économie mondiale, y compris de forces et d'intérêts internes à la nation considérée. De ce fait, elle est inégalement subie ou imposée par les diverses nations.

En outre, la « pilotabilité » des systèmes économiques nationaux en est rendue plus problématique. Les tentatives pour s'abriter derrière des « lignes Maginot économiques » ont en effet toutes les chances d'être vaines, voire néfastes à long terme.

Une constatation s'impose donc avec évidence : la plupart des grands problèmes économiques actuels sont conditionnés, sinon dominés par leurs dimensions internationales. Par suite, l'analyse du commerce international, la connaissance des lois et mécanismes qui le régissent devraient faire partie de la culture générale du XXIe siècle, de toute personne qui désire comprendre le monde dans lequel nous vivons. Or, paradoxalement, ce champ de la connaissance est devenu une « spécialité », avec ses écoles, ses diplômes, ses experts, ses entreprises (import-export), ses organismes ou services spécialisés de l'administration, son ministre et ses secrétaires d'État, son jargon, ses classifications et nomenclatures, *etc.*

Il est vrai que l'étude des relations économiques internationales n'est pas spécialement simple.

2. LE COMMERCE INTERNATIONAL, UNE DISCIPLINE COMPLEXE

« Quiconque n'oubliera pas qu'il y a des États politiques séparés les uns des autres et constitués diversement ne traitera jamais bien aucune question d'économie politique. » Cette affirmation de Turgot est le prototype de citation dont la notoriété persistante est due à son inexactitude. Contrairement à un artifice théorique simplificateur parfois employé, on ne peut absolument pas raisonner de la même façon au niveau d'une nation (supposée isolée) et à l'échelle du monde dans son ensemble. Le passage de l'un à l'autre introduit, du point de vue analytique, plusieurs facteurs de complexité, voire de ruptures.

a) Le premier facteur de complexité réside dans l'hétérogénéité de l'économie mondiale qui résulte notamment de l'inégalité des niveaux de développement des différents pays, de la variété des systèmes économiques et politiques auxquels ils appartiennent, de la diversité des structures sociales qui les caractérise, de la pluralité des monnaies nationales. Or les variations du taux de change peuvent pénaliser les producteurs de certains pays au profit de ceux d'autres pays et modifier de ce fait les échanges commerciaux. De même, la mise en place par tel ou tel pays d'un droit de douane ou d'un quota peut changer l'importance ou l'orientation des flux d'échange, voire les faire disparaître. Ignorer cette hétérogénéité conduirait à évacuer la spécificité du commerce mondial contemporain.

b) La seconde source de complexité tient au fait que les relations économiques à l'échelle mondiale ne sont plus véritablement « inter-nationales », c'est-à-dire exclusivement des relations entre les nations.

Aujourd'hui, l'économie mondiale n'est plus une simple juxtaposition, à l'image d'un puzzle, d'économies nationales. C'est au contraire un système constitué d'un enchevêtrement de groupes complexes que sont :
- les nations et les groupements ou unions qu'elles peuvent éventuellement constituer;
- les firmes et les groupes transnationaux, industriels et financiers, dont la structure s'imbrique, s'emboîte dans celle des espaces nationaux et plurinationaux, en les traversant et les débordant.

Cependant, malgré l'extension de la sphère d'influence sectorielle et territoriale des FTN hors de leur berceau national d'origine, les nations ne sont pas, pour autant, dissoutes ou vidées de leur substance. Elles conservent un rôle actif, notamment par les politiques économiques, les politiques budgétaires et fiscales, et surtout, par les politiques du commerce extérieur (les « politiques commerciales ») à l'étude desquelles cet ouvrage accorde une attention toute particulière. Par politiques commerciales, il faut entendre l'ensemble des actions par lesquelles un pays cherche à modifier l'importance et/ou l'orientation de ses flux d'échanges de biens et de services avec l'étranger, de sorte à promouvoir ses intérêts nationaux.

3. PROBLÉMATIQUE DE L'OUVRAGE

De prime abord, comment ne pas être désorienté face à la diversité des approches du commerce international ? La vigueur des conflits de doctrine qui les opposent pourrait, en effet, susciter un sentiment de désordre et de stérilité. Par contraste, nous nous efforcerons de montrer que la succession des théories du commerce extérieur réalise un progrès de l'analyse vers un meilleur pouvoir explicatif, une plus grande pertinence, une plus grande capacité à comprendre, à interpréter les grands problèmes économiques internationaux à mesure qu'ils émergent.

• Dans ce développement de la théorie existent des complémentarités temporelles, des lignes de filiation entre les différents apports. L'analyse du commerce international s'est construite par l'apport de strates théoriques distinctes dont chacune se superpose à celles qui la précèdent. De ce fait, les analyses les plus récentes complètent, précisent, nuancent, prolongent les théories antérieures, bien plus qu'elles ne se substituent à elles.

De surcroît, chacun des principaux courants de pensée a fait, et fait encore aujourd'hui, l'objet de prolongements : des travaux néo-ricardiens se développent parallèlement aux analyses néo-classiques contemporaines.

Ces grandes « écoles », apparues aux XVIIIe et XIXe siècles, conservent donc une actualité. Leur étude, loin d'avoir seulement un intérêt historique, est la condition indispensable pour comprendre les travaux, les débats et les controverses actuelles. Elles constituent le socle (les « fondations ») sur lequel s'édifie l'analyse contemporaine jusque dans ses interrogations les plus récentes. Par conséquent, faire l'impasse de ces fondements équivaudrait à bâtir sur du sable et à ne saisir des grandes questions du commerce actuel, et, en particulier, des politiques commerciales, que les aspects les plus superficiels.

D'où le cheminement proposé dans les pages qui suivent :

• La première partie de l'ouvrage présentera les principales théories du commerce international, en suivant le cheminement allant des analyses fondamentales de départ (la théorie classique et la théorie néo-classique) jusqu'aux recherches contemporaines. Cette présentation des théories du commerce international nous intéresse ici par l'éclairage que ces analyses nous apportent concernant l'opportunité ou non pour les États d'intervenir dans le commerce, sous quelles formes et avec quelles conséquences. À cet égard, nous avons pris le parti de bannir l'emploi de l'appareil mathématique et, en contrepartie, de faire largement appel aux illustrations concrètes. Nous nous priverons alors de la possibilité de démontrer rigoureusement quelques-unes des propositions théoriques étudiées, mais, nous l'espérons, sans jamais en caricaturer ni l'exposition ni les interprétations.

• La deuxième partie complète cette présentation des concepts et principes fondamentaux du commerce international en restituant, aussi complètement que possible, le cadre institutionnel dans lequel se déploient les politiques commerciales des États. Le système des règles et des institutions du commerce international joue un rôle essentiel dans la mesure où il impose des contraintes à l'action des pouvoirs publics. Il a aussi pour finalité d'établir des disciplines collectives destinées à éviter le déchaînement des politiques du chacun pour soi, susceptible de dégénérer en guerre commerciale généralisée par le jeu des ripostes et représailles dont les effets peuvent être dévastateurs au niveau de la planète, comme ce fut le cas dans le courant des années 1930. Le cadre institutionnel mis en place à partir des lendemains de la Seconde Guerre mondiale vise au contraire à mettre en place un dispositif régulateur des échanges internationaux, basé sur une ouverture des échanges graduelle et coordonnée entre les pays. De ces règles et mécanismes de régulation du commerce fondés sur quelques principes simples (la non-discrimination et la réciprocité), ainsi que sur le règlement des conflits par le droit plutôt que par la force, on attend qu'ils favorisent la croissance et le développement, qu'ils dissuadent les politiques unilatérales agressives au profit de pratiques coopératives mutuellement bénéfiques. Nous verrons cependant que cet ordre commercial du monde, laborieusement mis en place, apparaît aujourd'hui extrêmement fragile, spécialement avec la montée en puissance un peu partout dans le monde des mouvements populistes et leur accession au pouvoir dans un nombre croissant de pays, notamment aux États-Unis.

• La troisième partie traite des politiques commerciales des grandes puissances. Par grandes puissances commerciales, il faut entendre les trois ou quatre pays dont les décisions en matière de commerce exercent l'influence la plus forte au niveau de la planète tout entière, du fait de l'importance de leur contribution au commerce mondial et à la dynamique de celui-ci : l'Union européenne, les États-Unis, la Chine et le Japon. Les grandes puissances se différentient des puissances moyennes ou régionales dont la sphère d'influence est continentale ou subcontinentale (exemples : Brésil, Afrique du Sud, Inde, Russie, *etc.*).

Pendant la période des « Trente Glorieuses », les États-Unis disposaient d'une position de domination totale, tant sur le plan économique que commercial, cette suprématie s'est ensuite érodée de manière progressive, mais continue, sous l'effet de la reconstruction et de l'intégration européenne et du rattrapage technologique et commercial d'abord du Japon puis de la Chine, ainsi que de quelques autres « nouveaux pays industriels ». Alors que la contribution de la Chine au commerce international est restée insignifiante jusqu'au milieu des années 1980 (avec guère plus de 1 % du total commerce des marchandises), vingt ans plus tard, elle dépasse le Japon et se hisse au troisième rang des puissances exportatrices (derrière l'Union européenne et les États-Unis). En 2007, elle passe devant les États-Unis. En 2009, elle dépasse l'Allemagne et devient le premier exportateur mondial si l'on traite les pays de l'Union européenne (UE) individuellement, et au second rang derrière l'UE si l'on considère cette dernière comme une entité commerciale unifiée, ce qu'elle est effectivement avec un marché intérieur unifié, une monnaie unique et une seule politique commerciale vis-à-vis du reste du monde. Aux beaux temps de la domination commerciale sans partage des États-Unis, la politique commerciale américaine était fondée sur un libre-échange qu'il importait de promouvoir à l'échelle de la planète. En revanche, la perte progressive de leur suprématie par les États-Unis a conduit les décideurs politiques américains à s'interroger sur l'opportunité d'une autre politique commerciale plus interventionniste et moins ouverte sur l'extérieur. Cette évolution a conduit aussi à une rénovation en profondeur de la théorie du commerce international opérée par les économistes américains, avec la théorie de la « politique commerciale stratégique » et la théorie du *Managed Trade*, étudiées dans la première partie de cet ouvrage.

Ainsi, les politiques commerciales deviennent-elles ouvertement ce qu'elles ont toujours été peu ou prou : un instrument de rivalité entre les grandes puissances. Cette évolution vers un monde plus conflictuel est, certes, issue des changements des rapports économiques et géostratégiques à l'échelle de la planète. Elle est aussi rationalisée par l'évolution de la pensée économique dans le domaine des échanges internationaux. Les théories contemporaines du commerce international en sont une éclatante illustration.

Première partie

LES ANALYSES DU COMMERCE INTERNATIONAL : QUELS ENSEIGNEMENTS POUR LA POLITIQUE COMMERCIALE ?

INTRODUCTION DE LA PREMIÈRE PARTIE

L'édifice imposant que constitue le corps des théories du commerce international a été bâti à partir des réponses apportées, à différentes époques, à quatre groupes de questions qui forment le cœur de l'analyse dans ce domaine.

1°) Comment expliquer les structures de l'échange international, c'est-à-dire la nature des produits exportés et importés par les différents pays ? Quelles sont les forces qui poussent chacun d'eux à se spécialiser, c'est-à-dire à produire certains biens au-delà de leur propre consommation et à répondre aux besoins de pays de plus en plus lointains, tout en abandonnant, partiellement ou totalement, d'autres activités, les produits correspondants étant alors importés ? Quels sont les mécanismes ou les lois économiques qui régissent ce processus ? Comment peut-on caractériser la division internationale du travail (la DIT) qui en résulte ?

2°) À quels prix les biens s'échangent-ils à l'échelle internationale et comment ces prix sont-ils déterminés ? (Question dite des « termes de l'échange ».)

3°) Quelles sont les conséquences du commerce international et de la spécialisation, notamment en ce qui concerne la croissance économique, l'évolution des rémunérations (salaires, profits…), l'emploi, la consommation, le bien-être des diverses nations, ainsi que des catégories sociales qui les composent ?

4°) Plus généralement, quels rapports existe-t-il entre le commerce international et le développement économique et social à moyen et long terme des nations ?

Les deux premières questions appartiennent au domaine de l'« économie positive », qui vise à décrire et à expliquer les phénomènes concrètement observables. Pour l'essentiel, il s'agit, ici, de rendre compte des causes et des modalités du développement du commerce, ainsi que du processus de spécialisation qui l'accompagne.

Les deux dernières questions, en revanche, sont du ressort de l'« économie normative », qui s'intéresse non pas à ce qui est, mais à ce qui doit ou devrait être, voire à ce que l'on pense devoir être en ce qui concerne le bien-être. L'attention est donc portée sur les conséquences du commerce et de la spécialisation, l'appréciation du caractère bénéfique (ou non) des effets qu'ils engendrent pour les partenaires dans l'échange international. C'est là, centralement, l'objet des réflexions anciennes ou modernes sur le « gain issu de l'échange » (*Gain from Trade*), c'est-à-dire de la question de savoir à qui profite le commerce international.

Dans la mesure où les politiques commerciales des États sont au cœur du présent ouvrage, nous ne présenterons ici que les théories qui se rapportent le plus directement à cette question et à celles qui, sur ce thème, ont opéré les apports les plus originaux.

En allant à l'essentiel, nous distinguons deux grandes catégories d'approches théoriques.

1. LES « FONDATIONS » DE L'ANALYSE DU COMMERCE INTERNATIONAL

Ces analyses fondamentales sont constituées :

• D'une part de la théorie *classique*, qui recouvre l'œuvre d'économistes anglais de la fin du XVIIIe siècle et de la première moitié du XIXe siècle et, plus précisément, celles d'Adam Smith (1723-1790), de David Ricardo (1772-1823) et de John Stuart Mill (1806-1873).

• D'autre part de la théorie *néo-classique*, courant de pensée issu des travaux simultanés, mais indépendants de Stanley Jevons, Léon Walras et Carl Menger au début des années 1870. Toutefois, les applications de la démarche néo-classique au commerce international sont plus tardives (première moitié du XXe siècle).

Entre ces deux approches, malgré des différences notables, il existe une forte complémentarité, expression d'une communauté d'inspiration et de projet. La succession des contributions des auteurs classiques et néo-classiques, d'A. Smith à P. Samuelson, peut être regardée comme une suite logiquement ordonnée, comme une seule et même démonstration, visant à établir les effets bénéfiques du commerce international, facteur de paix et d'harmonie universelle. Dans les deux cas, l'objectif est le même : démontrer la supériorité du libre-échange sur toute autre politique commerciale et justifier l'abolition de toutes les entraves au libre développement d'un commerce le plus large possible. Avant la lettre, ces deux courants de pensée se fondent sur la vision d'une « globalisation heureuse ».

2. LES ANALYSES CONTEMPORAINES

Pour les analyses classiques et néo-classiques hier, comme pour les auteurs les plus libéraux aujourd'hui, le libre-échange est la meilleure des politiques commerciales. Il garantit la meilleure allocation des ressources et maximise le bien-être pour les populations. Les recherches récentes sont infiniment plus nuancées et montrent, dans certains cas, l'utilité et la nécessité de politiques plus interventionnistes.

Dans cet ouvrage, nous avons fait le choix de présenter ces apports nouveaux en les organisant autour de deux thématiques :

En premier lieu, sur le débat portant sur la nécessité soit d'approfondir l'explication traditionnelle du commerce basée sur les différences ou, au contraire, de rompre avec elle, en intégrant dans l'analyse explicative l'influence des similitudes.

En second lieu, sur la prise en compte, dans l'analyse, du caractère stratégique à la fois de la compétition internationale et de certains secteurs où elle se déploie. À cet égard, deux approches méritent une attention spéciale :

• D'une part, la théorie de la politique commerciale stratégique, popularisée par P. Krugman en 1987 dans le contexte de l'industrie aéronautique et de la compétition

Boeing/Airbus. Cette théorie est intéressante particulièrement par la position complexe à laquelle aboutit Krugman à propos du libre-échange.

• D'autre part, la théorie du *Managed Trade*, élaborée par L. D'Andrea Tyson au début des années 1990 qui souligne la nécessité pour les États-Unis d'un soutien public des industries de haute technologie. La thèse de L. D'Andrea Tyson offre également un grand intérêt dans la mesure où elle fournit une rationalisation, sans doute la plus puissante, de l'évolution de la politique commerciale américaine au cours des dernières décennies, ainsi que des infléchissements qu'elle ne manquera pas de connaître dans le contexte de l'Administration Trump. Cependant, le propos de L. D'Andrea Tyson n'est pas spécifique aux États-Unis. Il peut aussi s'appliquer à tout pays qui ambitionne de développer prioritairement les industries de haute technologie.

1

LES « FONDATIONS » DU CORPUS DES THÉORIES DU COMMERCE INTERNATIONAL

SOMMAIRE

OBJECTIFS PÉDAGOGIQUES

Bien faire la différence entre l'avantage absolu et l'avantage comparatif et en discerner les implications concrètes.

Caractériser précisément les théories classiques et néo-classiques, tant au niveau des hypothèses qu'à celui des conclusions.

Comprendre quelles sont les différences entre ces deux approches tout en parvenant à montrer leurs similitudes et leurs complémentarités.

Préciser les limites de ces théories.

Montrer cependant qu'en dépit de ces limites, ces analyses conservent une utilité pour appréhender certaines questions actuelles.

Pourquoi les nations commercent-elles ?

À cette question apparemment anodine, il n'existe pas une réponse simple, mais une multiplicité. L'objet de ce chapitre est de présenter les deux premières explications apportées historiquement, d'abord par l'analyse classique puis par l'analyse néo-classique. Ces deux explications offrent aussi un autre avantage : elles permettent également d'apprécier les conséquences du commerce international pour les pays qui y participent. À cet égard, ces deux approches fondamentales partagent une même conception optimiste des relations internationales. Pour les économistes libéraux (classiques et néo-classiques), un commerce international libéré de toute entrave serait bénéfique pour tous les pays aussi différents qu'ils puissent être. Corrélativement, le libre-échange serait la meilleure des politiques commerciales que les États puissent mettre en œuvre. Corrélativement, la question du choix d'une intervention active des États dans le domaine des échanges internationaux ne se pose même pas, dès lors que le libre-échange entre les pays et le libre jeu des initiatives individuelles au sein de chacun d'eux pourvoit à une répartition harmonieuse des bénéfices du commerce entre ses participants.

Toutefois, malgré cette communauté d'inspiration et cette continuité doctrinale qui unissent ces deux approches, existent entre elles des différences qu'on ne peut ignorer. En outre, ce chapitre nous conduira à trois constats en apparence contradictoires.

1. Le premier est que ces deux théories, bien qu'elles soient basées sur des hypothèses dont le réalisme est pour le moins discutable aujourd'hui, ne sont pas dénuées d'intérêt, y compris dans le contexte du monde du début du XXIe siècle.

2. Le second constat est que la vision pacifique et optimiste d'une « globalisation heureuse » portée par ces deux approches fondamentales s'avère extrêmement fragile dès l'instant où l'on cherche à « qualifier » ces théories, c'est-à-dire à éliminer les hypothèses jugées irréalistes pour les remplacer par des présupposés plus pertinents.

3. Pourtant, en un sens, cette fragilité peut aussi être considérée comme un atout. Les insuffisances constatées au regard de l'évidence des faits sont autant d'appels en faveur de perfectionnements de ces théories dont certains ont effectivement été ensuite réalisés. C'est aussi en ce sens que ces théories peuvent être qualifiées de fondamentales (au sens de « fondations » du corpus théorique). Elles sont la base sur laquelle ont été effectués la plupart des développements et perfectionnements théoriques ultérieurs, jusqu'à nos jours.

Cependant, ce que ces théories ont gagné en réalisme, elles l'ont perdu en pouvoir de conviction. En effet, au fur et à mesure des progrès réalisés par l'analyse pour rapprocher celle-ci des conditions du monde actuel, la thèse de l'excellence du libre-échange, issue des modèles classique et néo-classique de départ, a largement perdu son caractère absolu et inconditionnel.

1.1 L'ANALYSE CLASSIQUE OU LA GLOBALISATION HEUREUSE

Les thèses développées par Adam Smith (1723-1790) dans l'ouvrage *Recherches sur la nature et les causes de la richesse des nations* (1776) forment le point de départ de l'analyse classique des échanges internationaux. Philosophe autant qu'économiste, Smith a longuement développé la thèse selon laquelle l'efficacité naît de la division des tâches et de l'interdépendance entre les individus dans la société, thèse qu'il développe également à l'échelle internationale, pour montrer, contre l'avis des mercantilistes, les vertus d'un commerce libre d'entraves.

ENCADRÉ 1.1. AVANT LES CLASSIQUES : LE MERCANTILISME

Les premières analyses systématiques du commerce international ne datent pas de la fin du XVIIIe siècle. Le courant mercantiliste avait déjà développé, longtemps avant, des vues intéressantes sur les relations internationales, avec des perspectives bien différentes de celles des auteurs libéraux qui les suivront deux siècles après.

« L'étiquette "mercantilisme" généralement accolée à la période allant du XVe au XVIIe siècle évoque des stéréotypes bien connus : assimilation de la richesse aux métaux précieux, protectionnisme en vue de rendre la balance du commerce positive. Ces clichés simplifient ou caricaturent outre mesure des réalités plus complexes et subtiles… » (R. Dehem, *Histoire de la pensée économique*, Dunod, 1985, p. 19).

Existent en fait diverses formes du mercantilisme : le mercantilisme espagnol, orienté vers l'accumulation de métal, le mercantilisme italien plus populationniste, le mercantilisme portugais… Mais sur le plan de la pensée politique et économique de l'époque, ce sont surtout les auteurs français et anglais qui dominent cette époque. En France, les principaux représentants de la pensée mercantiliste sont : Jean Bodin (1530-1596), Antoine de Montchrestien (1576-1621) et, sur le plan politique, Jean-Baptiste Colbert (1619-1683). En Angleterre, il convient de citer : Thomas Mun (1571-1641), Josiah Child (1630-1699), William Petty (1623-1685), John Locke (1632-1704), *etc.*

Pour l'essentiel, la pensée mercantiliste s'ordonne autour du thème de l'économie nationale. Elle est bâtie sur deux idées majeures :

- D'une part, l'idée de solidarité interne, c'est-à-dire d'interdépendance, à l'intérieur des frontières, des diverses formes d'activités. Elle implique donc, d'un point de vue politique, la promotion d'un développement complexe et harmonieux des différentes forces productives de la nation, justifiant, à des degrés divers selon les auteurs, l'interventionnisme étatique.
- D'autre part, l'idée d'antagonisme entre les nations. Le commerce est conçu comme fondamentalement conflictuel, comme un « jeu à somme nulle » : « L'un ne perd jamais que l'autre n'y gagne. » (A. de Montchrestien), débouchant sur la justification du protectionnisme, puisque « les marchands étrangers sont des sangsues qui s'attachent à ce grand corps, tirent son meilleur sang, puis quittent la peau et se déprennent » (A. de Montchrestien).

À la base de cette pensée, on trouve donc une double assimilation :

- celle de la nation à un organisme complexe, parfois même à une entreprise (conception organiciste) ;
- celle de l'intérêt national à l'intérêt du souverain. Plus précisément, le « Prince » est l'expression de l'intérêt de la nation : « Les Compagnies de commerces sont les armées du Roi et les Manufactures ses réserves » (Colbert).

En définitive, « ces écrits de la période mercantiliste peuvent être considérés comme autant de tentatives, plus ou moins intéressées ou sereines de comprendre ou d'expliquer l'économie nationale à une époque de mutations. Ces écrits marquent la transition entre l'époque médiévale […] et l'époque libérale […]. » (R. Dehem)

Pour montrer les bienfaits d'un libre commerce entre les nations, A. Smith avance plusieurs arguments :

• *Le commerce extérieur permet d'écouler les excédents* et de se procurer en échange des biens utiles pour lesquels existe une demande : « Donnez-moi ce dont j'ai besoin, et vous aurez de moi ce dont vous avez besoin vous-même. » (*Richesse des nations...*, Gallimard, coll. Idées, 1976, p. 48).

• *Le commerce international stimule la division du travail.* Le commerce élargit les débouchés pour chaque type de production, permettant ainsi de pousser plus loin la division du travail. Il augmente, de ce fait, l'habileté, la dextérité des travailleurs. Par suite, il élève la productivité du travail (son efficacité productive) et la masse totale des richesses créées. En ouvrant un marché plus étendu, il favorise aussi le perfectionnement des méthodes de production, augmente le produit national et « répand une opulence générale » (*op. cit.*, p. 46).

• *Le miracle de la multiplication du vin et des draps.* Cependant, ces bienfaits supposent que chaque pays joue le jeu de la spécialisation en développant les activités où il dispose d'un avantage absolu, celles où le coût par unité produite est inférieur à ce qu'il est à l'étranger et qu'il abandonne celles où les coûts (absolus) sont plus élevés. Cette proposition est connue sous le nom de *principe de l'avantage absolu*, tout simplement parce qu'elle fonde la spécialisation sur la comparaison (de pays à pays) des niveaux *absolus* des coûts de production.

Reprenons, pour illustrer ce principe, les termes d'un exemple célèbre, dû à Ricardo, mettant en scène deux pays, l'Angleterre et le Portugal, produisant chacun deux produits, le vin et le drap, avec les coûts de production suivants (les coûts de production étant exprimés en heures de travail) :

	Portugal	Angleterre
Un tonneau de vin	50 heures	120 heures
Une mesure de drap	100 heures	40 heures

TABLEAU 1.1.
L'avantage absolu

L'Angleterre est plus efficace que le Portugal dans la production du drap qu'elle fabrique à moindre coût, tandis que le Portugal possède un avantage absolu dans la production du vin.

En isolement, le Portugal, moyennant 100 000 heures de travail disponibles, produit, par exemple 500 mesures de drap et 1 000 tonneaux de vin, pour répondre à la demande intérieure.

En revanche, après ouverture des frontières, le Portugal ne produira plus que du vin, soit 2 000 tonneaux dont 1 000 pour le marché intérieur et 1 000 qui seront exportés en Angleterre. Contre ces 1 000 tonneaux vendus en Angleterre, le Portugal pourra obtenir plus que les 500 mesures de drap dont il devait se contenter en autarcie. En effet, en Angleterre, 1 000 tonneaux représentent 120 000 heures de travail, c'est-à-dire l'équivalent de 3 000 mesures de drap. Même en supposant que les Anglais ne consentent à payer le vin importé qu'à la moitié du prix domestique et ne cèdent que 1 500 unités de drap en échange, le Portugal, avec la même dépense en travail, disposera, grâce au commerce international, de la même quantité de vin et de trois fois plus de drap. Bien entendu, le même raisonnement peut être tenu, simultanément, pour l'Angleterre qui pourra, elle aussi, obtenir, sans effort supplémentaire, plus de vin et de drap.

Ce miracle de la multiplication du vin et des draps est, en fait, la conséquence, dans chaque pays, de la réallocation interne plus efficiente des ressources, par laquelle s'opère la spécialisation.

• *Le commerce international, stimulant de la croissance*. En outre, le commerce international, en augmentant le produit national et en réduisant les coûts et les prix des biens consommés, peut également permettre de porter la production bien au-delà de la satisfaction des besoins de consommation immédiate. L'élévation corrélative de l'épargne autoriserait alors un accroissement du stock de capital qui, à son tour, accélérerait la croissance économique.

• *De l'avantage absolu à l'avantage relatif*. Toutefois, ce principe de l'avantage absolu implique qu'un pays dont les coûts seraient plus élevés qu'à l'étranger dans tous les domaines de production serait condamné à rester en marge du commerce mondial. Ne pouvant rien vendre à l'extérieur, il ne pourrait rien y acheter. Il serait ainsi voué à rester confiné en autarcie.

C'est précisément ce que conteste D. Ricardo qui, le premier, a montré que le commerce international est fondé, non sur les différences, de pays à pays, des coûts absolus, mais sur celles des « coûts comparatifs », réalisant ainsi une avancée théorique décisive et durable. Deux siècles plus tard, cette théorie est toujours considérée comme fondamentale et même comme le pilier sur lequel repose la théorie du commerce international. À la fois simple et élégante, elle est tenue unanimement comme fondamentale, aussi bien par ceux qui la regardent comme toujours valide que par ceux qui la rejettent. Dans toute l'histoire de la pensée économique, il n'existe pas d'autre théorie qui ait connu une telle reconnaissance. Le plus extraordinaire est que le développement consacré à la présentation de la « loi des coûts comparatifs » dans le chapitre VII de son ouvrage *Des principes de l'économie politique et de l'impôt* ne compte que quelques pages !

Formulée dans différents écrits échelonnés de 1808 à 1817, la loi des coûts comparatifs constitue le « pivot » autour ou à partir duquel ont été réalisées la plupart des formulations théoriques ultérieures. Elle est à la fois une explication originale du commerce international et un vibrant plaidoyer en faveur du libre-échange.

ENCADRÉ 1.2. DAVID RICARDO ET LES *CORN LAWS*

« David Ricardo (1772-1823) était fils d'un banquier israélite émigré de Hollande en Angleterre. Il travailla pour son père dès l'âge de 14 ans, puis, à l'âge de 22 ans, il commença à travailler à son compte comme courtier de valeurs [...]. Spéculateur hardi et heureux, il amassa une grande fortune et se retira des affaires en 1814. Son principal ouvrage est de 1817 et s'intitule : *Principes de l'économie politique et de l'impôt* » (H. Denis : *Histoire de la pensée économique*. PUF, 1966, p. 303).

Dépourvu de formation académique, Ricardo est venu à l'économie politique, à la suite de la lecture en 1799 de *La Richesse des Nations* de Smith. Bien que sa pensée soit abstraite, les questions économiques qui l'intéressent sont presque toujours au départ très pragmatiques. Citons, en particulier, la question de la hausse du prix de l'or (qui suscita diverses publications, notamment le pamphlet : *On the High Price of Bullion*) et surtout la question des "*Corn Laws*", les lois sur les céréales.

Sous la pression des propriétaires fonciers, les lois sur le blé étaient périodiquement modulées en Angleterre depuis 1555 selon la conjoncture. Elles furent sensiblement renforcées à la fin des guerres napoléoniennes, en 1815, prohibant les importations de blé lorsque le prix en Angleterre chutait au-dessous de 80 shillings par quarter.

Dans ses écrits, comme au parlement dont il fut membre à partir de 1819, Ricardo mena campagne pour l'abolition de ce dispositif. Avant les Principes, il publia, sur cette question controversée, un ouvrage au titre explicite : *An Essay on the Influence of a Low Price of Corn on the Profits of Stock, Showing the Inexpediency of Restrictions on Importation* (1815). Richard Cobden et l'*Anti Corn Laws Association,* plus connue sous le nom de « Ligue », obtiendront finalement gain de cause en 1846, plus de 20 ans après la mort de D. Ricardo.

1.1.1 *Les hypothèses du modèle ricardien ou la nation comme « parc à bestiaux »*

Le raisonnement de Ricardo s'appuie sur une constellation d'hypothèses. Parmi les plus importantes, il faut citer :

- *Hypothèse n° 1 :* À l'intérieur de chaque pays, il n'existe aucune entrave au libre déplacement des marchandises et des facteurs de production (travail et capital).

- *Hypothèse n° 2 :* À l'échelle internationale, les marchandises se déplacent librement (hypothèse de libre-échange). En revanche, les facteurs de production sont immobiles d'un pays à l'autre. Cette immobilité, sinon totale, est supposée être suffisante pour que les facteurs ne puissent être concurrents directement de pays à pays.

Ces deux hypothèses, reprises également par les théoriciens néo-classiques, sont très importantes.

Elles fondent la spécificité du commerce international : ce sont elles qui, du point de vue des économistes classiques et néo-classiques, expliquent en quoi les échanges internationaux diffèrent des échanges intérieurs. Ces deux hypothèses caractérisent aussi la conception classique et néo-classique de la nation, définie comme le « lieu géométrique » de l'immobilité des facteurs de production (parfaite mobilité intra, immobilité internationale). Ricardo, comme les néo-classiques après lui, traite la nation comme un « parc à bestiaux » délimité par les clôtures sélectives que seraient les frontières territoriales, lesquelles empêchent le bétail (les facteurs de production : travail et capital) de divaguer en dehors de l'enclos national. Nous espérons que le lecteur nous pardonnera cette qualification quelque peu irrévérencieuse, mais expressive et exacte si nous prenons soin d'ajouter que cette clôture fonctionne en même temps comme un filtre qui laisse passer les marchandises, mais retient les facteurs de production.

• *Hypothèse n° 3 :* Dans chaque pays, les marchés des biens et des facteurs sont soumis à la « concurrence pure et parfaite », ce qui implique qu'aucune entreprise ne dispose d'un poids suffisant pour imposer ses conditions de prix ou pour être capable d'influencer le volume total de l'offre ; qu'à l'intérieur de chaque pays, il n'existe aucune restriction à l'arrivée de nouveaux concurrents (libre établissement ou libre entrée dans la branche) ni au libre déplacement, entre les secteurs, des facteurs de production (mobilité intersectorielle).

• *Hypothèse n° 4 :* Conformément à une tradition bien établie connue sous le nom de « loi de la valeur travail », Ricardo, admettant la réductibilité du capital en temps de travail, postule qu'à l'intérieur de chaque pays, les marchandises s'échangent en proportion des quantités de travail nécessaires à leur fabrication. Si, par exemple, la production d'une mesure de drap requiert deux heures de travail, alors que celle d'un boisseau de blé ne nécessite qu'une heure, une mesure de drap s'échangera contre deux boisseaux de blé (le boisseau est une ancienne mesure de volume encore en usage dans les pays anglo-saxons). Ceci n'implique pas, comme on l'affirme parfois, que l'analyse de Ricardo ne prenne en considération qu'un seul facteur de production. Bien au contraire, Ricardo prend explicitement en compte le rôle du capital (les outils, les machines, les bâtiments, *etc.*) dont l'emploi est indispensable pour produire les différents biens dans les sociétés modernes. Mais ces biens capitaux constituent, en quelque sorte, du « travail en conserve » qui s'ajoute au travail immédiatement appliqué à la production.

• *Hypothèse n° 5 :* Quel que soit le bien considéré, sa production est supposée exiger la mise en œuvre de facteurs (travail, capital, ressources naturelles) dans des proportions précises. Ceci signifie, par exemple, que pour produire du blé, une seule technique est disponible à un moment et dans un pays donnés. Par exemple, dans le domaine agricole, cela signifie qu'il n'est pas possible de choisir entre plusieurs méthodes de culture plus ou moins extensives.

La figure 1.1 permet d'expliciter cette hypothèse. Sur cette figure, les quantités de travail utilisées sont représentées en abscisse et les quantités de capital (nombre d'heures-machine) sont indiquées en ordonnée. Dans ce système d'axes, traçons l'ensemble des combinaisons des deux facteurs permettant de produire un volume déterminé de l'*output* (par exemple 10 unités de drap). C'est ce que l'on appelle un « isoquant » (courbe représentative d'une même quantité). Conformément à l'hypothèse n° 5, cet isoquant prend la forme d'un angle droit. Nous constatons que la seule combinaison efficace des facteurs correspond au point E, résultat de la combinaison de OL_1 heures de travail et de OK_1 heures machine. Avec la même quantité de capital, l'utilisation d'une quantité plus importante de travail, par exemple le point B, mobilisant OL_2 heures de travail, correspond à un gaspillage de $OL_2 - OL_1$ heures de travail, puisque, par construction, le volume de l'*output* est le même en B et en E. Symétriquement, l'utilisation d'une plus grande quantité de capital combinée avec OL_1 heures de travail (point A) conduit, elle aussi, à du gaspillage d'heures-machine ($OK_2 - OK_1$).

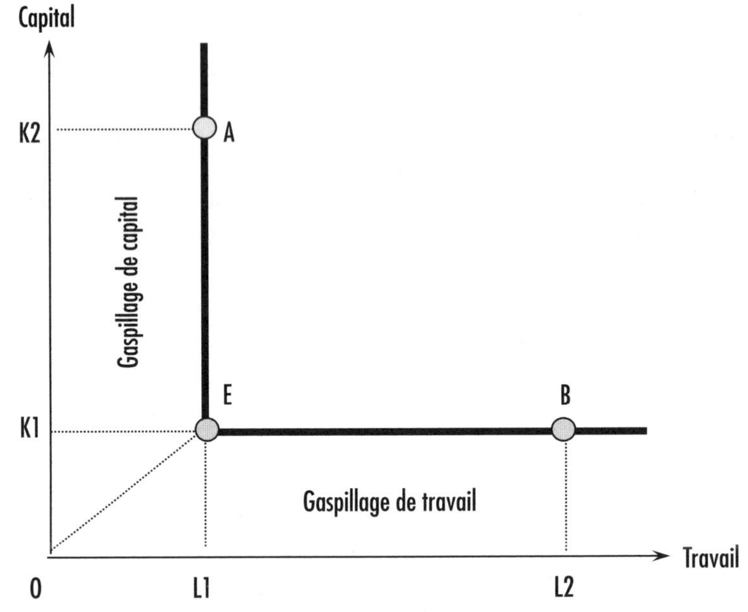

FIGURE 1.1.
La technologie dans le modèle ricardien

Pour caractériser cette hypothèse du modèle ricardien, on dit que la fonction de production est « à coefficients fixes » sans substitution possible entre les facteurs : il n'est pas possible, sans gaspillage de ressource, de remplacer du travail par du capital et *vice-versa*.

• *Hypothèse n° 6 :* En outre, il n'existe aucun avantage (ni désavantage) à produire en grandes séries plutôt qu'en petites. Le prix de revient unitaire est supposé être le même dans les deux cas. On dit alors que la production s'effectue « à coûts ou à rendements d'échelle constants ». On observera que l'exclusion de la possibilité d'économies d'échelle (rendements d'échelle croissants) est cohérente avec l'hypothèse de concurrence pure et parfaite (hypothèse 3 ci-dessus). En effet, si l'accroissement du volume de production d'une firme réduit ses coûts, l'entreprise qui produit un peu plus que ses concurrentes produit aussi moins cher. D'où un accroissement de sa part de marché, alors que celle des concurrentes se contracte. Il en résulte une tendance à la concentration et à la constitution de monopoles. Observons cependant que l'existence d'économies d'échelle incite les économies à s'ouvrir au commerce international, de sorte à bénéficier de plus vastes marchés. Elle incite aussi les entreprises à se spécialiser de sorte à produire plus massivement et réduire ainsi les coûts de production.

À partir de ces hypothèses, Ricardo propose une analyse originale du commerce international que l'on peut formuler sous la forme de trois « lois ».

1.1.2 *L'explication de la spécialisation et des échanges internationaux : loi des coûts comparatifs n° 1 (version statique et positive)*

Que se passe-t-il si, dans l'exemple précédent, un des deux pays (l'Angleterre) est moins productif que l'autre dans tous les secteurs de production, comme c'est le cas de l'Angleterre dans le tableau 1.2 ?

Selon la théorie de l'avantage absolu, il ne peut y avoir d'échange entre les deux pays, les produits anglais étant trop coûteux pour qu'il soit possible de les exporter au Portugal.

L'originalité de Ricardo est d'avoir démontré que, même dans ce cas, le commerce international était possible et mutuellement bénéfique, le Portugal se spécialisant dans la production où sa supériorité est la plus forte et l'Angleterre dans celle où son infériorité est la moins grande.

	Portugal	Angleterre
Vin	80 heures	120 heures
Drap	90 heures	100 heures
Coût comparatif du vin par rapport au drap (coût du vin divisé par coût du drap)	0,88	1,2

TABLEAU 1.2.
L'avantage comparatif

Pour déterminer l'orientation du commerce et le sens de la spécialisation, il faut donc comparer, non pas les niveaux absolus des coûts de production, mais leurs niveaux relatifs dans chacun des pays concernés.

Au Portugal, le coût comparatif du vin par rapport au drap est égal à : 80/90 = 0,88, alors qu'en Angleterre, il s'établit à 120/100 = 1,2. La supériorité productive du Portugal est donc plus marquée dans la production du vin que dans celle du drap, le coût comparatif du premier relativement au second y étant moindre qu'en Angleterre. Ainsi le Portugal trouvera-t-il avantage à se spécialiser dans la viticulture et à délaisser la fabrication du drap pour l'importer d'Angleterre. Inversement, l'Angleterre a intérêt à abandonner la production viticole pour employer ses ressources dans l'industrie drapière où son infériorité est relativement moindre.

La spécialisation s'explique donc par les différences internationales des coûts comparatifs ou, ce qui est équivalent, par les différences de niveaux relatifs de productivité. Dans l'analyse ricardienne, fondée sur la valeur travail, la productivité du travail est évidemment égale à l'inverse du coût de production (en heures de travail). S'il faut 80 heures pour produire un tonneau de vin (= son coût de production), en une heure, on produit 1/80 tonneau de vin (ce qui représente la productivité moyenne horaire du travail dans la viticulture). En résumé, le commerce international est accueillant : il offre une place à tous les pays, aussi faibles qu'ils puissent être. C'est le cas du Portugal dans l'exemple du tableau 1.2. Bien que ses coûts de production soient plus élevés qu'en Angleterre dans toutes les activités, il lui est possible de s'insérer dans la division internationale du travail et, comme nous verrons dans le paragraphe qui suit, d'en tirer avantage.

D'où le théorème positif des coûts comparatifs (loi n° 1 : version statique et positive) :

> La condition nécessaire et suffisante pour qu'il y ait échange international est qu'il existe une différence entre les coûts comparatifs des biens d'un pays à l'autre, chaque nation se spécialisant dans l'activité pour laquelle le coût comparatif est le plus faible ou, ce qui revient au même, celle dont la productivité comparative est la plus forte.

À l'inverse, les coûts absolus peuvent être différents de pays à pays dans chaque activité sans qu'il y ait possibilité de commerce. Ce serait le cas si le tableau des coûts était le suivant :

	Portugal	Angleterre
Vin	80 heures	120 heures
Drap	90 heures	135 heures
Coût comparatif	0,88	0,88

TABLEAU 1.3.
Coûts absolus différents, coûts comparatifs identiques : pas de commerce

Dans cette hypothèse, les coûts comparatifs étant égaux, il n'existerait aucun avantage et, partant, aucune incitation à établir le commerce entre les deux pays. Les prix relatifs étant les mêmes en Angleterre et au Portugal, les biens ne pourraient être échangés qu'aux conditions, identiques, des marchés intérieurs. Ce qui n'offre, évidemment, aucun intérêt. On vérifie bien que ce qui compte, ce ne sont pas les différences des coûts absolus, mais celles des coûts relatifs (ou comparatifs) : pour exporter un bien, il n'est pas nécessaire de pouvoir le produire moins cher qu'à l'étranger. Il suffit que son coût *relatif* de production soit plus bas.

Pour illustrer ce principe de l'avantage comparatif, P. Samuelson, l'un des grands économistes contemporains, propose l'exemple suivant :

Le meilleur avocat d'une ville est, en même temps, champion de dactylographie. Bien qu'il jouisse d'une supériorité absolue dans les deux activités, l'homme de loi a cependant intérêt à consacrer tout son temps à l'étude de ses dossiers, à la préparation des plaidoiries et à confier la frappe de son courrier à sa secrétaire. En effet, relativement à son employée, l'avocat dispose d'une supériorité relative plus importante pour le travail juridique que pour la dactylographie. Vouloir tout faire lui-même conduirait à une perte d'efficacité. Inversement, sa secrétaire, bien qu'elle tape moins vite que l'avocat dispose, à l'égard de celui-ci, d'un avantage comparatif dans la dactylographie, activité pour laquelle son infériorité est moins accusée que pour le travail juridique.

Le principe des coûts comparatifs rejoint ainsi, dans la vie courante, la sagesse dont fait preuve un supérieur qui confie à ses collaborateurs des tâches, même s'il est plus apte qu'eux à assumer certaines d'entre elles, pour se réserver les tâches essentielles, pour lesquelles sa supériorité relative est la plus grande.

La disparité des structures économiques des participants à l'échange international n'est donc pas un obstacle au développement du commerce. Au contraire, l'asymétrie des structures nationales, par les complémentarités qu'elle suscite, apparaît dans l'analyse ricardienne, comme la condition même de l'apparition des échanges et de l'extension de la division internationale du travail.

Pour Ricardo, le commerce international est fondé sur des différences, des inégalités. Par suite, un pays, aussi faible que soit son efficience productive comparée à celle de ses partenaires potentiels, pourra toujours s'insérer dans le réseau du commerce mondial.

Selon Ricardo, les écarts de coûts ou de productivités qui sont à l'origine du développement du commerce résultent des différences de climat ou d'avantages naturels propres à chaque pays (l'inégale richesse en terres fertiles, en ressources du sous-sol, *etc.*). Ils dépendent aussi d'avantages « artificiels » ou « acquis », tels que « les perfectionnements dans les arts et dans les machines qui exercent une influence constante sur le cours naturel du commerce. » ([2], p. 123).

Les différences des niveaux de développement et d'industrialisation apparaissent donc déterminantes dans la genèse des vocations productives des diverses nations.

Les pays « pauvres », explique Ricardo, tendent à se spécialiser dans le commerce des biens dont la production nécessite beaucoup de travail, car les coûts salariaux y sont plus bas. (*Principes...*, pp. 308-309). Les pays « riches », au contraire, se spécialiseront dans les activités faiblement utilisatrices de main-d'œuvre ou fortement utilisatrices de capital (industries dites à forte intensité capitalistique). En d'autres termes, les prix relatifs des facteurs de production expliqueraient les avantages comparatifs des nations, en fonction des exigences des diverses activités en matière d'utilisation des facteurs.

Cette dernière remarque de Ricardo sur l'origine de l'avantage comparatif montre bien la filiation directe entre l'analyse ricardienne et la pensée néo-classique. Les héritiers de Ricardo reprendront et approfondiront cette idée en mettant au cœur de l'explication du commerce international le rôle des rémunérations des facteurs de production.

Mais à vrai dire, l'objet de l'analyse ricardienne n'était pas tant d'expliciter les conditions qui déterminent le commerce international que d'en examiner les conséquences.

ENCADRÉ 1.3. COMMENT PEUT-ON REPÉRER EMPIRIQUEMENT LES AVANTAGES COMPARATIFS ?

Le repérage concret de l'avantage comparatif dont dispose un pays donné par rapport à un autre pays (ou une région du monde) pose une difficulté, car il présume de connaître le niveau des coûts de production en isolement pour les pays (ou régions) concernés, ce qui est évidemment impossible, sauf dans le cadre des hypothèses du modèle ricardien qui suppose des rendements d'échelle et donc des coûts constants (qui restent les mêmes, avant et après spécialisation). Comme nous le verrons par la suite, cette hypothèse n'est plus réaliste dans le monde actuel. De ce fait, la seule solution dont nous disposons consiste à mettre en évidence l'avantage comparatif à partir de l'analyse directe des flux commerciaux. L'indicateur le plus fréquemment utilisé à cet effet consiste à diviser la part du produit i dans les exportations totales du pays considéré (pays j) par la part du produit i dans les exportations totales d'un autre pays ou d'une zone (par exemple, les pays de l'OCDE ou le monde entier). Ce rapport est dénommé Avantage comparatif révélé (ACR). Il s'écrit :

$$ACR = \frac{\text{Part du produit i dans les exportations totales du pays j}}{\text{Part du produit i dans les exportations totales d'une zone de référence}}$$

Un rapport supérieur à un indique que le pays a un avantage comparatif, alors qu'un rapport inférieur à l'unité révèle un désavantage comparatif (relativement à la zone de référence considérée).
L'indice de l'ACR pour différents pays en 2015 est donné par le tableau suivant.

Industries	Brésil	Chine	Corée	Japon
Ind. alimentaire	1,53	0,85	0,72	0,63
Ind. textile	0,81	1,44	1,04	0,81
Bois	1,36	1,13	0,75	ND
Papier	0,81	1,21	0,93	1
Ind. chimique	0,85	0,99	1,12	0,9
Ind. des plastiques	0,96	0,99	1,07	0,94
Produits minéraux	1,21	1,05	0,9	0,81
Métallurgie	1,11	1,18	0,97	0,9
Machines, équipements	0,87	1,1	0,98	1,12
Matériel électrique	0,85	1,13	1,15	1,11
Matériel de transport	0,91	1,16	1,13	1,06
Autres ind. manufact.	0,96	ND	1,03	1,01

Source : CEPII

TABLEAU 1.4.
Avantage comparatif révélé de différents pays

Le tableau montre que les principaux points forts du Brésil sont les industries agroalimentaires, le bois et la métallurgie, tandis que la supériorité de la Chine et du Japon porte sur les machines et équipements, les appareils électriques et électroniques, le matériel de transport, tandis que l'ACR de la Corée va à ces deux dernières industries.

1.1.3 *Les conséquences du commerce international : vive le libre-échange !*

La thèse fondamentale que Ricardo a voulu établir est que le libre commerce conduit, spontanément, à une division internationale du travail qui correspond à la meilleure situation possible pour chacune des nations (et donc pour toutes collectivement), à la fois sur le plan de l'efficience productive et sur celui du bien-être. Cette démonstration de l'« optimalité » de la spécialisation selon la règle de l'avantage comparatif est généralement considérée comme la première justification cohérente et formellement établie de la supériorité du libre-échange.

Toutefois, l'analyse de Ricardo ne se limite pas à ce célèbre résultat.

A. Commerce international et efficience (loi des coûts comparatifs n° 2 : version statique et normative)

Le théorème normatif de Ricardo peut être résumé en deux propositions :

• *Proposition n° 1 :* En régime de libre-échange, le commerce international ne désavantage aucun des participants, chacun a tout à gagner et n'a rien à perdre.

Nous pouvons le vérifier aisément en reprenant le célèbre exemple de Ricardo (tableau 1.2). Comparons la situation de l'Angleterre avec celle du Portugal avant et après spécialisation.

	Portugal	Angleterre
Vin	80 heures	120 heures
Drap	90 heures	100 heures

• *En Isolement,* par application de l'hypothèse de la valeur travail, les marchandises s'échangent, à l'intérieur de chaque pays, en proportion des heures de travail nécessaires à leur production, c'est-à-dire selon leurs coûts comparatifs.

Au Portugal, un tonneau de vin s'échange donc contre 80/90 = 0,88 mesure de drap ou, inversement, un drap s'échange contre l'équivalent de 90/80 = 1,125 tonneau de vin.

En Angleterre, un vin s'échange contre 120/100 = 1,2 drap, soit un drap contre 0,83 vin.

• *Que se passe-t-il si les deux pays décident d'ouvrir leurs frontières ?* Nous savons que le Portugal se spécialise dans le vin et l'Angleterre dans le drap. En effet, les vignerons portugais constatent qu'ils ont avantage à exporter leur vin en Angleterre plutôt qu'à le commercialiser uniquement sur le marché domestique. Sur le marché domestique, contre un tonneau de vin, ils obtiennent l'équivalent de 0,88 unité de drap. En l'exportant, ils peuvent obtenir plus, éventuellement jusqu'à 1,2 unité de drap, qui correspond au prix intérieur anglais d'isolement. Simultanément, la même constatation peut être faite pour les drapiers anglais qui peuvent eux aussi gagner plus en exportant leur production :

contre une mesure de drap exportée au Portugal, ils peuvent espérer obtenir en contrepartie jusqu'à 1,125 tonneau de vin contre seulement 0,83 en isolement.

La figure 1.2 schématise l'effet de l'ouverture des frontières :

– En autarcie, le prix auquel s'échange le vin contre le drap dans chacun des deux pays n'est pas le même : 1 vin = 0,88 drap au Portugal, contre 1 vin = 1,2 drap en Angleterre.
– Après passage au libre-échange, les deux marchés nationaux fusionnent en un marché mondial unique avec un prix relatif mondial unique (p), compris entre les deux prix d'isolement : 0,88 et 1,2. En effet, pour un prix mondial du vin par rapport au drap (p) inférieur à 0,88, les viticulteurs portugais refuseraient d'exporter leur production, alors qu'un prix supérieur à 1,2 ne serait pas suffisamment rémunérateur pour les fabricants anglais de textile qui, du coup, refuseraient d'exporter leur drap vers le Portugal.
– Ce prix relatif mondial s'appelle les « termes de l'échange ».

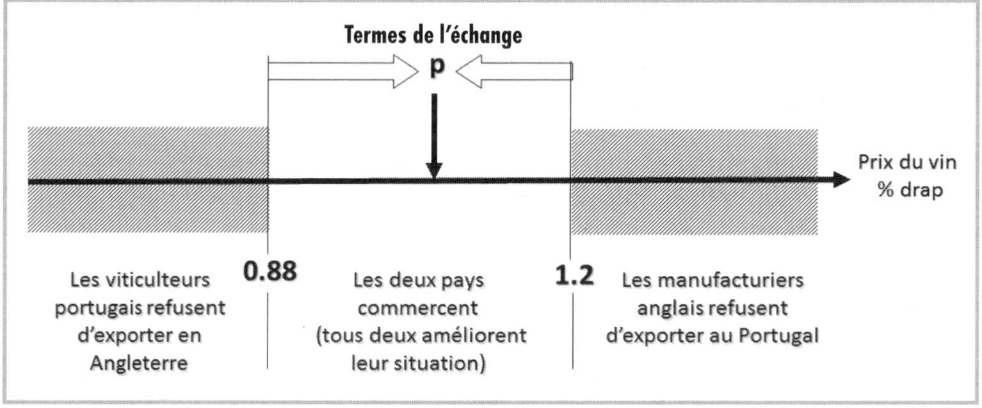

FIGURE 1.2.
Effet du passage au libre-échange : la formation d'un prix mondial

D. Ricardo n'explique pas à quel niveau précis s'établissent les termes internationaux de l'échange. Il démontre seulement qu'ils se fixeront quelque part entre les deux rapports d'échange d'isolement, car aucun des deux pays n'accepterait des conditions d'échange extérieur moins favorables que celles dont il dispose en isolement. Aucun producteur ne ferait l'effort d'exporter s'il savait dès le départ qu'il gagnerait moins à l'extérieur qu'en écoulant ses produits sur le marché domestique.

B. Gain à l'échange national et mondial

L'importance relative du gain de chaque pays (le partage du *Gain from Trade*) dépend, bien entendu, du niveau effectif des termes de l'échange (rapport d'échange international du vin contre le drap). Pour chaque pays, le gain est d'autant plus important que les termes de l'échange (prix international) sont proches du rapport d'échange d'isolement (prix interne ou coût comparatif) de l'autre pays et qu'ils sont éloignés du sien.

La figure 1.3 permet de visualiser cette question du partage du gain issu de l'échange en la comparant au partage d'un gâteau en deux portions nationales.

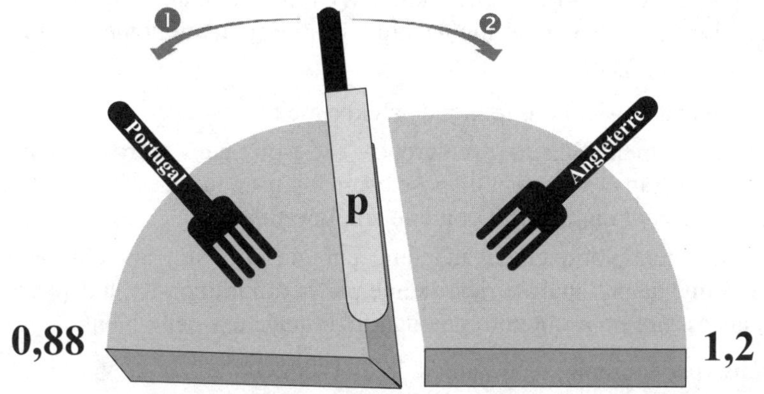

FIGURE 1.3.
Le partage du gâteau du *Gain from Trade*

Les termes de l'échange correspondent sur cette figure à la position du couteau qui sépare les deux morceaux : celui de gauche représente la part du gain issu de l'échange qui revient au Portugal et celui de droite correspond au gain revenant à l'Angleterre. Une baisse du prix relatif du vin peut être représentée par une rotation du couteau dans le sens inverse des aiguilles d'une montre (flèche 1), l'extrémité de la lame restant fixe. Ceci a pour effet de rapprocher les termes de l'échange internationaux du prix d'isolement portugais (0,88). Il en résulte un moindre gain à l'échange pour le Portugal (et un gain plus important pour l'Angleterre). L'inverse se produit en cas de rotation dans le sens indiqué par la flèche 2 : l'avantage du Portugal s'accroît, tandis que le gain anglais s'amoindrit. À la limite, si les termes de l'échange s'établissaient à 1 vin = 1,2 drap (prix interne anglais), seul le Portugal tirerait avantage du commerce international, mais la situation de l'Angleterre n'étant ni pire ni meilleure qu'en isolement. Inversement, si les termes de l'échange se fixaient à 1 vin = 0,88 drap (prix interne portugais), seule l'Angleterre gagnerait au commerce, mais la situation du Portugal serait inchangée par comparaison avec l'autarcie. Donc, même en ces deux cas limites, il y aurait bénéfice collectif indiscutable (avantage au niveau mondial), puisque la situation d'un des pays serait améliorée sans que celle de l'autre se détériore.

D'où le corollaire de la première proposition :

• *Proposition n° 2 :* En régime de libre-échange, la spécialisation conformément aux coûts comparatifs engendre un avantage au niveau mondial, qui est la somme des avantages nationaux.

En outre, quel que soit le niveau effectif des termes de l'échange, intermédiaire entre les deux rapports d'isolement, les deux pays gagnent ensemble à l'échange. Il est donc impossible que par le commerce, une nation en exploite une autre, qu'elle s'enrichisse à ses dépens. Le libre-échange, selon Ricardo, profite (potentiellement) à tous les pays et ne porte préjudice à aucun d'eux.

Le gain pour les nations et pour le monde s'exprime :

– Soit par une augmentation du revenu réel, c'est-à-dire par l'accroissement des quantités de biens (drap et vin) dont dispose chaque pays pour la consommation moyennant un même coût en travail. D'où une amélioration du .
– Soit, ce qui revient pratiquement au même, par une réduction des coûts de production (qui s'exprime dans l'analyse ricardienne par la diminution de la dépense totale en travail) nécessaire pour obtenir une quantité donnée des deux biens.

Pour produire, par exemple, deux unités de drap et deux unités de vin, il fallait, avant spécialisation, 390 heures, chaque pays produisant alors une unité de chaque bien. Après spécialisation, le même volume de production (*output*) ne nécessite plus que 360 heures, le Portugal produisant les deux unités de vin en 160 heures (2 × 80) et l'Angleterre, les deux unités de drap en 200 heures (2 × 100).

	Portugal	Angleterre	Total
Vin	80 heures	120 heures	200 heures
Drap	90 heures	100 heures	190 heures
Total	170 heures	220 heures	390 heures

1.5.a – Avant spécialisation (Portugal et Angleterre produisent chacun 1 vin + 1 drap)

	Portugal	Angleterre	Total
Vin	2 × 80 heures	–	160 heures
Drap	–	2 × 100 heures	200 heures
Total	160 heures	200 heures	360 heures

1.5.b – Après spécialisation (le Portugal produit 2 vins et l'Angleterre produit 2 draps)

TABLEAUX 1.5.
Dépense en travail pour produire un *output* total de 2 vins + 2 draps

Grâce au commerce international et à la spécialisation, les deux pays vivent mieux : moyennant une même dépense en travail, ils peuvent produire plus des deux produits et donc en disposer d'une plus grande quantité pour la consommation. Tout se passe comme si, par magie, les pays pouvaient obtenir quelque chose de plus pour rien. En réalité, il n'y a nulle magie à cela : sous les hypothèses admises par Ricardo, la spécialisation renforce l'efficacité des processus productifs et élève, de ce fait, la production mondiale du blé et du drap.

Par suite, on comprend que toute mesure de restriction des échanges, telle que l'application de droits de douane et, plus encore, de restrictions quantitatives (quotas sur les importations), serait préjudiciable. En entravant ou en bloquant le mécanisme de réallocation interne des ressources productives par lequel s'opère la division internationale du travail, une mesure de ce type conduirait à une situation qui, sur le plan de l'efficacité productive, comme sur celui du bien-être (mondial), serait inférieure à celle qui résulte spontanément du libre-échange.

La spécialisation selon les coûts comparatifs ne représente toutefois qu'un « optimum de second rang ». Comme le remarque D. Ricardo, l'optimum absolu serait, non pas que le Portugal se spécialisât dans le vin et l'Angleterre dans le drap, mais « que le vin et le drap fussent l'un et l'autre faits en Portugal, le capital et l'industrie anglaise passant par conséquent, à cet effet, de l'Angleterre en Portugal [...]. Les capitalistes anglais et les consommateurs des deux pays (y) gagneraient encore plus. » ([2], p. 118). L'économie en travail serait encore plus grande puisqu'il suffirait alors de 340 heures pour produire deux unités de vin et deux de drap au Portugal...

Mais, outre que cette supposition imposerait que l'Angleterre se vide de toute activité économique et, en partie, de sa population (les travailleurs anglais devenant travailleurs immigrés au Portugal !), cet « optimum absolu » est irréalisable puisque les nations existent et que les clôtures des frontières territoriales empêchent cette « hémorragie » des facteurs de production. C'est du moins ce que suppose le modèle ricardien.

Le caractère optimiste et séduisant des conséquences que Ricardo attribue au commerce international explique le succès de la loi des coûts comparatifs. Toutefois, l'apport de Ricardo à la théorie du commerce international ne se limite pas à la démonstration des avantages du libre-échange statiquement appréciés, car, de l'avis même de l'auteur, les bienfaits du commerce doivent aussi être évalués dans une perspective de dynamique à long terme.

C. Le libre-échange favoriserait la croissance et pacifierait les relations internationales et les rapports sociaux dans chaque pays (loi des coûts comparatifs n° 3 : version dynamique)

Les effets du commerce sont intimement liés, dans l'esprit de Ricardo, au problème fondamental de la répartition du revenu entre les trois grandes classes qui, selon lui, composent la société : celle des propriétaires fonciers, celle des détenteurs de capitaux et celle des travailleurs, associées aux trois facteurs : terre, capital et travail.

Pour bien comprendre la fonction que Ricardo attribue aux échanges internationaux, il faut donc en apprécier le rôle et les effets dans le cadre de la dynamique économique à long terme et sous l'angle des relations entre les groupes sociaux qui forment les nations, de leurs intérêts respectifs, des conflits qui les opposent et les animent.

La conception ricardienne des antagonismes sociaux et de la dynamique économique

Dans chaque pays, la valeur du produit social se répartit en rentes (revenu des propriétaires fonciers), en salaires (revenu des travailleurs) et en profits (revenu des capitalistes). Or, les mécanismes qui régissent la formation de ces trois parts recèlent les germes d'antagonismes entre les copartageants.

Schématiquement, la théorie de la répartition de Ricardo peut être résumée comme suit :

• *Le salaire* (ou prix courant du travail), déterminé par le rapport de l'offre et de la demande de travail, tend à s'ajuster, en pouvoir d'achat, sur le minimum de subsistance, c'est-à-dire un niveau juste suffisant pour assurer l'entretien et la reproduction de la population laborieuse. Ricardo, à cet égard, reprend les thèses de Thomas Malthus sur la population, pour justifier cette fatalité dans la détermination des salaires.

• *La rente* est la redevance versée au propriétaire foncier en contrepartie du droit qu'il cède à l'exploitant de mettre en œuvre les « facultés productives et impérissables » du sol. Son montant dépend du degré de fertilité de la parcelle à laquelle elle s'applique. Pour une terre particulière considérée individuellement, elle est égale à la différence entre le produit obtenu sur la terre considérée et celui de la terre (marginale) la moins fertile (ou la moins accessible) mise en exploitation. Par extension, à l'échelle macroéconomique, le taux moyen de la rente est alors égal à l'écart entre la productivité moyenne et la productivité marginale au niveau de l'ensemble du pays.

• *Le profit* représente la fraction résiduelle du revenu national après déduction des salaires et des rentes.

Conséquemment, deux lignes de clivage se dessinent entre les intérêts des trois classes sociales.

• *Un conflit* s'affirme tout d'abord entre les travailleurs et les capitalistes puisque le salaire ne peut croître qu'aux dépens du profit et *vice-versa*.

• D'autre part, contrairement à l'opinion « sereine » d'A. Smith, il y a, pour Ricardo, une stricte opposition entre les intérêts des propriétaires fonciers, ceux des détenteurs de capitaux et ceux de l'ensemble des consommateurs. En effet, il est de l'intérêt des propriétaires fonciers que le coût de production et le prix du blé, qui constitue le bien salarial par excellence (bien de première nécessité pour la consommation ouvrière), soient les plus élevés possible. Ce n'est pourtant ni l'intérêt des consommateurs ni celui des capitalistes manufacturiers, « car la cherté du blé amène celle des salaires, sans amener celle des marchandises » qu'ils produisent ([2], p. 297). Toutefois, les propriétaires terriens, s'ils bénéficient de la hausse du prix du blé, n'ont aucun moyen de la provoquer. Ils en sont les bénéficiaires passifs : la cherté du blé fait la rente et non l'inverse.

Enfin, à proprement parler, il n'existe aucune opposition entre propriétaires fonciers et ouvriers, leurs revenus respectifs étant indépendants. Parce que les salaires nominaux évoluent parallèlement aux prix des biens de première nécessité, peu importe aux travailleurs que le revenu des propriétaires fonciers augmente ou diminue. Dans tous les cas, le taux de salaire réel s'ajuste sur le minimum de subsistance.

Réciproquement, la rente n'est pas directement affectée par les variations des salaires.

Pour Ricardo, contrairement à Marx, de ces deux fronts conflictuels, le second (capitalistes contre propriétaires fonciers) est sans doute plus décisif que le premier (capitalistes contre travailleurs), notamment par ses enjeux en termes de croissance et de développement économique.

Or, avec la poursuite de la croissance économique et de l'accumulation du capital qui l'accompagne, la population s'accroît, rendant nécessaire la mise en culture de terres de moins en moins fertiles, afin de répondre à une demande croissante. Il en résulte une élévation du « coût marginal de production » du blé (celui afférent à la parcelle exploitée dans les conditions de production les plus défavorables).

Cette évolution est évidemment bénéfique aux propriétaires fonciers : le montant et la part des rentes dans le revenu national augmentent. En même temps, la hausse du prix du blé élève les salaires nominaux. D'où une tendance progressive à la baisse du taux de profit. Or, le profit est la source (et le ressort) de l'accumulation du capital. Son tarissement (ou son affaissement) conduit, tôt ou tard, à un arrêt de l'accumulation avec la raréfaction des investissements rentables et à une interruption de la croissance : l'économie évolue nécessairement, selon Ricardo, vers un état stationnaire, c'est-à-dire vers un régime de « croissance zéro ».

Le commerce international au service de la croissance et de l'harmonie sociale

L'influence du commerce international sur la croissance économique s'exerce, pour Ricardo, selon des modalités qui dépendent de la spécialisation du pays considéré ([2], p. 115) :

• *Si un pays*, compte tenu de la configuration des coûts comparatifs, *importe des biens de luxe*, la baisse de leurs prix, grâce au commerce extérieur, accroît le pouvoir d'achat de la classe capitaliste et permet la constitution d'une épargne qui sera, au moins en partie, investie. Ainsi, sans même agir sur le taux de profit, le commerce international favorise-t-il l'accumulation des capitaux.

• *Si*, au contraire, *la vocation productive du pays le pousse à importer des biens salariaux* (le blé dans l'analyse de Ricardo), la spécialisation lui permettra d'obtenir à meilleur compte les biens nécessaires à l'entretien des travailleurs, induisant une baisse des salaires nominaux et des rentes, d'où une hausse du taux de profit.

Dans les deux cas, l'échange international stimule la croissance économique. Il recule l'horizon de l'état stationnaire.

De surcroît, dans les pays qui se procurent à l'extérieur les biens salariaux, le commerce international supprime le premier front conflictuel : l'intérêt de la classe capitaliste s'accorde à celui des « classes laborieuses », puisque la hausse corrélative du taux de profit est obtenue sans réduction des salaires. La hausse des profits pourrait même être accompagnée d'un accroissement du pouvoir d'achat des travailleurs tant que le rythme d'accumulation du capital, stimulé par le commerce international, excède celui de la croissance démographique. Tel serait le cas, selon Ricardo, des « contrées pauvres » ou des colonies où existeraient d'immenses potentialités productives, « enfouies dans des terres fertiles et incultes » ([2], p. 86).

Du point de vue de Ricardo, le commerce international serait donc doublement bénéfique : Il relancerait une croissance économique évanescente et réaliserait une certaine harmonie sociale.

Ricardo s'aventure même plus (trop ?) loin, puisqu'il affirme que le commerce est « avantageux pour tous les membres de la société, car tous sont des consommateurs ». Le commerce extérieur, conclut-il, « lie entre elles toutes les nations du monde civilisé par les nœuds communs de l'intérêt, par des relations amicales et en fait une seule et grande société » ([2], p. 116). Mais en cela, il affirme plus qu'il ne peut démontrer puisque la résolution ricardienne des antagonismes sociaux implique le sacrifice des propriétaires fonciers des pays riches, importateurs de blé.

En soulignant ainsi les avantages du libre jeu de la concurrence à l'échelle universelle, la loi des coûts comparatifs, dans sa version statique comme dans sa version dynamique, fournit un soubassement, une justification théorique, à la doctrine libérale. Il suffirait de se soumettre aux « principes salutaires d'un commerce libre entre les peuples » (donc de pratiquer le libre-échange) pour que le monde dans son ensemble, voire les classes sociales qui les structurent, bénéficie pleinement des bienfaits que leur prodigue la providence.

Toutefois, l'indétermination des termes de l'échange international, dont nous savons seulement qu'ils s'établissent quelque part dans l'intervalle des coûts comparatifs, demeure incontestablement une lacune dans la démonstration ricardienne des vertus du commerce international. L'indétermination des termes de l'échange est une faiblesse du plaidoyer libéral de Ricardo. S'il importe, en effet, de savoir que chacun a tout à gagner et rien à perdre à l'ouverture de ses frontières, les modalités précises du partage effectif du gain ne sont pas sans importance. En effet, formulée de façon aussi générale, la thèse de Ricardo est compatible aussi bien avec la convergence des niveaux de développement des nations qu'avec leur inégalité cumulative.

D. Commerce et harmonie internationale : le commerce international corrigerait les inégalités entre les pays

Dans l'analyse de Ricardo, la comparaison des coûts relatifs permet de déterminer le sens de la spécialisation de chaque pays ainsi que la composition de ses échanges (théorème n° 1). L'intervalle délimité par les coûts comparatifs représente également l'ensemble des rapports d'échanges possibles entre les pays, dont Ricardo démontre qu'ils sont tous mutuellement avantageux (théorème n° 2). Cependant, la théorie de l'avantage comparatif de Ricardo reste inachevée, car elle ne fournit aucune indication sur le niveau effectif des termes de l'échange : le modèle ricardien ne permet pas de savoir dans quel rapport les marchandises s'échangent effectivement les unes contre les autres à l'échelle internationale. Il en résulte que les « gains à l'échange » respectifs de chacun des pays concernés restent indéterminés.

L'apport de John Stuart Mill, dans sa « théorie des valeurs internationales » (1848) est d'avoir levé l'indétermination ricardienne en précisant les mécanismes de fixation des termes de l'échange. À cet effet, Mill introduit la variable négligée par Ricardo : la demande des pays partenaires aux échanges.

La détermination des termes de l'échange

La présentation la plus simple de la « loi des valeurs internationales » utilise les courbes de demandes réciproques d'Alfred Marshall (figure 1.4). L'échange y est analysé abstraction faite de la monnaie, comme un troc. Un pays n'exportera donc que s'il a besoin d'importer et à toute demande de marchandise étrangère doit nécessairement correspondre une offre d'exportation. Les dispositions à l'échange de chacun des deux pays peuvent alors être représentées à l'aide d'un barème ou d'une courbe « mixte » indiquant les quantités qu'il accepte de céder contre un volume donné du bien qu'il importe.

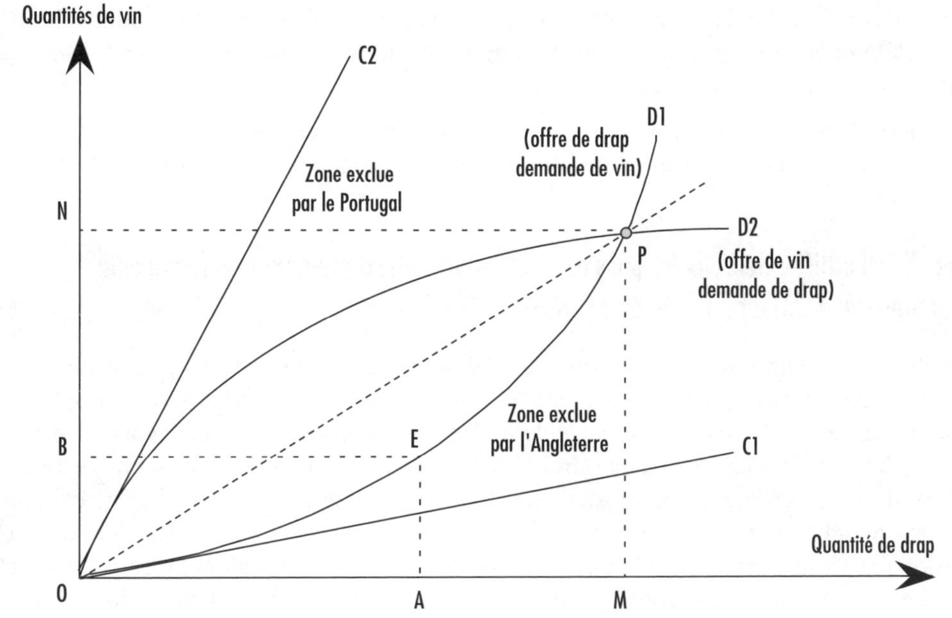

FIGURE 1.4.
Demandes réciproques et détermination des termes de l'échange

Les pentes des droites OC1 et OC2 représentent les coûts comparatifs du vin par rapport au drap (ou rapports d'échange internes), respectivement de l'Angleterre (pays 1), spécialisée dans le drap, et du Portugal (pays 2), spécialisé dans le vin. De même, les courbes OD1 et OD2 expriment les dispositions à l'échange de ces deux pays. Ainsi, le point E, situé sur la courbe OD1 de l'Angleterre indique que ce pays accepte d'offrir OA mesures de drap contre (au minimum) OB tonneaux de vin. Par conséquent, toutes les transactions associées à des points situés au-dessous et à droite de la courbe D1 sont refusées par l'Angleterre. Symétriquement, les points situés au-dessus et à gauche de OD2 sont exclus par le Portugal. Le point d'intersection P des deux courbes de demande réciproques, qui assure la compatibilité des offres et des demandes des deux pays, détermine donc les termes de l'échange international : OM mesures de drap s'échangeront contre ON tonneaux de vin et c'est le seul rapport de transaction qui réunit l'accord des deux pays tout en égalisant les offres et les demandes des deux biens. On en déduit immédiatement les gains respectifs de l'Angleterre et du Portugal, repérés par la position de « la ligne de partage » (droite OP) à l'intérieur du « gâteau à diviser » (faisceau C1-O-C2).

Graphiquement, nous pouvons aisément vérifier que le gain à l'échange de l'Angleterre (sa part du gâteau) est d'autant plus grand, en proportion, que les termes de l'échange (ligne de partage OP) sont distants de son propre rapport d'échange interne (droite OC1) et vont donc au-delà de ses exigences minimales et qu'ils sont plus proches de celles de son partenaire (droite OC2). À la limite, si les termes de l'échange international s'alignaient sur les prix relatifs intérieurs du Portugal (droites OP et OC2 confondues), seule l'Angleterre bénéficierait du commerce international, la situation du Portugal restant la même qu'avant l'ouverture des frontières.

Cet approfondissement du modèle classique permet à John Stuart Mill d'établir deux nouvelles propositions qui complètent admirablement la thèse providentielle de D. Ricardo.

Une divine justice : Heureux les pays pauvres, le royaume du commerce international leur appartient... (le paradoxe de J.S. Mill)

Explicitant une intuition de Ricardo, J.S. Mill montre, en effet, que les pays riches sont relativement désavantagés dans leurs relations avec les pays pauvres, en raison de l'importance et de l'intensité de leur demande qui modifient à leurs dépens les termes de l'échange. Ils sont, pour ainsi dire, punis de leur prodigalité au bénéfice des pays démunis. De surcroît, la faible capacité de production des pays pauvres, jointe à l'exiguïté de leur marché intérieur (« petit pays »), constituerait un atout dans le commerce international. Considérons, par exemple, deux pays très inégaux par leurs niveaux de vie et de développement et, par conséquent aussi, par les dimensions de leurs marchés. Il se peut alors que même après spécialisation complète, la capacité d'offre du pays pauvre dans la production où il dispose d'un avantage comparatif ne soit pas suffisante pour satisfaire la totalité de la demande mondiale. Tandis que le pays pauvre se spécialise totalement, le pays riche devra continuer à produire lui-même une partie des biens pour lesquels il est comparativement désavantagé (spécialisation partielle). Les termes de l'échange ne pourront donc pas s'éloigner de ses propres coûts comparatifs. C'est là, en effet, la condition indispensable pour que cette production nationale complémentaire aux produits importés reste rentable.

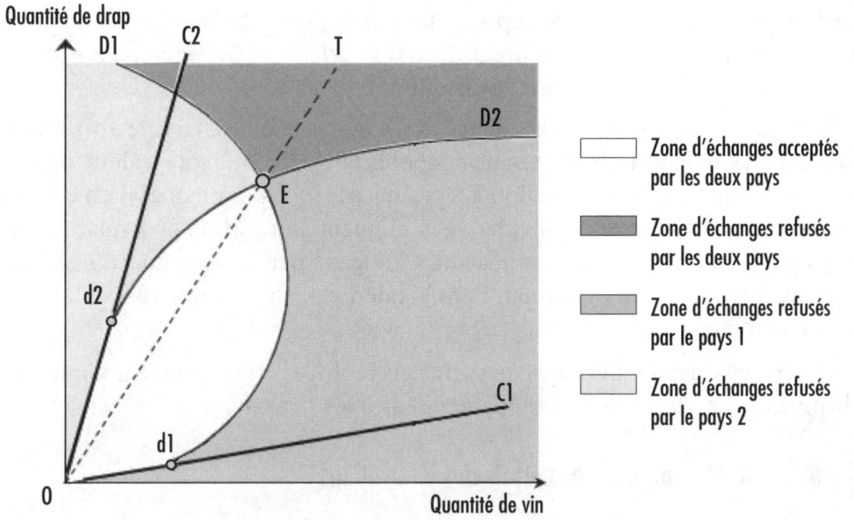

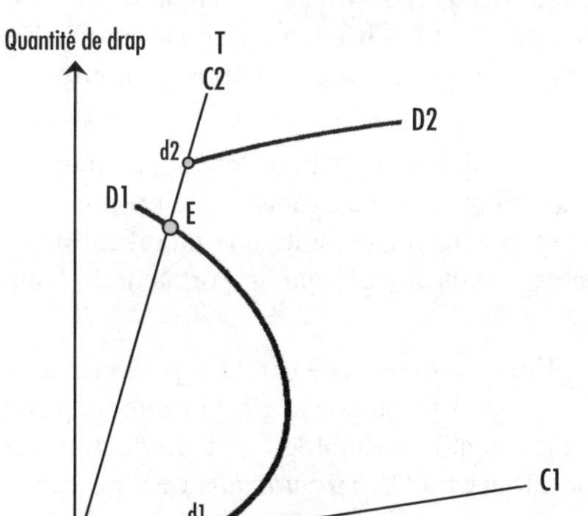

FIGURE 1.5
Pays riche et pays pauvre (disproportion modérée)
FIGURE 1.6
Pays riche et pays pauvre (disproportion très prononcée)

Sur les figures 1.5 et 1.6, les segments Od1 et Od2 représentent la taille des marchés domestiques, respectivement, du pays « riche » (l'Angleterre, pays 1), spécialisé dans le drap et du pays « pauvre » (le Portugal, pays 2), spécialisé dans le vin. Les courbes D1 et D2 figurent leurs demandes réciproques.

• Lorsque la disproportion des marchés intérieurs (Od1 et Od2) est modérée, les termes de l'échange internationaux, représentés par la pente de la ligne OT, sont plus proches du rapport d'échange d'isolement du pays « riche ». Le pays pauvre bénéficie donc *principalement* de l'ouverture des frontières.

• Lorsque la disproportion des marchés est très prononcée (figure 1.6), l'importance de la demande du pays riche en vin ne peut plus être satisfaite intégralement par des importations. Le pays riche doit continuer à produire le bien pour lequel il est comparativement désavantagé. Les termes de l'échange s'alignent alors sur le prix relatif d'isolement du pays riche (OT et OC2 sont confondus). Le pays pauvre – *et lui exclusivement* – bénéficie du commerce international. Paradoxalement, sa pauvreté (ou sa faible dimension) ferait sa force.

Le libre-échange aurait donc des vertus correctrices. Il tendrait à atténuer les inégalités de niveaux de vie et de développement entre les nations.

La diffusion internationale des effets des innovations

Soit un progrès technique dans l'industrie textile anglaise. Celui-ci a pour effet de réduire le coût de production de son bien d'exportation (le drap), diminuant aussi son coût comparatif relativement au vin. En même temps, la courbe de demande réciproque anglaise est modifiée.

À la suite du changement des prix relatifs, les dispositions à l'échange britannique expriment une offre de drap (devenu moins coûteux) plus importante aux différents niveaux d'importations de vin. Il en résulte une modification des termes de l'échange qui tendent à évoluer en faveur du Portugal, importateur du bien dont la technique a été perfectionnée.

D'où la conclusion d'Edgeworth (en 1894) : « Un perfectionnement est aux dépens du pays exportateur ». Le progrès technique anglais profiterait principalement au Portugal, pays importateur du bien dont la technologie a été perfectionnée. La position du Portugal s'améliore dans le partage du *Gain from Trade*. Le libre-échange, dans les économies où règne la concurrence, assurerait donc une diffusion spontanément harmonisée des avantages du progrès technique. Les gains de productivité liés aux changements techniques seraient nécessairement répercutés en baisses de prix pour les pays qui importent les biens correspondants. La révolution technologique et industrielle anglaise aux XVIIIe et XIXe siècles se serait donc accomplie pour le plus grand bien du reste du monde, y compris les nations fournissant, à l'époque, les matières premières (le coton indien par exemple) nécessaires au développement de l'Angleterre !

Bien entendu, cet optimisme inconditionnel et, pour le moins, paradoxal mérite d'être discuté.

1.1.4 *La dynamique du commerce extérieur : le libre-échange en question*

Les conclusions étonnantes établies par Ricardo sont obtenues à partir d'hypothèses très contestables. Le moins que l'on puisse affirmer est que ces présupposés sont devenus aujourd'hui totalement irréalistes, et sans doute l'étaient-ils déjà à l'époque de Ricardo. Il est évident, par exemple, que le poids actuel des firmes transnationales dans les échanges internationaux ruine complètement la conception de la nation fondée sur l'immobilité des facteurs et conduit – simultanément – à rejeter l'hypothèse de marchés concurrentiels. Cependant, au-delà de cette critique un peu facile et, finalement, superficielle, nous adressons deux reproches à l'analyse ricardienne :

- Elle est, en premier lieu, partielle. En effet, le théorème des coûts comparatifs démontre l'optimalité de la spécialisation d'un point de vue statique. Mais, puisque Ricardo envisage également l'influence du commerce sur la dynamique économique à long terme, on est en droit de se demander si le théorème reste valable dans cette perspective.
- La théorie ricardienne est, en second lieu, ou bien partiale, ou bien, ce qui est plus grave, incohérente, en ce qui concerne la thèse des antagonismes sociaux et de l'enrichissement universel.

En allant à l'essentiel, le théorème normatif de Ricardo peut être décomposé en trois conclusions fondamentales :

1°) Le commerce ne peut être que bénéfique pour chaque participant.

2°) La spécialisation selon les coûts comparatifs améliore le bien-être au niveau mondial.

3°) Cette amélioration est la plus grande qui puisse être obtenue compte tenu de la division du monde en nations.

Chacune de ces propositions peut être réfutée.

A. Réfutation de l'optimalité du libre-échange

L'analyse ricardienne montre que la spécialisation telle qu'elle tend spontanément à s'établir en libre-échange, est la plus avantageuse dans les données du moment (proposition n° 1). M. Byé qualifie cette supériorité d'« avantage comparatif court », au sens de celui qui ressort des conditions immédiates de production et d'échange.

Pour que la loi de Ricardo puisse établir que le libre-échange est la meilleure des politiques possibles (proposition n° 2), il faudrait que tout « avantage comparatif court » détermine un « avantage comparatif long », c'est-à-dire que le libre-échange apparaisse comme la meilleure des politiques possibles, non seulement par ses effets immédiats, mais aussi par ses effets à plus long terme.

Entre les propositions n° 1 et n° 2, il y a un pas que l'analyse ricardienne ne parvenait à franchir qu'en postulant la constance des coûts unitaires de production, c'est-à-dire le caractère immuable des conditions de production et l'absence d'économies d'échelle (pas d'avantage à la production de masse).

Si cette hypothèse pouvait, à la rigueur, être admise aux débuts de l'industrialisation, elle est tout à fait inadmissible de nos jours. Or, dès l'instant où la coïncidence entre les deux types d'avantages (courts et longs) disparaît, la justification théorique d'une supériorité incontestable du libre-échange, en tant que loi universelle, tombe d'elle-même.

L'argumentation protectionniste visant à soutenir les « industries dans l'enfance » (les industries naissantes) se fonde précisément sur cette non-concordance. Dans les premières phases de leur développement, certaines activités nationales sont temporairement handicapées relativement à leurs homologues étrangères dont l'essor a été plus précoce. Tandis que le libre-échange a toutes les chances de figer le *statu quo* ou de renforcer la position des nations à développement industriel plus avancé, une politique isolant provisoirement ces industries naissantes leur permettrait d'acquérir graduellement, à l'abri de la protection, une compétitivité suffisante pour lutter ensuite à armes égales avec leurs aînées.

Parce qu'elle permet l'éclosion d'avantages comparatifs « potentiels » ou, plus simplement, parce qu'elle permet d'accélérer une évolution économique jugée souhaitable (développement de certaines industries, diversification de l'activité productive...), une politique à caractère protectionniste peut donc se prévaloir d'arguments que l'on ne peut négliger.

Quoi qu'il en soit, dès lors que l'on rejette le postulat de stabilité des coûts de production, un commerce libéré de toute entrave n'induit plus nécessairement la meilleure des situations possibles pour toutes les nations.

B. Le libre-échange contre la prospérité et le bien-être mondial : le paradoxe de Graham

Cette deuxième critique, comme la précédente, est fondée sur l'abandon de l'hypothèse des coûts constants.

En effet, supposons que la production de blé est une activité à rendements décroissants (le coût unitaire tend à s'élever lorsque la production augmente), alors que la production horlogère est à rendements croissants (le coût unitaire baisse avec l'accroissement des quantités produites). Dans ce cas, le pays qui se spécialise dans la production de blé peut se trouver, après spécialisation, dans une situation moins favorable qu'avant, la situation pour l'ensemble des deux pays étant meilleure ou pire selon que la perte du premier l'emporte ou non sur le gain de son partenaire.

Là ne réside pas le paradoxe, mais dans le fait, révélé par F.D. Graham, qu'à tout instant, du début à la fin, le critère de l'avantage comparatif incite au développement de la spécialisation perverse.

Ce paradoxe montre non seulement que le commerce peut, dans certains cas, défavoriser l'un des deux pays, mais aussi, ce qui est plus grave, qu'il peut être préjudiciable au niveau de l'économie mondiale.

Alors que la critique précédente axée sur la distinction gain statique-gain dynamique ne touchait qu'à la dernière des trois propositions par lesquelles nous avons résumé les thèses de Ricardo, le paradoxe de Graham réfute simultanément les deux premières, ce qui anéantit du même coup la troisième. Avec des rendements croissants dans certaines activités et décroissants dans d'autres (ce qui est plus vraisemblable que l'éventualité de rendements uniformément constants), le libre-échange pourrait éventuellement conduire à une régression du bien-être mondial et à une allocation des ressources tout à fait irrationnelle. Le rejet de l'hypothèse apparemment la plus anodine, celle des coûts constants, suffit à compromettre très sérieusement la cohérence de l'édifice ricardien et, en tout cas, à ruiner la démonstration de l'excellence du libre-échange. Or, D. Ricardo pose précisément comme principe de portée générale l'hypothèse de rendements décroissants dans les productions agricoles. C'est sur cette base, notamment, qu'il construit sa théorie de la rente, ainsi que son analyse de la dynamique économique à long terme. Ce n'est donc peut-être pas un hasard si le chapitre VII où il expose le théorème des coûts comparatifs est l'un des seuls des *Principes* où cette loi de la production agricole est passée sous silence.

C. Silences et double langage : l'analyse ricardienne, une argumentation partisane ?

Poussons le raisonnement de Ricardo jusque dans ses ultimes implications, sous l'hypothèse qui est la sienne, celle des rendements décroissants dans l'agriculture.

1°) Les pays « pauvres », explique Ricardo ([2], p. 333), disposent d'un avantage comparatif dans la production des biens salariaux (blé). Puisque les coûts de production du blé sont croissants, son prix doit s'élever avec les progrès de la spécialisation, entraînant la hausse des rentes et des salaires nominaux. En conséquence, le taux de profit et les incitations à investir s'amenuisent, ce qui a pour effet de ralentir la croissance.

À condition que l'effet Graham ne soit pas mis en jeu, le commerce international peut encore rester bénéfique à très court terme (dans l'instantané) pour le pays pauvre, mais il sacrifie ses possibilités de développement à plus long terme, en accélérant l'évolution de son économie vers l'état stationnaire. En outre, l'infléchissement corrélatif de la répartition profite exclusivement aux propriétaires fonciers.

2°) Inversement, pour les nations « riches » ou industrialisées exportatrices de biens industriels non salariaux (« objets de luxe » dans la terminologie de Ricardo), le commerce international est doublement bénéfique : il augmente les revenus réels dans ces pays et, grâce à la baisse du prix du blé qu'ils importent, il y accroît le taux de profit (ou en arrête la baisse), ce qui stimule la croissance de ces économies. Par conséquent, le commerce favorise la bourgeoisie manufacturière des nations riches au détriment des propriétaires fonciers.

Cette interprétation est à notre avis la seule qui permette à Ricardo d'être totalement cohérent avec lui-même. Elle conduit à des conclusions fort différentes de celles qu'il voulait établir : le commerce international accroît le taux de croissance des pays « riches », exportateurs de biens de luxe et réduit celui des pays « pauvres », exportateurs de biens salariaux. Il aggrave donc les inégalités de niveaux de vie et de développement.

D. Ricardo, c'est du moins notre conviction, a certainement perçu cette implication indésirable de sa propre analyse, mais, pour des raisons évidentes, il n'en expose qu'un versant, le seul qui soit présentable : celui des conséquences avantageuses du commerce pour le pays riche, importateur de blé.

3°) Si, de surcroît, les conditions de production sont telles que l'effet Graham apparaisse, ce qui est tout à fait possible dans le cadre des hypothèses fondamentales de D. Ricardo, il ne reste alors plus rien des conclusions optimistes de l'auteur : le pays pauvre exportateur de blé serait, en outre, exploité par ses partenaires commerciaux qui s'enrichiraient à ses dépens et son revenu réel subirait une régression.

On peut alors se demander si l'apologie du libre-échange ne masque pas, de la part de Ricardo, la défense de certains intérêts spécifiques, ceux de la bourgeoisie manufacturière anglaise dont les besoins en capitaux et en main-d'œuvre étaient freinés par la protection accordée, à l'époque, à l'agriculture anglaise (*Corn Laws*). Plus précisément, en se replaçant dans le contexte politique et économique du début du XIXe siècle, on pourrait distinguer deux discours dans le modèle ricardien :

- L'un, *à « usage externe »*, constitué par le théorème normatif-statique, s'adressant aux pays fournisseurs des biens salariaux nécessaires au développement britannique, destiné à les convaincre des vertus du libre-échange et des avantages (statiquement appréciés) qu'ils peuvent attendre d'un libre commerce avec l'Angleterre.
- L'autre, *à « usage interne »*, construit en termes d'évolution des profits et de rythme de croissance, s'adresse à la bourgeoisie manufacturière anglaise, en montrant les enjeux de la suppression des *Corn Laws*. En effet, ces lois préservaient effectivement à l'époque l'agriculture britannique de la concurrence des pays neufs, mais elles avaient l'inconvénient de maintenir le prix du blé et les salaires à un niveau élevé.

L'apologie du libre-échange par la « démonstration » de ses vertus universelles exigeait impérativement que ces deux discours soient soigneusement séparés. On comprend mieux, ainsi, que dans le chapitre VII, où il expose son célèbre théorème, Ricardo, comme par mégarde, « oublie » sa tout aussi fameuse loi des rendements agricoles décroissants.

Les critiques que nous venons d'adresser à la théorie de Ricardo et le caractère passablement irréaliste des hypothèses sur lesquelles elle se fonde pourraient laisser penser que cette analyse est aujourd'hui totalement désuète et dénuée d'intérêt. Ce serait sans doute aller (trop) vite en besogne. Comme le soulignent P. Krugman et M. Obstfeld [1, p. 39-42], l'analyse ricardienne permet de régler le sort d'un certain nombre d'idées reçues qui ont la vie dure en économie internationale.

1.1.5 *Une interview imaginaire : que nous dirait Ricardo sur la situation actuelle, s'il vivait aujourd'hui ?*

Vouloir faire parler un auteur près de deux siècles après son décès peut légitimement être considéré comme un exercice arbitraire. En réalité, notre intention est bien différente. Il ne s'agit pas de se livrer à des spéculations sur ce que pourrait être la pensée de Ricardo sur le monde du XXIe siècle, mais plus simplement de montrer que le modèle qu'il nous a légué apporte des réponses utiles à des questions actuelles qui sont source à la fois d'appréhensions et de mécompréhensions.

A. Le libre-échange est-il souhaitable pour un pays qui n'est pas compétitif ?

La réponse la plus fréquemment donnée à cette question est que le libre-échange est bénéfique à condition d'être « à la hauteur de la concurrence internationale ».

Cette opinion admet deux déclinaisons, associées à deux situations différentes :

• Les pays moins développés doivent d'abord se mettre à la hauteur avant de penser à ouvrir leur économie. Ce thème de la « mise à niveau » connaît un certain succès auprès des décideurs politiques des pays en développement et de certaines institutions internationales (voir par exemple le « programme d'assistance technique, de restructuration et de "mise à niveau industrielle" de l'Organisation des Nations unies pour le Développement industriel »).

Dans le même sens, B. Bruce-Biggs écrivait dans le *Wall Street Journal* du 28 février 1983 : « Beaucoup de petits pays n'ont d'avantage comparatif en rien… Ils ne peuvent que perdre à la libéralisation des échanges ».

• La seconde déclinaison est l'expression de la peur des pays développés face à la montée en puissance des nouveaux pays industriels (NPI) : le libre-échange serait source de perte pour les pays d'industrialisation plus ancienne en raison à la fois de leur incapacité à supporter la concurrence liée à des coûts de production beaucoup plus bas et des risques de délocalisation vers ces économies émergentes. Par conséquent, si un pays produit un bien moins efficacement qu'il ne l'est à l'étranger, la libéralisation des échanges ne peut que causer des dommages en termes d'activité, de croissance et d'emploi.

La théorie ricardienne nous enseigne que dans ces deux déclinaisons, il y a confusion entre coûts absolus et coûts comparatifs. Sous les hypothèses du modèle de Ricardo, la possibilité d'échanger et les gains qui peuvent en résulter ne dépendent pas de l'existence d'un avantage absolu, c'est-à-dire du fait pour un pays de disposer d'un secteur doté d'une productivité suffisamment élevée de sorte qu'il est possible de produire le bien correspondant moins cher qu'à l'extérieur. La capacité à exporter un produit donné dépend de l'avantage comparatif, lequel implique que l'on prenne en considération les niveaux des productivités non pas seulement dans ce secteur, mais dans *tous* les secteurs, comparés à ce qu'ils sont à l'étranger.

Quant à l'affirmation de B. Bruce-Biggs, son apparence de bon sens masque mal son caractère absurde. Une fois encore, elle trahit une confusion entre avantages absolus et avantages comparatifs. S'il est possible qu'un pays ait une supériorité absolue sur ses partenaires dans toutes les productions, il est impossible qu'une nation ait un avantage (ou un désavantage) comparatif dans toutes les activités. Dire par exemple que le Portugal n'a d'avantage comparatif dans aucune production vis-à-vis de l'Angleterre équivaut à écrire :

• Que le Portugal n'a pas d'avantage comparatif dans la viticulture (le coût comparatif du vin par rapport au drap étant plus élevé qu'en Angleterre) :

$$\frac{\text{Coût de production du vin au Portugal}}{\text{Coût de production du drap au Portugal}} > \frac{\text{Coût de production du vin en Angleterre}}{\text{Coût de production du drap en Angleterre}}$$

Et, simultanément que le Portugal n'a pas non plus d'avantage comparatif dans la production drapière :

$$\frac{\text{Coût de production du drap au Portugal}}{\text{Coût de production du vin au Portugal}} > \frac{\text{Coût de production du drap en Angleterre}}{\text{Coût de production du vin en Angleterre}}$$

Ce qui est tout simplement impossible arithmétiquement !

Le chroniqueur du *Wall Street Journal* gagnerait donc à se recycler en économie, par exemple en lisant le présent ouvrage.

B. Faut-il craindre la concurrence des pays à bas salaires ?

Cette crainte est en effet très répandue dans les pays développés et elle n'est pas récente. En France, elle s'exprimait déjà comme un risque dès la fin du XIXe siècle, en des termes étonnement contemporains, par exemple sous la plume de P. D'Estournelles de Constant, député de la Sarthe, petit-neveu de B. Constant et Prix Nobel de la paix en 1909 :

« Au début, [la Chine] achètera ses machines à l'étranger pour se mettre en train ; mais, aussitôt outillée – et cela va vite –, elle s'empressera de fabriquer à son tour des produits européens ; elle retournera contre nous nos propres machines. [...] Seulement, ses avantages seront tels que nous ne pourrons pas soutenir la concurrence. [...] Enfin, et surtout, elle utilisera la plus incomparable et la plus avantageuse des mains-d'œuvre ; elle emploiera l'ouvrier chinois ; elle le payera cinq sous, tandis que nous payons les nôtres, en Europe et en Amérique, jusqu'à cinq francs et davantage. Mais elle ne se contentera pas d'écarter nos produits. Elle nous vendra les siens. De la défensive, elle passera promptement à l'offensive et c'est nous qui organiserons son attaque. Nous l'avons déjà commencé ! » (Cité dans le rapport du Sénat n° 374 du 23 juin 2004 sur la délocalisation des industries de main-d'œuvre, p. 20.)

Un siècle plus tard, on retrouve la même préoccupation selon laquelle la concurrence des pays à bas salaire est déloyale et préjudiciable pour les pays développés. Cette thèse, très répandue, a été développée aux États-Unis par certains experts tels que J.M. Culberston, professeur à l'Université du Wisconsin, auteur de plusieurs ouvrages consacrés à cette question et d'une série de trois articles publiés par le *New York Times* en juillet et août 1985 et en août 1986, dans lesquels il défend l'idée que le libre-échange avec des pays à bas salaires équivaut à la libre immigration de leur main-d'œuvre et aurait pour conséquence l'importation de leur faible niveau de vie.

Cette seconde crainte est une variante de la précédente. Dans le cadre du modèle ricardien peu importe que l'écart des coûts de production par rapport à l'étranger soit dû à des différences de productivité ou des différences de salaires. Ceci ne conditionne en rien l'existence ou non d'un gain à l'échange. Dans le cadre des hypothèses qui sont les siennes, le modèle de Ricardo apporte donc une réponse rassurante à cette question. Toutefois, cet optimisme mérite, pour le moins, d'être tempéré.

Il est vrai, comme le souligne D. Ricardo, que la compétitivité ne dépend pas que des écarts de salaires. Plusieurs autres facteurs entrent en ligne de compte. De manière plus précise, quatre mécanismes d'ajustement peuvent être mis en place dans des économies comme l'Europe ou les États-Unis pour corriger l'effet de l'écart des rémunérations avec les pays à bas salaires :

1°) *Par le change* ou, en d'autres termes par la dépréciation des monnaies des pays riches relativement à celle des pays pauvres, ce qui peut être, en partie, la conséquence du déficit de balance commerciale des premiers vis-à-vis des seconds.

2°) *Par de moindres niveaux de la productivité dans les pays pauvres* que dans les pays riches. En effet, la plupart des études empiriques tendent à montrer une relation directe robuste entre les niveaux des salaires et des productivités. Donc, pour les pays riches, le désavantage concurrentiel de salaires plus élevés peut être (au moins partiellement) compensé par l'avantage d'une plus grande productivité.

3°) *Par la hausse des salaires et des charges sociales dans les pays émergents*. Ce dernier mécanisme est effectivement à l'œuvre dans les nouvelles puissances exportatrices, tout spécialement en Chine. Selon le *Bureau of Labor Statistics* (2013), le salaire horaire dans l'industrie chinoise (exprimé en dollars) a triplé entre 2002 et 2009, passant de 0,60 $ en 2002 à 1,72 $ en 2009. Dans le même temps, les charges sociales sont passées de 23 % à 35 % du montant des salaires entre les mêmes dates. Au cours des 10 dernières années, le salaire minimum chinois a connu la même trajectoire ascendante, progressant à un rythme de l'ordre de 13 % par an. Dans certaines provinces ou villes chinoises, il approche, voire dépasse, celui des pays les plus pauvres de l'Union européenne (Roumanie, Bulgarie).

4°) La dernière solution, pourrait être *la compression des salaires dans les pays riches*, qui correspond au mécanisme redouté par Culberston. Elle correspond en effet, pour les pays riches à un ajustement par le bas (*race to the bottom*). Cette perspective explique les craintes de nombreux pays développés ressenties à l'égard de la libéralisation commerciale et, plus généralement, à l'égard de la globalisation.

Bien entendu, l'ajustement par la hausse des salaires dans les économies émergentes constitue le meilleur espoir de correction des écarts de coûts à long terme pour les pays riches. Le problème est que malgré la rapidité du mouvement observé dans le cas de la Chine, ce mécanisme prend du temps. Il se chiffre en décennies, voire en générations, d'autant plus qu'avec le rattrapage de la Chine, un processus de délocalisation ou de relocalisation à partir de la Chine s'est mis en marche vers de nouveaux pays à bas coûts de main-d'œuvre. Ce mouvement implique à la fois des entreprises étrangères établies dans l'Empire du Milieu et des entreprises chinoises, qui à partir de ces nouvelles bases à bas salaires continueront à exporter vers l'Europe et les États-Unis. Le temps que s'opère l'égalisation des rémunérations du travail, certains secteurs (à forte intensité en travail) et certaines catégories sociales dans les pays développés souffrent de cette concurrence. Pour ces perdants de la libéralisation, peu importe que ces pertes soient « temporaires » dans une perspective de (très) long terme, car à l'échelle de la vie humaine elles sont perçues comme définitives. Que les pertes des perdants soient compensées (voire surcompensées) par les gains de ceux qui, au sein du même pays, bénéficient de l'ouverture sur le monde ne peut guère consoler les premiers, bien au contraire ! Les appréhensions et l'hostilité suscitées par la libéralisation et, plus généralement, par la globalisation s'expliquent en grande partie par ses effets distributifs. Cette question est examinée de manière plus approfondie par l'analyse néo-classique étudiée dans la prochaine section.

C. Les pays les moins développés ne doivent-ils pas craindre la concurrence des pays riches ?

Cette crainte est exactement l'inverse de la précédente. Cette préoccupation a suscité d'importants travaux dans le courant des années 1970, en particulier autour du thème de « l'échange inégal », dont la théorie a été développée par un auteur français : A. Emmanuel (1972). Cette thèse de l'échange inégal s'inscrit dans le prolongement du modèle de D. Ricardo, mais avec une approche différente qui mobilise des concepts issus de l'analyse marxiste (plus-value, composition organique du capital) et avec un concept de nation lui aussi différent, puisqu'Emmanuel suppose la mobilité internationale des capitaux, la force de travail étant supposée être immobile internationalement. La thèse de l'auteur peut être résumée dans les termes suivants : le libre-échange entre pays inégaux serait, lui aussi, inéluctablement inégal. Plus précisément, il serait nuisible aux pays les plus pauvres et bénéfique aux pays riches. Cette exploitation des pays pauvres par les pays riches, provoquée par l'échange international entre ces pays, pourrait être repérée par des « termes de l'échange factoriels doubles » (en abrégé : TEFD) défavorables, c'est-à-dire par un rapport :

$$\frac{\text{Quantités de travail incorporée dans les exportations}}{\text{Quantités de travail incorporée dans les importations}} > 1$$

Autrement dit, pour acquérir l'équivalent d'une heure de travail étranger contenue dans les produits importés, les pays en développement doivent fournir l'équivalent de plus d'une heure de travail contenue dans les produits qu'ils exportent. Ils seraient donc exploités au niveau des prestations réciproques en travail.

Pour Emmanuel, cette inégalité de l'échange international trouverait sa source d'une part dans les différences technologiques : la technologie est plus capitalistique au Nord qu'au Sud et d'autre part d'un niveau d'exploitation plus élevé de la force de travail au Sud (conséquence notamment d'un moindre niveau des salaires). En somme, ce qui serait en cause, ce seraient les différences de niveaux de vie et de niveaux d'industrialisation.

L'argument de l'échange inégal souffre cependant d'une limite sérieuse. Des TEFD supérieurs à l'unité sont-ils réellement révélateurs d'un processus d'exploitation international ? Peut-on comparer une heure de travail effectué au Sri Lanka à une heure de travail aux USA ? La réponse est évidemment négative : elles ne sont pas de même nature. Dans la formule des TEFD, on ne peut donc pas comparer le numérateur et le dénominateur.

La perspective développée par Ricardo est bien différente : lorsqu'il s'agit d'apprécier les avantages ou les désavantages procurés par le commerce international, ce qui compte, ce ne sont pas les quantités de travail incorporées dans les importations et les exportations (incommensurables ici et là). Ce sont les quantités (et la variété) des biens que l'on peut obtenir grâce au commerce international, en comparant la situation du pays avant et après l'ouverture des frontières. Autrement dit, lorsqu'il s'agit d'apprécier si le commerce international est bénéfique ou néfaste, cela n'a guère d'intérêt de comparer le travail domestique contenu dans vos exportations, au travail étranger qui a été nécessaire (à l'étranger) pour produire les biens que vous importez. La comparaison pertinente, du point de vue de l'efficience et du bien-être, est entre le travail domestique contenu dans vos exportations et le travail domestique qu'il aurait fallu consentir pour produire vous-mêmes les biens plutôt que de les importer. Concernant cette dernière comparaison, le doute n'est pas permis : le principe de l'avantage comparatif montre que le commerce international est avantageux pour les pays qui se conforment à ce principe.

1.2 L'ANALYSE NÉO-CLASSIQUE OU LA REPRÉSENTATION D'UN MONDE IDÉAL

Dans le domaine des relations économiques internationales, l'école néo-classique s'affirme l'héritière en ligne directe de l'œuvre de Ricardo, dont elle s'efforce de « récupérer » l'ensemble de la démonstration, en la prolongeant et en la perfectionnant, en s'appuyant sur les progrès réalisés par la micro-économie à partir de la fin du XIXe siècle. À la suite des apports d'A. Marshall, F. Y. Edgeworth, F.W. Taussig, G. Haberler, E. Heckscher, B. Ohlin, P. Samuelson, etc., un travail remarquable de reformulation a été effectué. Le modèle très simple de Ricardo a fait place à des constructions utilisant un arsenal logico-mathématique de plus en plus complexe.

L'originalité de l'analyse néo-classique est double :

1°) Elle développe et explicite l'analyse « positive » de Ricardo en cherchant à expliquer l'origine de l'avantage comparatif et, partant, la source même du commerce international.

2°) La seconde contribution majeure de l'analyse néo-classique est qu'elle étudie de manière précise et détaillée les conséquences que produisent les échanges internationaux sur la distribution des revenus à l'intérieur même de chaque pays. Quelles sont les conséquences sur l'évolution des salaires, sur les profits ? À ce niveau également, nous pouvons considérer que la démarche néo-classique opère une extension, un approfondissement de l'analyse de Ricardo.

Les axiomatiques (systèmes d'hypothèses) classique et néo-classique diffèrent sur plusieurs points, notamment par le rejet de la valeur travail effectué par l'école néo-classique. En dépit de ces différences, la théorie néo-classique recouvre, à quelques nuances près, l'ensemble des conclusions statiques du schéma ricardien. L'analyse néo-classique retrouve, en particulier, la thèse fondamentale de Ricardo, c'est-à-dire le caractère « harmonique » des lois qui régissent les relations économiques internationales et, partant, la justification du libre-échange. Là réside, peut-être, l'un des traits les plus originaux du point de vue néo-classique : démontrer, de la sorte, que la loi des coûts comparatifs n'est pas organiquement liée à la théorie de la valeur travail.

1.2.1 *Les hypothèses du modèle néo-classique*

Trois lignes de rupture distinguent clairement les analyses classique et néo-classique et qui portent, non pas sur les conclusions auxquelles elles aboutissent, mais sur leurs points de départ.

A. La nation conçue comme un seul et même agent

La représentation de la nation comme lieu « géométrique » de l'immobilité des facteurs constitue toujours le fondement de l'analyse néo-classique contemporaine. Cependant, alors que Ricardo analysait la nation comme un ensemble formé de classes sociales aux intérêts plus ou moins antagoniques, les néo-classiques l'appréhendent comme une seule et même entité collective, un opérateur unique, une sorte de « super-individu », à la fois producteur et consommateur, dont les goûts et les capacités de production synthétiseraient ceux de la multitude des individus et des entreprises qu'il est censé représenter. La nation néo-classique est ainsi réduite à un centre de décision unique transcendant tous les conflits et tous les intérêts particuliers.

Agissant « comme un seul homme », elle est, par conséquent, sans dimension sociale, à l'image d'un point dans l'espace des marchandises.

B. D'où vient l'avantage comparatif ?

La seconde divergence entre les analyses classique et néo-classique concerne la technologie et les ressources dont dispose chaque nation.

La spécialisation ricardienne résultait des différences technologiques existant, en chaque secteur, entre les pays. L'analyse néo-classique postule, à l'inverse, l'identité, de pays à pays, des conditions de production. Dans chacun des secteurs, la « fonction de production », c'est-à-dire la relation entre les quantités utilisées des divers facteurs (*inputs :* matières premières, énergie, main-d'œuvre, équipement...) et le volume de la production (*output*) qu'ils permettent d'obtenir, est supposée être identique dans tous les pays. En somme, l'économie mondiale dans sa globalité est réputée être homogène (intégrée) technologiquement. En outre, la nature même des technologies diffère dans les deux approches. Dans l'analyse ricardienne, la production s'effectue « à coefficients fixes », les facteurs devant être employés dans des proportions strictement définies. À l'inverse, dans l'analyse néo-classique, les facteurs sont substituables ; ce qui signifie qu'il est possible, sans perte d'efficacité, de réduire par exemple l'emploi de travail (noté L), moyennant la mise en œuvre d'une quantité accrue de capital (noté K). Autrement dit, la machine peut remplacer l'homme, et *vice-versa*. Par conséquent, à un moment donné, chaque bien pourra être produit avec diverses proportions d'utilisation des facteurs ou, si l'on préfère, avec différents dosages de travail et de capital, mesurés par le ratio K/L.

En d'autres termes plus imagés, la technologie que requiert la production s'apparente à une recette de cuisine. Celle-ci nécessite l'emploi de plusieurs ingrédients (*inputs*) en vue d'obtenir un résultat donné (*output*) en quantité et qualité. Dans le modèle classique, le dosage des ingrédients est impératif : ceux-ci doivent être employés dans des proportions précises dans chaque pays. On ne peut s'en écarter sans gaspiller des ressources. Il n'existe donc qu'une recette (technologie) disponible dans chaque pays. Cependant, cette recette peut être différente d'un pays à l'autre. Dans le modèle néo-classique, l'hypothèse est rigoureusement symétrique : plusieurs recettes productives sont disponibles dans chacun des pays, autorisant des dosages différents des ingrédients, mais la gamme des recettes possibles est la même partout.

Ajoutons, enfin, que dans le schéma ricardien, les disponibilités en ressources productives ne sont pas l'élément déterminant de la spécialisation et de la structure du commerce international, car ces ressources sont produites par l'activité humaine. Les disponibilités en capital dépendent du rythme de l'accumulation, tout comme les ressources en main-d'œuvre résultent de la croissance démographique qui, elle-même, est fonction du niveau et de l'évolution du salaire réel. Les ressources naturelles elles-mêmes n'existent que pour autant qu'elles soient révélées au sein ou à la surface de la Terre (prospection, défrichage, voire conquête sur la mer...). Les vocations productives des nations s'expliqueraient donc, essentiellement, selon Ricardo, par les différences technologiques.

Le point de vue néo-classique est exactement inverse. Les technologies disponibles étant partout les mêmes, les avantages comparatifs trouvent alors leur origine dans la plus ou moins grande abondance des ressources productives que possède chaque nation. Contrairement à Ricardo, la théorie néo-classique dans sa version initiale suppose l'invariance des ressources nationales en facteurs de production (fixité des dotations factorielles) et c'est donc leurs disparités, d'un pays à l'autre, qui devient l'élément explicatif déterminant.

La nation néo-classique peut donc être comparée à un « bloc » de dotations factorielles, définissant un ensemble de capacités productives. La nation est bien le même parc à bestiaux dont les clôtures interdisent toujours les entrées ou les sorties des facteurs de production. Toutefois, alors que les dimensions de l'enclos ricardien pouvaient s'adapter à la reproduction du bétail, le parc néo-classique est immuable, dans son contenant comme dans son contenu, emprisonnant un bétail sans vie, c'est-à-dire immortel et ne se reproduisant pas.

C. La différence essentielle entre classiques et néo-classiques : la loi de la valeur

Pour les classiques, les prix s'établissent en proportion de la dépense en quantité de travail qu'implique la production des biens. Ce point de vue équivaut à privilégier les conditions de l'offre dans la détermination des rapports d'échange.

Pour les néo-classiques, la valeur des marchandises résulte de leur utilité, c'est-à-dire du degré de satisfaction que procure la disposition des différents biens, ou, si l'on préfère, de leur aptitude à satisfaire les besoins des individus. Cette approche tend, au contraire de la précédente, à privilégier la demande : une marchandise a un prix non parce qu'elle coûte, mais parce qu'elle est demandée.

Là réside à la fois la rupture essentielle entre les deux courants de pensée et le critère qui permet de les distinguer.

1.2.2 *L'explication de la spécialisation et des échanges*

Ricardo expliquait le commerce international par les différences, de pays à pays, du rapport des coûts ou des niveaux de productivité dans les diverses activités. Les différences d'efficacité productive fondaient ainsi la DIT. Mais l'explication restait superficielle. À l'exception de quelques remarques furtives, Ricardo se bornait à constater l'existence de ces écarts de performances sans vraiment chercher à en pénétrer les raisons. Son explication restait donc superficielle. Un apport majeur de la démarche néo-classique est qu'elle s'efforce de remonter la chaîne de causalité en expliquant ces disparités de coûts relatifs par les différences de ressources productives à la disposition des nations (*cf. infra*, figure 1.7).

A. La loi des proportions de facteurs, une proposition de « bon sens »

La principale contribution de la théorie néo-classique au progrès de l'analyse du commerce international a été de prolonger le début d'explication fourni par Ricardo.

L'apport décisif en la matière est dû à deux économistes suédois, E. Heckscher et B. Ohlin qui, au début du XXe siècle (en 1919 et 1933 respectivement), formulèrent la « loi des proportions de facteurs ».

L'explication proposée paraît, de prime abord, difficilement contestable. Si l'on réduit, par exemple, les facteurs de production au travail et à la terre, alors, le pays qui dispose de vastes étendues de terres exploitables, mais de peu de main-d'œuvre (en proportion), se spécialisera dans des formes d'agriculture ou d'élevage très extensives, alors que le pays plus riche en main-d'œuvre et ne disposant que de peu de terres se spécialisera dans des cultures intensives.

Pour déterminer la spécialisation, il faut donc tenir compte :
- d'une part des disponibilités en facteurs de chaque pays (ses dotations factorielles) ;
- d'autre part des quantités de facteurs que requiert chaque type de production (leur intensité d'utilisation des facteurs). Des activités comme l'industrie aérospatiale, la pétrochimie, *etc.* sont intensivement utilisatrices de capital et de travail qualifié. Il en va de même de l'industrie automobile dont la production est fortement robotisée. Il s'agit d'industries (relativement) « capitalistiques » (ou *capital intensive*). En revanche, les industries minières, le secteur du bâtiment et des travaux publics, la construction navale, *etc.* sont des activités qui, comparativement aux précédentes, nécessitent, en proportion, moins de capital et plus de main-d'œuvre faiblement qualifiée. Ces industries sont dites « travaillistiques » (ou *labour intensif*).

ENCADRÉ 1.4. LES RELATIONS ENTRE LA FRANCE ET LA CHINE SELON LA THÉORIE NÉO-CLASSIQUE

Si nous comparons, par exemple, l'économie de la Chine à celle de la France, il est clair que la dotation chinoise en km² de terres cultivables est très largement supérieure à celle de la France. Mais étant donné que la population chinoise est un multiple encore plus important de celle de la France, la Chine est donc, comparativement à la France, un pays relativement pauvre en terres et riche en main-d'œuvre.

	Chine	France
Surfaces cultivables en km² (notées : T)	1 151 635	185 989
Population (L)	919,5 millions	29,6 millions
Rapport T/L	0,00125	0,00628

En termes absolus, la Chine est six fois plus riche en terres que la France, alors qu'en termes relatifs elle est cinq fois plus pauvre. Autrement dit, en Chine, les surfaces cultivables sont rares en raison de la forte pression démographique sur les terres disponibles ou, ce qui revient au même, par suite de l'importance des besoins en produits de l'agriculture.
Nous savons, en effet, que dans les économies de marché, la rareté d'un bien ou d'un facteur s'exprime par son prix. Par conséquent, un facteur est abondant lorsque son prix (sa rémunération) est relativement bas dans le pays considéré, comparé à celui des autres facteurs et il est rare lorsque son prix relatif est plus élevé que chez les autres partenaires.
On comprend, de ce fait, que l'agriculture chinoise soit de type intensif, occupant près de 35 % de la population active du pays actuellement, alors qu'elle est plutôt extensive en France. La France disposera donc d'un avantage comparatif par rapport à la Chine dans l'élevage, tandis qu'inversement la Chine sera relativement favorisée dans la culture du riz.

Naturellement, pour déterminer les avantages comparatifs et le sens de la spécialisation, ce qui importe, c'est la richesse en facteurs de chaque pays, évaluée non pas en termes absolus, mais de façon relative.

Le diagnostic néo-classique relatif à l'origine de la spécialisation et à la détermination du commerce international est, finalement, très simple :

Pour des raisons géographiques et historiques, la répartition des ressources matérielles et humaines entre les nations n'est pas uniforme, et cette inégalité de la distribution internationale des ressources explique la disparité des prix relatifs des produits, dont dépendent les avantages comparatifs nationaux.

D'où la loi des proportions de facteurs :

> En économie ouverte, chaque pays tend à se spécialiser dans la production du ou des biens dont la fabrication nécessite *relativement* le plus le (ou les) facteur(s) dont il est *relativement* le mieux doté.

B. Ohlin résume cette proposition de façon lapidaire en énonçant :

> « L'échange international est un échange de facteurs abondants contre des facteurs rares : un pays exporte les biens dont la production exige une grande quantité du facteur qu'il possède en abondance. »

Comme le montre le schéma ci-dessous (figure 1.7), il s'agit bien d'un approfondissement du modèle ricardien.

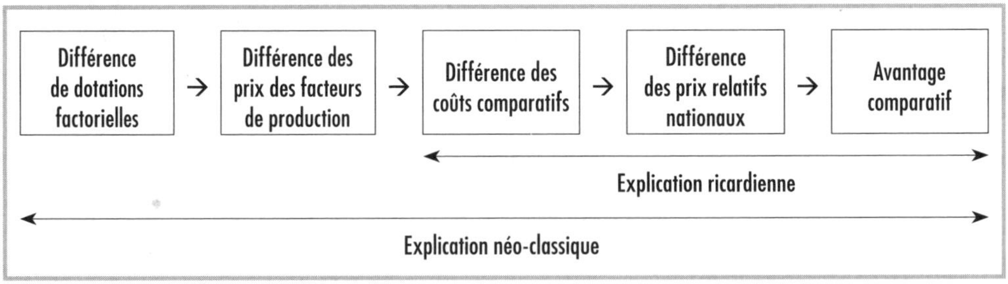

FIGURE 1.7.
Explication ricardienne et explication néo-classique

Dans la formulation de cette loi, l'adverbe « relativement » apparaît deux fois. Autrement dit, pour comprendre la structure du commerce international, une double comparaison est nécessaire :

- comparaison des stocks de facteurs dont disposent les nations ou, plus précisément, comparaison des prix relatifs des facteurs,
- comparaison des quantités de facteurs requises dans les diverses productions.

Les prix (ou coûts d'utilisation) des facteurs joints aux quantités dans lesquelles ils entrent dans la fabrication des différents biens, suffisent en effet à déterminer les coûts (ou les prix) relatifs des biens et, donc, les avantages comparatifs des pays.

Étant donné, par exemple, que la construction automobile est plus capitalistique que l'industrie de l'habillement, la loi des proportions de facteurs indique que les États-Unis, pays riche en capital comparé à la France, disposent d'un avantage relatif dans la production automobile. En revanche, la France, proportionnellement riche en travail, est relativement avantagée dans la confection, activité qui utilise plus intensivement la main-d'œuvre.

Plusieurs travaux ont permis d'établir le pouvoir explicatif de la loi des proportions de facteurs. J. Sachs et H. Shatz ont montré par exemple que la loi des proportions de facteurs reflétait précisément la composition des échanges entre la Chine et les États-Unis en fonction des intensités d'utilisation des activités en main-d'œuvre qualifiée (tableau 1.6).

	Niveaux de qualification du travail de quelques industries caractéristiques	Part des importations américaines en provenance de Chine	Part des exportations américaines vers la Chine
Qualification élevée ↑	1. Publications, machines de bureau, équipements informatiques	4,8	7,7
	2. Industrie aéronautique, chimie inorganique	2,6	48,8
	3. Moteurs, turbines, huiles	3,9	21,3
	4. Matériaux de construction, systèmes de chauffage non électriques	11,5	4,3
	5. Horlogerie, jouets, articles de sport	18,9	6,3
	6. Construction en bois, mobile homes	8,2	1,3
	7. Construction et réparations navales, ameublement	4,1	2,8
	8. Tabac, véhicules à moteur, produits sidérurgiques	5,2	1,8
	9. Tissus, laine, cuir, laminage	17,2	0,4
↓ Faible qualification	10. Vêtements d'extérieur pour filles et enfants, chaussures	23,5	5,2

Source : Sachs J. & Shatz H. (1994), "Trade and jobs in US Manufacturing", *Brookings Papers on Economic Activity*, vol. 25, issue 1, (tableau 20, p. 53)

TABLEAU 1.6.
La loi des proportions de facteurs et le commerce entre les États-Unis et la Chine (en 1990)

Les importations américaines en provenance de Chine sont principalement constituées de produits à haute teneur en travail faiblement qualifié (41 % proviennent des groupes 9 et 10), alors que les États-Unis exportent vers la Chine des produits dont la fabrication requière beaucoup de travail hautement qualifié (les groupes 1 à 3 représentent près de 80 % du total). Ce constat est conforme au fait que les États-Unis sont comparativement à la Chine un pays riche en travail qualifié, alors que la Chine est comparativement bien dotée en main-d'œuvre non qualifiée. Le bon sens de l'explication néo-classique paraît donc indiscutable. Pourtant celle-ci comporte quelques limites qui justifient les critiques dont elle a fait l'objet.

B. Se méfier du « bon sens »

Indépendamment des restrictions applicables à l'ensemble de la théorie néo-classique du commerce international, à ses hypothèses, sa démarche et ses conclusions que nous étudierons plus loin, trois observations peuvent être adressées spécifiquement à la loi des proportions de facteurs.

Une explication superficielle ?

L'apparence d'évidence intuitive de l'explication proposée comporte un risque de « dégénérescence » en explications de surface, quasi tautologiques, permettant de justifier n'importe quoi *ex post*, du type : « Les pays tropicaux cultivent des fruits tropicaux en raison de la relative abondance des conditions tropicales de production… ». Voici une affirmation incontestable, mais qui ne fait guère progresser notre compréhension de la composition des échanges internationaux et de la spécialisation.

Une analyse statique

L'explication est indéniablement valable en ce qui concerne les ressources naturelles. Elle est beaucoup plus discutable lorsque les facteurs de production sont le produit de l'activité humaine, tels que le capital, créé par accumulation, le travail qualifié et les savoir-faire acquis par la formation et par l'expérience professionnelle. Un raisonnement valable dans les conditions statiques immédiates n'est plus nécessairement vérifié à long terme. Nous retrouvons ici la critique de M. Byé.

ENCADRÉ 1.5. LA LOI DES PROPORTIONS DE FACTEURS ET LES PAYS EN DÉVELOPPEMENT

Pour tel ou tel PED d'Afrique, d'Asie ou d'Amérique latine, pauvre en capital, la loi des proportions de facteurs indique un « avantage comparatif court » dans l'exportation des produits bruts, compte tenu des ressources productives naturelles et humaines dont il dispose.

Toutefois, ne vaudrait-il pas mieux, à long terme, utiliser le peu de capital disponible dans le pays pour tenter d'en créer un peu plus, c'est-à-dire investir dans des usines de transformation ce qui permettrait éventuellement au pays, quelques années plus tard, d'acquérir un avantage comparatif dans l'exportation de produits transformés et de biens manufacturés ?

Il n'est pas question de nier les difficultés que soulève l'industrialisation dans les PED : difficultés liées à la complexité des technologies à mettre en œuvre, difficultés de leur maîtrise sociale, difficultés d'intégration d'unités industrielles importées dans le système productif local, problèmes de cohérence, de cohésion, et de compatibilité entre les structures techniques, économiques et sociales. Mais l'expérience des économies émergentes prouve que cette question mérite d'être posée et pas seulement sur le plan théorique !
Les choix de spécialisation, avec tout ce qu'ils impliquent sur le plan économique, social et politique sont loin d'offrir la simplicité affichée par la loi des proportions de facteurs. Simplicité au demeurant conservatrice puisque son application systématique aux PED a toute chance de figer les situations.

Les États-Unis, pays riche en travail ? (Le paradoxe de Leontief)

Dès le début des années 1950, les tentatives de vérification statistique de la loi ont soulevé un certain nombre d'interrogations. Calculant les contenus en travail et en capital des diverses productions américaines, W. Leontief, de l'Université de Harvard (Prix Nobel de sciences économiques en 1973), a constaté dans une étude publiée en 1953 que les États-Unis exportent des produits qui, en moyenne, incorporent beaucoup moins de capital et plus de travail que n'en requièrent leurs importations.

	Substituts aux importations	Exportations	Ratio Import/Export
Capital	3 091 339 $	2 550 780	
Travail (en années de travail)	170,004	182,313	
Capital/années travail	18 184 $	13 991 $	1,3

Source : Leontief W. (1953), "Domestic Production and Foreign Trade : The American Capital Position Re-Examined", *Proceedings of The American Philosophical Society*, vol. 7, n° 4, September, p. 336

TABLEAU 1.7.
Contenus en facteurs de production pour la valeur d'un million de dollars d'exportation et de substituts aux importations des États-Unis en 1947 (toutes les industries)

Ce « paradoxe de Leontief » semblerait donc contredire la loi d'Ohlin, puisque l'économie américaine notablement mieux pourvue en capital qu'en travail, devrait en principe exporter des biens intensifs en capital.

Toutefois, le paradoxe réside moins dans cette constatation inattendue que dans l'interprétation encore plus surprenante qu'en donne Leontief. Selon l'auteur, contrairement à l'opinion courante, les États-Unis seraient, en réalité, relativement riches en travail, parce qu'à équipement égal, le travailleur américain serait trois fois plus productif que le travailleur étranger, du fait d'une meilleure organisation du travail, d'une gestion plus efficace de la production, d'un climat plus favorable à la productivité dans les entreprises, *etc.*

En 1947, année sur laquelle portait la première étude de Leontief, les États-Unis auraient compté non pas 65 millions de travailleurs, mais 195 millions de travailleurs-équivalents-étrangers (si l'on peut dire...). Par ce tour de passe-passe, Leontief tentait ainsi de réconcilier les données de l'observation concrète avec les « prévisions théoriques » de la loi des proportions de facteurs. Voici une bien étrange démarche qui, lorsqu'elle constate un divorce entre la théorie et la réalité observable, en impute entièrement la responsabilité à l'aberration des faits. Cette attitude est d'autant moins admissible que la méthode statistique de Leontief n'est pas irréprochable. Il reste toutefois que les investigations ultérieures suscitées par le paradoxe débouchent sur des résultats partagés, certains vérifiant, d'autres, en nombre à peu près égal, infirmant la loi, malgré les perfectionnements des méthodes d'évaluation et bien que les calculs ne soient plus cantonnés à la seule économie américaine, mais portent sur une douzaine de pays ou groupes de pays (Canada, Japon, RFA, RDA, France, Royaume-Uni, Inde...). L'ambivalence des résultats obtenus souligne à la fois le caractère inacceptable de l'interprétation que Leontief donne de son paradoxe ainsi que l'excès de simplification de l'explication néo-classique, notamment parce qu'elle se fonde sur des hypothèses statiques.

Cependant, la loi des proportions de facteurs ne représente que l'une des facettes de la théorie néo-classique, qui se prononce également sur les conséquences de la spécialisation et des avantages qui en résultent pour les partenaires commerciaux.

L'examen de l'influence du commerce extérieur sur la répartition du revenu est une préoccupation ancienne que nous avons déjà rencontrée dans l'œuvre de Ricardo. Si celui-ci s'oppose à toute forme de protection et, en particulier, aux *Corn Laws*, ce n'est pas seulement parce qu'elles faisaient obstacle à une utilisation optimale des ressources productives, mais aussi parce qu'elles augmentaient la rémunération et la part du revenu des propriétaires fonciers et, partant, limitaient les perspectives de profit et d'accumulation, ce qui freinait l'industrialisation et la croissance économique à long terme de l'Angleterre.

1.2.3 *Commerce international et évolution des rémunérations*

Cette question très importante a été reprise et approfondie par l'analyse néo-classique. Depuis les premiers écrits d'E. Heckscher et de B. Ohlin, la thèse défendue par les théoriciens néo-classiques est qu'en dépit de l'immobilité internationale des facteurs de production, leurs rémunérations tendraient néanmoins à s'égaliser dans tous les pays sous l'influence du commerce international des marchandises.

« Le commerce international, écrit B. Ohlin, tend vers une égalisation des rémunérations des facteurs qui ne saurait toutefois être complète. ». En effet, en se spécialisant dans la production qui fait appel au facteur le plus abondant (à prix initialement bas), chaque pays intensifie l'utilisation de ce facteur, ce qui en élève le prix (ou la rémunération), tandis que les importations, se substituant à la production domestique, réduisent l'emploi du facteur rare (à prix initial élevé), ce qui fait baisser son prix. Le développement des échanges internationaux réduit donc les différences de raretés relatives : il rend moins abondant le facteur pléthorique et atténue la pénurie relative du facteur rare. De ce fait, le libre-échange tend à réduire les disparités, de pays à pays, des rémunérations des facteurs.

Jusqu'où ce mouvement de convergence peut-il se poursuivre ? Pour quelles raisons reste-t-il inachevé ? Sur ce point, Ohlin reste évasif. Son raisonnement, intuitif et prudent, ne pêche-t-il pas par excès de timidité ?

A. Le meilleur des mondes

Le pas qu'Ohlin se refusait à franchir, d'autres n'ont pas hésité à l'accomplir. E. Heckscher (dès 1919), A. Lerner (en 1932), puis P. Samuelson (en 1948) ont démontré que sous certaines conditions, notamment d'ordre technologique, l'échange international des produits est un substitut parfait de la libre circulation des facteurs. Il conduit au même résultat : l'égalisation entre les pays des rémunérations réelles (en pouvoir d'achat) des facteurs de production. Bien que les facteurs soient frappés d'une immobilité internationale, leur rémunération s'ajusterait rigoureusement à un même niveau mondial, comme si les frontières n'existaient pas, dès lors que chaque pays se spécialise suivant la ligne naturelle de son avantage comparatif propre et se soumet sans réserve à la règle du jeu libre-échangiste.

Or, puisqu'en régime de concurrence pure et parfaite les facteurs sont rémunérés selon leur productivité marginale, l'efficience productive des facteurs doit donc, elle aussi, s'égaliser dans tous les pays.

Le théorème d'Heckscher-Ohlin-Samuelson (HOS) implique que sous l'effet du commerce international, les taux de profit deviennent égaux partout et que le pouvoir d'achat des travailleurs s'égalise dans tous les pays, aux États-Unis comme au Bangladesh ou en Éthiopie !

La figure 1.8 reflète la « mécanique » de ce processus d'égalisation appliquée à l'exemple célèbre qu'avait proposé Ricardo, dans lequel nous supposons maintenant :

- D'une part que la viticulture est une activité à fort contenu en main-d'œuvre, alors que la production drapière est capitalistique.
- D'autre part que le Portugal est comparativement riche en travail (ce qui signifie que les salaires y sont bas), tandis que l'Angleterre est comparativement riche en capital (faible taux de profit).

Les théoriciens néo-classiques sont finalement beaucoup plus optimistes que les classiques dans leur croyance aux vertus du libre-échange, puisque les hypothèses du théorème étant admises, les disparités des niveaux de vie et d'efficacité productive entre les nations sont vouées à une totale disparition. Le commerce extérieur serait tout à la fois porteur du développement, d'une meilleure efficacité, ainsi que d'une plus grande équité : il offrirait à tous les pays les mêmes chances ou les mêmes potentialités de développement.

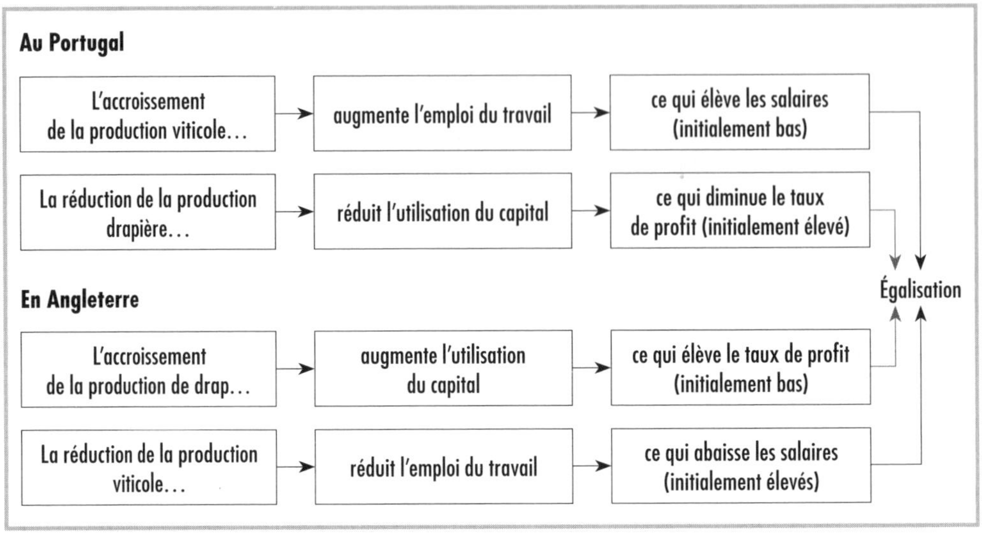

FIGURE 1.8.
Schéma explicatif du théorème HOS

« Le commerce une fois commencé, il n'y aura alors aucune différence entre les pays riches et les pays pauvres au regard du prix de chaque unité de facteur de production pour une quantité donnée » (E. Heckscher). Le libre jeu des mécanismes de marché comporterait une « sagesse inconsciente » (P. Samuelson) conduisant chacun, comme s'il était guidé par une main invisible, vers le « meilleur des mondes possibles ».

B. Un monde rêvé

Bien entendu, l'univers idéal, ce monde de rêve, décrit par le modèle HOS, est fort éloigné de ce qu'il est censé représenter… Ses fondateurs eux-mêmes en conviennent volontiers. P. Samuelson, constatant l'écart entre les résultats de l'analyse abstraite et le témoignage des faits, doit bien admettre que « face à cette dure réalité, il serait inconsidéré de voir dans le libre-échange une panacée vis-à-vis des inégalités actuelles ». Comme le résume fort bien G. Haberler, « les hypothèses sur lesquelles cet heureux résultat (l'égalisation des prix des facteurs) doit reposer sont apparues beaucoup plus restrictives et beaucoup moins conformes à la réalité qu'on ne l'avait pensé tout d'abord, de sorte que toute cette agitation théorique a conduit à une conclusion diamétralement opposée à celle qui avait été annoncée tout d'abord. Elle a démontré que l'égalisation des prix des facteurs est presque inconcevable dans la réalité ».

C. Un monde sans conflit ni rapports de pouvoir

Si les conclusions du modèle HOS sont optimistes, c'est qu'il exclut, dès le départ, toute forme d'antagonisme et d'inégalité de pouvoir entre les agents. En conséquence, la démonstration de « l'excellence du libre-échange » ne vaut que ce que valent les hypothèses (très restrictives) qui lui servent de base.

Le modèle néo-classique considère implicitement les agents comme homogènes. Comme des sardines dans leur boîte, il les suppose identiques, donc égaux. De plus, chaque sujet est construit comme libre et isolé des autres sujets, mais il est aussi, en un sens, dépendant des décisions de tous et prisonnier du mécanisme omnipotent des prix de concurrence pure et parfaite. Les prix des biens, identiques pour tous et indépendants de l'action de chacun, véhiculent la seule information commune dont disposent les agents et représentent leur seul mode de communication. Mais quel message peuvent-ils transmettre puisque les agents sont incapables d'agir individuellement sur ces prix (condition d'atomicité) ?

La théorie néo-classique nous livre là une bien étrange représentation du monde où les « agents » sont tout à la fois libres et souverains :

1. *Libres* d'agir comme bon leur semble, mais prisonniers de l'action de tous.

2. *Souverains* puisqu'ils ne subissent aucune contrainte à leur liberté de choix de la part d'aucun autre individu, mais sans pouvoir, puisque ne pouvant, non plus, influencer autrui.

3. Chaque sujet n'est donc pas véritablement un acteur, mais plutôt un objet soumis à la loi du marché, comme la limaille de fer dans un champ magnétique.

Parce qu'il est supposé être uniformément dilué dans la multitude des agents, le pouvoir est banni du modèle dès le départ. Toute relation asymétrique ou conflictuelle est ainsi logiquement exclue d'emblée.

Il faut voir là une différence importante avec la théorie classique. Les conflits sociaux n'étaient nullement niés chez les classiques, mais ils étaient « arbitrés » par le commerce international auquel D. Ricardo attribuait un rôle de pacification, d'harmonisation sociale à l'échelle intra-nationale, de conciliation et d'égalisation à l'échelle internationale.

La critique du modèle HOS dans sa version initiale, la plus simple, n'offre cependant guère d'intérêt. Cette première formulation théorique apparaît, en effet, quelque peu archaïque en regard des développements importants dont elle a fait l'objet.

1.2.4 *Perfectionnements du modèle : le libre-échange en question*

Les théoriciens néo-classiques se sont livrés à une tâche d'élargissement et de perfectionnement du modèle simple. De purement statique qu'il était au départ, le modèle a été dynamisé, notamment par la prise en compte :

- Des changements de la structure de la demande (travaux de H.G. Jonhson).
- Des modifications des dotations factorielles sous l'effet de la croissance de la population active, de l'accumulation du capital (théorème de T. Rybczynski) ou de la mobilité de l'un des facteurs (théorème de R. Mundell).

– De l'évolution des structures productives induites notamment par le progrès technique (J. Hicks, R. Findlay, H. Grubert…).

Le modèle a, en outre, été généralisé dans plusieurs directions, par extension au cas d'un nombre quelconque de biens, de facteurs et de pays, par l'introduction de biens intermédiaires, de facteurs spécifiques ou de « retournements » d'intensités factorielles, *etc.* (ces perfectionnements sont étudiés de façon détaillée dans ([3], pp. 72 et ss.).

Il serait donc anachronique et maladroit de critiquer, aujourd'hui, la théorie néo-classique en prenant pour cible un schéma vieux de plus d'un demi-siècle. Pour être crédible, notre appréciation doit porter sur les possibilités de développement et de généralisation de la théorie. À cet égard, les perfectionnements du modèle peuvent provoquer trois conséquences distinctes.

A. Première éventualité : la levée d'une hypothèse peut faire obstacle à l'égalisation complète

Les différences des rémunérations et des productivités des facteurs sont réduites par l'ouverture des frontières, mais sans s'égaliser totalement. On retrouve la thèse d'Ohlin : le commerce extérieur atténue les disparités internationales sans les faire disparaître totalement.

C'est le cas notamment lorsque le commerce met en relation des pays fortement dissemblables, par leurs structures de la demande, par leurs dimensions ou par leurs dotations. La spécialisation complète de l'un (au moins) d'entre eux risque alors d'intervenir, bloquant la convergence des rémunérations avant que l'égalisation n'ait pu être réalisée.

B. Seconde éventualité : le commerce, au lieu d'atténuer les inégalités des prix des facteurs, les accentue

Les rémunérations divergent. Ce peut être le cas si on admet que la production d'un bien, fortement utilisatrice de travail quand le niveau des salaires est bas, puisse devenir capitalistique lorsqu'il est plus élevé (phénomène dit de « retournement d'intensité factorielle »). La divergence des rémunérations peut aussi résulter de la situation décrite par le paradoxe de Graham (rendements décroissants dans une activité, croissants dans l'autre), avec tous les effets préjudiciables inhérents à ce paradoxe : appauvrissement du pays qui se spécialise dans la production à rendements décroissants, détérioration de ses termes de l'échange, régression de la production et du bien-être mondial. Le corollaire en est, bien sûr, l'accroissement des inégalités de niveaux de vie. Dans tous les cas où les rémunérations des facteurs divergent sous l'effet de l'ouverture des frontières, la démonstration néo-classique se retourne contre le libre-échange qui devient source d'inégalités croissantes des niveaux de développement. La théorie néo-classique justifie alors, contre son gré, une politique protectionniste, puisque cette éventualité conduit à reconnaître la position privilégiée des nations à développement industriel le plus avancé par rapport aux nations qui abordent la phase de l'industrialisation ou de la « protoindustrialisation » (réunion des conditions préalables nécessaires au développement industriel). Elle conduit aussi, du même coup, à son corps défendant, à légitimer une stratégie « interventionniste » de développement visant à conquérir, par la protection, un avantage comparatif par le meilleur usage possible des gains de productivité et des économies d'échelle, par opposition à la stratégie libérale de spécialisation qui, elle, vise à faire le meilleur usage possible de la dotation factorielle initiale par l'ouverture des frontières. En outre, l'explication néo-classique de la spécialisation par l'abondance relative des facteurs s'évanouit, car c'est alors la spécialisation elle-même qui crée l'avantage comparatif et non l'inverse.

C. Troisième éventualité : la levée d'une hypothèse rend le modèle totalement indéterminé

C'est l'issue la plus gênante. Les différences de rémunération peuvent s'accroître ou diminuer sans qu'il soit possible de préciser le sens de variation. C'est le cas lorsque l'on généralise le modèle à plus de deux biens et de deux facteurs et que le nombre des inputs l'emporte sur celui des outputs, ou encore lorsque l'on considère certaines configurations de rendements d'échelle croissants.

RÉSUMÉ DU CHAPITRE

1. Dans la pensée mercantiliste, le commerce international est conçu comme un jeu à somme nulle : un pays ne peut tirer des avantages du commerce qu'au détriment de ses partenaires, ce qui justifie une politique protectionniste. Les auteurs classiques et néo-classiques contestent ce point de vue en défendant l'idée que le libre-échange est la meilleure des politiques commerciales possibles. La spécialisation internationale qui en résulte permet d'accroître le volume de l'*output* et du bien-être mondial et, potentiellement, de chaque pays.

2. D. Ricardo défend l'idée que ce gain mutuel à l'échange bénéficie même à un pays désavantagé dans toutes les activités (ses coûts de production étant plus élevé qu'à l'étranger dans tous les secteurs).

3. Cet heureux résultat est cependant acquis grâce à un ensemble d'hypothèses, en particulier celle de rendements d'échelle constants. Plusieurs auteurs ont mis en cause à la fois cette hypothèse et la conclusion qui en résulte, en particulier F.D. Graham (dès 1923).

4. Contrairement à ce que prédit la loi des proportions de facteurs, les études empiriques effectuées par W. Leontief dès les années 1950 montrent que les exportations américaines sont intensives en travail, alors que les importations des États-Unis sont intensives en capital. Ce constat est connu sous le nom de « paradoxe de Leontief ». Pour W. Leontief, ce paradoxe s'expliquerait par la forte productivité des travailleurs américains (en moyenne trois fois plus élevée qu'à l'étranger), de sorte qu'un travailleur américain équivaudrait à trois travailleurs à l'étranger.

5. Selon la théorie néo-classique, le commerce international aurait aussi comme vertu de tendre à égaliser les rémunérations des facteurs de production. Sous certaines conditions, mises en évidence par le théorème Hechscher-Ohlin-Samuelson (HOS), le libre-échange conduirait à l'égalisation complète des rémunérations réelles de chaque facteur dans tous les pays et à l'égalisation internationale des productivités physiques marginales des facteurs.

6. D'importants travaux ont été entrepris pour éliminer les hypothèses les plus simplificatrices du modèle néo-classique. La levée de certaines de ces hypothèses remet en cause la thèse de l'excellence du libre-échange. Pour autant, ces théories fondamentales du commerce international ne sont pas dénuées d'intérêt. Sans apporter nécessairement des réponses définitives, elles peuvent aider à éclairer le débat sur certaines grandes questions et controverses de ce début de XXIe siècle.

POUR ALLER PLUS LOIN...

[1] Krugman P. et Obstfeld M. (2015), *Économie internationale*, 10e édition, Pearson, Paris, coll. Éducation.
[2] Ricardo D. (1971), *Des Principes de l'Économie politique et de l'Impôt*, Paris, Flammarion, coll. Science (préface de P. Dockès).
[3] Sandretto R. (1976), *Inégalités transnationales. Une application de la théorie des jeux*, Paris, Éditions du CNRS.

DES QUESTIONS POUR MIEUX RETENIR OU APPROFONDIR

1. Justifier la maxime : « La différence est source d'enrichissement mutuel ».
2. Le commerce international crée-t-il la prospérité ou engendre-t-il des difficultés ?
3. Comment peut-on justifier le principe : « Bien diriger une entreprise, c'est savoir déléguer judicieusement des responsabilités » ?
4. Pourquoi un pays « neuf » (tel que les États-Unis) pouvait-il disposer, à l'époque de Ricardo, d'un avantage comparatif dans la production du blé ?
5. Le principe de l'avantage comparatif est-il encore utile à l'analyse du commerce international contemporain ? (Revenir sur cette question après avoir lu le chapitre 2)
6. La loi des proportions de facteurs est-elle encore utile pour expliquer la structure actuelle du commerce international ? (Revenir sur cette question après avoir lu le chapitre 2)
7. Faut-il redouter la concurrence des pays à bas salaires ?
8. La spécialisation internationale est-elle un processus naturel ?

E-LINK

Le site Internet de l'OMC fournit des aperçus utiles des arguments en faveur du libre-échange, y compris le point de vue de Ricardo.
Se connecter à :
https://www.wto.org/french/news_f/sppl_f/sppl107_f.htm
Pour une conception critique des effets du libre-échange et de la globalisation, il est possible de consulter le site Public Citizen Global Trade Watch à l'adresse :
http://www.citizen.org/trade/
Une autre approche critique du libre-échange peut être trouvée sous la plume de Maurice Allais dans une lettre ouverte publiée dans l'hebdomadaire *Marianne* (n° 659, 5 décembre 2009) :
http://etienne.chouard.free.fr/Europe/2009-12-05-Maurice_Allais-Marianne.pdf
Le point de vue de John Culberston sur les dangers du libre-échange est présenté sur le site de la *Harvard Business Review* :
https://hbr.org/1986/09/the-folly-of-free-trade
L'article dans lequel Leontief présente son célèbre paradoxe peut être consulté sur le site :
https://fr.scribd.com/document/304404527/Domestic-Production-and-Foreign-Trade-The-American-Capital-Position-Re-Examined

2

Théories contemporaines du commerce international

SOMMAIRE

OBJECTIFS PÉDAGOGIQUES

Caractériser les pistes de recherche permettant de perfectionner les analyses classiques et néo-classiques.

Bien particulariser les deux logiques explicatives basées soit sur une logique de différences ou sur une logique de similarité.

Expliciter en quoi consiste le commerce intra-branche ainsi que les échanges croisés de produits similaires.

Savoir différencier les approches néo-factorielles et les approches néo-technologiques.

Être apte à montrer les similitudes et les différences entre la théorie de la politique commerciale stratégique et la théorie du commerce administré, en particulier au niveau des hypothèses et des conclusions qui peuvent être tirées de l'une et de l'autre.

Pouvoir appréhender les limites de ces deux théories récentes, ainsi que les difficultés et les risques qu'implique leur mise en application.

Parvenir à restituer les débats et controverses suscités par ces deux théories, notamment à partir des essais de vérification empirique.

Les analyses étudiées dans le chapitre précédent forment les « strates profondes » de la théorie du commerce international. C'est en prenant appui sur ces fondations que la recherche contemporaine apporte aujourd'hui sa contribution au développement de l'édifice. Ce développement répond à une nécessité, car les explications du commerce international que nous avons étudiées jusqu'ici ne sont pas pleinement satisfaisantes.

Deux types de critiques peuvent en effet leur être adressés.

1. En premier lieu, *les hypothèses* sur lesquelles se fondent ces analyses sont *simplificatrices*. C'est le cas par exemple de l'immobilité internationale des facteurs de production, de l'hypothèse de rendements d'échelle constants et de la concurrence pure et parfaite. En effet, de tout temps les échanges internationaux ont été soumis à l'influence des grandes entreprises et à l'activisme des États. Ce qui était vrai dans les siècles passés l'est encore plus de nos jours.

2. En second lieu, les conclusions de ces analyses sont peu conformes aux données de l'observation concrète.

Les explications du commerce international examinées jusqu'ici sont toutes fondées sur des différences initiales entre les pays (différences de coûts ou de productivité comparatives, disparités de dotations de facteurs, *etc.*).

Ces inégalités résument, dans les théories examinées, des écarts de niveaux d'industrialisation et de développement ou même des différences de types de sociétés, dont on considère qu'elles sont indispensables à l'essor du commerce et de la spécialisation. Cette logique des différences devrait, en théorie, engendrer des courants d'échanges clairement différenciés, la gamme des exportations d'un pays étant totalement disjointe de celle de ses importations. Chacun des biens échangés internationalement devrait être soit exporté, soit importé par chacun des pays, mais ne pourrait pas être à la fois acheté et vendu par l'un quelconque d'entre eux. Or, l'observation montre qu'en pratique il en va différemment. Les données statistiques disponibles montrent que tous les pays industrialisés importent et exportent fréquemment des produits très semblables. Ce phénomène est qualifié d'« échanges croisés » de produits similaires.

En outre, les échanges internationaux sont d'autant plus intenses que les pays concernés sont « proches » économiquement, c'est-à-dire qu'ils présentent des niveaux de développement et des structures de la demande comparables. En effet, l'essentiel du commerce mondial s'effectue aujourd'hui au sein du monde industrialisé entre des pays semblables, alors que les échanges entre pays inégaux sont moins importants.

• *Deux orientations nouvelles, parmi d'autres.*

Ce divorce entre les hypothèses et les prévisions théoriques d'une part et les données de l'observation d'autre part, imposait de perfectionner, voire de remettre en question les analyses traditionnelles du commerce international, ce que la théorie contemporaine a entrepris dans plusieurs directions. À titre d'illustration, nous examinerons deux des plus fructueuses ou prometteuses d'entre elles :

– L'explicitation du rôle des différences et des similitudes internationales.
– La prise en compte de la compétition oligopolistique et des industries stratégiques.

2.1 VARIATIONS SUR LE THÈME DES DIFFÉRENCES ET DES SIMILITUDES

Une partie des progrès théoriques qui ont été réalisés récemment a tenté d'expliquer le commerce international à partir de l'explicitation des différences entre les nations. Le postulat sous-jacent à cette démarche est que le commerce international ne serait finalement qu'un échange de différences. Il s'agit donc d'un prolongement direct des analyses fondamentales (le principe des coûts comparatifs, la loi des proportions de facteurs) qui participaient de cette même logique explicative. Cependant, le diagnostic qui sous-tend cette première orientation de recherche est que les différences prises en compte par les approches classiques et néo-classiques sont trop rudimentaires. D'où la nécessité d'aller plus loin sur cette voie.

Cette démarche d'approfondissement apparaît cependant en contradiction avec l'une des caractéristiques essentielles du commerce contemporain qu'est sa forte polarisation sur le monde industrialisé. Comment expliquer ce développement préférentiel des échanges entre des pays que tout rapproche : des structures productives, des capacités technologiques, des niveaux de vie et de revenu comparables ?

De même, l'importance des échanges croisés de produits similaires dans le commerce extérieur des pays industrialisés soulève des interrogations similaires. Cette donnée ne devrait-elle pas conduire à remettre en cause la base même de la théorie du commerce international, c'est-à-dire le principe de l'avantage comparatif tel qu'il a été forgé par Ricardo et développé par l'école néo-classique ? Plus généralement peut-on encore raisonnablement fonder l'analyse du commerce international, à titre principal, sur la logique des différences (dans les conditions de l'offre, essentiellement) comme l'a presque toujours fait, jusqu'à ces dernières décennies, l'analyse explicative des échanges internationaux ?

Ces questions ont suscité des réponses contrastées, soit dans le sens de l'approfondissement de la « logique des différences » (2.1.1), soit en faveur d'un changement radical de principe explicatif basé non pas sur les différences, mais sur les similitudes entre les pays (2.1.2).

2.1.1 *Le commerce international et la logique des différences*

L'idée à la base de cette première orientation est que l'incapacité des théories classiques et néo-classiques à rendre compte des caractéristiques observables des échanges internationaux provient du fait que l'analyse des différences n'a pas été poussée assez loin. Pour remédier à cette insuffisance, il conviendrait donc de partir à la recherche des différences négligées ou oubliées.

Pour les partisans de cette orientation de recherche, les échanges croisés de produits similaires ne remettraient pas en cause les théories habituelles du commerce international (la loi des coûts comparatifs, la loi des proportions de facteurs).

Au milieu des années soixante-dix, des auteurs tels que R. Davis, J.M. Finger et R.G. Lipsey expliquent que les produits similaires échangés (*Intra Industry Trade*) peuvent être fabriqués moyennant des proportions différentes des facteurs selon les pays. Il en résulterait la possibilité d'une spécialisation plus « fine », pouvant s'opérer à l'intérieur d'une même industrie, sur des produits très voisins, mais dont la production nécessite des quantités de facteurs ou/et des techniques différentes. Ces disparités seraient à l'origine de différences de coûts et de prix qui expliqueraient les échanges croisés. La logique néo-classique serait ainsi préservée :

« Les échanges intra-branches seraient déterminés tout comme les échanges inter-branches, par les différences de dotations factorielles » (J.M. Finger).

Plusieurs travaux s'inscrivent dans cette direction « conservatrice ».

A. La théorie de l'avantage comparatif relatif

Dès l'instant où l'on sort du cadre du modèle « 2 × 2 × 2 » (deux produits, deux pays, deux facteurs), les avantages comparatifs perdent leur remarquable simplicité. Ils deviennent, au contraire, relatifs et hiérarchisés. En effet, au lieu d'appréhender les échanges entre un pays et le reste du monde, il nous faut désormais analyser les échanges du pays considéré avec chacun de ses partenaires commerciaux, ce qui conduit à classer ou à hiérarchiser les avantages comparatifs nationaux. On constatera, par exemple, que les États-Unis disposent d'un avantage comparé dans la production d'un bien déterminé à l'égard de l'un de ses partenaires (l'Europe), mais pas vis-à-vis d'un autre (le Japon). Par conséquent, les États-Unis pourront exporter le bien en question vers l'Europe, tout en l'important du Japon. On aurait là une explication possible des « échanges croisés ».

La position de chaque pays dans la hiérarchie qu'exprime la chaîne des avantages comparatifs nationaux explique que le pays considéré puisse être spécialisé dans une production particulière à l'égard d'une zone commerciale et ne pas l'être envers les autres zones.

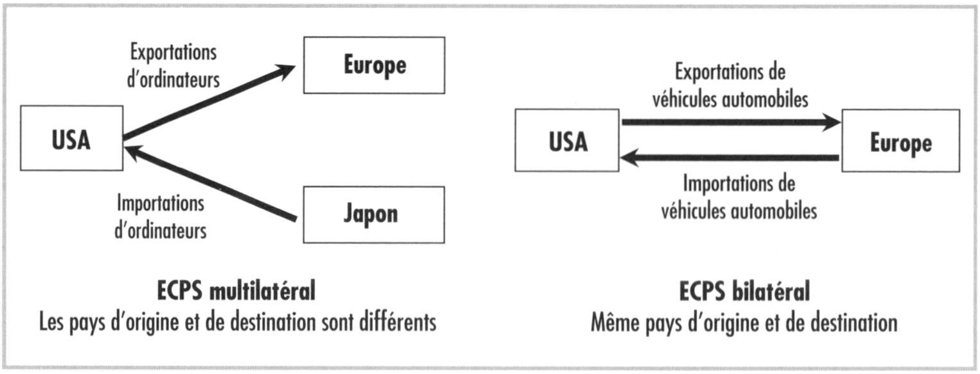

FIGURE 2.1
Types d'échanges croisés de produits similaires (ECPS)

Toutefois, cette interprétation proposée par B. Lassudrie-Duchêne et J.L. Mucchielli implique toujours, entre deux pays déterminés, des flux d'échanges à sens unique, que l'on pourrait qualifier d'« univoques » (ou multilatéraux), les pays d'origine et de destination des divers biens étant différents : il est exclu qu'un même bien soit importé par A en provenance de B et qu'il soit en même temps exporté par A à destination de B. L'avantage comparatif relatif suppose au contraire que A vende le bien à B, mais qu'il l'achète à C.

Or l'observation concrète montre que ces échanges croisés « univoques » ne représentent qu'une fraction minoritaire du commerce intra-branche, par exemple de l'ordre du tiers de l'ensemble des échanges croisés de la France avec les autres pays de l'Union européenne, tandis que les deux tiers de ces échanges comportent les mêmes provenances et destinations.

L'explication est donc utile, mais insuffisante…

B. L'avantage comparatif et les différences oubliées

L'insuffisance des analyses fondamentales ne provient-elle pas de leur oubli des multiples sources possibles de différenciation, en particulier des facteurs de production ?

La différenciation des facteurs (analyse néo-factorielle)

Incontestablement, c'est faire preuve d'une naïve vanité que de vouloir enfermer la complexité des données de l'observation concrète à l'intérieur du carcan d'un schéma ultra-simplificateur qui réduit l'extrême variété des situations nationales aux seules différences de dotations en deux ou trois facteurs de production supposés homogènes. En réalité, chacun des facteurs est hétérogène. Il est donc impératif de prendre en compte les différences de fertilité des terres, les différences de qualité des ressources du sous-sol, les différences de génération du capital, ainsi que les différences de qualification du travail.

Dès 1933, B. Ohlin avait déjà souligné cette nécessité pour le facteur travail :

« Si des différences de salaires persistent durablement entre des catégories de travailleurs, ces différents types de travail doivent être considérés comme des facteurs distincts. »

Par conséquent, les pays se distinguent les uns des autres sur des bases factorielles plus complexes, à la fois plus subtiles et plus vastes que ne le supposent les théories usuelles.

Chaque pays tendrait ainsi à exporter les biens qui nécessitent relativement le plus intensivement la ou les catégories ou qualités des facteurs dont il est relativement le mieux doté.

L'inaptitude des théories traditionnelles à expliquer les échanges concrètement observables proviendrait donc de leur caractère excessivement simplificateur et non du principe explicatif qu'elles retiennent.

L'avantage comparatif technologique (analyse néo-technologique)

L'une des orientations les plus intéressantes des nouvelles analyses du commerce international s'inscrit dans la lignée à la fois du principe d'explication ricardien qui fonde le commerce international sur les différences technologiques (différences des fonctions de production) entre les pays et dans le prolongement des thèses de Schumpeter sur le rôle déterminant des innovations. Les pays diffèrent entre eux, non seulement par les ressources productives dont ils disposent, mais par leurs niveaux d'avancement technologique (théorie de l'écart technologique).

Les pays les plus dynamiques sur le plan technologique, ceux qui génèrent le plus d'innovations, disposent d'un avantage dans la production des biens les plus intensifs en « recherche-développement » (R&D). En contrepartie, ils importent des pays moins avancés (technologiquement) des biens dont la production requiert des techniques banalisées.

De surcroît, les innovations génératrices de produits, de procédés nouveaux ou encore d'inputs différenciés, confèrent le plus souvent au pays siège de l'innovation une position de monopole temporaire, jusqu'à sa diffusion (imitation) internationale.

L'échange international n'est alors même plus dépendant de rapports de coûts. Il devient, au moins pour un temps, un commerce de disponibilité-indisponibilité, selon l'expression d'I.B. Kravis.

Cette explication du commerce international par la créativité a été testée avec succès par W. Gruber, D. Mehta et R. Vernon sur le cas des États-Unis et par G. Hufbauer sur un échantillon de 24 pays.

Ces auteurs constatent, en effet, que les entreprises qui font les plus grands efforts de recherche (mesuré par les dépenses de recherche-développement en proportion du chiffre d'affaires ou par le nombre des brevets déposés) sont aussi celles qui contribuent le plus activement aux exportations de produits manufacturés.

En outre, l'analyse de l'écart technologique a été dynamisée en association avec la théorie du cycle du produit proposée par S. Hirsch et R. Vernon dont nous proposons ici une variante.

Commerce international et cycle de vie du produit

Comme pour les êtres vivants, la vie d'un produit comporterait une succession de phases (ou d'âges) caractéristiques :

1°) La naissance (lancement) du produit

La mise au point du produit nouveau est réalisée dans les pays les plus avancés technologiquement et disposant d'un vaste marché intérieur susceptible de rentabiliser des investissements de recherche importants. La création des produits nouveaux est généralement longue, coûteuse et aléatoire, tant sur le plan des résultats obtenus que sur celui des débouchés (inconnus). En outre, au départ, les séries de fabrication sont courtes. Le produit, dont le prix unitaire est initialement élevé, ne s'adresse qu'à une clientèle à haut niveau de revenu, sensible à l'attrait de la nouveauté.

Pour ces diverses raisons, des pays comme les États-Unis, l'Union européenne et le Japon tendent à jouer un rôle leader, dans la mesure où ils disposent :
- d'un niveau de vie élevé et d'un vaste marché domestique ;
- d'une avance technologique ;
- d'une avance industrielle.

Une fraction importante de la R&D est réalisée au sein des grandes entreprises, le plus souvent transnationales, dont on sait que les plus puissantes sont d'origine américaine. La préférence pour la nation d'origine se combine alors avec celle de la proximité du grand marché dans le choix du lieu de lancement des nouvelles productions.

2°) La jeunesse (croissance) du produit : diffusion internationale et standardisation

Ce deuxième âge est celui de la stabilisation de la technologie, de la production de masse d'un produit de plus en plus standardisé et rendu moins coûteux par la production en grandes séries (économies d'échelle) et s'adressant à une clientèle plus large et diversifiée.

En même temps, les imitations du produit se multiplient. Pour entraver le développement de cette concurrence de nouveaux producteurs (effectifs ou potentiels) et étendre ses débouchés à l'étranger, l'entreprise qui au départ a joué le rôle pilote en matière d'innovation ne se contente plus généralement d'exporter le produit, mais, dans cette seconde phase, en délocalise la production dans les autres pays industrialisés. Cette stratégie lui permet à la fois de contourner les barrières protectionnistes (politique du « cheval de Troie ») et de prévenir l'apparition d'une concurrence locale.

La diffusion internationale de la production et de la consommation du produit vers les autres pays industrialisés peut, dans certains cas, conduire à un renversement complet des courants d'échanges. Dès ce deuxième stade, les pays imitateurs ou dans lesquels ont été délocalisées les nouvelles unités de production peuvent éventuellement vendre le produit en question au pays innovateur si les économies d'échelle sont suffisamment importantes pour surcompenser la charge des coûts de transport supplémentaires.

Simultanément, les entreprises concurrentes s'efforcent de différencier, le plus souvent par des modifications mineures, un produit de plus en plus standardisé et tentent d'en particulariser l'image de marque, notamment par la publicité.

3°) L'âge adulte (maturité du produit)

Le produit est maintenant complètement standardisé, sa technologie est banalisée et accessible. Le marché est bien connu, la consommation est largement diffusée parmi les différentes catégories sociales. Cependant, la progression des débouchés commence à être freinée dans les pays les plus riches, à moins que n'apparaissent de nouvelles variétés du produit. Parallèlement, la demande devient plus sensible aux variations de prix (élasticité accrue). Toutefois, la compétition par les prix tend à disparaître, car ne subsiste le plus souvent, à ce stade, qu'un petit nombre d'entreprises se partageant le marché, entre lesquelles la guerre des prix est devenue trop coûteuse. Dans ces conditions, le coût de production devient une variable stratégique cruciale qui pourra être réduite grâce à une nouvelle vague de délocalisation vers des pays à bas salaires, dans lesquels la demande pour le produit commence à croître parmi la fraction la plus aisée de la population.

Cette redistribution géographique de la production est d'autant plus profitable que la production du bien requiert, à ce stade, une forte proportion de main-d'œuvre peu qualifiée et que sa valeur pondérale est importante.

4°) Le déclin du produit apparaît avec la régression des débouchés et de la production dans les pays industrialisés. Cette évolution est accélérée par l'obsolescence liée à la concurrence de nouveaux produits ainsi que de la production des pays à bas salaires. Inversement, dans les pays en développement, la production croît plus vite que la consommation, ce qui leur permet de dégager des surplus exportables couvrant une partie de la demande déclinante des pays développés.

Naturellement, cette analyse est excessivement déterministe et simplificatrice dans sa formulation primitive. Elle peut être et a déjà été affinée dans diverses directions :

• On peut, notamment, considérer plusieurs séquences possibles. Le déclin d'un produit peut, par exemple, être évité par une politique alternative à la délocalisation dans les pays en développement, consistant à mettre au point de nouvelles technologies de production (robotisation, découpe au laser dans le secteur textile), susceptibles de donner une nouvelle jeunesse au produit (retour à la phase n° 1 au terme de la phase n° 2 ou n° 3).

• De même, l'imitation du produit pratiquée par les partenaires du pays innovateur peut parfois déboucher sur de véritables innovations, donnant naissance à de nouvelles générations du produit imité (voire piraté) ou à de nouvelles technologies. Le pays imitateur devient alors *leader* d'un nouveau cycle. Un exemple typique est celui du conflit qui oppose actuellement les États-Unis et la Chine dans le secteur des éoliennes, suite à l'espionnage industriel subi par la Société américaine *American Superconductor Corporation* (AMSC) au profit de l'entreprise chinoise *Sinovel*. Cette dernière aurait acquis illégalement les secrets d'un logiciel de contrôle des turbines d'éolienne d'AMSC. En quelques années, la Chine a détrôné les États-Unis en devenant le premier producteur mondial d'éolienne, exportant ses produits vers de nombreux pays, y compris aux États-Unis. Une plainte similaire a été déposée par l'Américain *Westinghouse Solar* contre le Chinois *Zep Solar* dans la fabrication des panneaux solaires.

• En pratique, la hiérarchisation des économies nationales n'est pas aussi uniforme et monolithique que le suggère l'analyse « néo-technologique » dans ses premières formulations trop inspirées de la situation unipolaire de l'immédiat Après-guerre. Depuis quelques années, les États-Unis ne sont plus les seuls leaders en matière d'innovation. La lente érosion de la position hégémonique qui était la leur jusqu'au début des années soixante a conduit à une situation plus équilibrée. En outre, certains pays peuvent être *leaders* dans certains secteurs et être à la traîne dans d'autres secteurs...

La diversité sectorielle des *leaderships* technologiques pourrait expliquer la répartition des avantages comparatifs des différents pays et le fait que chacun puisse simultanément vendre et acheter des produits similaires, dès l'instant où ses importations et ses exportations correspondent à des âges technologiques différents.

La théorie de la « disponibilité » (I.B. Kravis)

L'analyse « néo-technologique » du commerce international conduit donc à une interprétation plus conforme aux données de l'observation concrète. Sur cette base, l'échange international ne se fonde plus seulement sur la comparaison des coûts relatifs, mais s'explique aussi, dans une certaine mesure, plus simplement encore par la disponibilité (ou l'indisponibilité) des biens.

Celle-ci peut être appréhendée notamment à l'aide de la notion d'élasticité. L'élasticité-prix de l'offre (ou de la demande) d'un bien mesure la sensibilité de la réaction de l'offre (ou de la demande) du bien suite à la modification de son prix. Si par exemple une hausse de 10 % du prix suscite un accroissement de 20 % des quantités offertes, l'offre est fortement élastique (l'élasticité, rapport des pourcentages de variation, est égale à 2). Si, au contraire, les quantités offertes n'augmentaient que de 5 %, l'offre serait peu élastique ou rigide (élasticité égale à 0,5). L'élasticité-prix de l'offre d'un bien dépend de différents facteurs (niveau de l'emploi, taux d'utilisation des capacités de production, formes de la concurrence...). De même, l'élasticité-prix de la demande dépend de la nature des biens considérés (première nécessité, biens de luxe...), du niveau de son prix, de la phase dans le cycle de vie du produit, *etc.* De la même façon, on définit des coefficients d'élasticités aux variations des revenus, du taux d'intérêt, du taux de change... ainsi que des coefficients d'élasticité croisée (exemple : sensibilité des achats d'automobiles à la hausse ou à la baisse du prix de l'essence...).

Selon I.B. Kravis, chaque pays importe des biens qu'il est absolument incapable de produire lui-même c'est-à-dire à offre totalement rigide (indisponibilité absolue), ou qu'il ne peut produire qu'en quantités insuffisantes et dont l'offre très inélastique ne pourrait être accrue qu'à des coûts bien supérieurs à ce qu'ils sont à l'extérieur (indisponibilité relative). En revanche, il exporte les biens dans la production desquels il dispose d'une position dominante, dont l'offre est très élastique et tend à dépasser les besoins locaux.

La disponibilité ou l'indisponibilité des biens peut être imputée au manque de ressources naturelles (non reproductibles et intransférables), aux innovations, à leurs localisations géographique et sectorielle, au rythme de leur diffusion...

L'orientation du commerce serait donc déterminée par le niveau comparé des élasticités de l'offre nationale et étrangère des produits ainsi que par les cadences comparatives du progrès technique, celui-ci étant plus rapide dans les industries d'exportation du pays considéré que dans les industries correspondantes de ses partenaires commerciaux.

2.1.2 *Commerce international et similarités*

La prise en considération des similarités dans l'explication du commerce international et, plus spécialement du commerce intra-branche, participe d'une attitude plus « contestataire » par rapport à l'interprétation traditionnelle fondée sur la logique des différences. Cette attitude de rupture est celle par exemple de P. Gray, T. Agmon et I. Walter selon lesquels c'est l'ensemble de l'édifice théorique qui serait compromis et qui devrait être reconstruit sur de nouvelles bases : « L'existence des échanges croisés, écrit P. Gray, est une preuve de l'inadéquation de la théorie des proportions de facteurs et de son incapacité à constituer une base réaliste d'analyse des flux actuels du commerce. » ([1], p. 19)

De toute évidence, la similitude des situations nationales n'est pas un obstacle au commerce international, bien au contraire, puisque les échanges sont plus intenses entre pays semblables qu'entre pays différents ou inégaux. Comment expliquer ce fait indiscutable ?

A. La théorie de la « demande représentative »

On doit à S.B. Linder (1961) l'une des toutes premières tentatives visant à fonder le commerce international sur les similarités, tentative qui demeure encore aujourd'hui l'une des avancées les plus intéressantes dans cette direction.

Pour S.B. Linder, la loi des proportions de facteurs n'explique, au mieux, qu'une faible part du commerce mondial, car elle n'est applicable, et seulement en partie, qu'au commerce des produits primaires entre pays développés et en développement, sans qu'apparaisse d'ailleurs pour autant une tendance à l'égalisation des rémunérations, surtout lorsque les dotations factorielles nationales sont très différentes en quantités et en qualités.

En revanche, selon S.B. Linder, les différences de ressources productives n'ont guère d'influence sur le commerce des produits manufacturés entre pays industrialisés qui représente le noyau dense du commerce international. Ce sont alors les conditions relatives à la demande et aux débouchés de ces pays qui jouent un rôle prépondérant.

Similitude et acquisition de l'avantage comparatif

Sans doute le commerce des produits manufacturés résulte-t-il lui aussi d'avantages comparatifs. Toutefois, ces derniers ne sauraient provenir de différences qui d'ailleurs n'existent guère entre les pays partenaires. L'avantage comparatif d'un pays dans la production d'un bien déterminé a pour origine l'existence préalable d'un important marché intérieur pour ce bien (principe de la « demande représentative »).

Selon S.B. Linder, le marché extérieur prolonge le marché intérieur : « L'exportation est la fin et non le commencement d'un sentier d'expansion typique du marché. Le marché international n'est rien d'autre qu'une extension, au-delà des frontières nationales, de la propre activité du pays ».

Il est vrai que les exportations se développent, le plus souvent, à partir de solides bases nationales, le marché intérieur servant de tremplin ou de « banc d'essai » pour la conquête des marchés extérieurs.

C'est donc l'importance des débouchés intérieurs préalables à l'exportation qui engendre l'avantage comparé du pays producteur du bien, du fait de l'expérience acquise par les entreprises nationales, du perfectionnement de leurs savoir-faire (*learning by doing*) et, surtout, des économies d'échelle qu'une vaste production intérieure initiale permet de développer. Cet argument mérite d'être médité pour apprécier les enjeux de la longue marche vers le marché unique européen (1958-1993), avec le démantèlement des obstacles de toute nature qui entravaient la libre circulation des personnes, des biens, des services et des capitaux entre les pays de l'Union européenne. L'objectif n'était pas seulement d'aller plus loin dans l'intégration de l'Union ou de renforcer sa puissance économique par l'édification d'un marché de plus d'un demi-milliard de consommateurs. Il est aussi, conformément à l'approche de S.B. Linder, de contribuer à faire de l'Union européenne la première puissance exportatrice du monde. Considéré à tort comme un acquis, le grand marché unique n'est pas encore achevé. Il nécessite encore d'être prolongé, notamment au niveau de certains services, et d'être consolidé, par exemple sur le plan de l'harmonisation fiscale, des droits des consommateurs, *etc.*

Similitudes et débouchés externes

Si nous acceptons l'interprétation de S.B. Linder, nous pouvons, sans grande témérité, admettre que les caractéristiques du produit (sa nature, sa qualité) reflètent les goûts et le niveau de vie du pays qui le fabrique. En outre, le bien pourra d'autant plus facilement être écoulé à l'extérieur qu'il est vendu dans des pays dont la structure de la demande ressemble à celle du pays d'origine et la recouvre largement (*Overlappind Demand Structures*), c'est-à-dire des pays où le niveau de vie et les niveaux des rémunérations des facteurs sont similaires, ce qui tend également à impliquer des dotations factorielles comparables. Nous savons, en effet, que l'abondance ou la rareté relative des facteurs n'a de sens que par rapport à leurs rémunérations.

S.B. Linder explique ainsi que deux pays doivent plus facilement pouvoir s'engager dans des échanges réciproques importants lorsque leurs niveaux de vie et leur revenu moyen par tête sont semblables. Dans ce cas, leurs offres de biens exportables et leurs types de demandes ont plus de chance d'être largement compatibles.

L'argument de S.B. Linder explique ainsi l'une des grandes caractéristiques du commerce actuel, à savoir la forte densité des échanges au sein du monde industrialisé, puisque dans son analyse, la similitude des structures et des situations économiques nationales favorise les échanges, tandis que les disparités les entravent. Elle permet aussi de comprendre à la fois la composition globale du commerce des pays industrialisés par grandes catégories de produits et, au sein de celui-ci, l'importance des échanges croisés de produits similaires.

B. La théorie de la « demande de différence »

B. Lassudrie-Duchêne a perfectionné et complété l'interprétation de S.B. Linder en introduisant ce que l'auteur appelle la « demande de différence », opérant ainsi une synthèse des deux logiques, celle des disparités et celle de la similarité.

« Là où tout est semblable, écrit B. Lassudrie-Duchêne, il est inutile de rien échanger. L'échange ne peut s'expliquer que par une différence quelconque. »

Or, en pratique, si les échanges croisés portent sur des produits semblables, ceux-ci ne sont pas rigoureusement identiques. Les produits manufacturés possèdent un potentiel de différenciation, par leurs qualités spécifiques, par la marque et l'image de marque, le conditionnement, *etc.*

À prix donné, il est presque toujours impossible qu'un bien puisse réunir en même temps, au plus haut degré, toutes les qualités possibles, car leur conciliation est généralement coûteuse. Par exemple, qui ne souhaiterait acquérir une automobile dotée de tous les derniers perfectionnements et éléments de confort, fiable, dont le *design* soit résolument moderne, au caractère sportif, sobre et... bon marché ? Cette automobile n'existe pas. Des arbitrages sont nécessaires, de là résulte la différenciation des produits, c'est-à-dire le choix d'une sélection de qualités, chacune de ces sélections répondant à un type particulier de besoins et ciblant une catégorie de consommateurs.

Cependant, le rapport qualité-prix intrinsèque du produit n'est pas le seul déterminant de la demande. Celle-ci est en partie également influencée par un désir de se particulariser, c'est-à-dire par la recherche d'une « différence en soi ». Ce goût pour la différence s'exprime plus fortement pour les produits largement banalisés, dont la consommation est déjà importante.

B. Lassudrie-Duchêne conclut alors très logiquement « qu'un bien exportable (et donc largement banalisé dans le pays) provoque une demande d'importation d'un bien différencié. Il est donc nécessaire qu'entre deux pays ayant tous deux des exportables, les produits similaires se croisent et les différences s'échangent ».

Dès l'instant où les deux pays sont en mesure de s'offrir des combinaisons différentes de qualité adaptées aux préférences des consommateurs des pays partenaires, tous deux peuvent disposer d'avantages comparatifs de non-banalisation propres à des variétés d'un même produit.

Les échanges croisés de produits similaires seraient donc le résultat de la rencontre de demandes de différences et d'offres de variétés qualitativement différentes, portant sur des produits semblables. Cette rencontre permet, par exemple, aux constructeurs italiens de vendre en Allemagne des véhicules recherchés dans ce pays pour leurs qualités sportives, leur nervosité..., tandis que les consommateurs italiens sont demandeurs de voitures allemandes ou suédoises prisées pour leur robustesse, leur fiabilité, la sécurité passive, la souplesse du moteur à bas régime, *etc.*

Le commerce international permet, en d'autres termes, d'échanger des différences pour des biens comparables et d'enrichir la gamme des choix disponibles de variétés qualitativement distinctes pour chaque type de bien. En un sens, le commerce international obéirait à des principes du même ordre que ceux qui régissent le développement du tourisme international et la demande d'exotisme.

La différenciation des produits et le mécanisme décrit par B. Lassudrie-Duchêne jouent certainement un rôle plus important dans les échanges entre pays développés. Un niveau de vie élevé est en effet nécessaire pour que la demande de différenciation puisse s'exprimer. Il faut, en outre, que l'appareil de production ait la capacité de lancement de plusieurs variétés des biens, adaptées aux goûts des consommateurs étrangers. Néanmoins, la globalisation des infrastructures productives avec l'essor des firmes transnationales (FTN), l'élévation du niveau de vie des économies émergentes et la richesse de la fraction la plus favorisée de la population des pays pauvres tendent à conférer au principe de la demande de différence une extension potentiellement universelle.

En résumé, l'approche de B. Lassudrie-Duchêne opère une synthèse entre deux des explications possibles du commerce international, basées soit sur les différences, soit sur les similitudes. C'est ce qui fait son principal intérêt, car, en définitive, les disparités et les similarités sont deux forces de développement des échanges internationaux, qui loin d'être exclusives ou alternatives se combinent dans des dosages variables selon les flux d'échanges considérés. Dans les rapports Nord-Sud, la logique des différences et donc les conditions technologiques et factorielles de l'offre sont prépondérantes. À l'inverse, dans les rapports Nord-Nord, les similitudes et le rôle de la demande jouent un rôle plus important.

Ainsi que nous l'avons vu dans cette première section (2.1), les fondements de l'échange international ne sauraient être réduits à la seule logique des coûts comparatifs. Le commerce actuel est aussi en partie « non ricardien », si l'on désigne par-là, comme le propose J. Weiller, des échanges non strictement régis par des niveaux de coûts comparatifs, mais déterminés notamment par l'indisponibilité totale ou la demande de différence.

Cependant, le commerce est également de plus en plus « non classique », au sens de F. Perroux, c'est-à-dire un commerce soumis à l'influence ou à la dominance des stratégies d'unités actives inégalement puissantes : États, firmes industrielles et groupes financiers transnationaux. Les développements théoriques présentés dans la prochaine section (2.2) sont à la fois le reflet et l'expression de cette montée du commerce « non classique ».

2.2 LE COMMERCE INTERNATIONAL ENTRE COMPÉTITION DES FIRMES ET ACTIVISME DES ÉTATS

Parmi les perfectionnements théoriques effectués au cours des trois dernières décennies, deux d'entre eux méritent une attention toute particulière en ce qu'ils ont en commun de prendre en considération des situations de marché où des agents, privés ou publics, opérant dans un contexte stratégique. Il s'agit d'une part de la « théorie de la politique commerciale stratégique » et d'autre part de la théorie du « commerce administré » (*Managed Trade*). L'une et l'autre cherchent à expliquer dans quelles circonstances et pour quelles raisons les politiques commerciales concrètement observées ont tendance à s'éloigner de la norme réputée optimale du libre-échange. Ces approches nouvelles ont également pour atout de remédier à deux des insuffisances majeures des théories traditionnelles (classiques et néo-classiques) :

- D'une part, la difficulté à s'affranchir du contexte idéalisé de la concurrence complète (pure et parfaite).
- D'autre part, le caractère trop statique de ces théories, concrétisé par exemple par l'hypothèse de coûts constants dans le modèle ricardien ou par l'exogénéité des dotations factorielles dans le modèle néo-classique.

La théorie de la « politique commerciale stratégique » (PCS) a été initialement proposée par J. Brander et B. Spencer en 1985. Elle a permis de réhabiliter la doctrine mercantiliste, vieille de plusieurs siècles en Europe, selon laquelle l'État peut stimuler les exportations en faussant le libre jeu des échanges internationaux. La théorie de la PCS montre que, sous certaines conditions, l'attribution de subsides, sous forme d'une subvention même temporaire, peut aider les entreprises nationales à acquérir un avantage durable dans la compétition avec les entreprises étrangères et conquérir ainsi une part plus importante du marché mondial.

La théorie du « commerce administré » (*Managed Trade*) a été proposée en 1990 par L. D'Andrea Tyson, présidente du *Council of Economic Advisers* (groupe d'experts chargé de conseiller le Président des États-Unis sur la politique économique), sous l'Administration Clinton. Comme la théorie de la PCS, cette approche rejette l'optimalité du libre-échange et plaide la nécessité, pour les États, de se ranger du côté de leurs industries, pour en défendre les intérêts vis-à-vis des industries des pays partenaires. Selon ses promoteurs, les PCS sont devenues nécessaires en raison à la fois de rendements croissants dans la production, de l'interdépendance croissante des agents et du poids plus important des oligopoles. Le commerce administré se fonde sur le rôle des externalités et vise plus spécifiquement les industries de haute technologie, dont les marchés ont pour particularité de ne pas conduire nécessairement à des situations optimales. D'où la nécessité d'une intervention publique. En l'absence d'une telle intervention, certains partenaires seraient tentés de le faire et de parvenir ainsi à détourner le trafic, à l'avantage de leurs propres oligopoles. Il y aurait en quelque sorte un coût de « non-intervention ».

L'objet de cette deuxième section est de passer en revue ces deux approches, de les illustrer et d'en montrer l'intérêt, la portée et les limites, à partir des mises en scène que proposent les politiques commerciales des grandes puissances au cours des trente dernières années. Nous verrons que si chacune est dotée d'un pouvoir explicatif et prédictif incontestable, leur mise en œuvre comporte à la fois des difficultés et des risques. Enfin et surtout, ces développements théoriques récents ont eu pour effet de rénover en profondeur le débat multiséculaire « libre-échange ou protectionnisme » en l'accommodant au monde du XXIe siècle.

2.2.1 *La politique commerciale européenne vue d'outre-Atlantique : la politique commerciale stratégique*

La prise en compte des économies d'échelle peut jouer un rôle fondamental pour mieux comprendre les caractéristiques du commerce aujourd'hui. Avec des rendements d'échelle croissants, nous savons que les coûts de production baissent avec le volume de la production. Dans ces conditions, les avantages comparatifs ne sont plus donnés une fois pour toutes. Comme les coûts de production qui les fondent, les avantages comparatifs évoluent avec le processus de spécialisation. On aboutit ainsi à un renversement des liens de causalité. En effet, les coûts de production ne dictent plus unilatéralement l'orientation du commerce et la spécialisation. Au contraire, la stratégie de spécialisation peut engendrer l'avantage comparatif qui tend alors à se transformer en avantage compétitif, dans la mesure où il peut être « construit » sous l'effet d'une politique commerciale volontariste visant à promouvoir les économies d'échelle (à l'abri par exemple de la protection ou au moyen de subventions). Tel est l'un des enseignements majeurs que nous pouvons tirer de la théorie de la PCS.

Depuis le début des années 1980, les États des pays les plus avancés se sont engagés dans des politiques commerciales volontaristes, visant à protéger les secteurs en panne et à stimuler les secteurs en pointe, notamment en subventionnant leurs entreprises exportatrices. Ces politiques vont à l'encontre de l'enseignement des théories classiques et néo-classiques et de leurs développements contemporains, qui démontrent que, dans un univers parfaitement concurrentiel, l'abolition des obstacles au commerce conduit à la meilleure des situations possibles en termes d'efficience productive et sur le plan du bien-être, tant pour le pays concerné qu'à l'échelle de l'économie mondiale. Le fait de subventionner les exportations peut paraître encore plus aberrant, surtout de la part de grandes puissances, puisque, ce faisant, elles contribuent à déprécier leurs produits d'exportation sur le marché mondial.

Toutefois, depuis longtemps déjà, les meilleurs spécialistes des échanges internationaux ne se satisfont pas de cette représentation d'un monde idéal. B. Ohlin lui-même, et, à sa suite, F.D. Graham, M. Byé et beaucoup d'autres, ont souligné les effets dévastateurs produits par les rendements d'échelle croissants et par la concurrence imparfaite pour l'argumentation libre-échangiste. À partir des années 1970, la prise en compte dans les modélisations de ces limitations du modèle standard et la reconnaissance de la dimension stratégique des relations internationales ont conduit simultanément à une rénovation de la théorie du commerce international et à un renouveau du débat sur les politiques commerciales. Après deux siècles de discrédit, la théorie de la politique commerciale stratégique (PCS), élaborée en premier lieu par B. Spencer et J. Brander, économistes canadiens, tous deux professeurs à l'université de *British Columbia*, a profondément bouleversé la théorie de la politique commerciale en revitalisant le point de vue mercantiliste selon lequel l'État peut améliorer le bien-être national, stimuler les exportations et la croissance économique en altérant le libre jeu des échanges internationaux. Plus précisément, cette théorie montre que dans certaines circonstances (fortes barrières à l'entrée, oligopole, économies d'échelle statiques et dynamiques, économies d'envergure), l'attribution d'une subvention, même ponctuelle, peut aider les entreprises nationales à conquérir une part du marché mondial plus importante et acquérir un avantage durable – voire irréversible ou, du moins, difficilement réversible – dans la compétition, au détriment des entreprises étrangères. L'entreprise subventionnée peut ainsi capter une plus grande fraction du marché mondial et des profits correspondants.

ENCADRÉ 2.1. QUELQUES CONCEPTS INDISPENSABLES À LA COMPRÉHENSION DES NOUVELLES THÉORIES : ÉCONOMIES D'ÉCHELLE STATIQUES, ÉCONOMIES D'ÉCHELLE DYNAMIQUES ET ÉCONOMIES D'ENVERGURE

Politique *Beggar my Neighbour* (enrichissement aux dépens des voisins) : Politique ayant pour effet (délibérément ou non) d'améliorer la situation du pays qui la conduit au détriment de ses voisins. L'exemple le plus caractéristique est celui d'une dévaluation.

Politique *Beggar-thyself* : Politique préjudiciable pour son initiateur.

Économies d'échelle statiques : Processus par lequel les coûts de production sont abaissés en fonction du volume de la production courante de l'entreprise. L'importance des coûts fixes est une des principales causes d'économies d'échelle statiques.

Dans l'industrie aéronautique, les coûts fixes en recherche-développement (nécessaire à la conception de nouveaux modèles d'avion) sont considérables, ce qui incite les constructeurs à allonger autant que possible les séries et, pour cela, à accroître par tous les moyens leur part du marché mondial. Par exemple, le coût de développement du Boeing B777, entré en service en 1995, a été de 4,7 milliards de dollars. Avec de tels investissements initiaux, le coût fixe unitaire est divisé par deux quand la production annuelle passe de 200 à 400 unités fabriquées. L'accroissement de la production de 500 à 750 unités fait encore baisser le coût fixe unitaire d'un tiers. À titre de comparaison, le coût de développement de l'A380 a été de 18,6 milliards de dollars.

Économies d'échelle dynamiques : Processus par lequel les coûts de production sont abaissés en raison du volume de la production cumulée de l'entreprise. Contrairement au cas précédent, ce processus est lié au phénomène d'apprentissage (expérience accumulée dans une activité), qui permet d'abaisser les coûts variables (proportionnels à la production) marginaux et moyens avec l'accumulation de l'expérience productive.
Les effets dynamiques d'apprentissage sont très importants dans l'industrie aéronautique en raison de la complexité du processus de production, qui requiert une multitude de tâches à mettre en œuvre et à coordonner (savoir-faire collectif ou organisationnel). Ce phénomène est particulièrement prononcé pour l'A380, dont la fabrication est partagée entre quatre entreprises de nationalités différentes et 15 sites de production. Les économies d'échelle dynamiques peuvent justifier l'aide des pouvoirs publics : grâce à l'effet d'apprentissage, un soutien public peut alors procurer un avantage durable et aider à renforcer la compétitivité à long terme.

Courbe d'apprentissage : Courbe illustrant la baisse du coût unitaire, en fonction de la production cumulée. Sa pente est estimée à –0,28 dans l'industrie aéronautique. Ceci signifie que le coût de production baisse de 28 % quand la production cumulée double. La figure 2.2 reflète cette baisse.

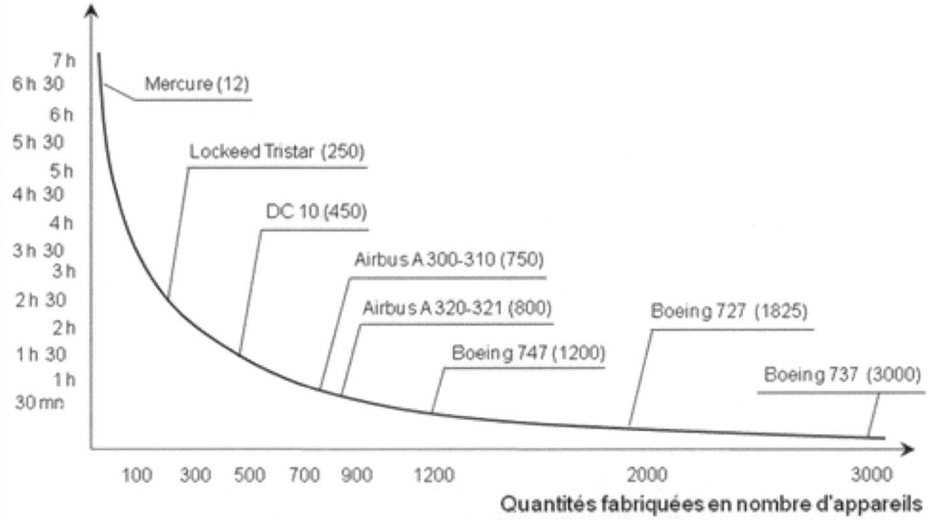

Source : *Strategor*, InterÉditions, 1994.

FIGURE 2.2.
Évolution du coût unitaire avec le volume de la production cumulée pour différents modèles d'avions

Économies d'envergure : Elles correspondent au cas dans lequel il est moins coûteux de produire dans la même entreprise un nombre déterminé d'unités de différents produits (par exemple de modèles d'avions) que de produire, dans le même nombre, chacun de ces produits dans des entreprises différentes. Les économies d'envergure s'expliquent, dans l'industrie aéronautique, par l'importance des synergies et des parties communes à différents modèles d'avions (*commonalities*) : de nombreux éléments de base sont en effet employés dans la fabrication de plusieurs modèles d'avion. L'expérience gagnée sur un modèle bénéficie donc au développement et à la fabrication des autres modèles produits au sein de la même entreprise. Ces économies d'envergure sont évidemment d'autant plus importantes que les modèles sont proches : même taille de fuselage, même envergure, même type de réacteurs, *etc.* Par exemple, elles sont importantes entre l'A330 et l'A340 (même fuselage, mêmes ailes). Elles sont plus réduites entre l'A340 (grande capacité) et l'A320 (petite capacité). Ce phénomène conduit logiquement chacun des constructeurs à couvrir le maximum de créneaux en lançant plusieurs modèles, et en dérivant de multiples versions (différentes par la capacité, le rayon d'action) à partir de chacun d'eux. Les améliorations apportées à un modèle particulier peuvent alors bénéficier à d'autres avions de la gamme. Ceci explique qu'un constructeur spécialisé dans un seul modèle ne serait pas viable. Il en va de même dans l'industrie automobile.

Loin d'être une représentation théorique abstraite, la PCS s'inspire directement d'un certain nombre de situations sectorielles concrètes. La plupart des disciplines ont leur « cas de laboratoire » favori, permettant de tester les nouvelles théories. Les sociologues s'intéressent au suicide, les recherches sur l'intelligence artificielle prennent appui sur le jeu d'échecs, la psychologie attache un intérêt particulier à l'étude des rêves. Similairement, les théoriciens contemporains du commerce international ont choisi la compétition Airbus/Boeing comme archétype de la politique commerciale stratégique.

C'est précisément en s'appuyant sur cette application que P. Krugman a popularisé la théorie de la PCS en 1987. Pour comprendre les résultats de ce choix, il faut d'abord étudier quelques caractéristiques de l'industrie aéronautique.

Nous présenterons ensuite le modèle de la PCS, dans la version qu'en a donnée P. Krugman, avant d'examiner les débats et controverses suscités par les tentatives de vérification concrète de cette théorie.

A. Pourquoi le « laboratoire » de l'industrie aéronautique ?

Ce choix s'explique par les caractéristiques de cette industrie. En effet, les hypothèses qui fondent la théorie de la PCS s'appliquent idéalement à cette industrie de haute technologie.

Le coût financier de l'entrée sur le marché est très élevé, en raison de coûts fixes importants

Cette barrière financière à l'entrée s'explique par le coût des équipements hautement spécialisés, les coûts de structure correspondant aux réseaux commerciaux et de service après-vente et, surtout, par l'importance des programmes de recherche et de développement préalables à toute production. Le coût de conception et de développement des nouveaux appareils s'est fortement accru au fil des ans. En équivalent de dollars actuels, le coût de développement du DC3 dans les années 1930 a été de 3 millions de dollars. Dans les années 1950, celui du DC8 a été de 112 millions de dollars, celui du 747 a été d'un milliard, celui du 767 de 1,5 milliard, celui du Boeing B777 a été de 4,7 milliards de dollars, celui de l'A380 a été de 18,6 milliards. Le coût du développement du successeur du Concorde, le LAPCAT britannique, projet d'avion hypersonique d'une capacité de 300 personnes volant à Mach 5, est estimé à 22,6 milliards de dollars, mais coûtera sans doute beaucoup plus. En outre, le délai de gestation de ces programmes de R&D est long : 7 à 10 ans séparent la décision de créer un nouvel appareil (avec l'engagement des dépenses de R&D) et la commercialisation du premier appareil. Si tout va bien, il faut ensuite près d'une dizaine d'années supplémentaires de production pour que celle-ci devienne rentable (les gains cumulés l'emportant sur les dépenses cumulées). L'importance des coûts fixes est à l'origine d'économies d'échelle qui incitent les constructeurs à s'efforcer d'allonger les séries. Pour y parvenir, chaque constructeur doit impérativement accroître sa part du marché mondial.

D'importantes économies d'envergure

Si chaque nouvel avion est coûteux à mettre au point, en revanche, les modifications de modèles existants sont beaucoup moins onéreuses. L'industrie présente en effet des économies d'envergure, liées aux *commonalities* entre les divers modèles d'avions. Ceci conduit logiquement chacun des constructeurs à couvrir le maximum de créneaux, en lançant plusieurs modèles et en dérivant de multiples versions (différentes par la capacité, le rayon d'action) à partir de chacun d'eux. C'est ainsi que l'A300 a donné naissance à l'A310; l'A330 à l'A340; le B737 a fait place au B757 et au B767, le B737-300 au B737-400, *etc.*

Il existe également d'importants effets d'apprentissage

Ceux-ci incitent à accroître les lignes de production et peuvent justifier l'aide des pouvoirs publics : grâce à l'effet d'apprentissage, un soutien public – fût-il ponctuel – peut suffire à assurer la compétitivité à long terme.

Le marché mondial est étroit

Même s'il est en rapide expansion, le marché mondial est limité. Sa taille ne permet pas de développer une production en masse. Chaque année, le nombre d'avions livrés est compris entre quelques centaines d'unités et un peu plus d'un millier (les meilleures années), pour chacun des deux avionneurs. Les débouchés sont donc d'emblée planétaires et, à l'échelle mondiale, il n'y a de place que pour un tout petit nombre de producteurs, voire pour un seul. Ceci explique, en grande partie, pourquoi les constructeurs recherchent activement un soutien public, tant celui-ci est vital pour leur développement.

B. Le modèle de la PCS

L'analyse de P. Krugman suppose que Boeing et Airbus sont en compétition pour la conquête du marché des avions à moyen rayon d'action et d'une capacité de 150 passagers. Compte tenu des débouchés mondiaux, il n'y a place sur ce marché que pour un seul des deux constructeurs. Le marché n'est donc profitable que si une seule firme y pénètre. Chacune a le choix entre deux décisions : entrer sur le marché en engageant les dépenses de R&D (« produire »), ou ne pas entrer sur le marché (« Ne pas produire »). Plusieurs contextes sont examinés successivement par P. Krugman.

Absence d'asymétrie technologique préalable et de subvention

Les résultats associés aux différents choix possibles des compétiteurs sont donnés par le tableau suivant.

Boeing \ Airbus	« Produire »	« Ne pas produire »
« Produire »	NW (–5 , –5)	(100 , 0) NE
« Ne pas produire »	SW (0 , 100)	(0 , 0) SE

TABLEAU 2.1.
Conflit Boeing/Airbus sans asymétrie préalable ni subvention

Dans chaque case de la matrice, le premier chiffre représente le profit réalisé par Boeing (ou plus exactement le surprofit, en sus de la rémunération normale du capital). Le second chiffre indique le (sur)profit d'Airbus. Cette matrice est connue par les deux compétiteurs. Le jeu est supposé être strictement déterminé. Autrement dit, chacun sait quels sont ses choix disponibles, ceux du concurrent et les résultats qui reviennent à chacun (hypothèse d'information parfaite et complète).

Si les deux firmes décident de ne pas produire, le résultat est le *statu quo* : elles ne font aucun investissement dans la mise au point du nouvel avion. Donc, ni gain ni perte. Leur résultat est égal à 0 (case Sud-Est).

Chaque firme peut potentiellement réaliser un profit de 100, à condition qu'elle réussisse à conquérir l'intégralité du marché mondial, c'est-à-dire à condition de dissuader le concurrent d'entrer sur le marché. Elle accapare alors la totalité de la rente (surprofit) de monopole. Supposons qu'aucune des deux entreprises n'est plus avancée que l'autre sur le plan technologique. Elles sont donc sur la même ligne de départ. Si toutes deux se lancent dans la production, elles se partageront à égalité le marché mondial (jeu parfaitement symétrique). Dans cette éventualité, le marché mondial étant étroit et le seuil de rentabilité étant élevé, aucune d'elles ne parvient à le franchir et elles subissent l'une et l'autre des pertes égales à 5. Pour parvenir à dissuader le concurrent, il suffirait que l'un des compétiteurs parvienne à persuader l'autre de sa volonté de produire, quoi qu'il arrive. L'autre, se trouvant alors « mis devant le fait accompli », ne pourrait rationnellement que renoncer. Mais là réside toute la difficulté. Le jeu n'admet pas de solution évidente. Dans ce genre de situations conflictuelles, une solution de prudence pourrait consister à jouer le *maximin*, c'est-à-dire à choisir la stratégie qui limite les dégâts en considérant, pour chaque stratégie, quel est le pire auquel on s'expose (min) et retenir celle qui maximise ce gain minimal. Ainsi, pour Boeing, le pire s'il choisit de produire est égal à –5, alors qu'il est égal à 0 s'il ne produit pas. Il en va de même pour Airbus : le minimum est égal à –5 s'il produit et 0 s'il ne produit pas. La prudence pourrait ainsi conduire les deux firmes à ne pas produire. Par crainte de risquer de subir des pertes, aucune d'elles ne produirait. Toutefois, même cette stratégie d'évitement du pire, qui garantit un résultat donné quoi qu'il arrive, n'est pas une solution stable dans cette situation. Ce n'est pas un « équilibre de Nash », puisque chaque joueur a intérêt à s'en écarter en supposant que l'autre ne le fera pas, mais si tous les deux s'en écartent, alors tous deux font des pertes.

Avantage technologique initial de Boeing, absence de subvention

Pour aider à cerner l'issue du jeu, supposons maintenant que Boeing dispose d'une longueur d'avance dans les études de conception et de développement. La firme a donc technologiquement le moyen d'être la première à lancer la fabrication. Elle a l'avantage « du trait », à l'image des blancs au jeu d'échecs. Cet avantage est décisif. En effet, si Boeing profite de l'avantage de l'initiative pour pénétrer le marché, elle contraint le choix de son concurrent, pour qui la matrice se réduit alors uniquement à la première ligne et donc au choix soit de faire une perte certaine (–5), soit du *statu quo* (0). C'est un peu comme si la firme Boeing avait brûlé les ponts derrière elle, en éliminant sa stratégie « Ne pas produire ». L'avantage technologique préalable de Boeing dissuade Airbus d'entrer sur le marché. La solution du jeu représenté par le tableau 2.1 est alors la case Nord-Est.

Bien entendu, y compris dans cette situation, on pourrait envisager qu'Airbus, choisissant en second, puisse ne pas s'adapter passivement à la stratégie de Boeing.

La firme Airbus pourrait décider de pénétrer elle aussi le marché, sachant qu'elle fera nécessairement des pertes, afin d'empêcher Boeing de s'accaparer le marché, de faire des profits, et d'éviter, ainsi, d'être distancée dans la compétition à plus long terme.

La réponse à cette objection tout à fait pertinente dépend en fait de la nature des résultats. Dans quelle unité les chiffres du tableau 2.1 sont-ils exprimés ?

S'il s'agit de (sur)profits exprimés en unités monétaires, cette objection est parfaitement pertinente. En revanche, depuis les travaux de John von Neumann et Oskar Morgenstern (1944), on sait qu'en théorie des jeux, les résultats doivent être à la fois parfaitement spécifiés et être l'expression de préférences cohérentes des joueurs, de sorte que le problème du choix se ramène à un problème de maximisation. C'est la raison pour laquelle les résultats doivent être exprimés en termes d'utilité, c'est-à-dire à l'aide d'un index qui exprime la structure des préférences de l'agent définie sur l'ensemble des résultats. Dans ce cas, l'objection précédente n'est plus valide, puisque la valeur de cet index exprime la manière dont l'agent hiérarchise les résultats, en tenant compte de toutes les conséquences qu'ils impliquent (y compris le risque pour Airbus d'être distancée dans la compétition).

Avantage technologique initial de Boeing, Airbus reçoit une subvention

Les données du problème deviennent différentes si les quatre gouvernements européens décident de promouvoir la construction de cet avion en accordant à Airbus un subside de 10, conditionné au lancement de la production. La matrice devient alors :

Boeing \ Airbus	« Produire »	« Ne pas produire »
« Produire »	NW (–5 , 5)	(100 , 0) NE
« Ne pas produire »	SW (0 , 110)	(0 , 0) SE

TABLEAU 2.2.
Conflit Boeing/Airbus avec asymétrie préalable et avec subvention versée à Airbus

L'attribution d'une subvention à Airbus produit plusieurs conséquences majeures.

1°) L'issue du jeu

Désormais, pour Airbus, la stratégie « Produire » domine « Ne pas produire » : elle lui procure un résultat supérieur, quoi que fasse Boeing. En d'autres termes, pour Airbus, les résultats obtenus en lançant la production sont préférables à ceux procurés par « Ne pas produire », quelle que soit la décision de Boeing. Donc, nécessairement, Airbus produira. Par conséquent, Boeing sait dorénavant que même s'il s'engage à lancer le premier la production – ce qu'il est techniquement en mesure de faire en raison de son avance – Airbus entrera lui aussi sur le marché (puisque 5 est supérieur à 0). En ce cas, Boeing ferait une perte de 5. Par suite, si elle ne peut obtenir un subside similaire, la firme américaine est dissuadée d'entrer sur le marché, en dépit de son avance technique. L'issue du jeu est donc clairement la case Sud-Ouest.

2°) En quel sens le soutien européen est-il « stratégique » ?

La subvention européenne a donc eu pour effet de gommer l'avantage du « trait » dont disposait Boeing (la capacité technique d'être le premier entrant) et a conféré à Airbus un avantage analogue : celui de la crédibilité, celui de pouvoir dissuader l'entreprise concurrente. C'est en ce sens que cette politique peut être qualifiée de « stratégique », non pas parce qu'elle serait mise en œuvre dans un secteur stratégique, c'est-à-dire un secteur d'importance vitale pour l'économie nationale, pour sa sécurité ou son indépendance, mais parce qu'elle renverse l'avantage stratégique initial de Boeing. Cette politique commerciale est stratégique parce que tout se passe comme si, grâce à la subvention, Airbus avait une longueur d'avance, alors même que par hypothèse c'est Boeing qui dispose de l'avantage technologique préalable. Le qualificatif stratégique doit donc plutôt être interprété dans son acception militaire : l'art de faire évoluer une armée sur un théâtre d'opérations, afin d'emporter la bataille (ici pour l'appropriation d'une rente de monopole).

3°) How to beggar your neighbour?

Du point de vue européen, l'opération paraît très intéressante puisqu'une subvention égale à 10 fait passer le résultat d'Airbus de 0 à 110, dont 100 représentent un transfert des États-Unis vers l'Europe. Cette dernière bénéficie donc d'un accroissement de richesse, au détriment du pays partenaire. En supposant qu'Airbus ait reçu une avance remboursable et non une subvention, le consortium européen n'aura aucune difficulté à la rembourser, puisque l'aide publique reçue lui permet de capter une rente de monopole d'un montant largement supérieur.

Le processus s'apparente à la *Rent Seeking* décrite par G. Tullock (1980) : l'entreprise fait pression sur les pouvoirs publics pour que ceux-ci, produisant une perturbation de la concurrence, créent une rareté artificielle captée par l'entreprise, qui joue le rôle d'un chasseur de primes… ou plutôt d'un chasseur de rentes. La subvention accordée à Airbus s'apparente donc à une politique *Beggar my Neighbour* (de mendicité auprès du voisin), à une politique du chacun pour soi, consistant à s'enrichir au détriment des autres firmes et des autres pays.

4°) L'erreur de P. Krugman : la protection peut-elle être bénéfique à l'échelle mondiale ?

La présentation de la théorie de la PCS donnée par P. Krugman montre que, dans certaines conditions bien précises, un pays peut bénéficier d'un soutien de ses entreprises aux dépens d'autrui. Cependant, à l'insu de l'auteur, l'exemple qu'il retient pour illustrer la théorie contient aussi, en germe, une conclusion encore plus radicale et dévastatrice pour le libre-échange, que P. Krugman cherche à défendre avec cette illustration. En effet, la subvention reçue par Airbus pourrait bien être profitable non seulement au constructeur européen, mais aussi à l'échelle mondiale. Dans l'exemple décrit par le tableau 2.1, sans avance technologique et lorsqu'aucune des entreprises rivales n'est aidée, toutes deux pourraient décider de ne pas produire (case SE), par crainte de s'exposer à des pertes (case NW). Cette issue, qui correspond à la solution de prudence (*maximin*), est préjudiciable à l'échelle mondiale. Si tel devait être le cas, alors, de manière évidente, le soutien public accordé à Airbus serait mondialement préférable au libre-échange, surtout si le soutien est apporté à la fabrication d'un type d'avion nouveau n'ayant pas de proche substitut existant, comme ce fut effectivement le cas avec l'A300, qui n'avait pas alors de concurrent. La fabrication d'un nouvel avion est une opportunité pour tous les pays. Elle est bénéfique :

- Aux travailleurs, puisque la subvention se traduit par des créations d'emplois additionnels en Europe, sans préjudice pour les travailleurs américains, comparativement au libre-échange.
- Aux « consommateurs », c'est-à-dire aux compagnies aériennes et aux passagers de tous les pays, qui bénéficieront d'un nouveau type d'avion.
- Aux actionnaires d'Airbus, sans préjudice pour ceux de Boeing relativement au libre-échange.

Certes, le libre-échange ne se traduit pas nécessairement par la renonciation à produire des deux constructeurs, puisque le jeu ici, bien que non coopératif, n'est pas à somme nulle et que la case SE n'est pas un équilibre de Nash, pas plus d'ailleurs, en stratégie pure, qu'aucune des trois autres cases de la matrice 2.1. Toutefois, de manière inattendue, alors que P. Krugman, à l'aide de la théorie de la PCS, s'efforce de montrer que la protection au moyen de subventions est dangereuse par les risques qu'elle comporte (notamment celui de déclencher des guerres commerciales), l'exemple qu'il utilise à cet effet peut tout aussi bien montrer que le libre-échange implique lui aussi un risque, celui de la frilosité, qui peut aboutir à une situation plus défavorable mondialement que celle issue du volontarisme. La supériorité de la protection sur le libre-échange serait encore plus évidente si l'on prenait en cause les effets externes dont peuvent bénéficier les secteurs liés au secteur aidé, y compris aux États-Unis, puisque, comme on le sait, Airbus industrie fait travailler de multiples sous-traitants sur le territoire américain.

C. Enjeux et débats

La théorie de la PCS a suscité à partir de la fin des années 1980 plusieurs études empiriques, visant à estimer aussi précisément que possible les conséquences du soutien stratégique accordé à Airbus. Ces évaluations empiriques débouchent sur des conclusions controversées, quant aux effets d'une telle politique et quant à son opérationnalité. Ces travaux s'appuient sur des modèles de simulation reproduisant, autant qu'il est possible, la compétition entre l'Europe et les États-Unis, dans un contexte de rendements d'échelle croissants et de concurrence imparfaite. Leur objectif est d'évaluer les effets du soutien stratégique dont a bénéficié Airbus à la fois pour l'Europe, pour les États-Unis, pour les pays tiers et, corrélativement, pour l'économie mondiale.

Quels effets ?

L'aide européenne a permis l'entrée d'Airbus, au départ sur le marché Medium Range/Medium Body (moyens-porteurs – moyens courriers) avec l'A300, alors qu'à défaut, Boeing aurait été en mesure de s'assurer une position de monopole à partir des années 1980 avec le B767. Quelles ont été les conséquences de cette subvention sur le plan du bien-être ? Répondre à cette question n'est guère aisé. Les conclusions obtenues sont dépendantes de plusieurs hypothèses sur le comportement des firmes dans un jeu de compétition oligopolistique, dont les règles et objectifs sont complexes et obscurs, y compris pour les joueurs eux-mêmes. Elles dépendent aussi de divers paramètres (l'élasticité-prix de la demande, la valeur du taux d'actualisation qui préside aux décisions d'investissement à long terme, *etc.*). Enfin, selon leur degré de sophistication, les modèles de simulation utilisés varient selon le nombre de compétiteurs pris en compte (deux ou trois) et selon le nombre de catégories d'avions fabriqués (les « segments du marché »).

ENCADRÉ 2.2. LES SEGMENTS DE MARCHÉ DANS L'INDUSTRIE AÉRONAUTIQUE

Il est possible de différencier les catégories d'avions civils sur la base de différents critères. Une présentation usuelle croise :

- le rayon d'action (*Range*) : court, moyen et long ;
- la capacité mesurée par le nombre de sièges : avions à fuselage étroit, intermédiaire et large (*Narrow Body/Medium Body/Wide Body*).

Sur la base de ces deux critères, on distingue trois principaux segments :

1. *Short Range/Narrow Body* (SRNB), correspondant à des avions dont le rayon d'action est de l'ordre de 2 000-3 500 miles nautiques et d'une capacité allant de 40 à 200 passagers, tels que l'Airbus 320 et le Boeing 737. Il s'agit d'avions monocouloirs comportant deux à six sièges rangés le long d'un couloir unique.

2. *Medium Range/Medium Body* (MRMB), dont le rayon d'action est de l'ordre de 3 500-5 500 miles et d'une capacité de 200 à 300 sièges, parmi lesquels on trouve l'A300, l'A310, les Boeing 527 et 767.

3. *Long Range/Wide Body* (LRWB), avec un rayon de 5 000-7 500 miles à charge maximale. Il s'agit d'avions bi-couloirs pouvant accueillir de 7 à 12 passagers par rangée et dotés d'une capacité de 300 à 525 passagers (A330, A340, B747, B777, MD11…).

À ces trois principaux segments, il convient d'ajouter un nouveau segment, celui des avions Long Range/Super Wide Body (super-jumbo), depuis la mise en service en 2007 de l'A380, avion très gros porteur pouvant transporter de jusqu'à 850 passagers sur une distance de 8 500 miles nautiques (15 700 km).

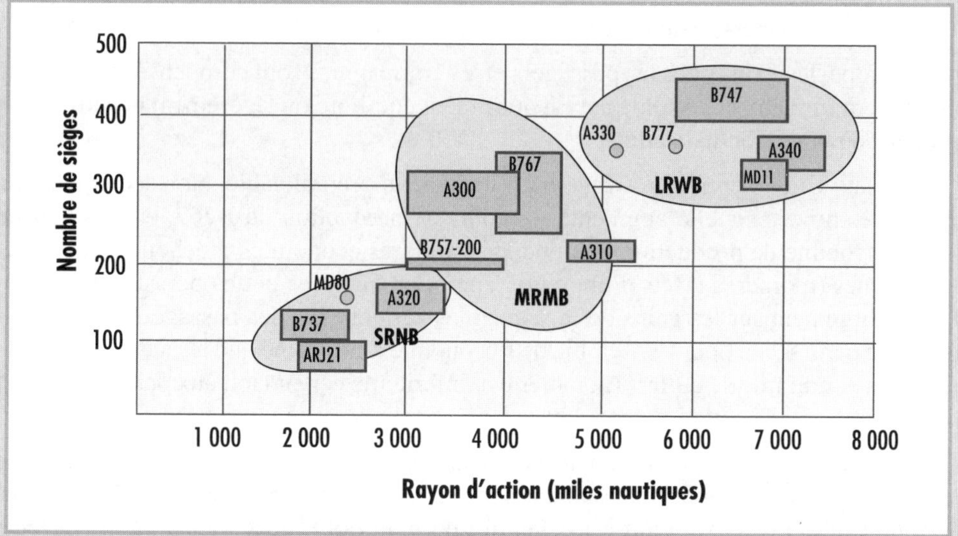

FIGURE 2.3.
Industrie aéronautique : les trois segments du marché (hors segment des très gros porteurs de plus de 500 places)

En affinant l'analyse, il est possible de distinguer d'autres segments, tels que le Long Range Medium Body (LRMB), le Medium to Long Range Wide Body (M-LRWB), *etc.* Selon les versions, un même avion peut occuper différents segments. Ce fut le cas, par exemple du MD11 dont le rayon d'action s'étageait de 4 780 à 6 800 miles nautiques. C'est le cas également de l'A310, décliné en deux versions A310-200 et A310-300.

En fonction des hypothèses retenues quant à la forme de la compétition, il est possible de distinguer deux générations successives d'études empiriques.

1°) Les études de première génération : passage du monopole au duopole

Les premières études réalisées à la fin des années 1980 et au début des années 1990, américaines il est vrai, concluaient plutôt à un gaspillage des ressources fiscales européennes.

1. La modélisation de R. Baldwin et P. Krugman (1987) se focalise par simplification sur la compétition exclusivement entre Boeing et Airbus, et considère comme négligeable le rôle de MDD dans cette compétition. Elle modélise donc le passage d'un monopole (celui de Boeing) à un duopole (après l'entrée d'Airbus). En outre, elle porte uniquement sur le segment du marché correspondant à l'A300 et au B767 (MRMB) et ignore, de ce fait, les interdépendances existant entre les segments associés aux diverses familles d'avions.

Selon R. Baldwin et P. Krugman, l'entrée d'Airbus a pour effet d'intensifier fortement la concurrence et de faire baisser les prix des avions. Elle conduit également à une disponibilité plus précoce du type d'avion considéré (l'A300 étant disponible huit ans avant le B767). Ces conséquences sont bénéfiques pour les « consommateurs » (compagnies aériennes et passagers). Bien entendu, le bilan n'est pas le même pour tous les pays.

• En Europe, les gains pour les passagers et les compagnies sont compensés par la perte pour les contribuables. Le solde net est quasiment équilibré ou légèrement négatif (selon la valeur du taux d'actualisation).

• Aux États-Unis, l'entrée d'Airbus est franchement préjudiciable. Non seulement elle abaisse les prix, mais elle augmente les coûts de production du B767, en raison d'un moindre volume de production et, donc, de moindres économies d'échelle statiques et dynamiques (moindres effets d'apprentissage). Par suite, les pertes pour Boeing l'emportent largement sur les gains des compagnies aériennes et des passagers. Il en résulterait une perte sèche pour l'ensemble de l'économie américaine que les auteurs évaluent à environ 3 milliards de dollars (notablement inférieure, cependant, aux pertes alléguées par Boeing).

• Pour les pays tiers, le bilan est naturellement positif, puisque, ces pays n'ayant pas de constructeurs, ils ne supportent aucune perte du fait de la subvention versée à Airbus. Le seul effet de la subvention est d'induire un gain pour leurs transporteurs et leurs passagers. En termes nets, les pays tiers seraient donc les seuls gagnants de l'entrée d'Airbus.

Cependant, le gain des pays tiers est notablement inférieur aux pertes américaines. Il en résulte donc une perte de bien-être à l'échelle mondiale. Ainsi, pour R. Baldwin et P. Krugman, la subvention accordée à Airbus est à la fois une politique *Beggar my Neighbour* (mondialement préjudiciable) et une politique *Beggar-thyself* pour l'Europe elle-même (au bénéfice du constructeur, mais au détriment de ses contribuables et de la collectivité).

2. L'analyse de G. Klepper (1990), remédie à une des insuffisances de l'approche de R. Baldwin et P. Krugman en introduisant l'influence des économies d'envergure. L'auteur modélise la compétition entre les deux constructeurs sur 3 segments : *Short Range Narrow Body*; *Short to Medium Range Wide Body*; *Long Range Wide Body.*

Ses résultats, qui portent sur une période de 20 ans (1987-2006), rejoignent les conclusions de R. Baldwin et P. Krugman, avec quelques nuances. En particulier, le fait que Boeing ait accumulé de l'expérience productive antérieurement à l'entrée d'Airbus, dans la fabrication d'avions plus anciens et appartenant à des segments différents n'est pas sans incidence. Comparativement à l'évaluation de Baldwin et Krugman, cette expérience accumulée limite la hausse du coût de fabrication du B767 qui entre, avec retard, en concurrence avec l'A300. Ainsi, la prise en compte des économies d'envergure permet à Boeing d'avoir des coûts moins importants et une part de marché mondial plus grande que dans la modélisation Baldwin-Krugman, qui ignorait les économies d'envergure. La simulation de G. Klepper indique que l'entrée d'Airbus n'est favorable qu'aux pays tiers et qu'elle est mondialement préjudiciable, les gains des « consommateurs » étant largement surcompensés par la disparition des profits de monopole de Boeing. L'auteur montre également que sans soutien public, Airbus aurait été dissuadée de pénétrer le marché, puisqu'il lui aurait fallu 20 ans pour approcher le seuil de rentabilité et parvenir à amortir les lourds investissements en R&D des années 1970.

3. Une nouvelle étude de G. Klepper (1994) conclut qu'une subvention de 20 % du prix accordée à Airbus permettrait de faire progresser sa part du marché mondial de 31 % à 60 %, sur le segment des *Short Range Narrow Body*; de 53 % à 61 % sur le *Medium Range Wide Body* et de 45 % à 53 % sur le *Long Range Wide Body*. La subvention permet donc d'accroître significativement la production cumulée d'Airbus et provoque donc un transfert d'effet d'apprentissage dynamique de Boeing vers Airbus.

2°) Les études de seconde génération : la compétition entre trois concurrents inégaux

Dans une étude réalisée en 1995, D. Neven de l'université de Lausanne et P. Seabright de l'université de Cambridge aboutissent à des conclusions différentes, à plusieurs égards, des estimations antérieures. L'originalité de l'analyse de D. Neven et P. Seabright est que, contrairement aux études antérieures, ils considèrent l'intégralité des segments du marché : *Short Range Narrow Body, Medium Range Medium Body, Long Range Medium Body, Long Range Wide Body*. Leur période d'étude couvre près de 40 ans. En outre, à l'opposé de R. Baldwin et P. Krugman, les auteurs modélisent une compétition qui n'oppose pas deux acteurs, mais qui fait intervenir trois firmes rivales. Certes, G. Klepper avait déjà envisagé ce type de situation en 1990, mais de façon assez simplifiée, comme une simple variante du monopole initial de Boeing dans laquelle Boeing et McDonnell Douglas se partageraient à parts égales le marché mondial, les deux firmes se trouvant donc situées au même point de la courbe d'apprentissage. La seule conséquence qu'il déduisait de cette situation est qu'elle impliquait, pour les deux firmes américaines, un profit cumulé et un taux de profit nettement inférieurs à ceux dégagés par Boeing en monopole, en raison de moindres effets dynamiques d'apprentissage et, donc, de coûts de production plus élevés.

Comme dans les études antérieures, la modélisation de D. Neven et P. Seabright montre que l'entrée d'Airbus prend Boeing et MDD dans la tenaille de moindres ventes et de coûts de production unitaires plus élevés (dus à de moindres économies d'échelle statiques et dynamiques et à de moindres économies d'envergure). L'une des conclusions majeures déduites du modèle de D. Neven et P. Seabright, et qui fait son originalité, est que l'entrée d'un troisième compétiteur sur un marché où existent déjà deux rivaux américains, de tailles inégales, produit un impact quantitativement et qualitativement différent de celui de l'entrée sur un marché en monopole.

1. Avant l'entrée d'Airbus, Boeing avait déjà un concurrent : McDonnell Douglas

Antérieurement à l'entrée du constructeur européen existait donc déjà une concurrence préalable sur les prix des avions entre Boeing et MDD. En outre, l'entrée d'Airbus a réduit l'intensité de la compétition au niveau des prix entre les deux constructeurs américains. Par conséquent, l'entrée d'Airbus n'a pas abaissé le prix des avions aussi fortement que l'indiquait le modèle Baldwin-Krugman. Elle est en moyenne de 3,5 %, avec des variations selon les segments et les périodes, contre environ 15 % dans le modèle

Baldwin-Krugman. De ce fait, la baisse des profits de l'industrie a été moindre que celle qui aurait résulté d'une confrontation initiale directe entre Boeing et Airbus.

De là résultent plusieurs conséquences :

- De moindres gains pour les compagnies aériennes et les passagers. Donc, de moindres gains pour les pays tiers.
- La perte subie par Boeing n'aurait donc pas été aussi considérable. D'où une perte pour l'économie américaine moins importante que dans l'évaluation Baldwin-Krugman.
- Le profit d'Airbus aurait été plus important que ce que prédisaient les évaluations antérieures. Ce gain serait plus important que la subvention reçue. D'où un gain net pour l'Europe. En cela, la conclusion de D. Neven et P. Seabright est radicalement différente des résultats des études de première génération, qui concluaient toutes à une perte européenne. En outre, cette conséquence est conforme à l'enseignement majeur de la théorie de la PCS : il peut être avantageux nationalement – même et surtout pour un grand pays – de soutenir ses entreprises en subventionnant leur production et leurs exportations, même s'il s'agit d'une politique *Beggar my Neighbour*.
- Au total, il en résulte en effet une perte à l'échelle mondiale, mais celle-ci n'est pas aussi considérable que dans les évaluations antérieures. Bien entendu, cette régression du bien-être mondial est essentiellement liée à la baisse des profits de Boeing.

2. Le Starfish Effect

L'apport le plus original de la simulation de D. Neven et P. Seabright concerne l'impact de l'entrée d'Airbus sur l'innovation, les conditions de développement de nouveaux produits et l'évolution de la compétition. En effet, dans leur modélisation, les divers types d'avions existants et le développement de nouveaux modèles ne sont pas donnés de manière exogène, mais deviennent des variables endogènes au modèle.

Une des conclusions les plus intéressantes de ces auteurs est que la complexité commence lorsque l'on passe de deux à trois compétiteurs. Cette complexité accrue ne résulte pas seulement des stratégies d'alliance et du jeu des coalitions éventuelles de deux des acteurs contre le troisième. Elle provient aussi du fait que les conditions mêmes de la compétition se trouvent modifiées. Selon ces auteurs, étonnamment, l'entrée d'Airbus sur le segment des avions long-courrier et gros porteur (LRWB) avec l'A330 et l'A340 aurait permis à MDD de développer plus facilement son nouvel avion MD11, de même catégorie, qui entrait en concurrence avec le B777 juste entré en service. En effet, la pénétration d'Airbus sur ce segment a induit des pertes d'économies d'échelle statiques et dynamiques, pour Boeing, directement sur ce segment, où il était déjà présent, et indirectement, *via* les économies d'envergure. Ceci a eu pour effet d'élever le coût de fabrication de son nouveau B777. C'est cette hausse de coût qui, selon ces auteurs, a rendu possibles le lancement du MD11 et son entrée sur le segment LRWB. Sans la concurrence d'Airbus sur ce segment, Boeing aurait pu vendre son B777 à un prix sensiblement plus bas, à un niveau contre lequel MDD aurait été incapable de lutter. Cette conclusion va à l'encontre de l'opinion largement acceptée, et qui semble marquée du sceau du bon sens, qui voudrait que le soutien des gouvernements à leurs firmes nationales (par des subventions) tende à réduire l'attractivité des marchés concernés pour les firmes étrangères, et réduirait leurs possibilités de pénétrer ces marchés. Ainsi, A.K. Dixit et A.S. Kyle (1985), P.A. Geroski et A. Jacquemin (1985), J. Vickers (1985) pronostiquaient-ils que l'entrée d'Airbus sur le segment LRWB rendrait impossible l'accès de MDD à ce segment. Cette prédiction s'est finalement révélée inexacte. La simulation de D. Neven et P. Seabright fournit une explication possible à ce démenti.

Que l'entrée sur le marché d'un nouveau compétiteur puisse « faciliter la vie » d'un concurrent et lui permettre, à son tour, de prendre place sur le même segment de production est, il est vrai, un résultat pour le moins paradoxal. Ce type de phénomène est susceptible d'apparaître lorsque les décisions d'un acteur produisent des conséquences asymétriques sur ses rivaux. En l'occurrence, l'entrée d'Airbus a exercé une influence à la fois sur Boeing et sur MDD, mais elle a produit un impact plus fort sur Boeing que sur MDD, du fait de la différence de taille et de positionnement des deux constructeurs américains. Plus précisément, l'entrée d'Airbus sur le segment LRWB a eu pour conséquence d'atténuer la pression concurrentielle – en termes de prix – de Boeing sur MDD, au-delà de la pression directement exercée par Airbus sur MDD.

Les auteurs proposent de dénommer ce phénomène *Starfish Effect* (effet « étoile de mer »), par analogie avec un constat singulier, bien connu en biologie évolutionniste : dans certaines circonstances, l'introduction d'un prédateur peut accroître (et non réduire) le nombre des autres espèces que l'écosystème peut supporter (Paine, 1966).

ENCADRÉ 2.3. L'EFFET « ÉTOILE DE MER »

L'effet « étoile de mer » a été mis en évidence en 1966 par le biologiste américain Robert Paine, qui a étudié expérimentalement l'évolution de différents sites marins, proches de la rive, sur la côte pacifique des États-Unis, au nord du golfe de Californie et au Costa Rica. Ses observations l'ont amené à énoncer l'effet « étoile de mer » sous la forme d'une loi : « La diversité des espèces locales est directement proportionnelle à l'efficacité avec laquelle les espèces prédatrices empêchent la monopolisation des principales ressources environnementales (espace, nourriture, *etc.*) par l'une quelconque des espèces existantes. » Dans les zones côtières étudiées, une étoile de mer (*Pisaster Ochrateus* ou *Heliaster Kubiniji,* selon les sites) est un prédateur qui se nourrit de différentes catégories de mollusques et de crustacés (moules, chitons, patelles, arapèdes, anatifes, balanes, échinides, *etc.*). Paine a constaté que lorsque le prédateur est présent, 15 types différents d'espèces de mollusques et de crustacés cohabitaient de manière durable. En revanche, lorsque les étoiles sont retirées des milieux étudiés, la diversité biologique chute fortement : près de la moitié des espèces disparaissent (ne subsistent plus que 8 espèces). Ce résultat, *a priori* inattendu, est parfaitement logique. Libres des prélèvements de *Pisaster Ochrateus ou de Heliaster Kubiniji*, les espèces les plus dynamiques, à rythme de reproduction le plus élevé (les moules de roche *mytilus* et quelques autres espèces), prolifèrent, occupent tout l'espace et privent de ressources nutritives les autres espèces, qui disparaissent.

L'application du *Starfish Effect* à l'industrie aéronautique conduit à attribuer le rôle du prédateur à Airbus, celui de l'espèce de proie la plus dynamique à Boeing et de l'espèce de proie la moins dynamique à MDD. L'idée du *Starfish Effect* est séduisante, et peut-être a-t-elle une certaine pertinence pour comprendre certains aspects de l'évolution du segment LRWB. Il n'en reste pas moins qu'en définitive, la principale victime de la montée en puissance d'Airbus a été MDD, dont la part de marché s'est rétrécie parallèlement à la progression du constructeur européen, pour finalement disparaître en 1997 (voir figure 2.4).

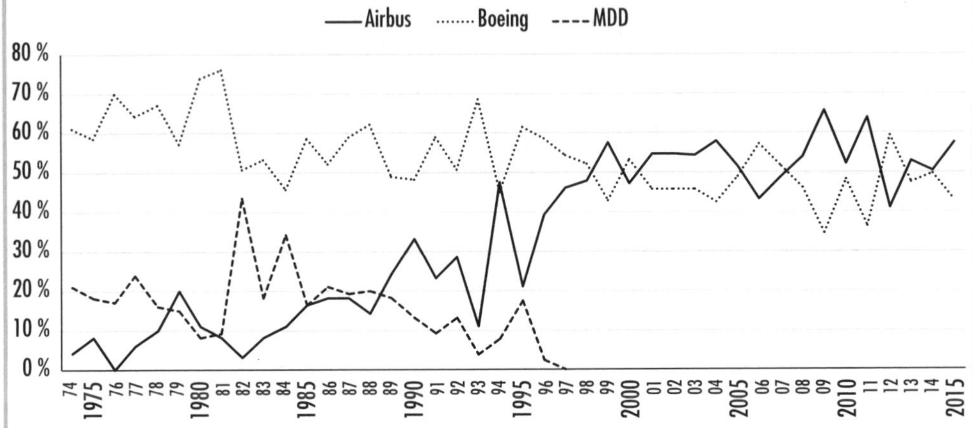

Évolution des parts de marché (avions de plus de 100 places). Commandes nettes en pourcentage (1974-2015)
Source : Données tirées des rapports annuels de l'Organisation de l'Aviation civile internationale (OACI), années diverses

FIGURE 2.4.
MDD, principale victime du « prédateur » Airbus

D. Les difficultés de mise en œuvre

Concrètement, pour qu'une politique commerciale stratégique puisse être efficacement mise en application, il est nécessaire que les pouvoirs publics disposent d'une information exhaustive et de bonne qualité. Il faut pouvoir chiffrer la matrice des résultats pour toutes les éventualités, avec une précision qui dépasse celle usuellement disponible. Une autre difficulté majeure tient à la difficulté d'identifier et de sélectionner les industries qu'il pourrait être avantageux de soutenir. *Last but not least*, la mise en œuvre d'une politique commerciale stratégique suppose qu'il soit possible de prévoir et d'évaluer les conséquences des réactions des pays affectés par cette politique.

Le coût de l'erreur

Or, selon P. Krugman, des erreurs d'évaluation, même minimes, peuvent s'avérer très coûteuses.

Supposons en effet que les gains effectifs diffèrent faiblement de ceux indiqués par le tableau 2.1 ci-dessus.

Supposons que la matrice effective des résultats soit la suivante :

Boeing \ Airbus	« Produire »	« Ne pas produire »
« Produire »	NW (1 , –5)	(100 , 0) NE
« Ne pas produire »	SW (0 , 100)	(0 , 0) SE

TABLEAU 2.3.
Le coût de l'erreur : avantage technologique initial (pas de subvention)

Dans l'hypothèse où Boeing dispose d'un avantage technologique initial, il est logique d'admettre que le jeu n'est pas rigoureusement symétrique. Du fait de cet avantage technologique, Boeing se situerait sur une position plus basse de la courbe d'apprentissage, obtiendrait plus de la moitié du marché mondial et ne ferait pas de perte, même si Airbus décidait de lancer sa production. Boeing produira donc quoi qu'il arrive, puisqu'il est plus avantageux de le faire que d'y renoncer, quel que soit le choix d'Airbus. En effet, pour Boeing, la première stratégie domine la seconde. la solution du jeu est alors indiquée par la case NE (Boeing dispose du monopole).

Si, comme précédemment, Airbus reçoit une subvention de 10, le constructeur européen entre sur le marché (tableau 2.4) puisque, pour lui également, « Produire » domine désormais « Ne pas produire ». L'issue du jeu est donc la case NW.

Boeing \ Airbus	« Produire »	« Ne pas produire »
« Produire »	NW (1 , 5)	(100 , 0) NE
« Ne pas produire »	SW (0 , 110)	(0 , 0) SE

TABLEAU 2.4.
Le coût de l'erreur : avantage technologique initial (avec subvention reçue par Airbus)

Le tableau 2.3 diffère peu du tableau 2.1. Les deux situations sont cependant radicalement différentes. En effet :

1°) Le subside reçu par Airbus ne dissuade pas Boeing de « produire ». La politique de soutien ne permet pas de renverser l'avantage stratégique initial de Boeing. Pour cette raison essentielle, elle est inefficace.

2°) Par suite, le soutien public ne procure pas à Airbus un supplément de gain au-delà du montant de l'aide qui lui est attribuée. Airbus est donc incapable de rembourser l'avance reçue. Il y a gaspillage de fonds publics, même d'un point de vue exclusivement européen.

Observons toutefois que ce diagnostic de P. Krugman n'est pas totalement partagé par D. Neven et P. Seabright. À l'aide de leur modèle, ces auteurs simulent diverses variantes stratégiques, dont certaines sont manifestement déraisonnables, à l'instar de l'entrée initiale d'Airbus non pas comme il l'a fait, judicieusement, sur le segment MRMB, délaissé par les constructeurs américains, mais, par exemple, sur le segment des gros porteurs (LRWB), où Boeing, avec le B747, était en position dominante. Le résultat qu'ils obtiennent est, certes, que l'erreur est coûteuse. Globalement, la perte pour l'Europe aurait été de l'ordre de 3,5 milliards de dollars, réduisant ainsi le taux de profit de 8 % à 6 %, sur l'ensemble de la période. Cependant, l'impact à l'échelle de l'économie mondiale bien que non négligeable n'aurait pas été gigantesque. Selon leur simulation, ce choix d'Airbus aurait dissuadé MDD de développer le DC10, et ces deux événements se seraient en partie neutralisés au niveau de l'impact sur l'industrie et de l'ensemble des pays. Il y aurait eu perte, certes, mais pas de désastre collectif. En somme, pour D. Neven et P. Seabright, les bénéfices des politiques commerciales stratégiques sont sans doute moins considérables que ne le suggèrent leurs partisans, et leurs dangers, tant d'un point de vue étroitement national que mondial, ne sont pas aussi grands que l'annoncent leurs adversaires.

La difficulté pratique d'obtenir la qualité d'information nécessaire sur une industrie isolée se double d'une autre complication, tout aussi redoutable. L'appréciation des effets de la PCS ne peut pas être effectuée sur la base d'une analyse d'équilibre partiel, c'est-à-dire en considérant l'industrie subventionnée séparément, comme si elle était isolée du reste de l'économie. L'analyse doit au contraire être réalisée dans un cadre d'équilibre général, tenant compte des répercussions de la décision prise non seulement sur l'industrie aidée, mais aussi sur toutes les autres activités avec lesquelles elle est en relation, créant des débouchés pour ces dernières, mais drainant également des ressources à leur détriment (effet d'éviction). Or, on sait que si les évaluations en équilibre général calculable prennent en considération ces interdépendances et sont donc, *a priori*, plus satisfaisantes que les évaluations en équilibre partiel, il n'en reste pas moins qu'elles sont fragiles, car sensibles aux valeurs prises par différents paramètres : les élasticités, le taux d'actualisation, les hypothèses sur l'évolution de la demande, *etc.*

Un ciblage difficile, le risque d'inféodation aux lobbies et le risque de riposte

Une autre difficulté de mise en œuvre concrète du soutien stratégique, inhérente au jeu de la décision politique et au rôle des *lobbies*, tient au risque de dévoiement auquel sont exposés les choix des gouvernements. Il faut garder à l'esprit que lorsqu'un État soutient une industrie, c'est nécessairement au détriment (au moins) relatif d'autres activités, puisque les ressources financières mobilisables à cet effet sont limitées. Soutenir un secteur équivaut à renoncer à en soutenir d'autres, voire à leur retirer des ressources. Or, comment être sûr d'avoir fait le bon choix ?

Le danger, dans ce cas, est qu'à son insu, le gouvernement cède à des intérêts spécifiques, ou qu'il soit guidé par eux. Comme le souligne P. Krugman (1988), « Les gouvernements n'agissent pas nécessairement dans l'intérêt national [...]. Ils sont en fait influencés par des groupes de pression travaillant pour des intérêts particuliers [...]. Le résultat est qu'il peut se faire qu'une intervention excessive ou malencontreuse soit mise en place parce que ceux qui ont tout à y gagner ont plus de savoir et plus d'influence que ceux qui doivent y perdre. » ([2], p. 214).

Ce risque de « capture des autorités » explique le scepticisme de nombreux experts quant à la possibilité d'identifier de manière fiable les industries auxquelles pourrait s'appliquer cette politique. Comme le souligne G. Hufbauer (1989), « c'est possible rétrospectivement, mais c'est beaucoup plus difficile dans une optique prospective. Les tentatives peuvent rapidement dégénérer et fournir à celui qui est capable de réunir le plus puissant groupe de pression de Washington des justifications passe-partout ».

Enfin et surtout, la mise en œuvre efficace d'une PCS se heurte à ce qui est assurément le risque majeur de toute politique *Beggar my Neighbour*, celui de susciter des représailles. Il est peu réaliste de supposer que les autres pays resteront inertes face à un interventionnisme stratégique dont ils sont les victimes. Même pour des partenaires résolument libéraux, ne pas répliquer serait une attitude aberrante, qui encouragerait ces pratiques, sauf à posséder une foi libre-échangiste peu commune et à croire que les interventions d'autrui s'apparentent, en toutes circonstances, à un don qu'ils nous accordent sans le vouloir.

La riposte des partenaires commerciaux a alors toutes les chances d'annuler les avantages théoriques que l'initiateur de l'intervention stratégique pouvait espérer et peut-être même bien au-delà si, par l'effet de représailles et de surenchères en cascade, l'intervention de départ dégénère en guerre commerciale.

Un des apports majeurs de la théorie de la politique commerciale stratégique est qu'elle a contribué à renouveler en profondeur le débat sur les vertus et les défauts du libre-échange et du protectionnisme. Les défenseurs inconditionnels du libre-échange, aujourd'hui peu nombreux, voyaient dans cette politique, déduite du principe ricardien de l'avantage comparatif, l'*optimum* absolu (*optimum* « de premier rang »), c'est-à-dire la meilleure des solutions en toutes circonstances. Tout au plus admettaient-ils que si les conditions de la libre concurrence ne pouvaient pas être respectées, par exemple du fait d'effets externes, des mesures compensatrices – par exemple sous la forme de droits de douane – pouvaient être mises en place, de façon à se rapprocher de la logique de libre concurrence. Ces solutions compensatrices étaient perçues comme une solution de moindre mal (*optimum* de second rang).

Les nouvelles théories du commerce international et, notamment, la théorie de la politique commerciale stratégique, ont bouleversé la perception du libre-échange et inversé les positionnements théoriques. Dans un univers où règne une concurrence imparfaite entre acteurs stratégiquement interdépendants, où les économies d'échelle et les effets externes sont omniprésents, le libre-échange ne peut plus être considéré comme un *optimum* de premier rang. Comme nous l'avons vu au cours de cette section et comme la prochaine section contribuera aussi à l'établir, la protection dans certaines industries peut faire un meilleur usage des rendements d'échelle et des effets de débordement que le libre-échange. Ce dernier est-il pour autant « dépassé » ?

Aujourd'hui, pour ses partisans les plus raisonnables, dont P. Krugman est aujourd'hui l'un des représentants les plus éminents, la réponse est négative.

Leur conviction est que la politique commerciale stratégique correspond à un cas de figure intéressant sur le plan théorique, mais d'un intérêt pratique limité. Cette position peut paraître étonnante de la part d'un auteur qui a popularisé cette théorie à partir de l'expérience réelle des conflits dans l'industrie aéronautique et lorsque l'on considère les succès effectivement obtenus par Airbus, devenu l'égal du seul constructeur américain qui subsiste.

Pour les défenseurs réalistes du libre-échange, le jeu de la PCS n'en vaudrait pas la chandelle : les bénéfices potentiels du soutien stratégique, au mieux, ne pourraient être que modestes et seraient trop aléatoires. Les risques de représailles qu'impliquent les tentatives d'expansion prédatrice seraient trop importants pour que la communauté scientifique puisse aller jusqu'à préconiser l'application d'une telle politique. Du coup, le libre-échange devient le noyau d'un consensus entre les acteurs, le moyen de maintenir la confiance entre eux, de faire converger leurs comportements en direction de la sécurité collective et d'éviter les guerres commerciales.

La ligne de défense du libre-échange au début du XXIe siècle a donc été considérablement déplacée et les positions sont devenues beaucoup plus nuancées. Le libre-échange ne serait pas « dépassé », mais il ne serait décidément plus ce qu'il était : non plus la politique commerciale optimale, mais, par défaut, le *second best*, la moins dangereuse des politiques praticables.

Le libre-échange, écrivait P. Krugman ([2], p. 196), aurait « perdu à jamais son innocence », à supposer qu'il eût jamais été doté d'une telle qualité, y compris dans la pensée de Ricardo[1].

2.2.2 *Une rationalisation du néo-mercantilisme américain : la théorie du Managed Trade*

Un débat voisin de la politique commerciale stratégique, et souvent confondu avec cette dernière, est celui soulevé par la théorie du *Managed Trade* (commerce administré). Cette théorie récente a été proposée en 1990 par L. D'Andrea Tyson, professeure à l'université de Berkeley, nommée en 1993 par B. Clinton directrice du *National Economic Council*, agence où s'élabore la politique économique américaine.

1. Le soutien du libre-échange ne masquait-il pas, de la part de D. Ricardo, la défense de certains intérêts spécifiques, ceux de la bourgeoisie manufacturière anglaise, contre ceux de l'aristocratie foncière ? Le principe des coûts comparatifs fournissait une rationalisation à l'abolition de la protection accordée à l'agriculture (*Corn Laws*). D. Ricardo a milité pour cette suppression. Sa théorie n'était donc pas une construction en tour d'ivoire. Elle était socialement et politiquement engagée au service de l'industrialisation britannique. Cf. Sandretto, R. (1976), Les silences de la théorie ricardienne, pp. 42-43. Voir aussi *supra*, 1.1.4-C.

Plusieurs raisons justifient le rapprochement entre la théorie de la PCS et celle du *Managed Trade*. Ces deux théories s'appliquent en effet aux industries de haute technologie. Toutes deux se fondent sur des structures de marché oligopolistiques et des formes de concurrence imparfaite. Toutes deux s'interrogent sur l'optimalité du libre-échange et peuvent servir de justification à des subventions dans ce type d'industrie.

Une des différences majeures entre ces deux théories tient au fait que la PCS souligne le rôle des économies d'échelle statiques et dynamiques et des économies d'envergure, alors que la théorie du *Managed Trade* met en avant l'importance des externalités et des phénomènes d'irréversibilités. Dans les deux cas, il en résulte des défaillances de marché : le libre fonctionnement du marché ne conduit pas nécessairement à une situation optimale, ce qui peut justifier la nécessité d'une intervention publique, voire d'un commerce administré, que L. D'Andrea Tyson définit de manière très générale comme « un commerce contrôlé, dirigé ou administré par les politiques des gouvernements » ([4], p. 144). Selon l'auteure, cette politique vise spécifiquement les industries de haute technologie. Par ce qualificatif, il faut entendre ici les industries les plus fortement intensives en dépenses de R&D, relativement à la valeur de leur *output*.

Quatre points seront abordés dans les pages qui suivent. Après avoir exposé les raisons d'être et les objectifs d'une politique de *Managed Trade*, nous présenterons ses justifications et ses fondements théoriques. Nous examinerons ensuite le contenu et les modalités d'application pratiques de cette politique, avant d'en voir les ambiguïtés et les difficultés d'application concrète.

A. Pourquoi faut-il protéger les industries de *high-tech* ?

Les raisons d'être d'une politique de *Managed Trade*

Trois arguments principaux peuvent justifier une intervention publique destinée à soutenir ou promouvoir les industries de haute technologie.

1°) Les coûts irrécupérables et l'argument de la « tête de pont »

Dans les industries de haute technologie, le lancement de la production et, ultérieurement, le maintien de la compétitivité impose l'engagement de lourds coûts fixes de R&D, à horizon de long terme, et dont les bénéfices sont aléatoires. Ces dépenses ont aussi les caractéristiques de coûts qui ne peuvent être récupérés si la firme devait arrêter la production, même si elle devait cesser toute activité et sortir du marché. Ces coûts sont dits irrécupérables (*Sunk Costs*). Dans de telles conditions, les marchés financiers sont d'une efficacité limitée pour permettre le financement de tels projets, dont les risques sont difficilement évaluables et, donc, difficilement assurables. Il en résulte une tendance spontanée au sous-investissement dans de telles activités. De manière évidente, les coûts irrécupérables constituent une barrière à l'entrée (en même temps qu'une barrière à la sortie) dans ces activités, ce qui limite la concurrence. En outre, les innovations, génératrices d'*inputs* (d'actifs) spécifiques différenciés, créent des situations de monopoles temporaires (le temps que l'innovation se diffuse ou qu'elle soit imitée), mais qui sont périodiquement renouvelées par des innovations. Pour cette raison, ces industries sont généralement caractérisées par des structures de marché de concurrence imparfaite. L'intervention publique peut permettre de remédier au problème du financement et du soutien des investissements dans ce type d'industrie. Dans la tradition de F. List (argument des industries naissantes), elle peut également permettre de « prendre pied » et d'établir une « tête de pont » dans ces activités risquées. Les pouvoirs publics peuvent aider à surmonter les barrières à l'entrée dans de telles industries, en prenant en charge tout ou partie de ces coûts irrécupérables, ce que l'initiative privée aurait plus de difficultés à réaliser, surtout dans un contexte où la concurrence internationale condamnerait l'entreprise, à défaut de soutien public, à devoir engager d'importantes sommes « à fonds perdu » dans des activités à rentabilité incertaine, avec pour seule certitude la perspective de subir des pertes pendant une longue période.

2°) Les externalités et l'argument de la défaillance du marché

Les industries de haute technologie diffusent des externalités sur les autres secteurs. De manière très simple, une externalité peut être définie comme le processus par lequel l'activité (consommation, production, investissement, *etc.*) d'un agent « A » (individu, entreprise, industrie, économie nationale) influe positivement ou négativement sur l'activité, le bien-être ou le profit d'un autre agent « B », non impliqué dans l'action du premier, sans que le marché évalue cet avantage ou sans qu'il fasse payer ou qu'il rétribue les agents concernés pour cette action. Les externalités sont positives si elles améliorent la situation des autres agents, négatives si elles la détériorent.

ENCADRÉ 2.4. EXTERNALITÉS ET EFFETS DE DÉBORDEMENT *(SPILLOVER EFFECTS)*

Le concept de *Spillover Effect* a été élaboré, en économie des changements technologiques, pour formaliser les phénomènes de retombées économiques, technologiques et managériales qui s'opèrent à partir des entreprises ou des industries les plus dynamiques et les plus innovantes sur l'ensemble de l'économie nationale, ainsi – éventuellement – qu'à l'échelle internationale. Ce concept se rattache au phénomène d'externalité dont l'exemple le plus célèbre est celui de l'apiculteur et de l'arboriculteur développé par James Meade. L'apiculteur profite de la proximité de l'arboriculteur et obtient un miel de meilleure qualité, qu'il pourra vendre à meilleur prix, et cela gratuitement. L'arboriculteur ne sera pas payé pour le service indirect qu'il a rendu à l'apiculteur. Symétriquement, l'arboriculteur profite aussi gratuitement de la pollinisation de ses arbres, ce qui améliore son rendement sans avoir recours à de coûteuses méthodes manuelles, et la pollinisation aléatoire des abeilles enrichit aussi la diversité génétique, qui permet aux plantations de mieux résister à certaines affections ou maladies. Dans cet exemple, les effets de débordement sont réciproques (ils jouent dans les deux sens). Un autre exemple bien connu d'effet de débordement correspond à l'accroissement du nombre et de la variété des poissons et des possibilités de capture à proximité des réserves marines (ou des zones où la pêche est interdite ou limitée). De la même façon, des IDE peuvent contribuer à élever la productivité des entreprises domestiques. L'implantation dans un pays d'une entreprise étrangère peut conduire à un renforcement de la compétition dans le pays d'accueil, incitant les firmes locales à utiliser plus efficacement leurs ressources ou à innover ou à améliorer leur management, par exemple en copiant la technologie de la firme étrangère ou en recrutant des managers ou des travailleurs qualifiés. L'effet de débordement peut être horizontal et affecter d'autres firmes du même secteur ou vertical et affecter des entreprises d'autres secteurs, en s'opérant vers l'amont (à destination d'entreprises qui fournissent des inputs à l'entreprise étrangère) ou vers l'aval (à destination d'entreprises approvisionnées par l'entreprise étrangère).

Dans le cas des industries de haute technologie, les retombées du progrès technique sur les autres secteurs d'activité prennent des formes diverses, en particulier :

• La mise au point de nouveaux produits ou procédés de fabrication. Ainsi, le développement des fusées (Ariane, par exemple) a donné naissance à une multiplicité de nouveaux produits, allant des mécanismes de déclenchement des *airbags* de voitures aux matériaux composites utilisés dans la fabrication des rames TGV à deux étages ou à la production de vêtements à haute résistance, *etc.* Demain, les piles à combustible utilisées par les voitures propres et les systèmes de navigation du futur seront eux aussi directement dérivés de l'industrie spatiale.

• La baisse des coûts des *inputs* pour d'autres activités, l'amélioration de la productivité dans d'autres secteurs – généralement complémentaires – fournisseurs ou clients, voire même des transferts au niveau de l'organisation de la production elle-même. Ces interrelations entre secteurs émetteur et récepteur sont qualifiées d'externalités de liaison *(Linkage Externalities)*. L'exemple typique d'abaissement des coûts des *inputs* dont bénéficie une large gamme d'autres activités est celui des composants microélectroniques, utilisés dans une multiplicité de produits (ordinateurs, satellites, matériel médical, ainsi qu'une multiplicité d'objets de la vie quotidienne : téléviseurs, lecteurs DVD, jouets, *etc.*).

• L'amélioration de la qualité ou de la fiabilité des produits existants. La R&D dans le domaine spatial a contribué à améliorer les performances des panneaux solaires, la ventilation des bâtiments, la tenue au vent des structures (grues, par exemple), la qualité des instruments optiques de haute performance, *etc.*

• La diffusion, plus généralement, de connaissances. Lorsqu'une entreprise poursuit des activités de R&D, indépendamment de sa volonté, une partie des résultats de ses recherches se diffuse gratuitement vers d'autres firmes du même secteur ou d'autres secteurs. Ces dernières bénéficient de ce fait d'innovations auxquelles elles n'ont pas contribué.

Dans tous les cas, par sa R&D, l'entreprise innovatrice produit un « bien » supplémentaire qui n'est pas pris en compte par le système des prix. Ces externalités bénéficient à d'autres agents, sans donner lieu à aucune contrepartie marchande. Elles créent donc une discordance entre les coûts (et rendements) privés et les coûts (et rendements) sociaux. L'absence de valorisation marchande de ces effets externes crée également un risque de sous-investissement au niveau de la recherche. Ces défaillances du marché justifient des interventions publiques pour corriger ces distorsions :

- soit en faisant coïncider les coûts (la rentabilité) privés et les coûts (rentabilité) sociaux, notamment au moyen de taxation et/ou de subventions ;
- soit en stimulant ces activités de R&D (soutien financier, promotion de projets industriels, *etc.*) ;
- soit, pour tenter d'opérer une rétention nationale de ces externalités, essayer de les capter au bénéfice exclusif de l'économie nationale par des mesures de politique commerciale restrictives, ou une par une meilleure protection de la propriété industrielle.

3°) Des industries stratégiques porteuses d'avenir

Les industries de haute technologie peuvent être considérées comme « stratégiques » pour deux raisons principales.

• En premier lieu, elles peuvent être considérées comme stratégiques du fait de structures de marché de concurrence imparfaite. Par suite, dans la durée, ces industries peuvent dégager des surprofits (plus élevés que dans le reste de l'économie). Des politiques industrielles et commerciales « volontaristes », permettant de renforcer la spécialisation dans ces activités hautement profitables, peuvent permettre aux entreprises du pays d'élargir leur part du marché mondial, de capter ainsi une plus large part des profits et d'améliorer ainsi le bien-être national, au détriment des concurrents étrangers. Nous retrouvons ici l'argument de la recherche de rente, qui est à la base de la politique commerciale stratégique.

• En second lieu, elles sont stratégiques aussi et surtout parce qu'elles sont de remarquables « fabriques d'externalités », comme nous venons de le souligner au paragraphe précédent : les industries de haute technologie contribuent à améliorer la rentabilité des autres secteurs de production. Non seulement ces activités sont caractérisées par un fort potentiel de croissance de leurs débouchés, et donc des possibilités de production rentable, mais, de surcroît, elles contribuent à stimuler le développement technologique et la croissance des autres secteurs de production industrielle et, partant, de l'économie nationale tout entière. Le développement des industries de haute technologie conditionne donc l'évolution de la compétitivité des activités les plus prometteuses à moyen et long termes. Comme le souligne L. D'Andrea Tyson, « des rendements privés croissants dans ces industries sont à la base de rendements sociaux croissants pour l'ensemble de l'économie » ([4], p. 154).

En somme, L. D'Andrea Tyson partage avec d'autres auteurs qui l'ont précédée l'idée selon laquelle toutes les spécialisations ne sont pas équivalentes. Toutes ne sont pas identiquement porteuses de progrès, de prospérité et de puissance. Ce n'est pas la même chose de se spécialiser dans la production de clous de girofle que dans la fabrication d'équipements de communication et de composants électroniques.

Pour ces raisons, les industries *high-tech* sont trop importantes pour que leur sort soit laissé au seul jeu des mécanismes de marché. Leur importance justifie que soit appliquée à leur égard une politique de *Managed Trade*, afin de réaliser plusieurs objectifs.

Les objectifs d'une politique de *Managed Trade*

Selon L. D'Andrea Tyson, une politique de commerce administré doit tendre à réaliser quatre objectifs distincts, mais interconnectés.

1°) Promouvoir la compétitivité

Le renforcement de la compétitivité à l'échelle internationale de telles industries peut être justifié par leur importance vitale pour l'économie nationale. Le soutien de ces industries doit permettre de développer les activités productives d'externalités, de façon à ce qu'elles irriguent largement les autres secteurs de l'économie nationale.

En réalité, selon L. D'Andrea Tyson, pour les décideurs politiques, l'alternative au *Managed Trade* n'est pas et ne peut pas être le libre-échange. Toutes les grandes puissances industrielles, sans exception, soutiennent leurs industries de haute technologie sous des formes et selon des modalités qui débordent largement le cadre usuel des « mesures aux frontières » (politique technologique, politique industrielle, politique de la concurrence…). Retournant en quelque sorte la thèse de P. Krugman qui voit dans la protection une politique discriminatoire qui ouvre la boîte de Pandore du jeu des *lobbies* (avec risque de capture des autorités publiques), pour L. D'Andrea Tyson, c'est au contraire l'option du libre-échange qui comporte le plus de risques de dévoiement des politiques publiques. Pour elle, choisir le libre-échange équivaudrait concrètement à adopter une politique consistant à s'en remettre, sans contrepoids, aux intérêts immédiats des groupes de pression les plus puissants.

Le choix effectif ne serait donc pas entre les solutions extrêmes : libre-échange ou protection, mais entre des solutions intermédiaires combinant libéralisation et intervention, l'objectif étant de trouver les modalités qui favorisent le plus à la fois le bien-être économique national et le maintien, dans la durée, d'un ordre commercial international ouvert.

La nécessité, pour les États-Unis, de mettre en place de manière urgente une nouvelle stratégie commerciale dans le domaine des industries de haute technologie est fondée sur un constat que dresse L. D'Andrea Tyson : pendant les années 1980, les surplus commerciaux dégagés par plusieurs industries de haute technologie ont décliné fortement (*cf.* tableau 2.5). Pour plusieurs de ces productions, les excédents commerciaux, qui concrétisaient la suprématie industrielle américaine, ont fait place à des déficits. Parmi les rubriques de la classification des industries *high-tech* du Département du Commerce, seules trois lignes de produits ont enregistré une amélioration du solde commercial. Il s'agit des missiles guidés et des véhicules spatiaux, de l'aéronautique civile (avions et pièces) et des plastiques et résines synthétiques. Dans de nombreuses productions de pointe de l'époque (les magnétoscopes et les fax), les États-Unis ne disposaient d'aucune capacité de production. Dans d'autres productions, pour lesquelles la demande était appelée à croître fortement, telle la télévision haute définition, le retard accumulé par l'industrie américaine par rapport au Japon et à la Corée était considérable. Enfin, pour d'autres produits, les États-Unis ont perdu leur suprématie. Ce fut le cas, notamment, des microprocesseurs et des mémoires dynamiques à accès aléatoire (DRAMs), d'abord au profit du Japon (Toshiba) puis de la Corée (Samsung).

Produits	1980	1984	1988
Solde commercial des produits high-tech			
Missiles guidés et véhicules spatiaux	0,7	0,8	1,0
Équipements de communication et composants électroniques	–1,9	–13,9	–20,5
Avions et pièces	11,9	9,8	18,8
Machines de bureau, comptables et informatiques	6,0	4,3	3,4
Matériel militaire	0,5	0,6	0,3
Industrie pharmaceutique	1,0	1,0	0,3
Chimie minérale	0,5	0,2	0,3
Instrumentation scientifique professionnelle	1,7	–0,7	–1,8
Moteurs, turbines et pièces	1,9	0,9	–1,0
Plastiques et résines synthétiques	4,2	3,0	5,2
Total	26,7	6,0	6,0

Source : D'Andrea Tyson L. (1990), d'après données du *Department of Commerce*

TABLEAU 2.5.
Solde du commerce des produits de haute technologie (1980-1988)

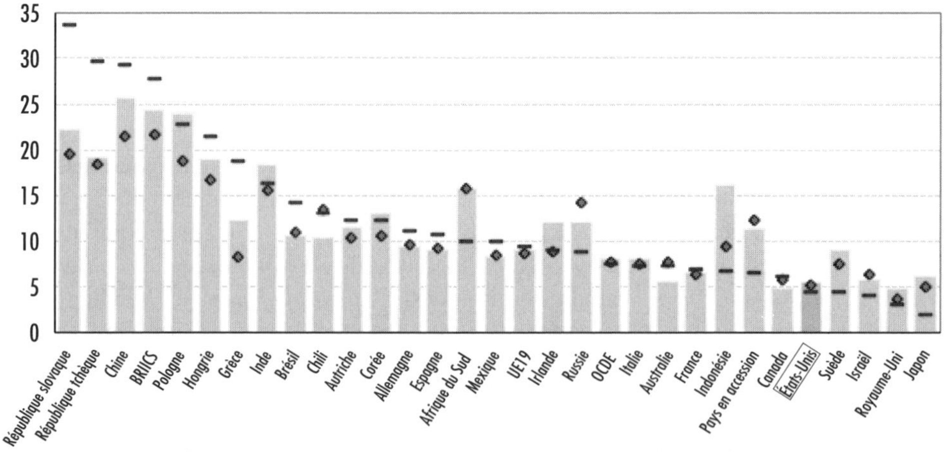

Industries à moyenne-forte intensité technologique ◆ Total manufacturier – Industries à forte intensité technologique

Source : OCDE, base de données STAN, édition 2009

FIGURE 2.5.
Croissance des exportations de haute et de moyenne-haute technologie, 1997-2007 (taux de croissance moyen annuel, en pourcentage)

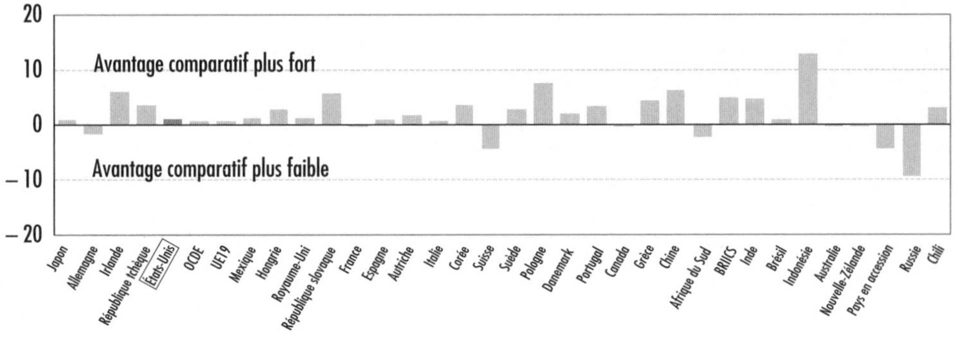

(Évolution de la contribution des industries de haute technologie à la balance commerciale manufacturière de différents pays, 1997-2007, en pourcentage des échanges manufacturiers)
Source : OCDE, base de données STAN, édition 2009

FIGURE 2.6.
Indicateur d'avantage comparatif

L'évolution récente montre que cette préoccupation reste encore en partie d'actualité, même si l'amoindrissement de l'avantage comparatif des États-Unis dans les industries de haute technologie ne concerne pas spécifiquement l'économie américaine. Il affecte tout autant – parfois plus – d'autres pays industriels, notamment le Japon (figures 2.5 et 2.6).

Ce constat inquiétant justifierait, selon l'auteure, une intervention publique ciblée destinée à améliorer la compétitivité des entreprises de haute technologie, de façon à enrayer – et si possible inverser – cette évolution. Il expliquerait aussi que les milieux d'affaires aux États-Unis, et plus précisément les firmes multinationales américaines, ainsi que les firmes tournées vers l'exportation, traditionnellement favorables au libre-échange, expriment de plus en plus souvent de manière explicite leur revendication en faveur d'une nouvelle approche de la politique commerciale. Selon L. D'Andrea Tyson, ces groupes de pression ne sont pas demandeur de mesures protectionnistes, mais d'une approche plus stratégique et mieux circonscrite sectoriellement des questions commerciales et des négociations internationales.

La théorie du *Managed Trade* n'est finalement rien d'autre que la rationalisation et la mise en forme théorique de cette nouvelle approche, dont il serait naïf de penser qu'elle soit l'apanage des seuls États-Unis. En effet, comme le précédent chapitre l'a montré à propos de l'industrie aéronautique, depuis quelques décennies, les industries de haute technologie sont devenues l'épicentre des conflits commerciaux entre les grandes puissances et le cœur de leurs politiques industrielles.

2°) Réduire le déficit de la balance commerciale américaine

Dans le cas des États-Unis, l'objectif d'une politique de *Managed Trade* est aussi de contribuer au rééquilibrage de la balance commerciale des États-Unis. En 1990, au moment où cette théorie a été élaborée, le déficit commercial américain atteignait 100 milliards de dollars. En 2000, il était de 450 milliards de dollars. Au milieu de la décennie 2000, il dépassait les 700 milliards de dollars, avant de se replier, sous l'effet du ralentissement de l'activité économique (502,2 milliards de dollars en 2016). L. D'Andrea Tyson attend de la nouvelle politique commerciale un réajustement de la balance commerciale, sans que celui-ci passe par une baisse trop importante du dollar ou par une contraction du revenu réel des États-Unis, et donc du pouvoir d'achat. À cet égard, le soutien des industries de haute technologie peut servir de levier efficace pour redresser la balance commerciale, d'une part en raison de leur impact direct sur la balance commerciale (les produits de haute technologie représentaient à la fin des années 1980 38 % des exportations non agricoles et le quart des importations non pétrolières des États-Unis), et d'autre part par leur influence indirecte : l'essor des industries *high-tech* peut contribuer efficacement à réduire les coûts de production des autres secteurs manufacturiers (externalités de liaison).

3°) Œuvrer à l'ouverture des échanges

L. D'Andrea Tyson assigne comme objectif à la nouvelle politique commerciale américaine de tenter de contrer les pratiques à caractère restrictif mises en œuvre dans les industries de haute technologie, et d'obtenir une plus vaste ouverture de ces marchés. Si l'on en croit l'auteure, la nouvelle stratégie commerciale qu'elle préconise viserait non pas à se protéger, mais au contraire à réduire les tendances protectionnistes à l'échelle mondiale. Bref, il s'agirait de lutter contre le protectionnisme… des autres pays.

Là n'est pas le moindre paradoxe. À la veille de chaque réunion du G20, alors que le patriotisme économique s'affirme dans chaque pays et que progresse le néomercantilisme *high-tech*, ne voit-on pas les grandes puissances tout à la fois dénoncer les risques d'un repli lié aux pratiques des autres pays et clamer haut et fort leur souhait de perpétuer l'engagement pris collectivement à Washington, en novembre 2008, de ne pas introduire de nouvelles restrictions commerciales *(Standstill Commitment)* ?

B. Les fondements théoriques d'une politique de *Managed Trade*

Du fait même des caractéristiques des industries de haute technologie, le cadre habituel de la théorie du commerce international est inapproprié.

Équilibres ou trajectoires ?

Ainsi que nous l'avons souligné dans la section précédente, dans les industries de haute technologie, les coûts tendent à décroître et la qualité (ou les performances) des produits s'améliore au fil des ans. En même temps, les bénéfices des avancées technologiques se diffusent vers de multiples autres activités productives. En outre, les barrières à l'entrée et les avantages indiscutables des producteurs en place sur ceux qui veulent ensuite pénétrer le marché (*First Mover Advantage* ou prime au premier entrant) engendrent, en général, des structures de concurrence imparfaite dans ce type d'industrie. Par suite, l'avantage comparatif d'un pays dépend moins des dotations de ce pays ou du niveau initial de ses coûts de production que des interactions entre les firmes et le gouvernement de ce pays et des autres pays. En un mot, l'avantage comparatif fait place à l'avantage compétitif : il n'est pas naturellement acquis, mais politiquement construit.

Nous savons depuis longtemps qu'avec des rendements d'échelle croissants, des externalités pécuniaires et technologiques et en concurrence imparfaite, le libre-échange n'est pas nécessairement optimal. Des interventions gouvernementales destinées à renforcer la compétitivité des entreprises nationales et à améliorer leurs positions concurrentielles sur les marchés internationaux peuvent engendrer une amélioration du bien-être du pays, au-delà de celui que peut procurer le libre-échange. Après F. List, H.Ch. Carey, F.D. Graham, M. Byé et tant d'autres, les nouvelles théories du commerce international ont récemment apporté des arguments supplémentaires en faveur d'une action stratégique des États.

Toutefois, les « nouvelles théories du commerce » sont d'un secours analytique limité pour justifier et guider la politique des États, surtout en ce qui concerne les industries de haute technologie. Comme le souligne L. D'Andrea Tyson, ces nouvelles théories, en particulier la théorie de la politique commerciale en concurrence imparfaite, restent en effet statiques. Même les modèles les plus sophistiqués, issus de la « nouvelle économie géographique », intégrant la concurrence imparfaite, les rendements d'échelle croissants et l'hétérogénéité des firmes ou modèles HMCFMEC *(Heterogeneous Marginal Costs and Fixed Market-Entry Costs models)*, ce que R. Baldwin (2005) qualifie de *"New Trade Theory"*, se bornent à évaluer les gains ou les pertes obtenus globalement et une fois pour toutes *(aggregate gain from trade)* lorsque l'on passe d'une politique commerciale à une autre. Or, le propre des industries de haute technologie est d'engendrer de puissants effets dynamiques. De ce fait, ces modélisations statiques sont inappropriées pour saisir les spécificités des industries *high-tech* et permettre de comprendre la dynamique de la compétition dans ces industries.

Pour Brian Arthur (1990), les industries de haute technologie possèdent en effet plusieurs particularités, qui expliquent la nécessité d'une approche dynamique. En particulier, les changements technologiques dans ces industries se caractérisent fréquemment par des phénomènes d'externalités de réseau, de rendements croissants d'adoption dans les choix entre diverses technologies, de rétroactions positives, d'effets d'apprentissage à l'origine de ce processus d'autorenforcement, de causalités cumulatives, ainsi que des effets de seuil. Ces phénomènes créent la possibilité d'équilibres multiples, mais aussi des irréversibilités *(lock in)*, ainsi que des processus « dépendants du passé » (*Path-Dependant).*

ENCADRÉ 2.5. QU'Y A-T-IL DE COMMUN ENTRE UN CLAVIER D'ORDINATEUR, UN LECTEUR *BLU-RAY* ET UNE CENTRALE NUCLÉAIRE ?

Ces différents produits ou technologies partagent certains traits communs, qui ne peuvent être révélés qu'au moyen de concepts de l'économie des changements technologiques, en particulier les boucles de rétroactions positives, l'autorenforcement, les effets de seuil, les externalités de réseau et les processus *Path-Dependant*.

Rétroactions positives et autorenforcement

L'analyse économique conventionnelle est fondée sur une hypothèse de rendement décroissant et sur l'existence de mécanismes correcteurs *(Negative Feedbacks)*, qui produisent des forces stabilisatrices. Cette supposition garantit l'existence d'un équilibre unique, stable et optimal. À l'inverse, des rétroactions positives contribuent à accroître l'impact de changements économiques, même mineurs, et favorisent la possibilité d'équilibres multiples, sans offrir la garantie que celui qui prévaut finalement soit optimal. En outre, la sélection d'une trajectoire particulière dépend d'événements historiques aléatoires qui, à partir d'un certain seuil, conduisent à sélectionner irréversiblement une trajectoire d'évolution particulière.

Ces phénomènes de rétroactions positives et l'autorenforcement qui en résulte, ce que Brian Arthur [(1)] qualifie de « rendements croissants d'adoption », sont très importants dans la production de biens de haute technologie. Les conditions historiques du succès du standard VHS sur le Betamax pour les magnétoscopes sont une bonne illustration des boucles de rétroactions positives. À un moment donné, une légère avance initiale des ventes de magnétoscopes VHS incite les magasins vidéo à offrir un plus grand nombre de cassettes VHS, ce qui incite un plus grand nombre de consommateurs à acquérir ce type de magnétoscopes (rendements croissants d'adoption). D'où une avance accrue : le processus s'autorenforce spontanément, devient ensuite irréversible et aboutit à l'élimination du Betamax (qui était pourtant de meilleure qualité). La guerre entre le HD DVD et le *Blu-Ray* est tout à fait analogue. Le point de départ du basculement peut apparaître initialement comme anecdotique (le choix d'un grand distributeur – Warner – en faveur du standard *Blu-Ray*) et ne prend toute son importance qu'après-coup. Les boucles de rétroaction positives créent des **mécanismes cumulatifs** qui ne sont nullement une nouveauté liée aux industries de haute technologie, puisque Gunnar Myrdal, dans les années 1940, fondait déjà sa théorie du sous-développement sur ces causalités circulaires.

En outre, le fait de produire en plus grand nombre permet de gagner en expérience productive (effet d'apprentissage), et de produire mieux et à moindre coût. C'est ainsi que les constructeurs japonais ont pu élargir considérablement leur part de marché aux États-Unis, à partir du début des années 1970, en commençant à vendre des véhicules de plus petite dimension. L'accroissement de leurs ventes leur a permis d'accumuler de l'expérience, de réduire leurs coûts, tout en améliorant la qualité et la fiabilité de leurs véhicules, ce qui a élargi leur part de marché, *etc.* La même évolution s'est produite pour les produits électroniques de grande consommation.

Les phénomènes de compatibilités entre des biens *high-tech* complémentaires (ordinateur/logiciel, lecteur-enregistreur/DVD, équipement de télécommunication travaillant en réseau, *etc.)* incitent les utilisateurs à privilégier la marque ou le standard qui tend à devenir dominant, de façon à pouvoir mieux échanger les informations et les données avec les autres utilisateurs – en plus grand nombre – de ce type d'équipement.

Les externalités d'adoption, ou externalités de réseau, sont un facteur important de rétroactions positives. En termes simples, on peut dire qu'un produit délivre des externalités de réseau si, pour chaque personne, sa valeur augmente avec le nombre de ses utilisateurs. L'exemple typique est celui du téléphone, dont l'utilité serait nulle s'il n'avait qu'un seul utilisateur ! Un autre exemple est celui du clavier QWERTY, issu des anciennes machines à écrire. Ce clavier conserve une position dominante que le clavier DVORAK, pourtant plus efficace, car fondé sur la fréquence d'utilisation des touches, n'est pas en mesure de contester.

Le fait que le libre jeu des mécanismes de marché puisse conduire à une solution sous-optimale constitue une autre cause de *Market Failure*, pouvant justifier l'intervention de l'État.

Processus de dépendance du sentier *(Path-Dependance)*

Les phénomènes de rétroaction positive et les mécanismes cumulatifs expliquent que l'évolution d'une firme ou d'une industrie dans un pays donné peut connaître des évolutions selon des trajectoires très différentes, en fonction d'une succession de phénomènes historiques à caractère apparemment fortuit ou aléatoire.

Comme le souligne J. Lesourne [(2)] : « Deux systèmes microéconomiques identiques au temps t_0 peuvent, sous l'influence de phénomènes aléatoires, connaître des histoires qui les feront progressivement diverger irrésistiblement. En particulier, ils peuvent se trouver au temps t_0 dans deux états voisins e(t) et e'(t) et être néanmoins déjà contraints à suivre des trajectoires futures très différentes si e(t) et e'(t) sont dans deux bassins d'attraction distincts. Cela signifie qu'est apparu avant la date t un événement significatif (un germe) qui a séparé les destinées futures des deux systèmes ».

À titre d'illustration, Robin Cowan [(3)] a montré qu'une suite de circonstances fortuites a conduit à verrouiller quasi totalement, à l'échelle mondiale, la technologie de production d'électricité nucléaire civile en faveur de la filière à eau pressurisée (PWR). Cette filière trouve son origine dans le fait qu'elle a été choisie en raison d'une commande militaire de *l'U.S. Navy* à Westinghouse et à General Electric pour construire le réacteur destiné à propulser le premier sous-marin nucléaire, le *USS Nautilus*, lancé en 1954. Or, dans les années 1950, au tout début des utilisations civiles du nucléaire, la filière graphite-gaz disposait d'une légère avance au niveau du nombre des centrales installées. Le premier réacteur connecté au réseau d'électricité a été une centrale graphite-gaz. Après que les États-Unis eurent perdu le monopole de la maîtrise de l'arme nucléaire (avec l'entrée dans le club des puissances nucléaires de l'URSS et de l'Angleterre), le *National Security Council* a décidé de développer dans l'urgence un vaste programme nucléaire civil. La préoccupation du moment n'était nullement de minimiser les coûts de production de l'électricité, mais plutôt d'apporter la preuve de la supériorité nucléaire américaine. N'importe quel réacteur pouvait faire l'affaire, à condition qu'il fût fiable et pût être construit rapidement. Ces priorités ont conduit logiquement à préférer la technologie déjà expérimentée dans le domaine militaire. En effet, celle-ci avait déjà bénéficié d'un important effet d'apprentissage et Westinghouse disposait d'une incontestable expertise technologique. La compétition avec l'URSS pour la suprématie nucléaire incita également les États-Unis à diffuser mondialement leur technologie, notamment par l'octroi de subventions à l'Europe. La technologie PWR s'est ensuite « irréversibilisée » et imposée mondialement, par effet boule de neige, vers le milieu des années 1960, alors même que, de l'avis des experts, la filière PWR est moins performante, tant d'un point de vue technique qu'économique, dans les utilisations civiles, que la filière uranium naturel et eau lourde, développée par le Canada indépendamment de toute considération géostratégique (réacteurs CANDU). C'est pourtant la technologie moins performante qui a fini par s'imposer, y compris en France, qui avait pourtant tenté de développer une technologie spécifique (filière graphite-gaz).

Nous avons là un bon exemple de la manière dont le passé se projette dans le futur et finit par contraindre celui-ci.

(1) Arthur W.B. (1989), "Competing technologies, increasing returns, and lock-in by historical events ", *The Economic Journal*, vol. 99, n° 394, pp. 116-131.

(2) Lesourne J. (1989), « L'état des recherches sur l'ordre et le désordre en micro-économie ». *Économie appliquée* (archives de l'ISMEA), vol. 42. n° 3, p. 11-39.

(3) Cowan R. (1990), "Nuclear Power Reactors : A Study in Technological Lock-in", *The Journal of Economic History*, vol. 50, n° 3, September, pp. 541-567.

Efficience ricardienne et efficience schumpeterienne

En effet, une des particularités du développement technologique, tant dans ses aspects matériels (évolution des machines) qu'informationnels (connaissances, savoir-faire) ou organisationnels, est qu'il s'apparente à un processus d'accumulation. Dès lors, les modèles traditionnels construits en termes d'équilibre statique ou de statique comparative, dans lesquels on compare les gains ou les pertes intemporels, produits en une fois et une fois pour toutes par le passage d'une politique à une autre, sont inadaptés (critère d'efficience « ricardienne »). Comme nous l'avons vu (encadré 2.5), de telles approches statiques sont inadaptées pour comprendre la dynamique de la compétition dans les industries de haute technologie. Pour pouvoir intégrer les mécanismes qui caractérisent ces industries, notamment les effets de *feedback* positifs, les mécanismes d'autorenforcement, les effets de seuil et la dépendance du sentier, ce qu'il faut comparer, ce ne sont plus des états d'équilibres différents et alternatifs, mais des trajectoires, des cheminements temporels mutuellement exclusifs (critère d'efficience « schumpeterienne »). Cette distinction entre efficience ricardienne et efficience schumpeterienne a été introduite pour la première fois par G. Dosi, L. D'Andrea Tyson et J. Zysman (1989).

En somme, dans les industries de haute technologie, les choix de politique industrielle et de politique commerciale doivent être guidés non pas par les considérations traditionnelles d'efficience allocative, liées aux indications de prix et de coût fournies instantanément par les marchés (critère de l'avantage comparatif statique), mais par un critère d'efficience dynamique prenant en considération les trajectoires d'évolution technologique. Il s'agit alors de comparer les effets de diverses politiques sur les rythmes et sur l'orientation des changements technologiques et du développement économique au cours du temps. Or, dans les industries de haute technologie, du fait des caractéristiques propres à ces industries, ces deux critères d'efficience ont toute chance d'entrer en conflit.

Cette différence s'apparente à un problème bien connu en mathématique, qui est celui de la « courbe du chien ».

Une personne située au point A se déplace vers le haut le long de l'axe des y, à une vitesse donnée v. Son chien, situé au point B sur l'axe des abscisses, court à une vitesse V, en modifiant continuellement sa trajectoire pour toujours aller en direction de son maître, lequel avance imperturbablement à la même vitesse et dans la même direction. Sous réserve que V soit supérieure à v, on imagine aisément que le chien finira par rejoindre le maître (au point C), en suivant une trajectoire représentée par la courbe en pointillé. Cette courbe correspond à l'efficience ricardienne associée à des choix associés aux indications instantanées (statiquement appréciées) fournies par le marché : le chien corrige en permanence sa course en fonction de la position instantanée de son maître. La prise en considération – par anticipation – des phénomènes dynamiques intégrant le déplacement du maître conduirait à une trajectoire plus efficace (trajectoire schumpeterienne n° 2), permettant de rejoindre le maître plus rapidement (au point D).

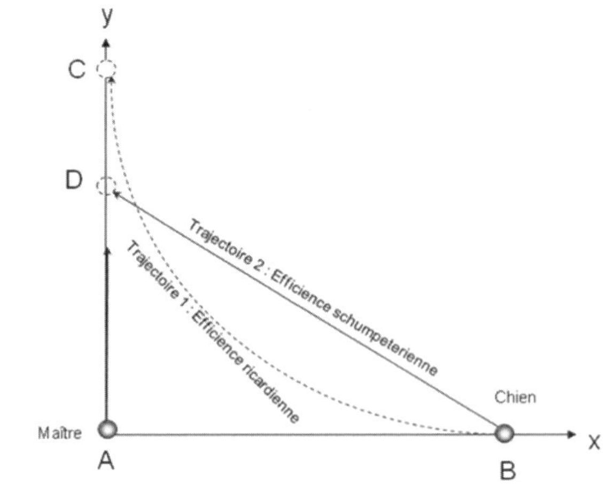

FIGURE 2.7.
Efficience ricardienne et schumpeterienne : la « courbe du chien »

Comme le note L. D'Andrea Tyson, « le concept d'efficience schumpeterienne est fondé sur l'idée fondamentale de l'économiste autrichien selon laquelle le dynamisme du capitalisme trouve sa source principalement dans la compétition au niveau de l'innovation de produit et de procédé, bien plus que dans la compétition au niveau des prix. Une allocation des ressources fondée sur les signaux des prix courants, bien que ricardiennement efficiente, peut fort bien ne pas déboucher sur la meilleure des évolutions possibles en ce qui concerne le rythme et l'orientation des changements technologiques dans la durée [...]. Si les agents privés et les décideurs publics opèrent des choix de spécialisation et d'allocation des ressources en fonction des informations courantes fournies par les marchés, leurs choix peuvent positionner l'économie sur une trajectoire inférieure d'évolution technologique et de croissance. Tout en mettant en œuvre une allocation des ressources optimale aujourd'hui, sur la base des conditions marchandes du moment, ces choix peuvent induire un type de spécialisation n'offrant que des perspectives futures limitées en termes de croissance et d'évolution technologique » ([4], p. 158).

En somme, puisque les différents secteurs sont inégalement porteurs de croissance, de développement technologique et économique futur, les choix de politique effectués à un moment donné peuvent engager durablement, et de manière difficilement réversible, le pays sur une trajectoire de croissance et de progrès technologique plus ou moins avantageuse. Par conséquent, les choix effectués aujourd'hui ne doivent pas être effectués en fonction de leurs seules conséquences présentes, mais en fonction des opportunités d'évolutions technologiques de demain.

Cette remise en cause de la pertinence du critère usuel d'appréciation de l'efficience, imposée par les caractéristiques des industries de haute technologie, justifie une politique commerciale volontariste de soutien de ces industries. Ceci est d'autant plus vrai que des mesures de soutien, même temporaires et parfois modestes en apparence, peuvent produire des conséquences durables, voire irréversibles. Les phénomènes de dépendance du sentier permettent notamment de comprendre que la compétitivité d'une entreprise de haute technologie peut être fortement et durablement influencée par des politiques publiques prises à des stades très précoces du développement de l'industrie, ce qui rend plus nécessaire encore un activisme public dans ce type d'industrie.

Pour L. D'Andrea Tyson, il serait possible de se dispenser d'une telle politique interventionniste à condition, d'une part, que les marchés internationaux soient parfaitement concurrentiels et, d'autre part, que la circulation des connaissances soit parfaitement libre à l'échelle planétaire. Dans ce cas, les choix de spécialisation ne seraient pas vitaux. Sur la base des coûts et des prix actuels, certains pays se spécialiseraient dans les activités *high-tech*, où ils ont un avantage comparatif, tandis que d'autres pays se spécialiseraient dans des productions banalisées. Cependant, tous pourraient en profiter, grâce au commerce international, sous réserve qu'il n'y ait pas d'effet Graham. Cependant, ni l'une ni l'autre de ces deux conditions n'est respectée. Les caractéristiques des industries *hi-tech*, ainsi que nous l'avons vu, favorisent l'existence dans ces activités de structures de concurrence imparfaite. En outre, la connaissance technologique n'est pas un stock commun à l'échelle planétaire, dans lequel chaque entreprise de chaque pays pourrait librement puiser. Dans une large mesure, les connaissances technologiques font l'objet d'une appropriation qui limite leur diffusion. Certaines connaissances technologiques ne peuvent être acquises qu'à travers l'acte de production lui-même, sous la forme de savoir-faire individuels et collectifs, c'est-à-dire d'aptitudes et de compétences qui s'acquièrent à l'occasion de la production. Il en va de même du développement de nouvelles formes d'organisation productives. Ces connaissances ne s'achètent pas et peuvent difficilement être copiées. Elles s'acquièrent par la production elle-même. Par nature, l'acquisition de ces capacités est un « processus local ». Elle s'opère au niveau de l'entreprise, du collectif de travail, voire de chaque travailleur. Elle est aussi un « produit joint » de l'activité productive, un processus *Path-Dependant*. D'où la possibilité, pour les pays les plus engagés dans les productions intensives en ce type de connaissance, de creuser l'écart avec les autres pays. S'il est vrai que certaines connaissances technologiques peuvent être achetées (par l'acquisition de licences ou par d'autres arrangements contractuels), ou acquises par la formation ou des échanges scientifiques, l'ensemble des savoirs et savoir-faire technologiques n'ont pas un caractère public et universel. Certains d'entre eux ont un caractère spécifique et local et ne sont donc pas achetables, échangeables ou transmissibles en dehors de l'activité de production.

C. Formes et modalités d'une politique de *Managed Trade*

Quelle forme pour une politique de *Managed Trade* ?

De manière générale, P. Krugman (1986) distingue quatre formes (ou conceptions) que peut revêtir la politique commerciale des États-Unis, comme de toute autre grande puissance commerciale.

1°) L'activisme immédiat et militant

Ce type de politique commerciale consiste à promouvoir de manière agressive les industries, à condition qu'elles soient de haute technologie, sans trop se préoccuper des incertitudes qui accompagnent toute tentative pour détecter et évaluer à l'avance à la fois les gains dynamiques et les risques d'une telle politique. Il s'agit également de contrer systématiquement toute mesure prise à l'étranger, dès l'instant où elle peut porter préjudice aux producteurs nationaux, sans s'embarrasser des risques de ripostes et d'escalade des rétorsions. C'est l'attitude adoptée, au-delà même des seules industries de haute technologie par l'Administration Trump.

2°) L'activisme prudent

S'apparentent à cette conception les politiques commerciales qui réservent l'intervention publique aux seuls secteurs jugés stratégiques. Pour les États-Unis, il pourrait s'agir par exemple de la fabrication des semi-conducteurs, des équipements sophistiqués de télécommunications, de l'aéronautique et de la construction d'ordinateurs, activités qui sont menacées par la concurrence étrangère. Cette conception est représentative de la tonalité des idées défendues depuis la fin des années 1980 par l'*Advisory Committee for Trade Policy and Negociations* (ACTPN), notamment en ce qui concerne les relations avec le Japon. Elle reflète aussi les vues développées de plus en plus fréquemment par les milieux d'affaires et les cercles politiques aux États-Unis, ainsi que la politique commerciale des administrations Clinton et Obama.

3°) Le non-activisme prudent

Dans cette conception, les incertitudes inhérentes à toute politique commerciale volontariste ou à toute tentative pour soutenir une industrie particulière sont considérées comme trop importantes. Pour les partisans de ce type de politique, les risques pèsent plus lourd que les éventuels bénéfices escomptés. L'action des décideurs politiques doit se borner à des mesures générales d'encadrement, telles que le relâchement des dispositions antitrust ou la détaxation de la R&D. Le cas échéant, l'administration peut brandir des menaces de rétorsion lorsqu'elle estime que les industries nationales subissent des dommages importants du fait des politiques commerciales des autres pays, mais elle doit éviter, autant qu'il est possible, de les mettre à exécution, en privilégiant la recherche de solutions coopératives plutôt que l'affrontement, partant du principe que « la menace est plus forte que l'exécution ».

4°) Le non-activisme résolu

Ce type de politique se traduit par un parti pris absolu et inconditionnel en faveur du libre-échange, dont on ne s'écarte en aucune circonstance. Cette position doctrinale se fonde sur le postulat selon lequel les gains de l'activisme seraient nécessairement faibles ou aléatoires, le choix des moyens à employer trop incertain, les risques d'erreur élevés et les erreurs trop coûteuses, de sorte que dévier de la ligne de conduite du libre-échange risquerait de faire plus de mal que de bien, compte tenu, de surcroît, des représailles qui pourraient en résulter. Cette vue s'apparente, jusqu'à un certain point, aux idées défendues par A. Krueger, ancienne directrice générale adjointe du Fonds monétaire international. Elle équivaut à admettre que les mesures de protection des autres pays, telles que les subventions, seraient un don fait à nos consommateurs. Cette conviction doit cependant être solidement ancrée, car le parti pris systématique de non-intervention a toute chance d'encourager les pays partenaires à adopter des mesures unilatérales.

L. D'Andrea Tyson est clairement une « activiste prudente ». Sa théorie du *Managed Trade* prône en effet une politique commerciale sélective, ne soutenant que les industries *high-tech* jugées stratégiques pour les États-Unis. La politique qu'elle préconise est défensive. Sa finalité est à la fois préventive et curative. Son objectif est, en effet, de dissuader les autres pays de mettre en œuvre des décisions qui pourraient être préjudiciables aux États-Unis, lorsque ces pratiques ne sont pas disciplinées de manière efficace ou adéquate dans le cadre des règles multilatérales existantes. Si de telles décisions, préjudiciables aux intérêts américains, sont effectivement prises par des pays étrangers, il importe alors d'en compenser les effets, en évitant, cependant, de mettre en péril l'ouverture des économies.

Modalités et contenu d'une politique de *Managed Trade*

Les instruments de politique commerciale qui peuvent être employés pour promouvoir les industries de haute technologie sont très variés et s'étendent bien au-delà des seules « mesures aux frontières » sur lesquelles se focalisent traditionnellement les politiques commerciales des États. Pour l'auteure, outre la politique industrielle et technologique (le soutien de la R&D par exemple), au niveau des relations internationales, l'« administration du commerce » passe essentiellement par la mise en place d'arrangements contractuels, dont elle dresse une typologie fondée sur plusieurs critères.

1°) Les accords de commerce administré peuvent être bi- ou multilatéraux

L'exemple le plus connu d'accord multilatéral est l'accord multifibres.

Les accords bilatéraux sont légion. Au cours des années 1990, faisant suite à des plaintes américaines, de nombreux accords ont été conclus entre les États-Unis et le Japon, sous forme d'expansion volontaire d'importations, aux termes desquels le Japon s'engageait à ouvrir son marché aux produits et services américains, notamment dans les secteurs de l'assurance (octobre 1994), du verre plat (1995), des services téléphoniques (mars 1999), de l'industrie automobile, du matériel médical, *etc.*

2°) Les accords de commerce administré peuvent être macroéconomiques ou sectoriels

Les accords macroéconomiques sont le plus souvent destinés à corriger un déficit de balance commerciale, en général sur une base bilatérale, en stipulant des objectifs quantitatifs de réajustement. Un exemple connu d'arrangement de ce type est la proposition faite en 1988, par les deux secrétaires d'État américains H. Kissinger et C. Vance. Ce projet suggérait de conclure un accord avec le Japon – le dispositif pouvant servir de modèle pour des accords analogues avec d'autres pays – visant à établir une cible quantitative pour le solde global des échanges commerciaux bilatéraux entre les deux pays. Afin de parvenir à ce réajustement du solde bilatéral de la balance commerciale, le Japon aurait le libre choix des exportations qu'il consent à réduire et des importations qu'il accepte d'accroître (Liebeler et Knoll, 1990).

À l'opposé, les accords sectoriels de *Managed Trade* se polarisent sur la régulation du commerce dans des industries ou pour des produits précisément spécifiés. Naturellement, les arrangements sectoriels sont mieux appropriés à la conduite d'une stratégie de *Managed Trade*, parce qu'ils sont mieux ciblés. La politique de *Managed Trade* étant par nature sélective, ce qui importe, ce ne sont pas les déséquilibres globaux, même bilatéraux, mais leur composition sectorielle. Des déséquilibres bilatéraux ne peuvent intéresser une politique de *Managed Trade* que parce qu'ils résultent de désaccords entre les partenaires à l'échange concernant les pratiques commerciales et les restrictions à l'accès aux marchés, dans certaines industries spécifiques.

3°) Les accords sectoriels peuvent, eux-mêmes, être de deux types :

– soit il s'agit d'accords portant sur des règles auxquelles les signataires consentent de se soumettre en matière de commerce et/ou d'investissement internationaux, afin de discipliner le jeu de la compétition internationale, sur une base bilatérale ou multilatérale (accords *Rules Oriented*) ;

– soit les accords sectoriels peuvent porter sur des résultats *(Results Oriented).*

Appartiennent à la première catégorie les restrictions imposées par le défunt Comité de coordination pour le contrôle multilatéral des exportations (COCOM), relatives aux exportations de produits sensibles vers les pays du bloc de l'Est, ou encore l'Autopacte, accord de libre-échange entre les États-Unis et le Canada dans le domaine automobile (et des pièces pour l'industrie automobile), conclu en 1965, l'accord sur les semi-conducteurs conclu entre les États-Unis et le Japon en 1986, *etc.*

Les accords sectoriels portant sur les résultats correspondent aux restrictions volontaires d'exportations (RVE) et aux expansions volontaires d'importations (EVI). Ils sont fréquemment considérés comme les prototypes d'accords de « commerce administré ». Ils seront étudiés de manière détaillée dans le prochain chapitre (*cf. infra* 3.3.5).

4°) Quelles préconisations ?

L. D'Andrea Tyson affirme sa préférence pour des accords sectoriels portant sur les règles, et autant que possible de type multilatéral, éventuellement conclus au sein du GATT à l'époque, de l'OMC aujourd'hui (voir 2e partie de cet ouvrage), pour autant que cela soit réalisable, mais aussi, si nécessaire, en dehors du GATT, l'objectif étant d'aboutir à la définition de codes de conduite dans les industries de haute technologie, applicables à la fois aux gouvernements et aux entreprises.

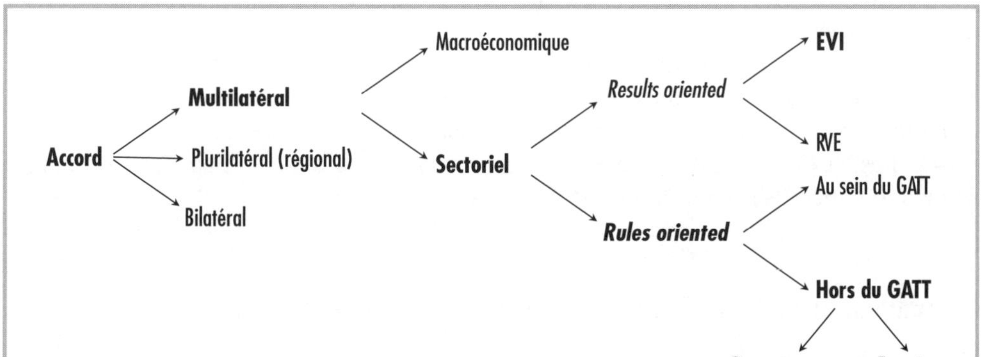

FIGURE 2.8.
Typologie des accords de *Managed Trade*

Il semble cependant plus réaliste de considérer que de tels accords n'ont de chance d'aboutir qu'entre un nombre limité de partenaires, voire sur une base bilatérale. Toutefois, ils pourraient ensuite être étendus, sur la base d'une clause de type clause de la nation la plus favorisée, à tout pays désireux de souscrire aux règles ainsi établies. Conclus en dehors du cadre du GATT, ces accords bi- ou plurilatéraux pourraient alors servir de norme permettant de faire évoluer les règles de l'Accord général. Une évolution que L. D'Andrea Tyson juge indispensable, considérant les règles du GATT comme trop vagues et souvent inefficaces, à l'image par exemple des règles antidumping, ou inapplicables, notamment aux firmes. En outre, elle juge la procédure des *Rounds* de négociations trop lourde et trop lente. Elle écrit, en effet, à un moment où l'*Uruguay Round* semble s'enliser ou, du moins, s'éterniser. Considérant que rien d'important n'est à attendre des négociations multilatérales en cours sur la propriété intellectuelle (les TRIPs), sur les investissements internationaux (les TRIMs), sur le secteur des télécommunications et, plus généralement, sur l'ensemble du commerce de biens et services de haute technologie, elle suggère que tout en restant partie contractante de l'Accord général, les États-Unis développent une politique commerciale plus dynamique (une *Fast Track Approach*), visant à conclure rapidement des accords sectoriels bilatéraux ou régionaux dans certaines industries de haute technologie, jugées d'importance spéciale pour la compétitivité américaine.

Concernant les accords portant sur les résultats, L. D'Andrea Tyson reconnaît volontiers le caractère protectionniste de telles mesures, qui administrent les échanges en assortissant les flux commerciaux (importations et exportations) de cibles quantitatives et en opérant des discriminations selon les pays.

Elle privilégie toutefois les EVI qui, contrairement aux RVE, contribuent à l'ouverture des marchés, à intensifier la concurrence et accroître les échanges. En effet, les EVI instaurent des seuils *minima* d'importation sur des marchés considérés comme fermés à la concurrence par des barrières structurelles ou artificielles. En outre, les EVI ne sont pas nécessairement discriminatoires, un pays pouvant consentir à élargir ses importations de toutes provenances plus facilement qu'il n'accepterait de restreindre ses exportations vers toutes les destinations. Si tel est effectivement le cas, les EVI peuvent être un instrument de libéralisation ordonnée des échanges.

D. Ambiguïtés et difficultés d'une politique de *Managed Trade*

De tout temps, les États sont intervenus pour soutenir les industries jugées les plus importantes pour l'économie du pays et les plus susceptibles de stimuler la croissance économique ou de renforcer l'indépendance nationale. L'argumentation mercantiliste et celle de F. List participaient déjà de cette préoccupation. Depuis les années 1980, les politiques de *Managed Trade* sont largement pratiquées par les grandes puissances commerciales, le plus souvent de manière discrète, plus ouvertement aux États-Unis.

Sans contredit, la demande de protection dans les activités de haute technologie s'est fortement accentuée aux États-Unis, du fait de l'affaiblissement des positions américaines dans ces industries.

Cependant, si la politique de *Managed Trade* correspond à une réalité incontestable et clairement identifiable, cette politique soulève des ambiguïtés et des difficultés quant à sa conception même et quant à son application.

Ambiguïtés au niveau du concept

L'essentiel des ambiguïtés conceptuelles porte sur la différenciation à opérer entre la politique commerciale stratégique et la politique du *Managed Trade*. Ces deux politiques offrent effectivement de nombreuses similitudes, à la fois quant à leurs hypothèses (concurrence imparfaite, barrières à l'entrée, rendements non proportionnels, effets d'apprentissage, *etc.*), quant à leurs domaines d'application et quant à leurs prescriptions.

1°) Bien que voisines, ces deux politiques prennent pourtant appui sur des fondements théoriques distincts.

• La PCS est une politique *Rent Seeking*, liée à un contexte de compétition oligopolistique, issue de rendements d'échelle croissants, dans lequel s'affrontent les pouvoirs de marché des agents. Le but poursuivi est, fondamentalement, de dériver la rente à l'avantage de l'économie nationale.

• Le *Managed Trade*, à l'inverse, est fondé spécifiquement sur des externalités technologiques génératrices d'effets d'accumulation, d'irréversibilités et *de Spillover Effects*. Sa finalité est de tenter de consolider la compétitivité des industries nationales dans une perspective à long terme.

2°) La PCS comporte une dimension plus conflictuelle que la politique de Managed Trade.

La PCS conduit à la mise en œuvre d'une politique *Beggar my Neighbour* : son objectif est d'éliminer les concurrents ou, du moins, de réduire leur part de marché ou, encore, de les dissuader de pénétrer le marché. La politique de *Managed Trade* n'implique pas nécessairement un jeu strictement non coopératif. L'adoption de mesures de stimulation de la R&D peut, dans certaines circonstances, bénéficier à tous les compétiteurs, par un « effet de débordement » (*Spillover Effect*).

3°) La PCS est offensive, le Managed Trade *se présente comme une politique défensive*

Il est vrai cependant que la distinction est floue, comme l'exprime bien le dicton populaire « la meilleure défense c'est l'attaque ».

Plus généralement, le concept même de *Managed Trade* manque de précision. La définition proposée par L. D'Andrea Tyson *("Trade that is controlled, directed, or administered by government policies")* manque singulièrement de précision. Cette définition peut s'appliquer à toute politique commerciale, quelle qu'elle soit. Dans une certaine mesure, on pourrait aussi appliquer cette définition à l'action du GATT ou de l'OMC. Pour spécifier ce qu'est une politique de *Managed Trade* et la différencier d'autres formes d'activisme public, il paraît préférable de se référer à ses objectifs, à son domaine d'application (le soutien des industries de haute technologie) et à ses modalités. À ce dernier niveau, ce qui la différencie de la PCS est le caractère contractuel (ou l'apparence de caractère contractuel et négocié) des restrictions mises en place, alors que la PCS ne se préoccupe guère de respecter cette forme, et s'accommode plus volontiers de mesures unilatérales.

Les difficultés d'application

Les difficultés de mise en œuvre de la politique de *Managed Trade* sont analogues à celles de la PCS, savoir :

1°) Difficulté à détecter les secteurs stratégiques

Le repérage des secteurs qui seront porteurs de développement technologique, de croissance économique et d'externalités dans le futur est problématique, puisque, par nature, ces caractéristiques ne sont pas prises en compte par les indications actuelles du marché. En d'autres termes, ce qui justifie le *Managed Trade*, c'est-à-dire la myopie du marché, rend en même temps problématique la capacité de l'État à y trouver remède.

2°) Difficulté à quantifier précisément l'importance des externalités technologiques, des Spillover Effects et des externalités de liaison dans l'avenir

Le problème se pose actuellement, à propos de la promotion d'une industrie américaine de la télévision haute définition, idée soutenue par le département du Commerce et par l'*American Electronics Association*, qui militent en faveur de l'adoption d'un programme de soutien fédéral de 1,35 milliard de dollars en faveur de cette industrie. Toutefois, les retombées technologiques et les externalités de liaison sur l'ensemble de l'industrie électronique américaine et sa compétitivité sont incertaines. L'espoir qu'un tel programme puisse induire un essor de l'industrie des semi-conducteurs et des composants électroniques aux États-Unis est douteux, compte tenu du niveau de globalisation de la production des téléviseurs HD et de ses *inputs*. La production américaine de TV HD pourrait devenir l'une des plus importantes du monde, tout en achetant l'essentiel des composants à l'étranger.

3°) Difficulté à définir les moyens les plus adaptés, à laquelle s'ajoute le coût de l'erreur

Les exemples d'échec de l'intervention publique dans les secteurs de haute technologie sont légion, qu'il s'agisse du plan calcul, du Concorde en France ou de l'avion de ligne japonais Azuka, qui n'a jamais assuré de vols commerciaux. De même, l'industrie japonaise de l'aluminium, soutenue à bout de bras par le MITI et qui était la deuxième du monde à la fin des années 1970, a totalement disparu.

4°) Risque de cartellisation

Les accords de *Managed Trade*, en réduisant l'intensité de la compétition internationale, peuvent également favoriser les ententes sur le partage des marchés et la cartellisation des activités concernées, induisant des prix majorés, au préjudice des consommateurs et du bien-être national.

5°) Risque d'électoralisme et de capture des autorités

Enfin et surtout, la politique du *Managed Trade*, comme la PCS, suppose que les décideurs politiques décident et agissent sur la base du seul intérêt national, et non de celui de la (ou des) industrie(s) soutenue(s). Cela suppose qu'ils aient la capacité de s'abstraire de toute considération électoraliste, ainsi que des pressions des *lobbies*.

La réflexion sur l'efficacité du *Managed Trade* conduit ainsi à déborder le champ de l'analyse purement économique et à soulever des questions qui relèvent plutôt des sciences politiques : les gouvernements sont-ils réellement immunisés à l'égard des pressions d'intérêts catégoriels ? Le *Managed Trade* obéit-il vraiment à la volonté affichée par ses défenseurs d'édifier un monde plus ouvert et loyal ? N'est-il pas plutôt un protectionnisme inavoué, inspiré fondamentalement par l'égoïsme sacré, mais camouflé par l'habillage d'une apparence contractuelle ?

2.2.3 *La politique commerciale américaine de Truman à Trump à la lumière des théories contemporaines*

Un apport possible des théories étudiées dans cette section est qu'elles permettent une lecture de l'évolution de la politique commerciale américaine, mise en perspective avec l'évolution des rapports de force internationaux.

A. La position hégémonique américaine et l'ère du *Free Trade*

Au lendemain de la Seconde Guerre mondiale, les États-Unis, politiquement et économiquement dominants, adoptent une politique commerciale résolument libre-échangiste, avec l'adhésion au GATT et aux règles multilatérales qui caractérisent cet accord : la non-discrimination, la clause de la nation la plus favorisée, la réciprocité et l'élargissement de l'accès au marché américain. L'ouverture du marché américain aux importations fut à la fois un moyen d'assurer la pérennité de l'ouverture des marchés étrangers et, en favorisant le développement de ses partenaires (Europe, Japon, pays en développement), un moyen de consolider l'adhésion de ces pays partenaires au libéralisme. En somme, les États-Unis, en position de domination sans partage, adoptèrent la politique qui fut celle de l'Angleterre un siècle plus tôt lorsqu'elle était également la puissance hégémonique. Toutefois, comme l'Angleterre le fit à la fin du XIXe siècle et pour les mêmes raisons, les États-Unis mirent fin à partir des années 1970 à la préférence pour le libre-échange.

B. Le protectionnisme procédurier et l'ère du *Fair Trade*

Avec l'érosion graduelle, mais inexorable, de leur position dominante qui s'opère dès les années 1970, le maintien de « l'ouverture bienveillante du marché américain » (Siroën) apparaît trop contraignant, surtout du point de vue du Congrès, traditionnellement plus réticent que l'exécutif vis-à-vis du libre-échange. Les protections sectorielles se multiplient (sidérurgie, par exemple). La politique commerciale américaine évolue. « Elle quitte les rivages du *Free Trade* pour rejoindre ceux plus escarpés du *Fair Trade* » (J.M. Siroën). Le diagnostic qui sous-tend ce changement est que la dégradation de la balance commerciale américaine (en déficit chronique à partir de 1971) serait la conséquence de pratiques déloyales de ses partenaires. L'axe central de ce retour à la doctrine du *Fair Trade* – qui prévalait avant la Seconde Guerre mondiale – est la lutte contre ces pratiques déloyales. Il est concrétisé par l'adoption du *Trade Act* de 1974 négocié sous Richard Nixon et mis en application sous Gerald Ford. La « Section 301 » de ce texte organise un dispositif de sanction à l'encontre des pays jugés déloyaux. Ce mécanisme de sanction a été renforcé sous l'Administration Reagan par la « Section Super 301 » de *l'Omnibus Foreign Trade and Competitiveness Act*. Ce nouveau dispositif confère un caractère plus automatique à la mise en œuvre de la procédure de sanction. Il fait aussi de l'existence d'un excédent commercial bilatéral important et durable de tel ou tel partenaire une présomption suffisante de déloyauté.

Il ne fait aucun doute que la théorie de la PCS apporte de l'eau au moulin à la politique du *Fair Trade*. Dans la mesure où cette théorie montre le caractère *Beggar my Neighbour* des politiques de soutien de la production ou/et des exportations et leurs effets mondialement préjudiciables, elle apporte, contre la volonté de ses auteurs, une caution analytique d'une politique présumée être fondée sur la recherche de la loyauté dans les rapports internationaux. L'habillage de la loyauté ne fait pourtant guère illusion. Les véritables intentions qui guident la politique commerciale américaine des années 1980 sont à peine voilées. Pour les États-Unis, il ne s'agit de rien moins que d'exploiter leur statut de superpuissance pour contraindre les autres pays à se plier aux intérêts américains, en invoquant l'un des principes fondamentaux du GATT (la loyauté) pour le pervertir et le contourner. C. Hills, représentante américaine au commerce (responsable de la politique commerciale) de février 1980 à janvier 1993, ne reconnaissait-elle pas : « Nous ouvrirons les marchés étrangers avec une barre à mine où cela est nécessaire, mais avec une poignée de main toutes les fois où cela est possible » ?

C. Le protectionnisme administratif et l'ère du *Managed Trade*

À partir de la fin des années 1980, la politique commerciale américaine, tout en conservant l'usage des moyens du *Fair Trade* et sans renoncer à l'ambition d'imposer la réglementation américaine comme norme internationale, connaît un nouvel infléchissement, celui du *Managed Trade*, explicité par la théorie du même nom, en développant une action plus ciblée sectoriellement en faveur des activités de haute technologie (industrie automobile, télécommunications, microélectronique, industrie pharmaceutique, *etc.*). Ce tournant est matérialisé par les négociations avec le Japon connues sous le nom de MOSS *talks* (*Market-Oriented, Sector Specific*) dont l'objectif était d'organiser le commerce nippo-américain dans ces secteurs. Pour ces produits, les deux pays s'entendent sur un système de prix minimaux et de suivi des prix sur les marchés tiers. En outre, le Japon consent à élargir l'accès des entreprises américaines à hauteur d'une part de marché de 20 % en cinq ans (EVI). Pour E. Nyahoho, P.P. Proulx, les États-Unis entrent alors dans « l'ère des remèdes administratifs à certains problèmes de compétitivité et de leurs industries ». Cette nouvelle phase est marquée par l'accroissement de la part du commerce administré. Bien entendu, ainsi que nous l'avons vu au cours de cette section, les États-Unis n'ont pas l'exclusivité de ces pratiques.

D. Back to the XIXth century : Americanism, not Globalism

L'élection de D. Trump à la Présidence des États-Unis annonce des changements radicaux au niveau des orientations de la politique commerciale américaine.

Les mesures annoncées par D. Trump

Les principales mesures, pour le moins iconoclastes, annoncées par le nouveau Président – pour certaines d'entre elles par *tweet* – sont les suivantes :

1°) La sortie des États-Unis de l'OMC ou la « renégociation » (sic !) de l'Organisation.

2°) La dénonciation de l'Accord de libre-échange nord-américain (ALENA) qui unit les États-Unis, le Canada et le Mexique au sein d'une zone de libre-échange depuis 1994.

3°) Le refus de ratifier l'accord de Partenariat transpacifique (Trans-Pacific Partnership ou TPP), qualifié par D. Trump de "*potential disaster for our country*". Cet accord signé en février 2016 vise à créer la plus grande zone de libre-échange du monde avec 12 pays correspondant à 40 % du PIB mondial et un tiers du commerce mondial. Il inclut les États-Unis le Canada, le Japon, l'Australie, la Nouvelle-Zélande et quelques pays d'Amérique latine et d'Asie, à l'exception notable de la Chine.

4°) Le refus de signer le Partenariat transatlantique de Commerce et d'Investissement (PTCI ou *Transatlantic Trade and Investment Partnership*, TTIP) en cours de négociation entre les États-Unis et l'Europe dans son état actuel, ce qui signifierait la mort de cet accord avant même qu'il soit né.

5°) La taxation des entreprises qui délocaliseront leur production à l'étranger. Cette taxe perçue à la frontière sur les importations de produits fabriqués à l'étranger par ces firmes pourrait atteindre 35 %.

6°) La menace lancée par un tweet du nouveau Président de taxer lourdement les importations de véhicules automobiles en provenance du Mexique, dans la foulée du retrait de l'ALENA.

7°) La Chine est également désignée explicitement comme une future cible majeure de la protection américaine.

Quelles conséquences ?

Les conséquences d'une telle politique sont aisées à prévoir. Elle introduit une rupture par rapport aux orientations de la politique commerciale américaine depuis 1945. Elle rompt avec le *Free Trade*, accusé d'appauvrir les travailleurs américains et d'affaiblir les États-Unis. Elle rompt aussi avec le *Fair Trade* et avec le *Managed Trade* pour revenir à l'inclinaison dominante de la politique extérieure américaine au XIXe siècle et dans l'entre-deux-guerres : le repli sur soi.

a) Conséquences pour les États-Unis

Les mesures annoncées semblent s'inspirer d'un curieux mélange d'isolationnisme et d'unilatéralisme agressif. Il ne s'agit pas, en effet, d'un retour pur et simple à la doctrine formulée en 1823 par le Président J. Monroe. La hausse historique annoncée du budget de la Défense suffit à le montrer. La politique de D. Trump vise aussi à renforcer la position économique et diplomatique des États-Unis, en recourant, si nécessaire, à l'épreuve de force pour y parvenir, spécialement à l'égard des pays avec lesquels ils entretiennent les plus grands déficits commerciaux (principalement la Chine et l'Allemagne). D'une certaine manière, cette politique renoue avec la politique qu'avait adoptée Richard Nixon en 1971 pour contraindre l'Allemagne et le Japon à prendre les mesures nécessaires pour réduire leur excédent commercial vis-à-vis des États-Unis.

• D'un côté, il s'agit bien de se désengager de certains dossiers internationaux et de se libérer des engagements internationaux antérieurement souscrits, sauf s'il devait en résulter une menace pour les intérêts américains. La position du Président Trump par rapport à l'OTAN (une organisation « obsolète ») est, de ce point de vue, tout à fait significative, tout comme l'hostilité déclarée à l'égard de certaines organisations internationales : l'OMC ("*The World Trade Organisation is a disaster* [...] *we're going to renegotiate or we're going to pull out*"), les Nations unies ("*a club for people to get together, talk and have a good time*", tweet du 26 décembre 2016) ou encore l'intention affichée de remettre en cause les engagements pris par les États-Unis dans le cadre de la COP21.

Nous pouvons craindre que cette politique de repli puisse produire des effets contraires à ceux attendus. L'exemple le plus caractéristique est celui du Partenariat transpacifique (TPP). L'objectif de cet accord était de contrebalancer la puissance grandissante de la Chine dans cette région du monde ou l'obliger à se réformer en matière de droit du travail, de droit de la concurrence, *etc.* pour pouvoir intégrer l'accord. Le retrait des États-Unis – signé en janvier 2017 – signifie la fin du TPP. Du coup, il laisse le champ libre à l'expansionnisme chinois au-delà de sa *Mare Nostrum* (la mer de Chine méridionale). Les dirigeants chinois n'ont pas tardé à saisir l'aubaine. Dans les heures qui ont suivi l'annonce faite par D. Trump de ne pas ratifier, le président chinois X. Jinping a appelé à accélérer sa propre initiative, le *Regional Comprehensive Economic Partnership* (RCEP), accord de partenariat entre la Chine, l'Inde, l'Australie, l'ASEAN (Association des Nations de l'Asie du Sud-Est), mais sans les États-Unis !

• D'un autre côté, par cette politique, les États-Unis ne se soucient que de leurs seuls intérêts ("*America First*") et d'accroître leur puissance à l'échelle du monde (*Make America Great Again*), sans considération de « diplomatie commerciale ». Par « diplomatie commerciale », il faut entendre une politique qui tient compte « dans le choix des objectifs et des instruments, des contraintes qui naissent des relations d'interdépendances entre les pays » (Daniel Dufourt). Autrement dit, une diplomatie commerciale tient compte des inévitables « effets de retour », c'est-à-dire des répercussions sur le pays initiateur d'une politique des conséquences dommageables que cette politique produit sur le reste du monde, par opposition à une politique de courte vue conduite de manière unilatérale, en fonction des seuls intérêts nationaux immédiats et ignorante des interdépendances.

La question qui se pose est de savoir si cette politique est la plus adaptée à l'objectif poursuivi « Retrouver la puissance d'autrefois ». Une taxation des entreprises américaines qui fabriquent en tout ou partie hors des États-Unis pourrait porter un sérieux préjudice à ces entreprises, notamment dans le secteur des hautes technologies. Nul doute qu'une telle perspective ne réjouit guère les entreprises de la *Silicon Valley*. Donald Trump a menacé Apple de taxer de 45 % ses produits fabriqués en Chine lors de leur entrée sur le territoire américain, de sorte à obliger la marque à la pomme à rapatrier sa fabrication – et les emplois correspondants – aux États-Unis. Toutefois, le rapatriement aurait pour conséquence de faire croître fortement les coûts de production. Selon le cabinet de recherche et de conseil américain IHS, le coût de fabrication d'un iPhone 7 avec une mémoire de 32 GB passerait de 225 $ à 500 $. Outre que le consommateur paierait beaucoup plus cher son téléphone portable, Apple subirait une dégradation brutale de sa compétitivité sur les marchés internationaux. Dans ces conditions, il n'est pas sûr que les gains en termes d'emplois pour les États-Unis soient aussi importants qu'escomptés. Nous voyons à quel point la nouvelle politique commerciale américaine tourne le dos aux préconisations de la théorie du *Managed Trade* : au lieu de soutenir, par des mesures financières incitatives, le développement sur le territoire américain *et* à l'étranger des firmes américaines dans l'industrie de haute technologie, elle adopte des mesures punitives à l'encontre de ces entreprises, de sorte à contraindre leurs choix stratégiques de localisation. La nouvelle politique fait fi également des réalités actuelles des industries manufacturières, en particulier la division très poussée de la « division internationale des processus productifs », c'est-à-dire le fait que la spécialisation internationale ne porte plus, depuis longtemps, sur des produits finis, mais sur des morceaux des processus de production concourant à la fabrication d'un bien final, ces segments de production étant répartis entre des pays différents (d'où l'importance, aujourd'hui des échanges de produits intermédiaires). Le renforcement de la puissance industrielle d'un pays – fût-il le plus puissant – ne peut pas passer par la remise en cause de cet état du monde. Il suppose plutôt la recherche d'une meilleure qualité de spécialisation dans des segments productifs à haute valeur ajoutée, plus intensifs en connaissances, en R&D, et maximisant les externalités.

a) Conséquences pour l'ensemble du monde

La nouvelle politique américaine risque de mettre en cause durablement le système multilatéral laborieusement édifié depuis 1947, avec le GATT puis l'OMC, l'affaiblissement, voire l'effondrement du système des règles et disciplines collectives. Une telle évolution ne peut que donner naissance à un ordre commercial non coopératif, caractérisé par le retour en force du bilatéralisme et d'un unilatéralisme agressif. Le risque majeur est que cette politique suscite l'escalade des ripostes dont on sait qu'elles peuvent dégénérer en guerres commerciales sans merci. N'oublions pas les années 1930. Elles montrent que ce scénario ne fait que des perdants. Il est préjudiciable au commerce international et à la croissance économique, comme l'a montré l'évolution désastreuse de l'entre-deux-guerres.

Entre 1870 et 1914, le monde avait connu un processus très important d'intégration planétaire qualifié de « première mondialisation ». Quasiment tous les indicateurs statistiques, mesurant l'ampleur du processus de globalisation, avaient atteint en 1914 un niveau semblable à ce qu'ils étaient à la fin du XXe siècle. En quelques décennies, les deux guerres mondiales et la grande dépression ont provoqué une dislocation complète de ce processus, avec l'effondrement du commerce international, la chute des investissements internationaux et la désintégration de l'économie internationale. Bref, ce qui a été fait lors du demi-siècle de la « première mondialisation » a été défait encore plus rapidement suite au déchaînement des politiques nationalistes, aux politiques *Beggar my Neighbour* et au repli protectionniste initié d'abord aux États-Unis, puis rapidement généralisé. Face aux incertitudes des années qui viennent, deux leçons doivent être gardées à l'esprit. La première est que, contrairement à une idée généralement acceptée, la démondialisation est possible. La seconde est que ce n'est pas une bonne nouvelle.

RÉSUMÉ DU CHAPITRE

1. Une des nouvelles orientations de recherche, développée dans les années 1970 et 1980, a consisté à prendre en compte une pluralité de pays (plus de deux), la différenciation des facteurs de production, les écarts technologiques entre les pays.

2. La dynamisation de l'analyse a également été accomplie en prenant appui sur le concept de « cycle de vie du produit » (Hirsch, Vernon). Les échanges d'une large variété de produits manufacturés obéiraient à un cycle basé sur l'innovation et sa diffusion internationale.

3. À la même époque, une autre piste de la recherche prend en compte le rôle de la demande, avec notamment la théorie de la « demande représentative » de S.B. Linder. Avec l'élévation du revenu par tête, la demande se complexifie et les structures de la demande des pays partenaires tendent à se chevaucher plus largement (*Overlapping Demand Structures*), de sorte qu'au fur et à mesure de leur enrichissement, les pays peuvent s'offrir mutuellement des débouchés pour des produits similaires. Cette approche explique ainsi la forte densité des échanges entre pays développés.

4. Dans le prolongement de la théorie de S.B. Linder, B. Lassudrie-Duchêne montre que les échanges de produits manufacturés portant sur des biens différenciés s'expliquent par le désir croissant de différenciation de la demande (théorie de la « demande de différences »).

5. Plus récemment (décennie 1980), Brander et Spencer ont montré que dans un contexte de compétition oligopolistique et d'économies d'échelle statiques et dynamiques, le libre-échange n'est plus nécessairement optimal, d'un point de vue national. Cette théorie dite de la « politique commerciale stratégique » (PCS) a été appliquée par Krugman à l'industrie aéronautique. À travers cette illustration, Krugman explique, en termes simples, comment un pays peut améliorer sa situation en soutenant financièrement certaines industries et permet au pays protectionniste d'atteindre un niveau de bien-être plus élevé que celui auquel conduit le libre-échange.

6. Dans le courant des années 1990, la théorie du *Managed Trade*, élaborée par L. D'Andrea Tyson, défend la nécessité pour les États-Unis d'adopter une politique commerciale volontariste, de sorte à enrayer le déclin de la prééminence américaine dans les industries de haute technologie. L'intérêt de cette théorie est qu'elle prend pleinement en compte la dynamique de ces industries et les externalités technologiques dont elles sont la source.

POUR ALLER PLUS LOIN…

[1] Gray H. P. (1973), "Two-way international trade in manufactures : a theoretical underpinning", *Weltwirtschaftliches Archiv*, 109, pp. 19-38.
[2] Krugman P. (1998), « Le libre-échange est-il dépassé ? » (Traduction française de l'article de 1987), *in* P. Krugman, *La mondialisation n'est pas coupable. Vertus et limites du libre-échange*, Paris, La Découverte.
[3] Neven D. and Seabright P. (1995), "European industrial policy : the Airbus case", *Economic Policy*, n° 21, October.
[4] D'Andrea Tyson L. (1990), "*Managed Trade* : Making the best from the second best", in R.Z. Lawrence, *An American Strategy : Options for the 90's*, Washington, The Brooking Institution.

DES QUESTIONS POUR MIEUX RETENIR OU APPROFONDIR

1. Le fait qu'existe dans un pays donné une demande importante pour un produit déterminé déjà satisfaite par des producteurs locaux est-il un obstacle au développement du commerce extérieur de ce produit ?
2. Que manque-t-il à l'industrie automobile pour être un « cas de laboratoire » parfaitement approprié à la théorie de la PCS ?
3. Qu'est-ce qu'une industrie stratégique au sens de la théorie du *Managed Trade* ? En quoi cette conception diffère-t-elle de celle déduite de la théorie de la politique commerciale stratégique ?
4. Quels liens pouvez-vous établir entre le concept de dépendance de sentier et l'efficience schumpeterienne ?
5. Que vous évoque la formule d'Héraclite : « On ne se baigne pas deux fois dans le même fleuve » ?

E-LINK

Sur l'influence des différences et des similitudes, il est possible de télécharger l'excellent article de K. S. Abd-El-Rahman à l'adresse :
http://www.persee.fr/doc/reco_0035-2764_1986_num_37_2_408914
L'évaluation empirique effectuée en 1995 par D. Neven et P. Seabright du soutien stratégique accordé à Airbus peut être téléchargée sur :
http://paulseabright.com/wp-content/uploads/2012/01/neven_seabright.pdf
L'étude de Robin Cowan sur les mécanismes d'émergence d'une technologie dominante appliquée à la fabrication des réacteurs nucléaires peut être téléchargée sur la page web :
http://dimetic.dime-eu.org/dimetic_files/cowan1990.pdf
L'étude de D. Foray sur la dynamique technologique et les phénomènes dépendants du passé (« dépendance de sentier ») peut être téléchargée à :
http://www.persee.fr/doc/reco_0035-2764_1991_num_42_2_409279

CONCLUSION DE LA PREMIÈRE PARTIE : INCERTITUDES DE LA THÉORIE ET COMPLEXITÉ DE LA PRATIQUE

Les théories fondamentales du commerce international partent du postulat que l'objectif de la politique des États en matière de commerce extérieur est de maximiser le bien-être social à l'échelle nationale. Dans un univers de concurrence pure et parfaite et de rendements d'échelle constants ou décroissants, ces théories recommandent le libre-échange comme régime commercial optimal.

Les développements théoriques plus récents se placent dans un contexte différent d'économies d'échelle statiques ou dynamiques, d'externalités et de marchés oligopolistiques, sur lesquels l'aide du secteur public à la mise au point de nouveaux procédés ou de nouveaux produits technologiques peut conférer un avantage concurrentiel au pays qui entreprend une telle initiative. De nombreux arguments ont été examinés au cours de ce chapitre qui justifient, du point de vue des auteurs concernés, qu'une telle aide soit prodiguée. Toutefois, nous avons vu également que, même dans les cas où il est admis que les gouvernements peuvent jouer un rôle déterminant dans la création d'avantages comparatifs, la mise en œuvre de politiques visant à l'exploitation de rentes est encore, dans une large mesure, un sujet de débat. Par exemple, la théorie du commerce stratégique parvient à montrer qu'un pays peut améliorer, de façon unilatérale, sa situation s'il intervient pour favoriser des intérêts nationaux étroits aux dépens d'autres intérêts étrangers. Toutefois, le bon sens suggère qu'aucun pays ne bénéficierait vraisemblablement de politiques visant à capturer des rentes si les autres pays réagissaient de la même manière. Comme l'histoire l'a montré, l'escalade des mesures de protection risque d'être coûteuse pour tout le monde !

Si les incertitudes sur les résultats des politiques commerciales sont aussi importantes, pourquoi les grandes puissances sont-elles promptes à intervenir dans les échanges ? On peut penser que l'acceptation des règles multilatérales et des disciplines partagées pourrait être le meilleur moyen pour inciter les pays à coopérer, les amener à ouvrir réciproquement leurs économies, au nom de leur intérêt bien compris, de telle sorte que chacun améliore son bien-être et maximise sa croissance économique. Cependant, une autre interprétation suggère que chacune des grandes puissances peut aussi bien être tentée d'exploiter unilatéralement les atouts différentiels de sa puissance commerciale, pour détourner les gains de l'échange à son propre avantage. C'est à cette question, aux réponses contradictoires, qu'est consacrée la troisième partie de cet ouvrage qui présente de manière détaillée les politiques commerciales des États-Unis, de l'Union européenne et de la Chine.

Avant d'en arriver là, il est indispensable de présenter préalablement la palette des instruments de protection (les armes dont disposent les États) et les contraintes institutionnelles qui régissent leur utilisation (les règles du jeu). C'est l'objet de la prochaine partie.

Deuxième partie

INSTRUMENTS ET CADRE INSTITUTIONNEL DES POLITIQUES COMMERCIALES

3

L'ARSENAL DES INSTRUMENTS DE PROTECTION

SOMMAIRE

OBJECTIFS PÉDAGOGIQUES

Décrire de manière détaillée et le plus complètement possible la panoplie des instruments de protection, afin de rendre compte de leur diversification et de leur complexification.

Analyser les objectifs et le mode d'action de ces instruments.

Étudier leurs caractéristiques et leurs différences, de façon à mieux comprendre les fondements des classifications habituellement opérées : barrières tarifaires (BT) et non tarifaires (BNT) ; BNT dures/BNT douces ; protection administrée directe/indirecte.

Jusqu'au milieu du XXe siècle, les États utilisaient principalement les droits de douane, les restrictions quantitatives et, accessoirement, les subventions. Depuis lors, l'arsenal des moyens de protection dont disposent les États s'est considérablement enrichi. Le protectionnisme actuel mobilise des instruments et met en jeu des mécanismes si diversifiés et complexes que leur compréhension est réservée à quelques initiés. Le terme de *néoprotectionnisme* résume bien cette idée. Il désigne en effet non seulement la résurgence des pratiques protectionnistes qui ont accompagné, au tournant du millénaire, les difficultés économiques et les bouleversements au sein de l'économie mondiale (émergence de nouvelles puissances industrielles, changements technologiques), mais aussi l'apparition de nouvelles formes de protection.

Notre objectif, dans les pages qui suivent, est de présenter de manière succincte, mais aussi complètement que possible, la palette des instruments de protection employés par les États.

Dans son sens le plus large, la protection peut être définie comme l'application, par un État, de mesures variées ayant pour effet de créer des distorsions sur le marché intérieur et les marchés internationaux et de modifier, de ce fait, l'importance ou l'orientation des flux de produits ou de facteurs sur ces marchés. L'objectif est de défendre les intérêts nationaux contre la concurrence étrangère, en tentant de limiter l'érosion des parts de marché (protectionnisme défensif) ou de développer la compétitivité des entreprises du pays (protectionnisme offensif).

La classification traditionnelle distingue la protection tarifaire et la protection non tarifaire. Cependant, le premier type de protection se subdivise en protection tarifaire proprement dite (les droits de douane) et protection paratarifaire (les subventions). En outre, les barrières non tarifaires (BNT) se subdivisent en BNT « dures » (restrictions quantitatives) et BNT « douces » (les autres BNT : techniques, réglementaires, administratives, monétaires, *etc.*).

ENCADRÉ 3.1. UNE AUTRE CLASSIFICATION DES INSTRUMENTS DE PROTECTION

À côté de la classification habituelle des instruments de politique commerciale en barrières tarifaires et non tarifaires, d'autres distinctions sont possibles.
La plus fréquente oppose les obstacles « à la frontière » et les obstacles « après la frontière ».
Les obstacles « à la frontière », c'est-à-dire au moment de l'entrée des produits dans le pays recouvrent les droits de douane, les restrictions quantitatives (interdiction, contingentement, licence, *etc.*), ainsi que les règles d'origine.
Les obstacles « après la frontière » correspondent aux autres types d'entraves, principalement les subventions aux exportations, les soutiens internes et les obstacles techniques au commerce (réglementation, normes, *etc.*).

3.1 LA PROTECTION TARIFAIRE (LES DROITS DE DOUANE)

La protection tarifaire est une forme traditionnelle de protection. C'est aussi la modalité la plus connue sous la forme du droit de douane.

3.1.1 *Les différents types de droits de douane*

Le droit de douane est un impôt sur une marchandise lors de son passage de la frontière (taxe à l'importation). Il s'agit d'une mesure de limitation (incitative) à caractère indirect, puisqu'elle agit sur les importations en modifiant leur coût. Le droit de douane a pour effet de faire croître le prix payé par les consommateurs au-dessus du prix du bien à l'entrée des frontières, c'est-à-dire le prix reçu par les fournisseurs étrangers, la différence étant prélevée par l'État du pays importateur.

On distingue différentes catégories de droits de douane, selon l'assiette du droit qui peut s'appliquer soit à la valeur CAF des importations : coût, assurance, fret inclus (ou CIF : *Cost, Insurance, Freight*), c'est-à-dire à la valeur des produits à la frontière du pays importateur, soit à leur valeur FOB (*Free on Board*), si les coûts de transport et d'assurance sont exclus de l'application de la taxe.

Les droits de douane se différencient également selon le type de prélèvement. À cet égard, il est possible de distinguer :

A. Les droits *ad valorem*

Ils sont établis en pourcentage du prix des produits. Le droit s'applique sous forme d'un prélèvement, à taux fixe, en pourcentage de la valeur (en général CAF) du produit importé. Exemple : un droit de douane de 10 % de la valeur du baril de pétrole. Le montant du prélèvement varie proportionnellement au prix du bien importé.

Un droit *ad valorem* est tel que : PH = PF (1 + TAV)
avec :
PH = prix payé par le consommateur (ou prix domestique : H pour *Home*)
PF = prix reçu par l'exportateur (ou prix étranger : F pour *Foreign*)
TAV = Taux de la taxe *ad valorem* (taux constant)

B. Les droits spécifiques

Ils sont d'un montant forfaitaire, appliqué au prix de chaque unité de quantité du bien importé (poids, volume, *etc.*). Exemple : un droit de douane de 5 $ par baril de pétrole. Le montant du prélèvement est indépendant des fluctuations de prix.

Un droit spécifique est tel que : PH = PF + TS
avec :
TS = Taxe spécifique (constante)

C. Les droits variables

Ils sont destinés à maintenir l'effet de protection en dépit des fluctuations possibles des prix mondiaux des produits d'importation. Car un droit *ad valorem* a un effet de protection qui diminue en cas de baisse des prix mondiaux, tandis qu'un droit forfaitaire préserve le montant des recettes fiscales du pays importateur, mais son effet protecteur diminue avec la hausse des prix mondiaux.

L'application d'un droit dégressif, c'est-à-dire d'un droit dont le taux varie en sens contraire du prix mondial, permet de freiner l'érosion de la protection en cas de baisse des prix :

Un droit variable est tel que : PH = PF (1 + TV)
avec :
TV = Taux variable de la taxe = fonction inverse de PF

Par exemple, à partir d'un droit de base de 10 % associé à un prix de 100 (soit un prix intérieur, taxe comprise, égal à 110), le taux du droit augmente de 5 % pour chaque baisse de 10 du prix mondial. Lorsque le prix passe de 100 à 90, le taux progresse de 10 à 15 %, soit un prix intérieur égal à 103,5. Avec un prix mondial de 80, le taux augmente à 20 %. D'où un prix intérieur égal à 96. Ce dispositif a été appliqué notamment par l'Angleterre à l'époque des *Corn Laws*.

D. Droits conditionnels

Il s'agit de droits qui ne sont appliqués que si le prix international atteint un certain niveau. Un exemple est celui des dispositifs de *trigger price* : un droit de douane est mis en place automatiquement lorsque le prix des importations d'un bien chute au-dessous d'un seuil (par exemple 10 $) de sorte que le prix du bien (avec application du droit) soit ramené à une valeur d'objectif (par exemple 13 $).

PH = MAX {Po, [Po + (PF – Po)]}, avec Po le prix objectif
Si : PF < Po, TCond = Po – PF (avec TCond = la taxe conditionnelle)
Si : PF ⩾ Po, TCond = 0

L'objectif de ce type de droit est que la concurrence étrangère n'exerce pas un effet dépressif trop important sur le marché domestique. La neutralisation de l'impact de la baisse des cours mondiaux est obtenue par le déclenchement d'un droit compensateur, qui stabilise le prix intérieur. Cette formule était systématiquement appliquée par l'Union européenne, dans le cadre de la PAC, avant les réformes de cette dernière engagées à partir de 1992, avec des « prélèvements » qui compensaient l'écart entre les cours mondiaux et les prix européens. Elle subsiste encore, de manière non systématique, sous forme de l'application de droits additionnels lorsque le prix mondial baisse en dessous d'un prix de référence mondial. Dans ce cas, le mécanisme de la clause de sauvegarde « prix » conduit à l'application de droits additionnels, qui sont fonction du différentiel de prix.

E. Droits composites et droits mixtes

Un droit composite (*Compound Tariff*) est constitué d'un droit *ad valorem* auquel est ajouté (plus rarement retranché) un droit spécifique, par exemple un droit *ad valorem* de 10 % majoré d'un droit spécifique 2 € par tonne.

Un droit composite est tel que : PH = PF (1 + TAV) + TS

Les droits composites peuvent aussi s'appliquer dans le secteur des produits manufacturés qui incorporent des produits de base dont les importations sont elles aussi soumises à des droits de douane. Dans ce cas, la partie spécifique du droit est déterminée de sorte à compenser le surcoût subi par les entreprises qui élaborent le produit fini du fait de la taxation des *inputs* qu'il importe, tandis que la partie proportionnelle du droit dont bénéficient ces mêmes entreprises vise, en outre, à leur procurer une protection à l'égard des fabricants étrangers du même *output*.

À l'opposé du droit composite, un droit mixte prend la forme soit d'un droit spécifique soit d'un droit *ad valorem*, celui qui s'applique étant celui qui procure la plus forte recette douanière. Par exemple, un droit de 10 %, mais au minimum 2 € par kilo.

PH = PF + MAX (PF.TAV, TS)

3.1.2 *Droits à l'importation et droits à l'exportation*

Les droits de douane s'appliquent généralement aux importations, mais ils peuvent aussi, plus rarement, concerner les exportations du pays, le plus souvent pour procurer des ressources fiscales. C'est le cas notamment des pays en développement, dont certains tirent des exportations une partie significative de leurs ressources fiscales. Le droit est alors d'autant plus efficace que le pays dispose d'une position dominante dans la production et l'exportation du bien taxé et que la demande étrangère pour le produit concerné est rigide. L'application du droit n'a alors qu'un impact limité sur les volumes exportés. Les droits à l'exportation, autrefois importants, sont d'un emploi plus réduit aujourd'hui, en raison de leurs effets négatifs sur les volumes d'exportation. Ils n'ont pas pour autant disparu. Ainsi, le Canada applique-t-il des droits d'exportation sur certains produits de bois, sur le nickel, le plomb, l'argent à l'état brut. L'Égypte taxe ses exportations de riz, la Russie taxe ses exportations pétrolières, ses exportations de céréales, *etc.*

Outre le motif fiscal, les droits à l'exportation peuvent être mis en place pour plusieurs raisons, par exemple pour préserver l'approvisionnement du marché intérieur (lors des années de mauvaises récoltes). Le but peut également être de contenir des pressions inflationnistes en cas de hausse du prix mondial d'un produit de base, qui est également consommé ou utilisé domestiquement. En taxant les exportations de ce produit, les autorités rendent l'exportation du bien moins attrayante et incitent les producteurs domestiques à privilégier l'approvisionnement du marché intérieur, ce qui accroît l'offre domestique du bien et freine la hausse du prix. Il peut aussi s'agir de récupérer une partie de la rente liée à l'exploitation de ressources naturelles (notamment minières), lorsque celle-ci a été concédée à une entreprise étrangère, ou encore d'éviter la surexploitation de ces ressources, par exemple pour des raisons environnementales. C'est ainsi que des taxes sont fréquemment appliquées à des produits vivants ou issus de la faune et de la flore, ainsi qu'au cuir ou la peau d'espèces menacées. Enfin, des taxes à l'exportation de produits de base ou de biens intermédiaires exercent des effets analogues à des subventions aux exportations de produits manufacturés (non taxés) issus de ces produits intermédiaires (taxés). Elles peuvent donc être utilisées comme un instrument au service d'une politique d'industrialisation, en favorisant l'essor d'une industrie de transformation (*cf. infra*, encadré 4.2, notion de protection effective).

Toutefois, presque toujours, ce sont les importations qui sont taxées. Leur objectif est de restreindre l'influence de la concurrence des produits étrangers et de défendre, ainsi, les intérêts des producteurs nationaux. En effet, en renchérissant les produits étrangers, les droits à l'importation en découragent la consommation relativement aux biens produits dans le pays.

ENCADRÉ 3.2. COMPRENDRE LE JARGON DOUANIER : DROITS DE DOUANE, TARIF DOUANIER, RÉGIME DOUANIER, DROITS CONSOLIDÉS ET DROITS APPLIQUÉS, DROITS NPF ET DROITS PRÉFÉRENTIELS

Droits de douane, tarif douanier, régime douanier

Le droit de douane, taxe appliquée sur un produit particulier, doit être distingué du tarif douanier, qui est formé de l'ensemble des droits en vigueur mis en application par un pays donné, à un moment déterminé.

Par régime douanier, on désigne l'ensemble du dispositif institutionnel dans lequel s'appliquent le tarif et les autres réglementations et mesures de restriction et/ou de contrôle. Le régime douanier prévoit les formalités à accomplir, la gestion des restrictions quantitatives (les procédures d'attribution des licences d'importation ou d'exportation), le régime réglementaire et fiscal (droit de douane et TVA) applicable aux différentes marchandises et aux différentes situations : importations et exportations définitives, mouvements temporaires de marchandises (admission temporaire, entrepôt douanier, transformation sous douane), le régime de transit (traversée du territoire de marchandises en provenance de l'étranger et à destination d'un pays tiers), la sous-traitance à l'étranger, *etc.*

Concernant les droits de douane, on distingue différentes notions.

Droits de douane appliqués et droits de douane consolidés

Le droit appliqué est celui qui frappe effectivement le produit importé. Il peut être différent du droit consolidé, mais, en ce cas, il est nécessairement inférieur à ce dernier. Le droit consolidé correspond au taux maximum que le gouvernement du pays s'est engagé, par voie de négociation, à ne pas dépasser. Par la procédure de consolidation mise en place par le GATT (*cf. infra*, chapitre 4), un pays s'engage à stabiliser les engagements pris dans le cadre de négociations en ne relevant pas le taux du droit au-dessus d'un niveau convenu. Une fois qu'un droit est « consolidé », il ne peut être majoré au-dessus du taux négocié qu'en accordant des compensations à tous les pays affectés. Il est donc particulièrement difficile de revenir sur ce type d'engagement.

Droits appliqués NPF et droits appliqués préférentiels

En application de la clause de la nation la plus favorisée du GATT (*cf. infra*, chapitre 4.2.1), chaque pays est tenu d'étendre, sans discrimination, à toutes les autres nations participant à l'accord (ou pays membres de l'OMC aujourd'hui) le tarif le plus bas qu'il a été amené à concéder à l'une quelconque d'entre elles. La clause de la nation la plus favorisée (NPF) admet cependant diverses exceptions. L'une des plus importantes concerne les

pays en développement, auxquels les pays développés peuvent accorder des préférences exclusives sans avoir à les étendre aux autres pays. Un exemple typique de ce dispositif est l'initiative « Tout sauf les armes », adoptée par l'Union européenne le 26 février 2001, par laquelle l'Union a accordé le libre accès au marché communautaire en franchise de droits (droits nuls) et de contingents à tous les produits originaires des 49 pays les plus pauvres (pays les moins avancés), à l'exception des armes et des munitions.
La conclusion d'accords régionaux qui prévoient l'abolition complète des droits entre certains pays (exemples : Union européenne, ALENA, MERCOSUR, *etc.*) est une autre dérogation à la clause NPF. Ces différents types de droits préférentiels sont donc inférieurs aux droits NPF.

Marge de consolidation et marge préférentielle

L'écart entre le taux consolidé et le taux appliqué sous la clause de la nation la plus favorisée représente la « marge de consolidation » (ou *Binding Overhang,* de *to bind* : ligoter, contraindre, obliger et *overhang* : surplomb, balcon). Cet écart correspond à la marge de manœuvre ou à la limite dans laquelle le pays pourra relever le droit appliqué, s'il décide de protéger la production domestique.
Pour un produit et un pays déterminé, on appelle marge préférentielle l'écart entre le niveau des droits NPF appliqués et le droit préférentiel sur le produit en question. Pour l'ensemble des produits, on désigne par marge préférentielle moyenne la différence entre le niveau moyen des droits NPF appliqués et celui du droit appliqué moyen. Cette marge préférentielle s'est considérablement érodée au fil des ans, avec l'abaissement négocié des droits NPF appliqués.

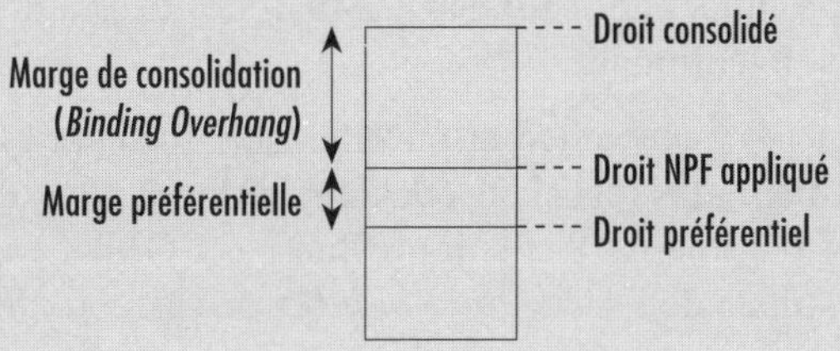

3.1.3 *Les contingents tarifaires*

Une variante du droit de douane, qui est en fait une combinaison de la protection tarifaire et du quota (*cf. infra*), est le contingent tarifaire. Comme son appellation tend à le suggérer, un contingent tarifaire est la spécification d'un volume d'importations qui peut entrer dans le pays à un droit de douane favorable (dit « taux contingentaire »). Toute importation au-delà de ce volume est sujette à un droit majoré (« droit hors contingent »). Les contingents tarifaires ont été largement utilisés à la suite de l'accord agricole de l'*Uruguay Round*, qui prévoyait le remplacement des restrictions quantitatives par des droits de douane équivalents. L'application de cette décision conduisait à établir des tarifs douaniers très élevés à l'importation de certains produits agricoles, qui risquaient de contracter sensiblement le commerce de ces produits. Or, les accords d'Uruguay imposaient également aux pays de maintenir leurs échanges (« les possibilités d'accès courants ») à peu près au niveau observé au cours des années antérieures. Pour résoudre cette difficulté, de nombreux pays ont utilisé intensivement la solution des contingents tarifaires (1 371 contingents tarifaires ont été notifiés à l'Organisation mondiale du commerce par 37 pays).

3.2 LA PROTECTION PARATARIFAIRE (SUBVENTIONS À L'EXPORTATION ET SOUTIEN INTERNE)

3.2.1 *Subventions à l'exportation*

Les droits de douane sont la forme de protection la plus simple et la plus connue, mais c'est évidemment loin d'être la seule. À la protection tarifaire procurée par le droit de douane, il est d'usage de rapprocher la protection paratarifaire, dont le prototype est la subvention à l'exportation, destinée à promouvoir les exportations. Le rapprochement de la protection tarifaire et de la protection paratarifaire est justifié par le fait que les subventions aux exportations peuvent être traitées analytiquement comme un droit de douane négatif. Au lieu de prélever de l'argent sur l'importation d'un produit, l'État verse de l'argent aux exportateurs. Une fois encore, les subventions peuvent être *ad valorem* ou forfaitaires. Leurs effets sont inverses de ceux d'un droit de douane. Elles réduisent les prix des produits nationaux sur les marchés extérieurs, ce qui stimule les ventes des entreprises subventionnées.

Parce qu'elles faussent la concurrence et qu'elles sont susceptibles de dégénérer en véritables guerres commerciales (escalades de subventions), les subventions à l'exportation ont été prohibées par le GATT et aujourd'hui par l'OMC, y compris dans l'agriculture (cf. *infra* les résultats de l'*Uruguay Round* et de l'accord de Nairobi de 2015).

3.2.2 *Protectionnisme fiscal et subventions déguisées aux exportations*

La protection paratarifaire inclut aussi des formes de subventions plus discrètes que la subvention explicite, sous la forme, par exemple, d'exemptions de charges diverses, d'avantages fiscaux accordés aux exportateurs (protectionnisme fiscal), ou encore de crédits subventionnés qui soutiennent les exportations sous forme de prêts bonifiés accordés aux acheteurs étrangers, *etc.* Cette dernière pratique est d'un usage constant dans l'industrie aéronautique, civile et militaire. Les crédits subventionnés ont toutefois des effets différents des subventions usuelles aux exportations, puisque les avantages ne sont pas accordés exclusivement à des agents domestiques (les exportateurs), mais peuvent l'être aussi à des agents non-résidents (les acheteurs étrangers).

Par exemple, dans le cadre des mesures de relance, l'État français a décidé, en janvier 2009, de mobiliser 5 milliards d'euros pour soutenir les ventes de l'aéronautique, notamment celles d'Airbus, *via* la Société de financement de l'économie française. Selon les termes de Christine Lagarde, il s'agissait, par ce moyen, « de répondre aux difficultés des clients des constructeurs aéronautiques qui n'arrivent pas à trouver de financement ». Toutefois, il n'y a pas que les États qui subventionnent les exportations. Dans l'immense majorité des contrats de livraison, Airbus lui-même, tout comme Boeing, accorde aux compagnies aériennes des rabais sous forme de « facilités de paiement », afin d'emporter les marchés.

3.2.3 *Soutien interne*

Les subventions aux exportations doivent être différenciées des mesures dites de « soutien interne », qui visent à soutenir les prix intérieurs ou à subventionner la production. Ces mesures sont destinées à améliorer le revenu des producteurs domestiques et leur compétitivité. Elles limitent, de ce fait, les importations, encouragent la production, mais elles favorisent aussi, du même coup, la surproduction. Cet effet indésirable est particulièrement observable dans l'agriculture. À son tour, la surproduction peut inciter à la pratique du *dumping* sur les marchés mondiaux, à la fois de la part des producteurs subventionnés et de ceux qui ne le sont pas, mais qui, du fait de la surproduction, ont de plus en plus de difficultés à écouler leur produit. Pour ces raisons, l'*Uruguay Round* a introduit une réglementation des mesures de soutien interne dans le domaine de l'agriculture en distinguant les mesures de soutien qui ont un effet direct sur la production et le commerce (soutien couplé), qui sont prohibées et doivent être réduites, et celles n'ayant pas d'incidence directe ou une incidence minime (soutien découplé) et qui sont autorisées, comme le soutien des pouvoirs publics en faveur de la recherche, de la santé publique, de la sécurité alimentaire ou de la protection de l'environnement.

3.3 LES BARRIÈRES NON TARIFAIRES DITES « DURES » : LES RESTRICTIONS QUANTITATIVES

Par barrières non tarifaires (BNT), on désigne tous les obstacles autres que la protection tarifaire (droits de douane) et paratarifaire (subventions). Parmi elles, il est d'usage de distinguer les BNT dites « dures », qui imposent des restrictions quantitatives (étudiées dans cette section) et les BNT qualifiées de « douces », constituées de toutes les autres BNT (étudiées dans la section suivante).

À l'opposé des obstacles tarifaires ou paratarifaires, les restrictions quantitatives (RQ) ont un caractère dirigiste. Elles agissent directement sur les flux commerciaux par la contrainte, en les rationnant. On peut distinguer six types de RQ.

3.3.1 *Les quotas (contingentement) sur les importations*

C'est le prototype des RQ. Au lieu de taxer les importations, les quotas sont un instrument de politique commerciale plus « violent », qui consiste à limiter directement les quantités d'un bien qui peuvent être importées dans le pays.

L'adoption de ce type de mesure implique la mise en place d'un dispositif de contrôle étatique, sous la forme d'attribution de licences d'importation (c'est-à-dire d'autorisations préalables sélectives spécifiant les produits, les quantités, les pays d'origine ou de destination).

À l'encontre de ces pratiques, qui tendent à fragmenter le commerce mondial, favorisent le bilatéralisme et entravent ou annihilent le libre jeu des mécanismes de marché, l'attitude du GATT puis de l'OMC est plus rigoureuse qu'elle ne l'est à l'égard des droits de douane puisqu'en principe, il est « interdit d'interdire » : sauf certaines exceptions – qui seront présentées plus loin – les restrictions quantitatives sont interdites.

3.3.2 *Les embargos*

Autrefois, l'embargo consistait pour un État à immobiliser des navires étrangers se trouvant dans ses ports, afin de faire pression sur l'État dont ces navires battaient pavillon. Ces saisies de navires étaient fréquentes à l'époque où l'essentiel des échanges internationaux s'effectuait par voie maritime. Aujourd'hui, ce terme désigne de manière plus générale une suspension des importations ou/et des exportations d'un ou plusieurs produits (voire la totalité) en provenance ou à destination d'un pays, à titre de sanction, de représailles ou pour faire pression sur ce pays. Les mesures d'embargo s'étendent aussi au domaine financier, sous forme de l'arrêt des mouvements de capitaux avec un pays donné ou, ce qui se rapproche plus du sens originel du terme, du fait de geler les avoirs d'un pays cible. Fait également partie des mesures d'embargo l'interdiction du commerce des armes avec certains pays. Ainsi, en 1977, le Conseil de sécurité des Nations unies a-t-il voté un embargo sur les ventes d'armes à l'Afrique du Sud, suite à l'intervention militaire sud-africaine en Angola.

3.3.3 *Le blocus*

L'embargo doit être distingué du blocus, qui est un acte de guerre (réglementé par les conventions de Paris de 1856 et de Londres de 1909). Il ne s'agit plus seulement d'interrompre le commerce avec un État (cas de l'embargo), mais de l'isoler du reste du monde en empêchant les pays tiers au blocus (pays neutres) de commercer avec lui.

Le blocus implique donc l'interdiction de toute entrée ou toute sortie de marchandise du pays bloqué, quelles que soient l'origine et la destination (y compris de navires, camions, avions ne participant pas à l'opération de blocage). En définitive, le critère le plus simple de distinction entre l'embargo et le blocus est donc l'opposabilité aux tiers.

Quelques exemples récents de blocus illustrent bien le caractère guerrier de cette opération (voir [1]) :

- Le blocus continental décidé par Napoléon en 1806, destiné à empêcher l'Angleterre de commercer avec l'Europe.
- Le blocus de l'approvisionnement terrestre des secteurs occidentaux de Berlin décidé par les Soviétiques en 1948-1949. Ce blocus a conduit les alliés à mettre en place un gigantesque pont aérien pour approvisionner les secteurs occidentaux de Berlin.
- Le blocus aéronaval de Cuba, décidé par les USA en 1962 lors de la crise des missiles.
- Le blocus maritime de l'Indochine par les USA en 1972 (avec minage des ports vietnamiens).

– Le blocus de l'Irak. Ce dernier est officiellement désigné comme un embargo. Cependant, l'ONU ayant autorisé en août 1990 le recours à la force armée pour le faire respecter, il s'est trouvé *de facto* transformé en blocus.
– Le blocus de la bande de Gaza, décidé par Israël en juin 2007.

ENCADRÉ 3.3. EMBARGOS ET BLOCUS : DES ARMES À DOUBLE TRANCHANT

Le but de ces mesures d'embargos et de blocus est d'infliger des pertes économiques au pays adverse, en y provoquant une pénurie ou du moins un surcoût d'approvisionnement, en provoquant des goulots d'étranglement. Cependant, le maniement de ces armes commerciales peut s'avérer délicat et ne pas donner les résultats attendus, voire se retourner contre son initiateur. Quelques exemples permettent de l'illustrer :

• En 1980, par exemple, à la suite de l'entrée des troupes soviétiques en Afghanistan, les États-Unis ont décidé un embargo sur les ventes de céréales vers l'URSS. Du fait de cette décision, les États-Unis ont été confrontés à un problème d'excédents coûteux à financer (provoqué par l'arrêt des exportations vers l'URSS) et à des pertes de recettes d'exportations, qui ont provoqué le mécontentement du très puissant *lobby* céréalier. Comme d'autres pays (Argentine, Australie, Canada…) ont profité de l'aubaine pour écouler vers l'URSS leurs surplus céréaliers, il en a résulté, certes, un surcoût pour l'URSS, qui a dû acheter plus cher son blé, mais qui est cependant parvenue à s'approvisionner. Il n'est pas sûr que les pertes de l'URSS aient été plus grandes que celles subies par les États-Unis.

• L'année suivante, en 1981, les États-Unis décidèrent un embargo sur les ventes de technologie pétrolière vers l'URSS également, après la proclamation par le général Jaruzelski de la loi martiale en Pologne et les menaces d'invasion soviétique de ce pays. Cet embargo a lui aussi incontestablement gêné les Soviétiques, mais ne les a pas empêchés de continuer la construction du gazoduc euro-sibérien dans les délais prévus. En revanche, l'embargo a provoqué un conflit entre Washington et les capitales européennes lorsque l'administration Reagan a prétendu étendre aux filiales américaines en Europe la décision politique américaine.

• Le plus long embargo de l'histoire, décidé par l'Organisation des États américains en février 1962, à l'encontre de Cuba (embargo économique, commercial et financier) a été assurément préjudiciable à la population cubaine, surtout depuis la décomposition de l'Union soviétique, mais il n'a pas réalisé son objectif : provoquer une transition démocratique sur l'île. Cet embargo est toujours en vigueur, malgré la réouverture des ambassades en juillet 2015, le dégel des relations entre les deux pays, concrétisé par le voyage de B. Obama à La Havane en mars 2016, l'assouplissement de l'embargo et l'adoption par l'Assemblée générale des Nations unies d'une résolution demandant la fin de l'embargo, rendue possible par l'abstention des États-Unis. La levée effective du dispositif est conditionnée au vote du Congrès à majorité républicaine favorable au maintien des restrictions. La position de D. Trump sur ce dossier est ambiguë : tout en menaçant de mettre fin à la politique d'ouverture entre les deux pays, il laisse la porte ouverte à des avancées, sous condition de conclure un bon accord. En somme, l'homme politique est réticent, tandis que l'homme d'affaires est beaucoup plus conciliant, ce qui illustre bien l'action « à double tranchant » de l'embargo.

• Les rapports des panels d'experts des Nations unies sur différents pays ayant fait l'objet d'embargos sur les ventes d'armes décidés par le Conseil de sécurité au cours des années 1990 et 2000 (Angola, République démocratique du Congo, Liberia, Somalie, Soudan, Sierra Leone, Éthiopie, Érythrée, Libye, Irak, *etc.*) montrent sans ambiguïté qu'aucun de ces embargos, en principe juridiquement contraignants, n'est parvenu à stopper les livraisons d'armes. Au mieux, ils ont rendu l'acquisition des armes plus onéreuse ou plus compliquée du point de vue logistique.
Comment expliquer l'échec relatif de ces politiques ? D'après Y. Perez [3], leur insuccès résulte de la conjonction d'une pluralité de facteurs, en particulier :
– L'interpénétration croissante des économies nationales.
– Le rôle moteur des firmes multinationales dans le commerce mondial et dans les transferts de technologies. Ces firmes, jouant sur leurs implantations multiterritoriales, ne se plient pas toujours aux décisions des États.

• Très souvent, le pays victime d'une mesure d'embargo (et parfois même de blocus) peut s'adresser à l'un des multiples circuits d'approvisionnement parallèles qui se développent à cette occasion un peu partout à travers le monde, à condition de consentir à y mettre le prix.

Un exemple original d'embargo a été l'interdiction d'exporter certains produits sensibles ou stratégiques, notamment vers les pays de l'Est (ex-pays du bloc soviétique), dans le cadre du COCOM (Comité de coordination pour le contrôle multilatéral des exportations). Ce comité regroupait 17 pays occidentaux (tous les pays de l'OTAN sauf l'Islande, plus le Japon et l'Australie) et il interdisait à ses membres la vente aux pays de l'Est de matériels et de technologies susceptibles d'être utilisés à des fins militaires (un ensemble de produits figurant sur une liste, notamment les équipements téléphoniques, les fibres optiques, certains logiciels et semi-conducteurs, les ordinateurs, *etc.*). Ce type de mesure présentait toutes les caractéristiques de l'embargo. Il s'agissait bien de cela : un embargo collectif. À la différence près qu'il était permanent et inconditionnel : il ne s'agissait pas de faire pression sur les pays de l'Est, mais d'empêcher la diffusion vers ces pays de certaines technologies, pour des raisons militaires.

Avec la transition des pays de l'Est à l'économie de marché et la fin de l'antagonisme Est-Ouest, le COCOM a perdu sa raison d'être et a été supprimé en mars 1994.

Des dispositifs de contrôles similaires existent aujourd'hui, gérés par des organismes spécifiques pour certains produits stratégiques : le *Nuclear Suppliers Group* NSG pour le nucléaire, le Groupe Australie pour la non-prolifération des armes chimiques et biologiques, le *Missile Technology Control Regime*, *etc.*

3.3.4 *Les prohibitions d'importations ou d'exportations*

Il s'agit d'interdiction de certaines importations ou exportations, pour divers motifs : sauvegarder la moralité, la sécurité, l'ordre public, la santé des personnes ou protéger l'environnement, la faune ou la flore, le patrimoine historique, archéologique et artistique national. La plupart des prohibitions d'importation actuellement en vigueur sont fondées sur des raisons sanitaires ou, dans certains pays, sur des motifs religieux (exemple : interdiction d'importer de l'alcool dans certains pays). Elles sont elles aussi inconditionnelles et parfois permanentes (et donc différentes, en cela, des embargos).

3.3.5 *Les accords d'autolimitation, accords de commerce administré ou arrangement de commercialisation ordonnée (Orderly Marketing Agreements, OMA)*

Sous ces diverses expressions, on désigne des arrangements négociés entre des partenaires, le plus souvent des États – parfois des industries – visant à organiser les échanges entre les pays concernés en assortissant les flux de commerce de cibles quantitatives, sans qu'il soit nécessaire de recourir à des contingents, à des droits de douane ou à d'autres mesures de protection. Il s'agit là, typiquement, de dispositifs reflétant les préconisations concrètes de la théorie du *Managed Trade*.

Les trois secteurs les plus concernés sont le textile et l'habillement, la sidérurgie et l'industrie automobile. Toutefois, du fait de la multiplication de ces pratiques au cours du dernier quart de siècle, de très nombreux secteurs sont aujourd'hui soumis à ce type de dispositif. Des produits aussi divers que les téléviseurs, le matériel hi-fi, les montres à quartz, l'automobile, les motos, les chaussures, le papier, *etc.* sont sujets à ces accords d'organisation des marchés.

Le plus souvent, ces accords sont bilatéraux. Ils sont aussi parfois multilatéraux, tel l'accord multifibres (*cf. infra*, encadré 3.4).

Les OMA prennent deux formes caractéristiques.

A. Les arrangements restrictifs à l'exportation qualifiés de restrictions volontaires d'exportation (RVE, ou *Voluntary Export Restraints*, VER)

Le pays importateur, initiateur de l'« accord », obtient d'un partenaire exportateur qu'il limite le volume, la valeur ou le rythme de progression de ses ventes, à un chiffre maximum sur une période donnée. En d'autres termes, il s'agit d'un quota appliqué non pas par le pays importateur, mais par le pays exportateur. Par exemple, en 1981, les États-Unis ont obtenu du gouvernement japonais la signature d'un accord par lequel le Japon s'engageait à limiter ses ventes de véhicules automobiles sur le marché américain (initialement à 1,68 million de véhicules par an, chiffre porté à 1,85 million en 1984 et 1985, puis abandonné à la fin des années 1980). Un dispositif analogue a été mis en place à la même époque par l'Union européenne (entre 1991 et 1996) et par le Canada.

B. Les arrangements portant sur l'ouverture des marchés

Ce type d'accord est qualifié d'expansion « volontaire » d'importation (EVI) ou *Voluntary Import Expansion* (VIE). Il est négocié à l'initiative d'un pays exportateur afin d'obtenir l'expansion de ses débouchés dans un pays client. Une EVI est donc symétrique d'une RVE. Il s'agit d'un accord par lequel un pays exportateur parvient à « convaincre » un pays acheteur de lui ouvrir son marché, en faisant croître ses achats en provenance du premier pays au minimum d'un certain montant (ou en s'engageant à faire croître ses importations au moins d'un certain pourcentage chaque année). La pratique des VIE, peu étudiée, est apparue en 1986 avec l'accord conclu entre les États-Unis et le Japon dans l'industrie des semi-conducteurs, destiné à élargir l'accès des entreprises américaines au marché japonais. Il a été suivi par plusieurs autres accords entre les États-Unis et le Japon, notamment dans l'industrie automobile et les pièces détachées, le verre plat, ainsi qu'entre les États-Unis et la Corée (viande de bœuf).

Les RVE et les EVI sont un cas intéressant de vieux vin mis dans des bouteilles neuves, c'est-à-dire une tentative pour déguiser un ancien instrument de protection (le quota) avec des habits neufs, de sorte à lui donner l'apparence d'un consensus entre les pays concernés, concrétisé par un engagement volontairement contracté. En fait, les RVE et EVI n'ont pas grand-chose à voir avec un consensus traduit par un accord librement négocié et accepté. L'apparence « volontaire » de ces arrangements est trompeuse. Si le Japon ou la Corée consentent à restreindre leurs ventes de véhicules automobiles aux États-Unis ou en Europe, c'est pour éviter une issue encore plus défavorable. Il s'agit en fait d'« accords » obtenus sous la contrainte à la suite d'affrontements, de manœuvres d'intimidation ou de menaces de sanctions plus sévères.

Une partie de la littérature relative aux RVE et EVI porte sur l'efficacité de ces mesures, comparativement à d'autres moyens de protection tels que le quota ou le droit de douane. Dans le cas, par exemple, de l'accord États-Unis-Japon de restriction des exportations d'automobiles japonaises, la limitation des ventes japonaises n'a pas fourni aux États-Unis l'avantage que lui aurait donné un droit de douane à effet restrictif équivalent, puisque la RVE ne procure pas de recette douanière pour les États-Unis. L'effet diffère aussi de la mise en place unilatérale d'un quota équivalent. En effet, ce ne sont pas des sociétés d'import-export américaines qui gèrent les limitations quantitatives. Elles ne perçoivent donc pas de « rente de quota » c'est-à-dire le profit additionnel provoqué par la hausse du prix des véhicules japonais, suite à la limitation des importations américaines. Cette rente revient aux constructeurs japonais sous forme de prix – et donc de profits – majorés. En outre, dans le cas de l'accord entre les États-Unis et le Japon, l'engagement de limitation portait sur le nombre de véhicules japonais exportés aux États-Unis, et non sur leur valeur. Les constructeurs ont réagi à cette contrainte quantitative en exportant des véhicules haut de gamme plus onéreux (Lexus, Accura, Infiniti). Cet effet de montée en gamme (*Upgrading Effect*) a permis à l'industrie automobile japonaise de neutraliser l'effet de la RVE au niveau des recettes et d'améliorer la profitabilité de ses ventes. Les constructeurs japonais ont aussi contourné le dispositif en développant des unités d'assemblage aux États-Unis ou dans des pays tiers, ce que J. Bhagwati (1990) qualifie d'investissements *Quid Pro Quo* (que l'on pourrait traduire par : si vous me grattez le dos, je gratterai le vôtre).

ENCADRÉ 3.4. L'ARRANGEMENT MULTIFIBRES

L'arrangement multifibres (AMF) est un cadre multilatéral mis en place « au sein du GATT », le 1er janvier 1974. L'AMF fait suite à deux accords antérieurs : l'« Accord à court terme concernant le commerce international des textiles de coton », relayé en 1962 par l'« Accord à long terme concernant le commerce international des textiles de coton ». L'AMF est un dispositif dérogatoire aux règles du GATT (*cf. infra*, chapitre 4), permettant aux pays développés d'appliquer des restrictions discriminatoires aux produits textiles et vêtements exportés par les pays à bas salaires. Au lendemain du premier choc pétrolier, l'objectif de cet accord était officiellement de remédier à la désorganisation des marchés résultant de cette concurrence et d'éviter une escalade protectionniste. Le dispositif était initialement conçu comme devant être transitoire. Son objectif était d'échelonner l'impact de la perte soudaine de l'avantage comparatif que subissaient les pays industrialisés, de leur donner un peu de temps pour s'adapter aux nouvelles conditions de la concurrence dans ce secteur et de leur permettre de surmonter la crise de l'industrie textile. En réalité, ce dispositif s'est pérennisé, étendu et amplifié. En effet, l'AMF a été renouvelé cinq fois, jusqu'à ce que la négociation d'Uruguay adopte le principe de son extinction. Au total, cette protection « temporaire » aura duré plus de 40 ans : jusqu'en 2005, date de son démantèlement effectif (2008 pour la Chine).

L'originalité de l'AMF est qu'il prévoyait la possibilité, pour les pays importateurs, d'imposer des quotas bilatéraux « lorsque des poussées soudaines des importations portaient, ou menaçaient de porter un préjudice grave », à la branche de production du pays importateur. La gestion des quotas était assurée soit par l'importateur, soit par l'exportateur. Au début des années 1990, 11 % du commerce mondial des textiles et 35 % du commerce mondial des vêtements étaient assujettis à des restrictions relevant de l'AMF. Au moment de la prise de décision de son démantèlement, l'AMF comptait 44 participants incluant la plupart des principaux pays exportateurs et importateurs de textile et vêtements, y compris la Chine, qui, à l'époque, n'était plus partie contractante du GATT.

L'AMF était donc contradictoire avec les règles du GATT à de multiples titres, puisqu'il utilisait des restrictions quantitatives, théoriquement prohibées, et qu'il était discriminatoire (les quotas étaient négociés pays par pays). De fait, il introduisait un régime de traitement spécial et différencié « à l'envers », puisqu'il introduisait des conditions différenciées d'échange au bénéfice des pays les plus riches.

3.3.6 *Les règles de contenu local (RCL)*

Au cours des dernières décennies, la production s'est fortement internationalisée dans de nombreux secteurs. C'est le cas, par exemple, de l'industrie aéronautique, de l'industrie automobile, des constructions électriques et électroniques, de la fabrication de matériel ferroviaire, *etc.* Cela signifie que les entreprises domestiques productrices des biens en question doivent se procurer à l'étranger une part significative des ressources diverses (y compris les services) indispensables à la production et qu'elles recourent à des prestataires extérieurs pour réaliser certaines parties de leurs activités. Cette pratique fréquente est qualifiée d'externalisation, *outsourcing* (ou *foreign sourcing*). Les entreprises recourent à l'*outsourcing* pour bénéficier de coûts de production moins élevés, y compris au niveau des salaires. On comprend aisément que cette pratique soit mal perçue par les travailleurs du pays d'origine de ces firmes, considérant qu'elle fait disparaître une partie des emplois et exerce une pression à la baisse de leurs rémunérations. Dans les pays d'implantation, la crainte est que cette pratique conduise à l'installation sur leur territoire d'« usines tournevis » ou d'usines fantômes ne créant quasiment aucune valeur ajoutée localement et permettant de contourner les restrictions à l'accès au marché.

Ces préoccupations, comme nous pouvons le constater, ne sont pas les mêmes dans les pays d'origine de la firme et dans les pays étrangers. Pour y répondre, des règles de contenu local (RCL) ou *Domestic Content Requirements* (DCR) peuvent être adoptées dans les deux catégories de pays, consistant en une restriction quantitative qui impose que la valeur ajoutée dans le pays concerné corresponde à un pourcentage minimum de la valeur du bien. Cette règle peut être appliquée, par exemple, comme une condition imposée aux investisseurs étrangers. Son respect peut aussi conditionner l'obtention de certains avantages commerciaux. Cette pratique est fréquente dans les pays en développement et dans les économies émergentes, tout spécialement dans l'industrie automobile (tableau 3.1).

Les règles de contenu local sont aussi utilisées au sein des accords commerciaux régionaux, afin de déterminer le pays d'origine d'un produit : un pourcentage minimum de la valeur ajoutée du produit doit être réalisé au sein de la zone de libre-échange ou de l'union douanière (par exemple, la moitié ou les deux tiers), pour que la marchandise puisse circuler sans droit au sein de la zone ou de l'union.

Contrairement aux quotas et aux droits de douane, les RCL ne procurent aux pays qui les appliquent ni recette douanière ni rente de quotas, mais se traduisent par des prix majorés supportés par les consommateurs. Plus encore que les RVE, les RCL sont susceptibles d'inciter les entreprises étrangères à effectuer des investissements *Quid Pro Quo* se substituant en partie aux exportations.

Pays	En pourcentage	Pays	En pourcentage
Argentine	76	Thaïlande	54
Mexique	62,5	Taïwan	40
Brésil	60	Venezuela	30
Uruguay	60	Chine	40
Malaisie	60	Pakistan	40
Afrique du Sud	55	Colombie	30
Australie	50	Pérou	30

Sources : U.S. Department of Commerce, International Trade Administration, Office of Automobile Affairs (2008), *Compilation of Foreign Motor Vehicle Import Requirements*, July. http://www.buyusa.gov/auto/foreignimport.pdf

TABLEAU 3.1.
Règle de contenu local en vigueur dans l'industrie automobile de divers pays. Contenu local minimum requis pour bénéficier d'une entrée sans droit de douane

ENCADRÉ 3.5. UNE QUESTION DE VOCABULAIRE : L'ARITHMÉTIQUE DE L'INTÉGRATION RÉGIONALE

Suivant la suggestion de B. Balassa (1961), il est possible de distinguer différents niveaux d'intégration régionale en les présentant sous forme de « relations arithmétiques ». En allant du niveau d'intégration le plus faible vers le plus élevé, on peut différencier cinq catégories d'accords commerciaux régionaux :

- **Zone de libre-échange (ZLE) :** les pays membres éliminent les droits de douane dans leurs échanges respectifs, mais chacun d'eux conserve son propre tarif douanier à l'égard des pays tiers (externes à la zone). Exemples : l'Accord de libre-échange nord-américain (ALENA ou NAFTA), l'Association européenne de libre-échange (AELE), l'*Association of Southeast Asian Nations* (ASEAN) ou, plus récemment, la plus grande zone de libre-échange du monde (pour sa population) entre la Chine et l'ASEAN, créée le 1er janvier 2010, baptisée *China ASEAN Free Trade Area* (CAFTA), celle instaurée entre l'Union européenne et la Corée du Sud (entrée en vigueur le 1er juillet 2011), celle entre l'Union européenne et Singapour (paraphée en septembre 2013). C'est le cas enfin de l'accord entre le Canada et l'Union européenne, l'Accord économique et commercial global (AECG), plus connu sous sa dénomination anglaise : *Comprehensive Economic and Trade Agreement* (CETA), ratifié le 15 février 2017 par le Parlement européen. Cet accord s'apparente en fait à un accord de nouvelle génération, puisqu'il déborde largement le seul aspect douanier (*cf. infra* 9.2.2).
- **Union douanière (UD) = ZLE + établissement d'un tarif extérieur commun**. Exemples : le Pacte andin entre la Bolivie, la Colombie, l'Équateur, le Pérou et le Venezuela, ou encore l'Union douanière entre la Russie, la Biélorussie et le Kazakhstan (en abrégé YeEK), instaurée le 1er janvier 2010.
- **Marché commun (MC) = UD + élimination des obstacles à la mobilité des facteurs de production** (travail, capital). Exemples : le Marché commun du Sud (le MERCOSUR : Argentine, Brésil, Paraguay, Uruguay, Venezuela), le Marché commun centraméricain (MCCA) entre le Costa Rica, le Salvador, le Guatemala, le Honduras et le Nicaragua.
- **Union économique (UE) = MC + intégration des politiques économiques**. Exemple : Union européenne ou encore l'Union économique eurasiatique créée en 2015 après que l'Arménie et le Kirghizstan se soient joints à l'YeEK.
- **Union économique et monétaire (UEM) = UE + intégration des politiques monétaires** (avec ou sans monnaie unique). Exemples : la zone euro, l'Union économique et monétaire ouest-africaine (UEMOA) qui réunit le Bénin, le Burkina Faso, la Côte d'Ivoire, la Guinée-Bissau, le Mali, le Niger, le Sénégal et le Togo.

3.4 LES BARRIÈRES NON TARIFAIRES DITES « DOUCES » (BARRIÈRES TECHNIQUES, RÉGLEMENTAIRES, ADMINISTRATIVES ET MONÉTAIRES)

L'expression BNT « douces » est trompeuse. Elle tend à suggérer que ces obstacles seraient moins contraignants que les BNT « dures ». En réalité, c'est loin d'être toujours le cas. Bien que le « degré de morsure » de ces barrières sur le commerce soit fréquemment difficile à évaluer précisément, il ne fait aucun doute que certaines BNT « douces » disposent d'une efficacité redoutable, qui n'a rien à envier aux restrictions quantitatives pures et dures. Une autre caractéristique remarquable des BNT est leur extrême diversité. Au sein de l'arsenal des armes de protection, ce sont principalement celles appartenant à cette catégorie qui ont proliféré en se diversifiant, au cours des dernières décennies. À l'exception des programmes de patriotisme économique du type *Buy America*, qui sont ouvertement à visée protectionniste, toutes les autres BNT « douces » ont en commun de détourner les règles, les procédures ou les moyens sur lesquels elles s'appuient, de sorte à camoufler leur véritable raison d'être (protectionniste) derrière un masque d'apparence plus honorable ou plus avouable. En ce sens, ces BNT « douces » appartiennent à la catégorie dite de la protection administrée indirecte, au sens de J.M. Finger, H.K. Hall et D.R. Nelson. L'expression « protection administrée » est due à R. Cooper. Elle désigne une protection qui n'est pas décidée et mise en œuvre par voie législative. Sur cette base, J.M. Finger *et alii* (1982) distinguent deux formes de protection administrée :

- La protection administrée directe, qui contourne ou court-circuite les règles internationales en organisant directement les relations d'échange à l'aide de restrictions négociées entre partenaires commerciaux. C'est le cas typiquement des RVE et EVI.
- La protection administrée indirecte, qui correspond aux autres barrières non tarifaires, à caractère unilatéral. Au lieu de contourner les règles, cette protection les exploite en les pervertissant. Cette protection prend appui sur les règles internationales en les détournant de leur finalité, afin de les transformer, de manière camouflée, en moyens de défense des intérêts nationaux. Le prototype de cette forme de protection est l'utilisation des règles antidumping à des fins de protection.

Les BNT « douces » peuvent être regroupées en cinq grands types.

3.4.1 *Les obstacles techniques au commerce : réglementations et normes techniques, normes sanitaires et de sécurité*

Les obstacles techniques au commerce (OTC) incluent une gamme diversifiée de réglementations techniques, industrielles, sanitaires ou relatives aux conditions de travail ; de normes et spécifications variées relatives aux caractéristiques des produits, à l'hygiène alimentaire ; de normes de sécurité ; de normes environnementales, *etc.* L'objectif annoncé de ces dispositifs est de protéger la santé des consommateurs, la sécurité des utilisateurs, de préserver la vie des personnes, des animaux et des végétaux, ainsi que l'environnement. Il est aussi de garantir la qualité de la fabrication des produits ou encore d'éviter des pratiques trompeuses pour les consommateurs.

Ces prescriptions prennent la forme de normes ou de règlements techniques, c'est-à-dire de documents qui énoncent les caractéristiques d'un bien ou d'un service, ainsi que les processus et méthodes de production qui leur sont rattachés. Les caractéristiques prescrites des produits peuvent porter sur des éléments très variés tels que leurs dimensions, leur forme, leur conception et leur composition, leurs fonctions et leurs performances ou la façon dont le produit est étiqueté ou conditionné avant d'être commercialisé. Les normes et règlements techniques peuvent également imposer la traçabilité des produits.

La principale différence entre la norme et le règlement technique provient du fait que ce dernier est élaboré par le gouvernement et que son respect est obligatoire (imposé par la loi), alors que les normes sont élaborées par une entité reconnue composée d'experts.

Les normes et règlements techniques ont tendance à proliférer. 900 règlements nouveaux ou modifiés sont notifiés chaque année à l'OMC, créant un véritable maquis de difficultés pour les producteurs et les exportateurs. C'est d'autant plus vrai que les problèmes d'accès au marché peuvent aussi provenir des procédures d'évaluation de la conformité (essais, vérification, certification), qui confirment que les biens ou services remplissent les exigences stipulées dans les règlements et normes applicables.

Si ces normes et règlements sont indispensables et permettent de répondre à des exigences parfaitement légitimes, ils sont cependant fréquemment utilisés de manière abusive, non pas pour protéger la santé des consommateurs ou la sécurité des utilisateurs, mais pour défendre les intérêts des producteurs domestiques contre la concurrence étrangère et servir de prétexte et d'alibi au protectionnisme. En effet, il est très facile de détourner les normes sanitaires et de sécurité de leur finalité et de les transformer en moyen de protection.

Un exemple célèbre est celui de la législation allemande qui, pendant longtemps, fixait la teneur minimale en alcool des boissons à 32 degrés pour qu'elles puissent être commercialisées sous l'appellation de liqueur. Cette réglementation a été utilisée par l'Allemagne pour interdire l'importation de la liqueur de cassis de Dijon à un exportateur français, au motif que sa teneur en alcool était inférieure au taux minimal prescrit par le droit allemand. Dans un arrêt du 20 février 1979, la Cour de Justice européenne a estimé que cette décision équivalait à une restriction quantitative à l'importation, interdite par le Traité de Rome (*cf.* encadré 7.1).

ENCADRÉ 3.6. QUELQUES EXEMPLES RÉCENTS DE CONTENTIEUX LIÉS AUX NORMES ET RÈGLEMENTS TECHNIQUES

Cas n° 1 : Loi canadienne sur le tabac
En octobre 2009, le Parlement canadien a adopté une « loi restreignant la commercialisation du tabac auprès des jeunes ». Destinée à protéger les jeunes contre les pratiques de fabricants pouvant encourager le tabagisme, cette mesure interdit la fabrication et la vente des cigarettes, des petits cigares et des feuilles d'enveloppe qui contiennent certains aromatisants et additifs précisément identifiés. La raison d'être de cette loi est d'éviter l'usage d'additifs donnant au tabac un arôme attrayant pour les jeunes (arôme de fruits, de confiserie, *etc.*), pouvant favoriser l'accoutumance.
Cette décision a suscité de vives réactions de plus d'une vingtaine de pays, qui estiment que cette loi leur fait subir un traitement discriminatoire.
Les pays concernés font valoir que cette loi sur le tabac aurait pour conséquence, en pratique, d'interdire les cigarettes constituées de mélanges de tabac qui contiennent des additifs prohibés par la législation canadienne. Pour ces pays, les additifs concernés ne servent pas à donner un arôme caractéristique au produit final, mais sont plutôt un composant essentiel du mélange traditionnel qui atténue l'arôme corsé du tabac Burley, sans ajouter d'arôme caractéristique.
Le Canada répond que les additifs interdits ont bel et bien pour effet d'augmenter l'attrait du tabac pour les jeunes et d'accroître l'incitation à fumer. Par ailleurs, ce que vise la loi canadienne est l'utilisation de certains additifs dans le tabac, quelle que soit son origine. Elle n'interdit pas un type particulier de tabac.

Cas n° 2 : Loi américaine sur la prévention du tabagisme
En juin 2009, les États-Unis ont adopté une « loi sur le contrôle du tabac et la prévention du tabagisme familial » interdisant la production et la commercialisation de cigarettes contenant certains additifs, dont les clous de girofle.
Certains pays, dont l'Indonésie, ont protesté contre cette disposition, arguant que la loi américaine était discriminatoire, car elle interdisait l'usage du clou de girofle, mais autorisait la production et la vente des cigarettes contenant du menthol.
La position américaine se fonde sur le fait que les cigarettes au clou de girofle plaisent particulièrement aux jeunes parce qu'elles masquent l'âcreté de la fumée et, comme d'autres arômes fruitiers interdits, peuvent faciliter le passage à l'addiction en servant de produits d'appel conduisant ensuite à fumer des cigarettes normales.

Cas n° 3 : Étiquetage imposé par la Thaïlande sur les boissons alcooliques
Sept pays (Mexique, Union européenne, Argentine, Nouvelle-Zélande, Suisse, Australie, États-Unis) ont exprimé des préoccupations au sujet d'une mesure de la Thaïlande, qui prescrit l'insertion sur l'emballage des boissons alcooliques de messages et d'images spécifiques mettant en garde contre les risques pour la santé.
Les pays plaignants, sans contester la légitimité des préoccupations thaïlandaises de santé publique, font valoir que ces prescriptions en matière d'étiquetage créent des obstacles non nécessaires au commerce et que la Thaïlande pouvait, au lieu de cela, recourir à des méthodes moins restrictives, comme des campagnes d'information, pour atteindre le même objectif. Ils considèrent aussi que les prescriptions en matière d'étiquetage (notamment l'usage de graphiques fortement dissuasifs) pouvaient induire le consommateur en erreur, en lui faisant croire que n'importe quelle dose d'alcool, même modérée, pouvait occasionner des problèmes de santé.
La Thaïlande répond à ces critiques en soulignant que la lutte contre les dégâts de l'alcoolisme est une préoccupation majeure de politique publique. À cet effet, les mises en garde sous forme d'images ont un impact plus fort que les messages sous forme de texte uniquement – en particulier parce que certains groupes de population sont peu alphabétisés. La Thaïlande a indiqué que l'efficacité des mises en garde utilisées à l'aide d'images étaient pleinement étayée par des preuves, scientifiques nationales et internationales.

Cas n° 4 : Règle américaine relative au transport aérien des batteries au lithium
Plusieurs pays, dont la Corée, le Japon, Israël et la Chine, protestent contre une mesure américaine adoptée en 2009 qui impose des conditions d'emballage et d'étiquetage spécifiques pour les batteries au lithium, afin d'accroître la sécurité et de réduire les risques d'incendie pendant le transport en avion. Pour ces pays, cette mesure augmente les coûts de production des batteries au lithium. Ils invoquent aussi un effet discriminatoire, dans la mesure où les producteurs des États-Unis pouvaient transporter les batteries par voie terrestre, alors que les importateurs n'avaient pas d'autre choix que de recourir au transport aérien. Les États-Unis justifient cette

mesure par des raisons de sécurité. Lorsqu'un feu se déclare sur une batterie au lithium, il est difficile de l'éteindre, ce qui représente un grand danger pendant le transport par voie aérienne.

Cas n° 5 : Contentieux entre les États-Unis et le Mexique concernant le thon
Le Mexique allègue que les conditions d'étiquetage "*Dolphin Safe*" adoptées par le Département du Commerce des États-Unis pour les produits à base de thon ont un caractère discriminatoire. L'argument du Mexique est que l'étiquetage est soumis à la présentation de certains éléments de preuves documentaires qui varient en fonction de la zone de capture du thon (affaire en cours deuxième recours du Mexique en mai 2016).

3.4.2 *Le détournement des règles antidumping, prototype de la protection administrée indirecte*

Le GATT a institué des règles visant à faire régner la loyauté dans les échanges internationaux, notamment en interdisant le *dumping* (*cf. infra*, chapitre 4). Au sens courant du terme, le *dumping* est la vente au-dessous du prix de revient. Au sens du GATT et de l'OMC, la définition est différente : le *dumping* consiste à vendre non pas nécessairement au-dessous du prix de revient, mais au-dessous du prix « normal », égal, dans le cas le plus simple, au prix de vente du produit similaire sur le marché intérieur du pays exportateur, majoré des surcoûts liés à l'exportation. Le but du *dumping* peut être d'écouler des excédents, de pénétrer un nouveau marché ou, encore, de vendre à un prix suffisamment bas pour évincer les concurrents et acquérir une position dominante (*dumping* prédateur).

Suite à la plainte d'entreprises domestiques, qui estiment être victimes de pratiques de *dumping* de la part d'entreprises étrangères, un pays est en droit de prendre des mesures de riposte sous la forme de « droits *antidumping* », à condition d'établir la preuve de l'existence du *dumping*, la preuve de l'existence d'un dommage subi et d'un lien de causalité entre le *dumping* et le dommage. Pour éviter l'application de ces droits, les exportateurs incriminés peuvent prendre l'engagement d'accroître leur prix ou de réduire leurs exportations.

Cependant, la multiplication des actions antidumping engagées conduit à se demander si l'usage de cette règle n'est pas perverti. La procédure telle qu'elle est utilisée n'est-elle pas détournée de sa finalité ? Au lieu d'être utilisée pour assurer la loyauté, ne devient-elle pas l'instrument d'un protectionnisme déguisé derrière l'uniforme du maintien de l'ordre international ? En somme, on peut légitimement soupçonner que la règle antidumping est employée par certains pays, alors même qu'il n'y a pas *dumping*, pour défendre les intérêts de certaines industries ou de certaines firmes. La même remarque vaut, à un moindre degré, pour la règle antisubvention, qui autorise le pays victime à appliquer des droits compensateurs antisubvention. En somme, c'est un peu l'histoire du pompier pyromane. La multiplication des actions antidumping, engagées parfois pour des « marges de *dumping* » (écart entre le prix pratiqué et le prix « normal ») réduites, parfois inférieures au degré d'incertitude des données, accrédite la possibilité d'un détournement de finalité.

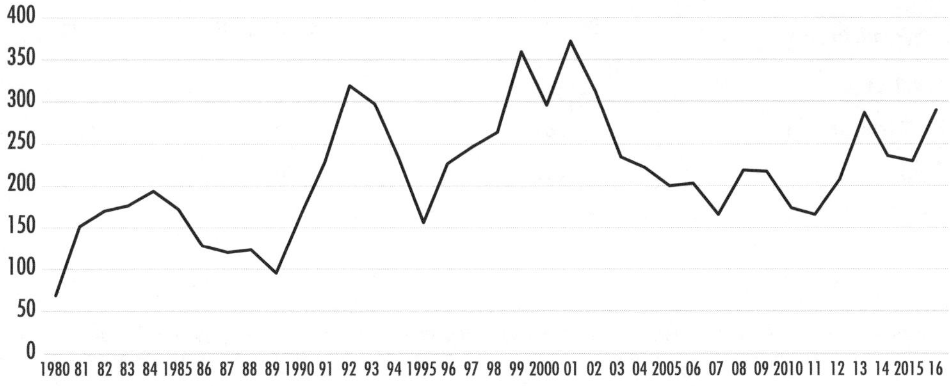

Source : figure construite d'après données OMC (http://www.wto.org/english/tratop_e/adp_e/ad_init_sector_e.xls et https://www.wto.org/english/tratop_e/adp_e/AD_InitiationsByRepMem.pdf)

FIGURE 3.1.
Évolution des mesures antidumping (1980 à 2016)

Les détournements sont également facilités – pour ne pas dire encouragés – par le caractère national de la procédure : les plaignants et les institutions chargées d'apprécier le préjudice et de régler les litiges ont la même nationalité. D'où une confusion totale des rôles de juges et de parties. Les méthodes de calcul destinées à mettre en évidence l'existence et l'importance du *dumping* (évaluée par l'écart entre le prix à l'exportation et la « valeur normale » ou « marge de *dumping* ») présentent également un caractère largement arbitraire. Il en va de même de l'absence de méthode irréprochable permettant d'établir l'existence d'un dommage subi : méthodes graphiques (analyses de tendance), modèles de simulation fortement sensibles au choix des facteurs pertinents et aux hypothèses (exemple, le système d'analyse des politiques commerciales COMPAS utilisé par les États-Unis), méthodes économétriques variées… Ce flou méthodologique permet plus facilement de faire apparaître un *dumping*, même lorsqu'il n'existe pas. Enfin, il n'y a pas de pénalité pour les recours abusifs.

Jusqu'à une période récente, l'emploi de cette nouvelle arme de protection était exclusivement le fait des nations les plus puissantes (États-Unis, Union européenne, Japon, Canada et Australie), les seules à disposer du pouvoir de négociation leur permettant d'arracher des concessions à leurs partenaires et d'éviter les représailles. Depuis la fin des années 1980, ces mesures protectionnistes déguisées sont employées par un plus grand nombre de pays, notamment émergents ou en développement. Aujourd'hui, les pays en développement initient deux fois plus d'enquêtes antidumping que les pays développés ! Ils sont devenus les principaux utilisateurs, en même temps que les principales cibles, des mesures antidumping (tableaux 3.2 et 3.3).

Pays initiateurs \ Pays visés	Développés	En développement	Total
Développés	262	904	1 106
En développement	566	1 488	2 054
Total	828	2 392	3 220

Source : OMC (2010), *Rapport sur le commerce mondial 2009*

TABLEAU 3.2.
Nombre d'enquêtes antidumping ouvertes, par pays initiateurs et par pays visés, au cours de la période 1995-2007

Principaux initiateurs	
Inde	38
Brésil	35
Australie	22
États-Unis	19
UE	14
Mexique	14
Canada	13
Indonésie	12
Turquie	12

Principales cibles	
Chine	63
Corée du Sud	18
Inde	15
Taïwan	13
États-Unis	11
Malaisie	10
Thaïlande	9
UE	8
Turquie	8
Japon	7

Source : http://www.antidumpingpublishing.com/statistics/

TABLEAU 3.3.
Principaux initiateurs et principales cibles des mesures *antidumping* en 2014

3.4.3 *Les programmes de préférence nationale (Buy National Policies)*

Une expression du patriotisme économique similaire à celle des règles de contenu local concerne les conditions imposées aux « achats publics ». En effet, en la matière, les gouvernements accordent fréquemment des avantages discriminatoires aux producteurs domestiques, par des politiques explicites ou implicites de préférence nationale. Dans de nombreux pays, l'État, les collectivités territoriales ou les entreprises publiques favorisent systématiquement les producteurs nationaux, en s'approvisionnant auprès de ceux-ci ou en les favorisant dans la réalisation de programmes d'investissements publics. Cette politique discriminatoire est ouvertement affichée par les États-Unis avec les programmes *Buy American* et *Buy America.*

Le *Buy American Act* (BAA) a été signé par Herbert Hoover le dernier jour de son mandat en 1933, afin de lutter contre le chômage. Toujours en vigueur, le BAA impose aux agences fédérales d'acheter du matériel et des produits auprès de fournisseurs américains, si leurs prix ne sont pas « déraisonnablement » supérieurs à ceux des fournisseurs étrangers. La loi s'applique à tous les marchés publics de l'administration fédérale américaine, quel que soit le secteur en dehors des services. Au terme du BAA, un produit est qualifié d'américain si au moins la moitié de la valeur de ses *inputs* est américaine et s'il est fabriqué aux États-Unis. Dans la version actuelle du BAA (*U.S. Recovery and Reinvestment Act* de mai 2009), les fournisseurs américains de biens à usage public disposent d'une priorité dans l'attribution des marchés avec les agences fédérales civiles, si leurs prix ne dépassent pas de plus de 6 % celui des fournisseurs étrangers. La marge de préférence est portée à 12 % si l'entreprise est située dans une zone à fort taux de chômage ou s'il s'agit d'une petite entreprise, et elle atteint 50 % pour les achats effectués par le ministère de la Défense. Ces obligations ne s'appliquent pas lorsque l'offre américaine de biens n'est pas suffisante en quantité ou en qualité.

Les exigences du programme *Buy America*, institué en 1978, sont distinctes du *Buy American* et concernent spécifiquement le secteur des transports en commun. Ce programme impose à toutes les agences du département des Transports (étatiques, municipales ou autres) ayant bénéficié de subventions versées par la *Federal Transit Authority* (FTA), par la *Federal Highway Administration* (FHWA) ou par la *Federal Rail Administration* (FRA) de n'effectuer des achats supérieurs à une somme déterminée qu'en produits dans la plupart des cas à 100 % américains (produits en acier ou produits manufacturés) ou à 60 % pour les composants du matériel roulant (trains, autobus, trolleybus, *etc.*). De surcroît, l'intégration finale doit être réalisée aux États-Unis. Le respect de ces règles est une condition pour l'obtention de subventions.

Ces dispositions peuvent ne pas être appliquées dans trois cas :

- Si la préférence donnée aux produits domestiques est incompatible avec l'intérêt public (ce motif peut recouvrir une large variété de causes possibles).
- Si le produit n'est pas disponible aux États-Unis en quantité suffisante ou/et de qualité satisfaisante.
- Si l'attribution du marché à une entreprise domestique augmente le coût du projet de plus de 25 %.

Ici encore, un des impacts de ces programmes, outre l'accroissement des coûts et donc des prix payés par les consommateurs, est d'inciter les entreprises étrangères à adopter la stratégie du cheval de Troie en créant des filiales dans les pays qui se protègent de cette manière. Une illustration caractéristique récente est l'attraction qu'exercent les États-Unis, et la Californie plus particulièrement, sur les constructeurs européens de trains à grande vitesse, notamment sur l'Espagnol Talgo, l'Allemand Siemens et le Français Alstom, en raison du projet de construction d'une ligne à grande vitesse entre San Francisco et Los Angeles. Finalement, Alstom a signé un contrat historique de 1,8 milliard d'euros en août 2016, pour la vente à la compagnie ferroviaire américaine Amtrak de 28 trains de nouvelle génération, non pas pour la côte Ouest, mais pour la côte Est, sur le *Northeast Corridor*, seule ligne à grande vitesse existante aux États-Unis, longue de 730 kilomètres, reliant Boston à Washington via New York et Philadelphie.

Des discriminations de même nature s'appliquent dans beaucoup d'autres pays développés, de manière non ouvertement affichée, du fait de procédures et de pratiques administratives qui excluent *de facto* les entreprises étrangères des marchés publics ou qui restreignent leur possibilité de répondre aux appels d'offres.

3.4.4 *Les tracasseries administratives (Red Tape Barriers)*

Le prototype des barrières administratives, célèbre dans le monde entier, est le « coup de Poitiers ». Ce cas est cité dans tous les bons manuels d'économie internationale, parfois de manière étonnante, puisque la cité poitevine y est quelquefois située dans l'est ou le sud de la France. Pour lutter contre une invasion d'un type nouveau, bien différente de celle qui fut stoppée en d'autres temps en ce même lieu, le gouvernement français a décrété en octobre 1982 que toutes les importations de magnétoscopes devaient transiter par le petit bureau des douanes de Poitiers pour qu'y soient réalisées, avec minutie, les formalités de dédouanement, créant ainsi une « file d'attente » qui permit de rationner de façon drastique le nombre des magnétoscopes commercialisés dans le pays. Tandis que les douanes françaises « traitaient » jusqu'alors en moyenne 50 000 appareils chaque mois, suite à cette décision, le bureau des douanes de Poitiers ne pouvait en dédouaner que 8 000 par mois. Indépendamment de ce type de décision exceptionnel, les lourdeurs administratives constituent également un obstacle aux échanges : complexité des formalités à accomplir, multiplicité des contrôles, manque de transparence du cadre réglementaire, *etc.* Selon une étude réalisée par la Conférence des Nations unies sur le Commerce et le Développement en 1974, les opérations de dédouanement dans les pays en voie de développement requièrent la participation de 27 à 30 participants différents, se déroulent sur environ 30 étapes, nécessitent au moins 40 documents et mobilisent plus de 200 éléments d'information, dont 60 à 70 % sont répétés et 15 % sont exigés au moins 30 fois. Le coût de ces opérations douanières représente entre 7 et 10 % de la valeur des transactions commerciales, faisant office de droit de douane supplémentaire.

3.4.5 *Le protectionnisme monétaire*

A. Le protectionnisme monétaire *stricto sensu*

Sous cette expression, due à W.N. Corden (1971), on désigne des manipulations des instruments monétaires et cambiaires ayant pour effet « de permettre au taux de change de se déprécier plus qu'il ne le ferait autrement ou de prévenir une appréciation qui prendrait place en leur absence ».

Sous certaines conditions, une baisse de la valeur de la monnaie nationale a, en effet, des effets similaires à l'établissement d'un tarif *ad valorem* sur toutes les importations, d'où qu'elles viennent, et, simultanément, d'une subvention de même proportion aux exportations, quelles que soient leurs destinations. Ses effets sont donc particulièrement puissants. Selon L. Gallois, PDG d'EADS jusqu'en 2012, Airbus, qui vend ses avions en dollars et paie ses fournisseurs principalement en euros (*Currency Mismatch*), perdrait l'équivalent d'un milliard d'euros à chaque baisse de 10 cents de la valeur du dollar par rapport à la monnaie européenne. À l'inverse, son concurrent Boeing, dont les recettes et les coûts sont en dollars, n'est quasiment pas affecté par les fluctuations du change.

Depuis de nombreuses années, la Chine est accusée de pratiquer un protectionnisme monétaire en maintenant sa monnaie artificiellement sous-évaluée.

Cette forme de protection n'est évidemment pas nouvelle. Les dévaluations « compétitives » (dévaluations massives, sans concertation et destinées à exporter les difficultés chez les voisins), largement utilisées à des fins protectionnistes pendant les années 1930, en témoignent. Toutefois, avec le passage à la flexibilité du change depuis 1973, le protectionnisme monétaire revêt des formes plus occultes et dispose de moyens plus variés (exemple : une politique de baisse des taux d'intérêt tend à déprécier la monnaie nationale). Dans ces conditions, quel peut être en effet l'intérêt de concéder laborieusement des abaissements tarifaires au terme de négociations pouvant durer plusieurs mois, voire plusieurs années, si les variations du change permettent de récupérer les avantages concédés en quelques jours ou quelques semaines ?

Or, depuis qu'a été abolie en 1973 l'obligation qui était faite aux banques centrales de stabiliser les taux de change, aucune institution n'a compétence pour réglementer le protectionnisme monétaire. Pas plus le FMI que l'OMC. Faute de pouvoir remédier à ce problème, le risque est grand que des pays en viennent à abandonner – ou ne plus respecter – les règles multilatérales qui s'appliquent aux échanges commerciaux. Sans obligatoirement envisager une fusion du FMI et de l'OMC, comme le suggérait Maurice Allais (2002), un retour à des disciplines monétaires plus contraignantes et une coordination de leurs actions sont indispensables. Comme le suggère M. Dupuy (2008), le FMI pourrait jouer un rôle technique en détectant et en évaluant les sous-évaluations, tandis que l'OMC définirait des règles et serait chargée de régler les conflits commerciaux nés de ces distorsions.

B. Autres formes de protectionnisme par la monnaie

À côté du protectionnisme monétaire au sens de W.N. Corden, il existe d'autres formes possibles de restriction des échanges fondées sur l'utilisation de la monnaie, qui s'apparentent, elles aussi, à la protection administrée indirecte. Citons, par exemple, les obligations de dépôts préalables, c'est-à-dire l'obligation faite aux importateurs de verser à l'avance une partie de la valeur de leurs importations, sous forme d'un dépôt remboursable non rémunéré. Cette disposition, d'un usage naguère fréquent en Amérique centrale et latine, notamment pendant les périodes d'importants déficits de balance des paiements, a pour effet d'introduire une restriction aux importations, en créant une surcharge pour les importateurs analogue à un droit de douane implicite. Ce droit implicite est d'autant plus élevé que les taux d'inflation et d'intérêt réel sont importants.

Une autre forme de restriction commerciale liée à la monnaie résulte des politiques de rationnement des devises adoptées en période de pénurie de réserves de change. Ce rationnement peut éventuellement être accompagné de mesures discriminatoires liées, par exemple, à des pratiques de taux de change multiples (en appliquant des taux de change différents selon la nature des transactions ou des opérateurs), ou à l'adoption de critères d'accès aux devises différenciés selon les agents.

RÉSUMÉ DU CHAPITRE

Ce chapitre présente la panoplie des moyens de protection mis en œuvre aujourd'hui par les États. Il montre la complexification et la sophistication croissante de ces instruments, ainsi que l'usage stratégique qui peut en être fait dans le cadre des règles internationales en vigueur actuellement. Plusieurs leçons peuvent être tirées de cette présentation :

- L'usage de certains instruments ne va pas sans soulever des problèmes ou des contradictions. C'est le cas par exemple des mesures d'embargo.
- Certains instruments « nouveaux » ne sont souvent qu'un habillage différent d'instruments traditionnels (exemples : les RVE et EVI).
- Les objectifs poursuivis par les politiques protectionnistes au XXIe siècle sont infiniment plus diversifiés qu'autrefois.
- Enfin et surtout, les formes de protection ont évolué au cours des dernières décennies. En particulier, la protection tend à devenir de plus en plus discrète, de plus en plus « furtive ».

POUR ALLER PLUS LOIN

[1] Arnaud-Ameller P. (2004), « De quelques blocus. Réflexions sur les blocus : quelques exemples de succès et d'échec aux XIXe et XXe siècles », *Guerres mondiales et conflits contemporains*, 2/2004 (n° 214), pp. 7-27.

[2] Javelot S. et Siroën J.M. (1994), « Les nouveaux instruments de politique commerciale », *Revue économique*, vol. 45, n° 3, mai, pp. 487-500.

[3] Perez Y. (1985), *La dissuasion par les embargos : les embargos américains contre l'URSS et leurs conséquences sur les relations transatlantiques*. Centre interdisciplinaire de Recherches sur la Paix et d'Études Stratégiques (CIRPES). Collection « Cahiers d'Études stratégiques », Paris, n° 9, juin.

[4] Sandretto R. (1998), « Le protectionnisme au tournant du siècle : opacité et furtivité », revue *Études internationales*, Institut québécois des hautes études internationales, vol. XXIX, n° 2, juin, pp. 349-364.

DES QUESTIONS POUR MIEUX RETENIR OU APPROFONDIR

1. Qu'est-ce que la « protection administrée » ? Quelle distinction peut-on faire parmi l'ensemble des mesures qui la composent ?

2. Quelles sont les différences entre les programmes américains *Buy American* et *Buy America* ?
3. Associez chaque mot ou expression de la première colonne à un mot ou expression de la deuxième colonne :

Droit de douane	Armes chimiques
Binding Overhang	Paratarifaire
Contingent	BNT douce
Blocus	Valeur ajoutée
Groupe Australie	Marge de manœuvre
Subvention à la production	Tarifaire
Subvention à l'exportation	Soutien interne
AMF	Guerre
RCL	RVE
Norme sanitaire	BNT dure

E-LINK

Le site de l'OMC fournit des informations précieuses sur les différents instruments de politique commerciale, y compris sur le plan statistique.
Concernant les barrières tarifaires, on peut consulter :
https://www.wto.org/french/tratop_f/tariffs_f/tariffs_f.htm
https://www.wto.org/french/tratop_f/tariffs_f/tariff_data_f.htm
Sur les barrières non tarifaires, voir :
https://www.wto.org/french/thewto_f/whatis_f/tif_f/agrm9_f.htm
https://ecampus.wto.org/admin/files/Course_418/Module_1423/ModuleDocuments/NAMA-M5-R1-F.pdf
Un site particulièrement utile est celui de l'E-campus de l'OMC :
https://ecampus.wto.org/

4

LES INSTITUTIONS ET LES RÈGLES DU COMMERCE INTERNATIONAL

SOMMAIRE

OBJECTIFS PÉDAGOGIQUES

Restituer les conditions de création des institutions et des règles relatives aux échanges internationaux, en montrant pourquoi et comment les circonstances historiques de leur mise en place expliquent les caractéristiques de ces institutions.

Analyser le contenu des règles internationales et leurs modalités d'application pratique dans différents domaines (exemples : la libéralisation, la promotion de la loyauté, la gestion des représailles, *etc.*), en mettant en évidence leur adaptation à diverses contraintes ou exigences (l'intégration régionale, l'inégalité des niveaux de développement, la limitation des pouvoirs du GATT et de l'OMC).

Étudier le contenu des négociations et des accords internationaux et expliquer comment ils ont pu contribuer à promouvoir et à discipliner – jusqu'à un certain point – le commerce international.

Tirant les leçons du déchaînement des politiques nationalistes suscité par la grande dépression et par la marche vers la guerre, les pays alliés se sont entendus, avant même la fin des hostilités, sur les principes d'une coopération devant régir les relations monétaires, financières et commerciales lorsque la paix serait revenue.

Ces principes ont débouché sur l'adoption d'un ensemble de règles « substantives » (c'est-à-dire à caractère impératif), destinées à discipliner le comportement des États, ainsi que sur la création d'institutions chargées de les faire respecter.

La mise en place de disciplines collectives s'est opérée rapidement aux niveaux monétaire et financier. En revanche, l'instauration d'un ordre commercial international a été plus laborieuse, puisqu'il a fallu plus d'un demi-siècle pour qu'aboutisse le projet de créer une véritable organisation internationale en charge des problèmes commerciaux.

Toutefois, par un retournement inattendu de l'histoire, l'ordre monétaire qui avait pu être institué dès 1944 et sans difficulté majeure s'est en grande partie décomposé au fil des décennies, tandis que l'édifice commercial, plus difficile à construire, s'est finalement étendu au point d'inclure maintenant la quasi-totalité des pays du monde. Il s'est aussi renforcé, parvenant jusqu'ici à empêcher l'exacerbation des tentations protectionnistes et l'escalade des conflits commerciaux.

Il n'en reste pas moins qu'aujourd'hui, le système des règles et des institutions qui régissent le commerce international est fragile. Il tend à être remis en cause, non seulement ouvertement, en paroles, mais aussi en actes de manière ouverte ou de manière souterraine. Du coup, son devenir est menacé par des risques et des défis qu'il serait dangereux d'ignorer.

4.1 UNE BRÈVE HISTOIRE DU GATT ET DE L'OMC : L'HISTOIRE ANCIENNE D'UNE JEUNE ORGANISATION

L'OMC a été mise en place le 1er janvier 1995. C'est donc la plus jeune des grandes organisations internationales. Toutefois, ses racines sont beaucoup plus profondes, puisqu'elles remontent au lendemain de la Seconde Guerre mondiale. À la fin des années 1940, une organisation ayant pour objectif de réguler le commerce international aurait dû voir le jour. En effet, au lendemain de la Seconde Guerre mondiale, plusieurs organisations internationales devaient être créées :

- Le Fonds monétaire international.
- La Banque internationale pour la reconstruction et le développement (BIRD), devenue depuis la Banque mondiale.
- Une troisième organisation devait être créée : l'Organisation internationale du commerce (OIC), ou *International Trade Organization* (ITO) en anglais.

En fait, cette organisation ne sera mise en place qu'un demi-siècle plus tard.

Pourtant, en mars 1948 a été signée la Charte de La Havane, qui instituait l'OIC. Celle-ci devait être chargée de promouvoir la croissance économique, de favoriser l'essor de la production et du commerce, de stimuler le développement économique et l'industrialisation et d'encourager les mouvements internationaux de capitaux, en particulier les flux d'investissements productifs à l'échelle internationale. À La Havane, 53 des 56 pays participants s'étaient entendus pour créer l'OIC et avaient défini les statuts de cette nouvelle organisation.

Toutefois, la Charte ne fut jamais ratifiée. En effet, alors même que les États-Unis avaient été les initiateurs de ce projet, le Congrès, par crainte de voir ses pouvoirs limités par un traité restreignant la souveraineté commerciale américaine, refusa de le ratifier. Contrairement aux deux autres institutions (FMI et BIRD, créées en juillet 1944), le projet d'OIC a focalisé de multiples critiques contradictoires. La charte de l'OIC « était jugée trop américaine par les Européens (par son approche d'abolition générale des tarifs), trop européenne par les Américains (par sa préservation des préférences d'unions douanières), trop libérale par les conservateurs et trop conservatrice par les libéraux » (Nyahoho et Proulx, 2006). Aux États-Unis, plus particulièrement, le projet était critiqué par le Congrès parce qu'il était jugé trop dirigiste et faisait la part trop belle à la planification. Ouverte aux pays socialistes, la charte était jugée insuffisamment contraignante pour ces pays, de même qu'à l'égard des pays en développement, pour lesquels était prévue la possibilité de maintien de mesures de protection. À ces considérations doctrinales et ces oppositions de fond s'ajoutaient des considérations de politique intérieure aux États-Unis. Le conflit entre un président démocrate (Harry Truman) et un Congrès à majorité républicaine, portant notamment sur les pouvoirs de l'exécutif en matière de politique commerciale, conduisit au blocage de la ratification. Après deux ans de débats au Congrès, H. Truman décida finalement de renoncer définitivement à faire ratifier le projet par le congrès. Lorsqu'il devint évident que les États-Unis ne ratifieraient pas la Charte, les autres pays firent de même. En conséquence, l'OIC n'entra jamais en vigueur. Seul le Liberia ratifia l'accord de manière inconditionnelle. L'Australie et la Suède l'ont également ratifié, mais en soumettant leur adhésion à la condition de la ratification américaine et, pour le premier des deux pays, à celle également de la Grande-Bretagne. L'OIC est ainsi morte avant même d'être née.

Heureusement, dès 1945, en même temps qu'avait commencé la négociation du projet d'OIC a été engagée l'élaboration d'un autre accord, plus restreint (entre 23 pays), plus ponctuel et technique, destiné à engager une réduction immédiate et multilatérale des droits de douane. Il s'agissait, en quelque sorte, d'anticiper l'OIC et d'engager tout de suite le désarmement douanier, sans attendre la mise la place de l'organisation.

Cet accord de commerce, signé le 30 octobre 1947, prit le nom d'« Accord général sur les tarifs douaniers et le commerce » (*General Agreement on Tariffs and Trade* ou GATT). Il devait être seulement provisoire et était censé disparaître dès l'instant où l'OIC commencerait à fonctionner. En fait, ce « provisoire » a duré presque un demi-siècle, jusqu'au 1er janvier 1996, date de la substitution de l'OMC au GATT.

L'échec de la Charte de La Havane a donc pérennisé le GATT, celui-ci remplissant en fait, pendant 49 ans, la mission dévolue à l'OIC. Ainsi, bien qu'il fût conçu comme un dispositif temporaire, le GATT a été la seule institution en charge des problèmes commerciaux durant quasiment un demi-siècle.

Ces circonstances particulières et, entre autres, le caractère accidentel du GATT n'offrent pas seulement un intérêt historique. Leur connaissance est indispensable pour comprendre ce qu'était, hier, le GATT et ce qu'est, aujourd'hui, l'OMC. Corrélativement, l'ignorance des conditions historiques d'échec de l'OIC et d'établissement du GATT est aujourd'hui la cause majeure de propagation d'idées reçues dans le débat public concernant l'OMC. L'histoire explique, en effet, certaines des particularités les plus remarquables d'une organisation « pas comme les autres ».

1°) *Juridiquement, le GATT n'était pas une véritable organisation internationale*. C'était un simple accord de commerce géré par un secrétariat permanent établi à Genève, même si, par la force des choses, il a pris toutes les caractéristiques d'une organisation.

2°) *N'étant pas une organisation et n'étant pas doté d'une personnalité morale*, le GATT ne disposait d'aucun pouvoir propre. Il ne disposait ni d'un pouvoir de sanction ni d'une capacité de décision distincte de celle des États participants à l'accord.

3°) *Par conséquent, on ne votait pratiquement jamais au GATT*, bien que des règles précises fussent prévues en la matière, avec des majorités qualifiées pour certains types de décision. Presque toujours, les décisions étaient prises par consensus : elles étaient discutées jusqu'à ce qu'il n'y ait plus d'opposition irréductible, ce qui équivalait à l'unanimité.

4°) *La terminologie utilisée portait aussi les traces de ces circonstances historiques particulières :* on ne parlait pas de « pays membres du GATT », puisqu'un pays ne peut être membre que d'une organisation et non d'un accord. Les pays participants à l'accord étaient qualifiés de « parties contractantes » (sous-entendu à l'accord).

Cette expression admet une nuance typographique : « parties contractantes » (tout en minuscules) désigne les pays ayant adhéré à l'accord. Mais lorsque ces pays (ou plus exactement leurs représentants) se réunissent comme instances dotées de compétences et du pouvoir de négocier et de prendre des décisions au nom de leurs gouvernements, elles forment les « Parties Contractantes » (ou encore les « PARTIES CONTRACTANTES » tout en majuscules). Ainsi écrira-t-on que « le GATT comptait au départ 23 parties contractantes », mais que « la 40e session des Parties Contractantes s'est tenue du 23 au 27 novembre 1984 ».

À la veille de sa disparition, le GATT comptait 123 parties contractantes, et 31 autres pays étaient candidats à l'accession.

Dans la phase finale des négociations commerciales du GATT dites de l'*Uruguay Round* (engagé en 1986 et achevé en 1993), il a été décidé de remplacer le GATT par une véritable organisation : l'Organisation mondiale du commerce (OMC), qui est la résurrection de la défunte OIC. L'OMC a été mise en place le 1er janvier 1995 et s'est totalement substituée au GATT, après une année de transition, le 1er janvier 1996.

4.2 OBJECTIFS ET PRINCIPALES RÈGLES DU GATT ET DE L'OMC

L'objectif premier de l'OMC comme du GATT est la libéralisation du commerce international, c'est-à-dire le « désarmement douanier ».

La libéralisation du commerce ne doit pas être confondue avec le « libre-échange » souvent présenté, à tort, comme la raison d'être du GATT et de l'OMC.

Le libre-échange implique, en effet, la suppression complète de tous les obstacles aux échanges. Ce n'était pas l'ambition du GATT et ce n'est pas non plus celle de l'OMC, l'un et l'autre étant d'ailleurs incapables de l'instaurer. La finalité du GATT et de l'OMC est la libéralisation des échanges, qui implique seulement l'abaissement – aussi loin que les États y consentent – des entraves au commerce international, qu'il s'agisse des barrières tarifaires, paratarifaires ou non tarifaires.

Cette libéralisation, la plus large et la plus complète possible du commerce, est recherchée sur une base multilatérale, à partir d'un petit nombre de principes fondamentaux que les pays s'engagent à respecter. Ces principes sont au nombre de quatre.

4.2.1 *La non-discrimination : clause de la nation la plus favorisée et traitement national*

La non-discrimination est réellement la clé de voûte du système GATT-OMC. Elle est énoncée par l'article 1 du GATT : « Tous avantages, faveurs, privilèges ou immunités accordés par une partie contractante à un produit originaire ou à destination de tout autre pays seront, immédiatement et sans condition, étendus à tout produit similaire originaire ou à destination du territoire de toutes les autres parties contractantes. ». Nous pouvons noter à quel point le GATT est héritier de feu l'OIC, puisque la formulation de cette règle est la reprise *in extenso* de l'article 26 alinéa 1 des statuts de l'OIC. Il en va de même de la plupart des règles du GATT (et, par conséquent, de l'OMC).

A. La clause de la nation la plus favorisée (NPF)

Concrètement, ce principe est mis en application à l'aide de la clause de la nation la plus favorisée (clause NPF).

La clause NPF est l'engagement d'étendre à tous les autres pays membres le tarif le plus bas ou les conditions d'échange les plus favorables qu'un pays a pu concéder à l'un quelconque de ses partenaires. Si, par exemple, l'Union européenne décide d'abaisser ses droits de douane sur les importations d'automobiles américaines, elle est tenue d'appliquer ces mêmes droits minorés au Japon, à la Corée, *etc.* Il est ainsi, en principe, interdit d'accorder des avantages commerciaux exclusifs à un pays particulier. C'est donc un instrument efficace de multilatéralisation des échanges.

B. Le traitement national

Le principe de non-discrimination trouve aussi une application sous la forme de la règle du « traitement national », qui impose que les produits étrangers ne soient pas traités de manière moins favorable que les produits de fabrication locale une fois que le produit importé a été admis sur le marché, ce qui n'exclut pas la possibilité de leur appliquer spécifiquement des droits de douane à l'entrée. L'article 3, paragraphe 4 du GATT énonce en effet que : « Les produits du territoire de toute partie contractante importés sur le territoire de toute autre partie contractante ne seront pas soumis à un traitement moins favorable que le traitement accordé aux produits similaires d'origine nationale en ce qui concerne toutes lois, tous règlements ou toutes prescriptions affectant la vente, la mise en vente, l'achat, le transport, la distribution et l'utilisation de ces produits sur le marché intérieur. » Cette règle interdit donc de discriminer entre les produits (et les fournisseurs) domestiques et les produits (et fournisseurs) étrangers au désavantage de ces derniers. Elle s'applique à la fois aux biens et aux services, ainsi qu'aux droits de propriété (brevets, droits d'auteurs, *etc.*). Cela signifie que les produits étrangers ne peuvent pas être assujettis à des taxes intérieures ou autres charges plus élevées que celles appliquées aux produits domestiques. Les lois et règlements en vigueur en matière de vente, de transports et de distribution des produits importés ne doivent pas être moins favorables que celles en vigueur pour les produits domestiques similaires ou substituables. Enfin, dans la fabrication ou la transformation des produits, les réglementations internes ne doivent pas favoriser les produits obtenus en utilisant des composants locaux relativement aux composants importés.

4.2.2 *La réciprocité (donnant-donnant)*

Chaque pays s'engage à réduire ses barrières dès l'instant où ses partenaires lui consentent des avantages à peu près équivalents. Donc, si l'Union européenne baisse ses droits de douane sur les importations automobiles américaines, elle est tenue d'accorder cette baisse aux autres pays, mais, réciproquement, les États-Unis (et tous les autres pays bénéficiaires) sont tenus d'accorder à l'Union européenne des avantages commerciaux équivalents (mais pas nécessairement dans le même secteur).

De manière évidente, la combinaison de ces deux premiers principes est un instrument puissant de libéralisation et de multilatéralisation ou, en d'autres termes, un moyen efficace pour mettre en place des relations d'échange entre tous les États (ou du moins un grand nombre d'entre eux) sans discrimination, de telle sorte que chacun applique aux autres les mêmes conditions sans différenciation, par opposition à un accord bilatéral dans lequel un pays accorde à un autre – et à lui seul – des conditions d'échange privilégiées.

Reprenons notre exemple : si l'Union européenne accorde un avantage commercial aux États-Unis, elle est tenue par la non-discrimination à accorder le même avantage à tous les autres pays membres de l'OMC (à la Chine, au Japon, à la Corée, *etc.*). Mais, en contrepartie, la Chine, le Japon, la Corée et tous les autres pays sont tenus d'accorder un avantage équivalent à l'Union européenne et, par conséquent, à le concéder aussi entre eux.

Ces deux règles admettent un grand nombre d'implications concrètes. Citons deux d'entre elles, parmi les plus importantes.

A. Cas de l'adhésion d'un nouveau pays au GATT

Le jeu de la clause de la nation la plus favorisée (premier principe) fait que, du jour au lendemain, le « nouveau venu » reçoit tout l'héritage des efforts entrepris (depuis plusieurs décennies) par les anciens. Il bénéficie de toutes les concessions antérieurement réalisées entre eux. La clause NPF impose en effet aux « anciens » d'étendre aux « nouveaux » tous ces avantages. La réciprocité (deuxième principe) permet de rétablir un équilibre des concessions en imposant aux nouveaux participants de payer, en contrepartie, une sorte de « ticket d'entrée » sous la forme de concessions tarifaires ou non tarifaires immédiates et échelonnées (sur plusieurs années), que le pays nouveau venu doit négocier dans le cadre de son protocole d'accession sur une base bilatérale, afin que les intérêts de chaque partie contractante soient pris en compte. Les engagements pris par le candidat s'appliqueront ensuite de la même manière à toutes les parties contractantes par le jeu de la clause de la nation la plus favorisée. Ces engagements feront partie intégrante du protocole d'accession (ils sont énumérés dans la liste d'engagements intégrée au traité d'accession).

B. Les représailles

La réciprocité peut aussi connaître des applications moins « pacifiques » en légitimant les représailles. Lorsqu'un pays estime subir un préjudice à la suite d'une mesure adoptée par une autre partie contractante, le pays lésé peut demander des compensations et lorsqu'aucun arrangement amiable n'a pu être trouvé, il est en droit – par rétorsion – de retirer les concessions antérieurement faites à l'égard du pays incriminé.

Cette pratique s'expliquait par le fait que le GATT n'était pas une organisation. Il ne disposait donc pas de pouvoirs de contraintes qui lui fussent propres. Il n'avait donc pas d'autre choix que de permettre aux pays participants à l'Accord d'appliquer des représailles, mais en tentant de les discipliner pour éviter qu'elles ne dégénèrent en guerre commerciale généralisée. Les mêmes pratiques de représailles restent aujourd'hui en vigueur dans le cadre de l'OMC, pour la simple raison que cette organisation ne dispose pas non plus du pouvoir de sanctionner les pays qui violent ses règles ou qui reviennent unilatéralement sur leurs engagements antérieurs.

La mise en œuvre concrète de ces deux premières règles s'opère grâce au principe de consolidation.

4.2.3 *La consolidation*

Comme le souligne l'OMC, « Parfois, il est peut-être aussi important de promettre de ne pas renforcer un obstacle au commerce que d'en réduire, car la promesse permet aux entreprises de mieux voir les possibilités qu'elles auront à l'avenir. »

La consolidation est un dispositif destiné à stabiliser les engagements souscrits principalement – mais pas exclusivement – au niveau des négociations tarifaires. Un pays qui accepte de consolider un droit de douane sur un produit à un certain niveau s'engage à ne pas le relever ultérieurement au-dessus de ce niveau plafond, sauf en négociant des compensations avec les partenaires commerciaux affectés, ce qui rend difficile le retour en arrière. Bien entendu, les taux effectifs peuvent être inférieurs aux taux consolidés (*cf. supra,* encadré 3.2). Aujourd'hui, pratiquement toutes les concessions des pays développés sont consolidées (aussi bien dans l'agriculture que dans l'industrie).

	Avant	Après
Pays développés	78	99
Pays en développement	21	73
Pays en transition	73	98

Source : OMC (https://www.wto.org/french/thewto_f/whatis_f/tif_f/fact2_f.htm)

TABLEAU 4.1.
Pourcentages des droits de douane consolidés avant et après l'*Uruguay Round*

Le fait qu'il soit difficile pour les États de « déconsolider » leurs concessions conduit à une plus grande stabilité des relations internationales et réduit, de ce fait, l'incertitude (les marchés sont de ce fait plus prévisibles), notamment en ce qui concerne les décisions d'investissement. La consolidation concerne essentiellement les concessions tarifaires, mais elle peut aussi s'appliquer à d'autres éléments : la valeur des subventions, la part ou le volume des exportations subventionnées, *etc.*

4.2.4 *L'abolition des restrictions quantitatives*

Le GATT et l'OMC sont plus sévères à l'égard des quotas qu'à l'égard des droits de douane. Les restrictions quantitatives (telles que les quotas) sont prohibées, sauf exceptions bien spécifiées (articles XX et XXI du GATT). Elles sont « hors la loi ». Ce n'est pas le cas des droits de douane, qui ne sont nullement interdits, bien au contraire : ils sont le moyen de protection privilégié par le système des règles du GATT-OMC.

Cette sévérité particulière à l'égard des restrictions quantitatives s'explique par les conséquences qu'elles produisent. Un droit de douane augmente le prix des produits importés, ce qui tend à réduire le volume des importations (plus onéreuses pour les consommateurs ou les utilisateurs), mais il ne détruit pas les flux commerciaux (sauf s'il est prohibitif). Le quota, à l'inverse, agit directement sur les quantités. L'effet de distorsion des restrictions quantitatives est donc plus important et, surtout, plus violent.

4.2.5 *La loyauté du commerce*

L'OMC s'efforce de faire régner des conditions de saine concurrence en interdisant les pratiques de *dumping*, ainsi que les subventions aux exportations qui, elles aussi, faussent la concurrence.

De manière générale, le *dumping* désigne le fait de vendre à perte pour diverses raisons (s'implanter sur un marché, acquérir une position dominante, *etc.*). La définition de l'OMC est différente. Selon l'OMC, la vente d'un produit fait l'objet d'un *dumping* s'il est exporté à un prix inférieur au « prix normal ». La valeur normale étant le prix auquel le produit est vendu sur le marché domestique (majoré des surcoûts – de transport et assurance – liés à l'exportation). En d'autres termes, le *dumping* correspond à une discrimination entre le marché international et le marché domestique. Au sens de l'OMC, il peut donc y avoir *dumping* même s'il n'y a pas vente à perte.

Un pays victime de ce genre de pratique (après examen du litige) peut être autorisé par l'OMC à mettre en place des contre-mesures, sous la forme de droits compensateurs antidumping ou antisubvention.

ENCADRÉ 4.1. LA PROCÉDURE *ANTIDUMPING*

La réglementation antidumping (dite « code *antidumping* ») a été adoptée lors du *Kennedy Round* (1964-1967). Cette réglementation a été aménagée – de manière cosmétique – lors de l'*Uruguay Round*, afin de tenter de réduire les possibilités d'utilisation abusive de la procédure. Le code antidumping a été intégré aux statuts de l'OMC. Ses dispositions offrent la possibilité aux pays membres de l'OMC de mettre en place des mesures correctrices contre les pratiques de *dumping*, en général suite à la plainte de firmes qui estiment subir un dommage.

La décision par les autorités nationales en charge de la concurrence d'ouvrir une enquête est soumise à une condition préalable de « représentativité », afin d'éviter l'ouverture d'enquêtes non fondées. La plainte initiale doit être déposée par écrit « par (une) branche de production nationale ou en son nom ». En d'autres termes, la plainte doit disposer d'un soutien suffisant de la part des producteurs nationaux, de telle sorte que l'on puisse considérer que ces entreprises représentent la branche de production (nombre d'entreprises, part de la production, *etc.*). Pour que la mise en œuvre de la procédure aboutisse, trois conditions sont indispensables :

- Les autorités nationales chargées de l'enquête doivent établir la preuve de l'existence du *dumping* en montrant que le (ou les) fournisseur(s) étranger(s) incriminé(s) vend(ent) en dessous du prix normal (ou loyal), c'est-à-dire en dessous du prix du produit appliqué dans le pays d'origine « au cours d'opérations commerciales normales ». Lorsque l'exportateur incriminé ne vend pas le produit (ou de produit similaire) dans le pays d'origine, la valeur normale peut être évaluée en fonction des prix pratiqués par d'autres vendeurs ou producteurs dans le même pays ou dans d'autres pays (si le produit n'est pas vendu en quantité significative dans le pays exportateur). Le coût de production dans le pays d'origine peut également être utilisé, lorsqu'aucune vente du produit similaire n'a lieu dans le pays d'origine (méthode de la « valeur construite »).
- Elles doivent aussi démontrer que le *dumping* cause un dommage matériel « important » à une branche de production nationale, ou menace de causer un dommage important ou retarde de manière importante la création d'une branche de production nationale.

• Elles doivent, enfin, établir un lien de causalité entre les importations faisant l'objet d'un *dumping* et le dommage subi.
Lorsque ces trois conditions sont satisfaites, la procédure peut aboutir à plusieurs types de décisions :
• La clôture de la procédure sans aucune mesure, lorsque le *dumping* ou/et le préjudice sont jugés négligeables.
• L'imposition de mesures provisoires, en général sous la forme de droits de douane, au plus tôt six mois après l'ouverture de l'enquête si les investigations préliminaires établissent l'existence d'un *dumping* et d'un préjudice. L'objectif est de remédier aux conséquences de cette pratique déloyale sans avoir à attendre la fin de la procédure, et de faire face à une situation d'urgence. Ce peut être aussi un moyen de faire pression sur l'exportateur et de l'amener à réviser sa pratique.
• L'engagement volontaire du (des) exportateur(s) étranger(s) de réviser leurs prix ou de cesser leurs exportations à des prix de *dumping*, à condition que cet engagement soit jugé, par le pays « victime », comme une solution de compromis satisfaisante, mettant fin au *dumping* ou à ses effets préjudiciables.
• L'application de droits compensateurs antidumping définitifs, dont le montant ne doit pas dépasser la marge de *dumping*, c'est-à-dire à l'écart entre le prix pratiqué et la « valeur normale ». Il peut lui être inférieur s'il suffit à éliminer le préjudice. En outre, les mesures définitives ne doivent rester en vigueur que le temps nécessaire pour neutraliser le *dumping*.

4.3. LES EXCEPTIONS AUX RÈGLES

Bien entendu, pour que ces règles soient respectées, encore fallait-il qu'elles fussent acceptables pour les parties contractantes à l'Accord (aujourd'hui pour les pays membres de l'OMC). À cet effet, diverses exceptions ont été prévues, par exemple en faveur des pays en développement ou encore pour permettre l'édification d'accords d'union ou de zones d'intégration régionales (zones de libre-échange, unions douanières, marchés communs, *etc.*). Des exceptions ont également été prévues dans certaines circonstances ou pour certains secteurs. Hormis le cas de l'agriculture, toutes ces exceptions ont été reprises par l'OMC.

Les principales exceptions sont les suivantes.

4.3.1 *La clause de sauvegarde*

L'article XIX du GATT prévoit la possibilité de protéger temporairement une industrie domestique qui connaît une brusque montée des importations, lorsque celle-ci « cause ou menace de causer un dommage grave aux producteurs nationaux ». Dans cette hypothèse, et moyennant certaines conditions (investigations préalables révélant l'existence d'une hausse des importations, l'existence ou la menace d'un dommage, ainsi qu'un rapport de cause à effet entre la hausse des importations et le dommage), le pays peut instituer un droit de douane ou un contingent. Dès le stade de l'enquête, des consultations doivent être engagées avec les pays en question, afin qu'ils puissent exprimer leur point de vue. Les restrictions doivent être non discriminatoires et doivent s'appliquer à l'ensemble des fournisseurs. En outre, en application du principe de réciprocité, le pays qui met en jeu des mesures de sauvegarde doit négocier des compensations avec les pays exportateurs affectés par la décision, par exemple sous la forme de réduction des droits sur d'autres produits d'intérêt commun.

Les mesures de sauvegarde appliquées doivent être graduées, c'est-à-dire proportionnées au dommage, et leur durée ne peut dépasser le temps strictement nécessaire pour corriger la situation de dommage. En principe, leur application ne doit pas dépasser quatre ans, avec possibilité de prolongation sous certaines conditions.

Sous réserve qu'une preuve indiscutable du dommage puisse être apportée, un État peut adopter des mesures provisoires de sauvegarde avant la fin des investigations, si le report de leur mise en œuvre peut créer un dommage irréparable. La durée de ces mesures provisoires est limitée à 200 jours. En pratique, l'emploi de la clause de sauvegarde est peu fréquent. Les contraintes liées à son utilisation, et en particulier son caractère non discriminatoire, empêchent d'en faire un instrument sélectif orienté sur tel ou tel partenaire ou région. L'obligation de négocier des compensations est également dissuasive. Au cours des 15 dernières années d'existence du GATT, l'Union européenne ne l'a utilisée que 18 fois et les États-Unis seulement 4 fois, à comparer avec les 800 actions antidumping initiées par ces deux pays au cours de la même période. Les pays préfèrent de beaucoup employer des mesures de « zone grise », sorte de purgatoire constitué de mesures qui, sans être en contradiction radicale avec les règles multilatérales, sont d'une compatibilité discutable avec celles-ci ou échappent à celles-ci. C'est le cas, en particulier, des accords d'autolimitation des exportations. Pour un pays qui connaît des difficultés dans tel ou tel secteur, la négociation d'une RVE est beaucoup plus attractive que l'activation de la clause de sauvegarde. Elle permet de « cibler » spécifiquement un pays et évite d'avoir à négocier des contreparties. Depuis que le GATT a été remplacé par l'OMC, les accords de commercialisation ordonnée sont en principe prohibés, ce qui n'empêche pas les RVE de perdurer sous une forme plus discrète : accords non notifiés, accords entre acteurs privés parrainés discrètement par les États, essor des EVI, *etc.*

4.3.2 *Exception en faveur des pays en développement (PED) : le « traitement spécial et différencié »*

Le « traitement spécial et différencié » (TSD) consiste en une discrimination positive en faveur des pays en développement, dérogeant à la fois au principe de non-discrimination et au principe de réciprocité.

- Le TSD déroge au principe de non-discrimination en permettant aux pays développés d'accorder aux pays en développement des avantages exclusifs (« traitement différencié plus favorable »), sans l'accorder aux autres pays. Des concessions commerciales plus importantes peuvent être accordées spécifiquement aux pays les moins avancés (PMA).

- Il déroge aussi au principe de réciprocité, dans la mesure où les pays en développement ne sont pas tenus, en contrepartie, d'accorder aux pays développés des concessions incompatibles avec les besoins de leur développement, de leurs finances et de leur commerce (« concessions non réciproques »).

L'octroi d'un traitement préférentiel aux importations des PED a commencé dans le courant des années 1960. Il s'est développé suite à l'adoption par la CNUCED en 1968 du « Système généralisé de préférences » (SGP), qui prévoyait le régime de TSD sans réciprocité afin de favoriser le développement des PED. Pour que ce SGP puisse entrer en application, les Parties Contractantes du GATT ont adopté en 1971 une dérogation temporaire à l'article 1 (qui impose la non-discrimination) pour une durée de 10 ans. À la fin du *Tokyo Round* (en 1979), un accord a été conclu, instaurant une exception permanente à la clause de la nation la plus défavorisée, au bénéfice des PED (« clause d'habilitation » ou *Enabling Clause*).

Le SGP de l'Union européenne instaure un accès préférentiel au marché européen pour 176 pays en développement, couvrant 6 200 lignes tarifaires, sans obligation de réciprocité. Le programme est complété par le SGP+, qui accorde des avantages additionnels à 16 pays vulnérables du fait de leur petite taille ou d'un faible niveau de diversification. Enfin, le programme « Tout sauf les armes » accorde un accès sans droit et sans quota aux produits de 49 PMA.

Concrètement, le TSD connaît deux déclinaisons possibles :

- En matière d'accès au marché, il se concrétise par les préférences non réciproques matérialisées par le SGP, réduisant de manière asymétrique les obstacles tarifaires et non tarifaires.
- En matière de négociation ou dans l'application des règles multilatérales, les PED et, plus encore, les PMA bénéficient d'un régime de faveur leur permettant de bénéficier de périodes de transition plus longues ou de report dans l'application des accords conclus, d'engagements moins contraignants (plus faible abaissement des droits de douane par exemple), d'une plus grande flexibilité (moindre périodicité) dans la surveillance des politiques commerciales, *etc.*

4.3.3. *Exception en faveur des accords commerciaux régionaux (tels que l'ALENA, l'Union européenne, le MERCOSUR, etc.)*

La construction d'unions économiques ou douanières est par nature incompatible avec les règles du GATT puisque ces unions se fondent sur une discrimination entre l'« intérieur » et l'« extérieur », avec l'abolition des droits de douane uniquement entre pays membres de l'accord commercial régional, l'application d'un tarif extérieur commun, *etc.* Dès l'origine, les règles du GATT ont explicitement admis que les organisations régionales constituaient une exception au principe de non-discrimination, à condition que la constitution de la zone n'ait pas pour effet de durcir la protection à l'égard des autres parties contractantes extérieures à la zone : « les mesures et politiques commerciales résultant du nouvel accord régional n'auront pas d'effets globalement plus restrictifs sur le commerce que ne l'étaient ceux des politiques commerciales antérieures des pays constitutifs » (article XXIV, § 5).

4.3.4 *Exception à l'égard des « pays à commerce d'État »*

Au lendemain de la Seconde Guerre mondiale, la clause de la nation la plus favorisée était peu propice au développement des relations Est-Ouest, traditionnellement fondées sur des rapports bilatéraux. Néanmoins, avant l'effondrement du système d'économie planifiée centralisée, six États socialistes ont été parties contractantes du GATT : Cuba (1948), Hongrie (1973), Pologne (1967), Roumanie (1971), Tchécoslovaquie (1950), ex-Yougoslavie (1966). Depuis la mise en place de l'OMC, d'autres pays socialistes ont intégré l'organisation : la Bulgarie (1996), la Chine, qui était l'un des 23 pays signataires originels de l'Accord général en 1947, mais qui s'en était retirée après la révolution chinoise en 1949 avant de réintégrer l'OMC en 2001. Après avoir abandonné le système centralisé d'économie planifiée et s'être convertie à l'économie de marché, la Russie a aussi intégré l'Organisation en août 2012, au terme de 18 ans de négociations.

Avant l'effondrement du mur de Berlin, ces adhésions ont nécessité des adaptations au coup par coup : clauses de sauvegarde spécifiques, adaptation de « l'exception de sécurité » qui permet à toute partie contractante de prendre toute mesure jugée nécessaire pour assurer sa sécurité en temps de guerre ou de crise internationale. L'une des exceptions les plus remarquables concernant les « pays à commerce d'État » donnait la possibilité d'appliquer à ces pays des restrictions quantitatives, en théorie prohibées. Toutefois, étant donné que le système économique de ces pays était fondé sur un système de planification nécessitant l'application de quotas d'importations, par réciprocité, les autres parties contractantes pouvaient être autorisées à leur appliquer des restrictions quantitatives. On trouve là une nouvelle preuve du pragmatisme des concepteurs du GATT. Bien entendu, avec l'effondrement du système d'économie planifiée centralisée, cette exception a perdu sa raison d'être.

4.3.5 *Exceptions concernant l'agriculture*

Contrairement à une idée reçue, l'agriculture faisait partie du champ de compétence de l'Accord général dès la conclusion de celui-ci, mais ce secteur disposait d'un régime spécial et il en a été ainsi jusqu'à l'*Uruguay Round.*

Aux termes de l'article XI-2 de l'Accord général de 1947, des restrictions quantitatives aux importations étaient possibles lorsque ces restrictions étaient nécessaires à la bonne application des politiques agricoles, notamment en vue de maîtriser la production et de résorber des excédents. Ce même article prévoyait aussi la possibilité de restrictions aux exportations, afin de prévenir une situation de pénurie de produits alimentaires ou pour remédier à cette situation.

Une autre exception importante aux règles du GATT dont bénéficiait l'agriculture concernait la prohibition des subventions aux exportations, qui ne s'appliquait pas aux produits primaires (dont l'agriculture). Il était simplement stipulé que ces subventions « doivent être évitées » et qu'elles ne devaient pas être octroyées, de façon à permettre à la partie contractante de détenir plus qu'une « part équitable du commercial mondial d'exportation dudit produit ». Bien entendu, le caractère vague de cette dernière « condition » la rendait largement inopérante.

Ces deux exceptions permettaient donc, *de facto*, aux parties contractantes de protéger leur agriculture avec des quotas. Elles ont également permis à de nombreux pays, dont l'Union européenne et les États-Unis, de subventionner leurs agriculteurs et ainsi d'étendre leur part de marché, d'exporter leurs excédents à bas prix, avec des effets désorganisateurs et déstabilisateurs sur les marchés mondiaux.

Ce régime spécifique de l'agriculture (qui était à la fois couverte en principe par le GATT, mais maintenue hors de certaines de ses règles) explique aussi que les résultats spectaculaires en matière de libéralisation du commerce des produits industriels aient été longtemps plus modestes pour le commerce des produits agricoles.

La raison d'être de ce protectionnisme agricole tenait au fait qu'au milieu du XXe siècle, l'agriculture représentait encore une activité importante pour de nombreux pays développés (notamment la France). En même temps, comme l'agriculture connaissait dans ces pays un déclin relatif, sinon absolu, il en résultait une demande de protection plus intense de la part des syndicats et *lobbies* agricoles sur les gouvernements. Comparativement, l'industrie et, surtout, les services connaissaient une expansion beaucoup plus rapide. La préservation du revenu agricole et le maintien des populations agricoles étaient alors – et restent encore aujourd'hui – des questions sensibles économiquement, socialement et politiquement (électoralement).

Une des réalisations de l'*Uruguay Round* a été d'engager la démarche consistant à faire rentrer l'agriculture dans le rang et de l'intégrer pleinement dans les disciplines multilatérales en éliminant graduellement ce régime d'exception, c'est-à-dire en éradiquant par étapes les restrictions quantitatives et les subventions aux exportations.

4.4 SIMILARITÉS ET DIFFÉRENCES ENTRE LE GATT ET L'OMC

Il existe quelques différences notables et de très nombreuses similitudes entre le GATT et l'OMC.

4.4.1 *Principales similarités*

A. Les objectifs de l'OMC sont les mêmes que ceux du GATT

Dans les deux cas, il s'agit de favoriser la libéralisation des échanges sur une base multilatérale, de promouvoir la non-discrimination, de soumettre les rapports commerciaux internationaux à des disciplines collectives, afin d'éviter les politiques du chacun pour soi quelles qu'en soient les conséquences pour autrui et de faire en sorte que les conflits internationaux soient résolus par l'application de règles de droit plutôt que par les rapports de force.

B. Les règles et les domaines d'activité sont les mêmes

L'OMC est fondée sur une liste impressionnante d'accords, qui intègrent tous les acquis des négociations du GATT, y compris l'*Uruguay Round*, qui a été le plus novateur. Ces textes énoncent les principes généraux couvrant les trois domaines majeurs : les marchandises, les services et les droits de propriété intellectuelle. Ils sont complétés par les accords complémentaires et annexes contenant des prescriptions spéciales relatives à des secteurs ou questions spécifiques (agriculture, réglementations sanitaires et phytosanitaires, textiles et vêtements, mesures concernant les investissements, mouvements de personnes, transport aérien, services financiers, télécommunications, *etc.*). Ces textes juridiques fondamentaux organisent également le règlement des différends et la surveillance des politiques commerciales. À ces dispositions, s'appliquant à tous les pays membres, s'ajoutent deux accords « plurilatéraux » qui ne sont signés et ne s'imposent donc qu'à certains pays membres (aéronefs civils et marchés publics). Les autres accords de ce type, signés à l'époque du GATT (viande bovine et produits laitiers), ont été abrogés en 1997.

C. Le mode de fonctionnement de l'OMC est aussi le même que celui du GATT

En particulier, les décisions sont presque toujours prises par consensus.

Comme le GATT, l'OMC est une enceinte permanente de négociations. Il n'est pas exagéré d'affirmer que l'OMC est fondée sur la négociation. C'est à la fois sa raison d'être et son « cœur de métier ». Outre le fait que l'OMC, comme le GATT dans le passé, a pour mission d'organiser des cycles de négociations multilatérales (*Rounds*), elle est aussi une enceinte de négociation permanente. Il est vrai que le déroulement du dernier grand cycle de négociation (le Cycle de Doha) a été particulièrement chaotique, marqué par une succession de propositions et de contre-propositions, d'enlisements et de reprises, jusqu'à ce que les deux accords de Bali (2013) et Nairobi (2015) débouchent sur un accord *a minima* ne couvrant qu'une partie limitée des objectifs initiaux (*cf. infra* 4.5). Toutefois, il n'est pas absolument sûr que la conclusion de ce *Doha light* marque la fin du *Round*, car les discussions se poursuivent dans le cadre de réunions formelles ou informelles, notamment sur les questions agricoles.

Plus généralement, les « règles de l'OMC » elles-mêmes, les procédures applicables, ne sont que des accords négociés par les gouvernements.

D. Les principales missions de l'OMC sont les mêmes que celles du GATT

En particulier, l'OMC a la charge de résoudre les conflits commerciaux entre les pays membres (mécanisme de règlement des différends) et de surveiller les politiques commerciales des États.

Les missions du GATT et de l'OMC couvrent trois principaux aspects :

– Les négociations commerciales *(Rounds),* étudiées dans les trois prochaines sections.

- La résolution des conflits commerciaux, à laquelle sera consacré le paragraphe 4.6.1.
- La surveillance des politiques commerciales des États, qui fera l'objet du paragraphe 4.6.2.

4.4.2 *Les deux principales différences*

A. La première différence est que l'OMC est une véritable organisation à compétence élargie et à pouvoirs renforcés

Contrairement au GATT, simple accord de commerce, l'OMC est une véritable organisation dotée d'une personnalité morale, avec un budget, des effectifs permanents, des pays membres, des gouvernements observateurs, des règles d'accession et des relations de coopération avec les autres organisations internationales. Le fait que l'OMC ait été créée comme une organisation, à l'égal du FMI ou de la Banque mondiale, équivaut à reconnaître que les questions commerciales sont d'une importance équivalente aux questions financières et de développement.

Comparées à celles du GATT, ses compétences sont élargies

En effet, l'activité de l'OMC s'étend à tous les aspects des relations internationales : le commerce des biens (y compris l'agriculture, qui disposait au sein du GATT d'un traitement d'exception), le commerce des services (qui échappait à la compétence du GATT), les investissements internationaux, le respect de la propriété intellectuelle avec la lutte contre la contrefaçon, *etc.*

L'OMC dispose de pouvoirs plus importants que ceux du GATT

Cependant, ce renforcement des pouvoirs de l'Organisation ne concerne guère que le règlement des conflits commerciaux entre pays membres. La procédure de « règlement des différends » existait déjà dans le cadre du GATT, mais elle était complètement inefficace. Du coup, elle était de moins en moins utilisée et les pays préféraient se faire justice eux-mêmes. Ce n'est plus le cas aujourd'hui. Avec la mise en place de l'OMC, la procédure de règlement des conflits a été réformée. Il existe aujourd'hui un vrai dispositif à caractère quasi judiciaire, avec une procédure spécifiant des délais maximums pour chaque étape, avec une possibilité d'appel. Du coup, elle est devenue beaucoup plus efficace.

B. La deuxième principale différence entre le GATT et l'OMC est que cette dernière est une organisation universelle

Elle est universelle, non seulement parce qu'elle compte actuellement (février 2017) 164 États membres et 21 gouvernements ayant statut d'observateurs, dont la plupart ont engagé des négociations en vue de leur accession. Ces 164 pays représentent plus de

98 % du commerce mondial et près de 7 milliards d'habitants (95 % de la population mondiale).

L'OMC est une organisation universelle aussi et surtout parce que les règles s'appliquent identiquement à tous les pays membres. Tel est le principe dit de « l'engagement unique », par lequel les pays membres s'engagent à respecter tous les accords qui composent l'OMC comme un bloc indissociable. Ce n'était pas le cas du GATT, qui s'apparentait à un dispositif à « géométrie variable ». En effet, le GATT n'étant qu'un simple accord de commerce, de surcroît conçu comme provisoire, les États contractants se réservaient le droit de ne respecter les règles de cet accord que dans la mesure où ils n'entraient pas en contradiction avec les lois nationales en vigueur au moment de l'adhésion. Les parties contractantes n'étaient pas tenues de mettre leurs lois et règlements nationaux en conformité avec toutes les règles de l'Accord général (clause d'antériorité ou *Grandfather Clause*). À l'exception de l'article 1 de l'Accord général (clause de la nation la plus favorisée), dont l'application est « immédiate et sans condition », les règles du GATT 1947 n'étaient applicables que « dans toute la mesure compatible avec la législation en vigueur » de chaque partie contractante.

Cette échappatoire n'est plus possible avec l'OMC. Les règles multilatérales de l'OMC s'appliquent identiquement à tous les membres : l'ensemble des accords commerciaux multilatéraux font partie intégrante des statuts de l'OMC et « sont contraignants pour tous les membres ».

4.5 LES NÉGOCIATIONS COMMERCIALES

Les négociations commerciales sont une activité essentielle du GATT et de l'OMC, notamment parce qu'elles contribuent à modifier les règles existantes ou à en créer de nouvelles, voire, pour l'*Uruguay Round*, à créer un cadre institutionnel nouveau avec la mise en place de l'OMC. Pour cette raison, cette section leur est spécialement consacrée, la résolution des conflits et la surveillance des politiques commerciales faisant l'objet de la section suivante.

Le GATT est surtout connu pour avoir organisé une série de négociations tarifaires *(Rounds)*. Au total, neuf cycles de négociations ont eu lieu depuis la création du GATT jusqu'à nos jours. Il en a résulté de substantielles réductions des droits de douane (pour les produits manufacturés de 40 % en 1947 à moins de 4 % au moment de la conclusion de l'*Uruguay Round*).

4.5.1 *De la négociation initiale (Genève) au Tokyo Round*

Au cours de cette première période, sept négociations ont été menées à leur terme.

1°) La première négociation tarifaire s'est tenue à Genève, d'avril à octobre 1947. Elle fut doublement féconde puisqu'elle conduisit à des réductions de droit, entre les 23 pays fondateurs, portant sur un volume d'échanges représentant la moitié du commerce mondial. En outre, c'est elle qui devait donner naissance au GATT.

2°) *La négociation d'Annecy* (1949) conduisit à une nouvelle réduction des droits de 25 % par rapport à 1948.

3°) *Les négociations de Torquay* (1950-1951) *et de Genève* (1955-1956) aboutirent à des résultats assez médiocres. Une tendance à l'essoufflement apparaît en effet jusqu'au début des années 1960, les concessions devenant de plus en plus difficiles au fur et à mesure que le recul des quotas rendait toute son efficacité à la protection douanière.

4°) *Une nouvelle négociation dite « négociation XXIV § 6 »* (sept. 1960-mai 1961) examinait les conséquences de la mise en place de la CEE et notamment du tarif extérieur commun.

5°) *Dans la foulée, les négociations Dillon* (mai 1961-mars 1962), du nom du secrétaire d'État américain au Trésor qui les a proposées, inauguraient une nouvelle méthode de négociation.

Jusqu'alors, chaque État négociait de manière bilatérale avec l'État qui était le plus intéressé par une baisse des droits, puis les nouveaux droits abaissés étaient étendus par application de la clause de la nation la plus favorisée. Toutefois, avec cette méthode, les concessions les plus faciles étaient réalisées en premier. Assez rapidement, il devint plus difficile de poursuivre le processus de libéralisation. Au cours des négociations Dillon, la décision fut prise – sur proposition de la CEE – d'abandonner la négociation bilatérale produit par produit au profit d'une méthode linéaire, dans laquelle les pays négocient un pourcentage déterminé de réduction – à débattre – pour l'ensemble des produits, quitte à admettre des exceptions pour les produits « sensibles » (productions agricoles, chimie, textiles, *etc.*). Cette décision a eu pour effet de redynamiser les négociations.

L'objectif retenu était de 20 % (sur proposition américaine). Les négociations aboutirent à une baisse moyenne d'environ 7 %.

6°) Le *Kennedy Round* (1964) partait de l'hypothèse d'une baisse linéaire de 50 % des droits, avec une modulation possible des réductions afin « d'écrêter les pics tarifaires », lorsque des disparités significatives seraient constatées d'un pays à l'autre.

Par exemple, le profil du tarif européen était relativement aplani. Seuls quelques droits étaient supérieurs à 25 %, alors que le tarif américain présentait un relief beaucoup plus accidenté (plus de 1 000 positions au-dessus de 25 % et plus de 400 au-dessus de 35 %). Or, une réduction linéaire ne fait pas disparaître le relief. Le « tarif accidenté » demeure toujours protecteur, tandis que la même réduction appliquée à un tarif uniforme en réduit plus fortement l'effet de protection (*cf.* encadré 4.2).

ENCADRÉ 4.2. PROTECTION EFFECTIVE, PROGRESSIVITÉ DES DROITS ET « PICS TARIFAIRES »

Lorsque l'on désire apprécier le degré de protection dont dispose une industrie protégée par des droits de douane, il faut prendre garde de ne pas se laisser « piéger » par l'apparence du niveau nominal des droits de douane. La mesure de la protection à l'aide du seul taux nominal (en abrégé TN) est très approximative. Elle est même parfois trompeuse. C'est le cas lorsque l'industrie protégée emploie des *inputs* (matières premières, biens intermédiaires) eux aussi importés, soumis à des droits d'un montant différent de celui appliqué au produit final. Pour mesurer l'impact véritable de la protection, ainsi que ses conséquences sur l'allocation des facteurs de production et sur l'activité productive du pays, il est préférable d'en fonder l'évaluation sur le « taux effectif de protection » (en abrégé : TEP), calculé à partir de la valeur que l'activité protégée ajoute aux produits importés.

Le TEP peut être défini comme la proportion dans laquelle la valeur ajoutée se trouve majorée par l'application du tarif douanier, relativement à ce qu'elle serait en l'absence de droits de douane, soit :

$$\text{TEP} = \frac{v'i - vi}{vi}$$

où v'i et vi représentent les valeurs ajoutées par l'industrie i, respectivement avec et sans tarif.

Supposons qu'au sein de l'Union européenne, la production d'un hectolitre de jus d'orange (produit transformé) d'une valeur de 200 € nécessite l'utilisation de 300 kg d'oranges fraîches, d'une valeur de 100 €. Supposons également que les importations de jus d'orange par l'Union européenne soient soumises à un droit de 20 %, alors que les importations de fruits frais sont taxées à 10 %.

Le prix (taxes comprises) d'un hectolitre de jus importé par l'Union européenne est donc de 240 €. Le coût des oranges importées est : 110 €.

En supposant, pour simplifier, que la production de jus d'orange ne nécessite aucun autre *input*, la valeur ajoutée par cette production est égale à : v'i = 240 – 110 = 130 € avec tarif, alors que sans tarif elle est égale à : vi = 200 – 100 = 100 €.

La valeur ajoutée se trouve donc majorée de 30 % par l'existence du tarif douanier.

Ce TEP de 30 % est plus significatif pour le fabricant européen que le taux nominal de 20 %. Il mesure, en effet, le pourcentage dont ce fabricant pourrait majorer son prix de vente, tout en ayant la même compétitivité-prix, par comparaison avec la situation dans laquelle il n'existerait aucun droit. Incontestablement, le TEP est un indicateur plus significatif que le TN lorsqu'il s'agit d'évaluer le degré de protection dont disposent les producteurs nationaux, puisqu'il mesure précisément la proportion dont ils peuvent majorer leurs prix, tout en restant compétitifs par rapport à la concurrence étrangère.

Dans cet exemple, l'écart des taux afférents aux produits transformés (jus) et aux produits primaires (oranges fraîches) exerce un « effet de levier », qui renforce l'impact de la protection de l'industrie agroalimentaire européenne : le TEP est plus élevé que le TN. C'est le cas lorsque les droits perçus sur les *inputs* sont inférieurs à ceux perçus sur l'*output*. Dans l'hypothèse inverse, le TEP est inférieur au TN et peut même être négatif.

Le calcul du TEP est instructif à deux points de vue :

1°) La progressivité des droits

Les pays en développement, qui tentent d'élargir leur base industrielle en exportant des produits semi-transformés plutôt que des matières premières à l'état brut, peuvent être confrontés à ce phénomène de protection renforcée provoqué par la progressivité des droits (ou « escalade tarifaire »). En effet, les pays industriels prélèvent fréquemment des droits plus importants sur les biens manufacturés que sur les matières premières qui entrent dans leur fabrication. Le TEP élevé qui en résulte pénalise alors les exportations de produits intermédiaires et de produits transformés des pays en développement.

Produit	Primaire/degré de transformation	Droits consolidés moyens			
		EU	UE	Japon	Canada
Cacao	Fèves	0	0	0	0
	Chocolat	6,9	21,1	21,3	59,0
Café	Vert	0	0	0	0
	Torréfié	0	9,0	12,0	0,4
Oranges	Fraîches	3,5	16,7	24,0	0
	Jus	11,0	34,9	31,0	1,0
Ananas	Frais	1,2	5,8	12,1	0
	Jus	4,1	11,6	24,3	0
Cuirs et peaux	Bruts	0	0	0	0
	Tannés	3,0	5,4	23,5	6,3
Sucre	Brut	32,8	134,7	224,9	8,5
	Raffiné	42,5	161,1	328,1	107,0

Source : Calculs des services de la FAO, http://www.fao.org/docrep/005/y4852f/y4852f02.htm#sup

TABLEAU 4.2.
Droits consolidés moyens dans les principaux pays développés importateurs : produits sélectionnés

Contrairement à ce que tend à suggérer l'intuition, la décision prise par un pays développé importateur d'alléger les droits sur les produits d'exportation primaires de pays en développement (minerai, produits agricoles, *etc.*), loin de favoriser les PED concernés, peut être un cadeau empoisonné en entravant la diversification de ces pays vers des produits transformés.

Dans l'exemple ci-dessus, l'abaissement, par l'Union européenne, des droits de douane sur les oranges fraîches de 10 à 5 % a pour conséquence de réduire leur coût d'importation et d'accroître la protection effective dont dispose l'industrie agroalimentaire européenne (le TEP passe de 30 à 35 %), alors même que le taux nominal appliqué au jus importé reste inchangé. Ceci a pour effet d'entraver la diversification des pays en développement vers des produits transformés et de les enfermer dans une spécialisation primaire.

2°) La question des « pics tarifaires »

La notion de TEP éclaire également une question cruciale au niveau des négociations commerciales : celle des pics tarifaires et des difficultés de les réduire.

Le TEP montre en effet que la protection dont dispose une industrie (et, inversement, celle que subissent les fournisseurs étrangers) ne dépend pas du droit de douane appliqué individuellement au produit de l'industrie considéré. Elle dépend de la hiérarchie des droits, c'est-à-dire du profil du tarif douanier. L'accentuation de son relief (en fonction du degré de transformation manufacturière des produits) permet d'accentuer la protection, d'obtenir une protection plus efficace, plus sélective et plus importante que la protection apparente (nominale). Avec un même niveau moyen des droits, un profil tarifaire « alpin » est bien plus protecteur qu'un profil « vosgien ». Les pics tarifaires procurent enfin un effet de protection, à l'abri des réductions linéaires de droits, puisque la protection effective se maintient même avec des droits plus bas, à condition que les écarts proportionnels de niveaux (c'est-à-dire le relief du tarif) au sein d'une même industrie soient maintenus. On comprend, dans ces conditions, que l'« écrêtage » des pics tarifaires, c'est-à-dire la réduction prioritaire des droits les plus élevés, soit aussi difficile à obtenir et qu'elle soit inscrite à l'ordre du jour de toutes les négociations, avec des avancées plutôt modestes.

En moyenne, la diminution effective des tarifs négociée au cours du *Kennedy Round* a été de l'ordre de 35 % sur l'ensemble des produits industriels, affectant 75 % du commerce mondial. La baisse du tarif extérieur commun a été de 36 %. Après ces réductions, le TEC sur les produits industriels était de 8 % en moyenne pour la CEE, contre 11,7 % au Japon et 13,4 % aux États-Unis. Malgré l'ampleur des concessions, l'objectif d'harmonisation n'a pratiquement pas été réalisé. Il est vrai qu'en s'attaquant aux pics tarifaires, on touche au cœur même de la protection par les droits de douane. Par ailleurs, le *Kennedy Round* a débouché sur l'élaboration d'un « code antidumping ». Jusqu'alors, l'activité du GATT s'était déroulée dans un contexte de croissance économique et d'expansion du commerce international. Avec le ralentissement de l'activité économique dans les pays industriels au début des années 1970, le « paysage » change totalement : difficultés de balance commerciale pour de nombreux pays ; durcissement des relations commerciales entre les États-Unis, l'Europe et le Japon ; ralentissement du commerce mondial ; tentations protectionnistes de plus en plus fortes.

7°) C'est donc dans un monde bien différent que se déroulèrent les *négociations de Tokyo* (1973-1979). À partir d'objectifs disparates (40 % proposés par les États-Unis, 25 à 35 % pour la CEE), la réduction effective sera finalement de l'ordre de 34 % en moyenne pour les produits industriels, sur lesquels les droits se trouvaient ramenés de 7 à 4,7 %. Les baisses devaient être étalées sur huit ans. Elles furent, en fait, réalisées dès 1986. Les résultats des négociations tarifaires, bien que légèrement inférieurs à ceux du *Kennedy Round*, sont tout à fait remarquables compte tenu du contexte dans lequel celles-ci se sont déroulées. Des réductions très importantes ont été obtenues sur de nombreux produits industriels. En particulier, les droits sur les avions civils et la majorité des pièces qui les composent ont été supprimés dans 22 pays, signataires d'un accord plurilatéral « relatif aux aéronefs civils ». On comprend mieux, dès lors, l'enjeu de la rivalité américano-européenne à propos de l'affaire des subventions déguisées versées par les gouvernements concernés.

En outre, deux arrangements ont été conclus sur des produits agricoles :

- L'un sur la viande bovine (amélioration de l'accès aux marchés par des concessions spécifiques bilatérales et plurilatérales).
- L'autre sur les produits laitiers (respects de prix *minima* pour certaines poudres de lait, certains beurres et fromages).

Enfin, le *Tokyo Round* a également permis l'adoption d'un « code des subventions » et d'un « code de la normalisation ».

4.5.2 *L'Uruguay Round*

De toutes les négociations, celle d'Uruguay a été la plus ambitieuse et la plus vaste. L'*Uruguay Round* est aussi et surtout importante par la décision prise, à la fin de la négociation, de créer l'OMC (création non prévue dans l'ordre du jour initial).

Lancées à Punta del Este en septembre 1986 et achevées en décembre 1993, ces négociations ont couvert tous les domaines des relations internationales.

A. Le champ des négociations

- Le commerce des produits industriels, des produits agricoles et des services.
- Les droits de propriété intellectuels et la lutte contre le commerce de contrefaçon (accord sur les *Trade Related Aspects of Intellectual Property Rights* – TRIPs).
- Les investissements internationaux, dans la mesure où ils ont des répercussions sur le commerce (accord sur les *Trade Related Investment Measures* – TRIMs).

On doit également à l'*Uruguay Round* un certain nombre de réalisations :

- Le démantèlement de l'accord multifibres (dans le secteur textile).
- Une nouvelle réglementation des « achats gouvernementaux ».
- Un accord sur les mesures sanitaires et phytosanitaires.
- La réforme de la procédure de règlement des différends.
- Une réforme de la procédure antidumping.
- Un nouvel accord sur les obstacles techniques au commerce, qui précise et élargit celui conclu lors du *Tokyo Round*.
- L'intégration du commerce international des services (non couverts par le GATT), avec la conclusion du *General Agreement on Trade in Services* (GATS).
- L'intégration du commerce des produits agricoles dans les disciplines multilatérales, avec comme perspective la fin du régime d'exception dont disposait ce secteur depuis un demi-siècle.
- La création de l'OMC (non-inscrite dans l'ordre du jour initial).

Il n'est donc guère surprenant que ces négociations aient duré plus du double du temps initialement prévu (elles devaient finir en 1990).

Outre une réduction du niveau moyen des droits de 40 %, qui passent ainsi de 6,3 à 3,9 %, et leur suppression complète (pour les pays industrialisés) dans 10 secteurs dont l'équipement agricole, le matériel de construction, les meubles, l'équipement médical, le papier, les produits pharmaceutiques et l'acier, les résultats majeurs de l'*Uruguay Round* portent sur trois points.

B. La création de l'OMC

La question de savoir pourquoi il a été jugé nécessaire de créer l'OMC renvoie à une autre question : pourquoi remplacer le GATT ? Aurait-il échoué ? Assurément non, si on en juge à l'importance du désarmement douanier et à la forte croissance du commerce et de la production à l'échelle mondiale, ou encore à l'accroissement du nombre des parties contractantes.

	1947	1986
Nombre de parties contractantes	23	102
Niveau moyen des droits de douane	40 %	6,5 %
	1947-1986	
Taux de croissance annuelle du commerce international	6,1 %	
Taux de croissance annuelle du PIB mondial	4,1 %	

TABLEAU 4.3.
De Genève à la veille de l'*Uruguay Round* (1947-1986)

Toutefois, de manière tout aussi évidente, le GATT n'a pas complètement rempli la mission qui lui était impartie à l'origine (*cf.* encadré 4.3).

ENCADRÉ 4.3. POURQUOI LE GATT DEVAIT MOURIR

« Une dernière chance pour le GATT. Le système commercial international doit être rajeuni », titrait *Le Monde* du 27 octobre 1987, sous la plume de P. Lemaitre. Citant M. T. Van Thinh, chef de la délégation de la Commission européenne à Genève, le même article ajoutait : « Nul doute : le GATT a vieilli. Il a été conçu à un moment où le commerce opérait à la vitesse des bateaux à vapeur; aujourd'hui, il va à une vitesse supersonique. »
Au moment de l'*Uruguay Round*, si les acquis du GATT étaient incontestables, les limites de son action ne l'étaient pas moins.
Les difficultés économiques des deux dernières décennies du XXe siècle et l'intensification de la compétition internationale issue de l'émergence de nouvelles puissances industrielles et commerciales ont amené les gouvernements des pays d'industrialisation ancienne à céder, de manière ouverte ou tacite, à la tentation protectionniste. La caractéristique majeure de ce néoprotectionnisme rampant est qu'il emploie des moyens autres que les instruments traditionnels que sont les droits de douane, les contingentements et les subventions aux exportations, dont l'usage était soumis à restrictions, précisément du fait de l'Accord général, en application de la règle de consolidation, de l'interdiction des restrictions quantitatives et du principe de loyauté. Bridés dans l'emploi de ces armes habituelles de protection, les États recourent aujourd'hui plus largement aux barrières non tarifaires, aux accords de commerce administré et aux subventions déguisées. Le GATT s'est révélé incapable de contrer cette évolution.
De manière plus générale, les transformations du monde, qui se sont amplifiées depuis les années 1980, ont eu pour effet de vider le GATT de sa substance avec, en particulier, l'explosion des flux d'investissements internationaux et le développement rapide du commerce des services.
Or, ces deux « secteurs » d'évolution particulièrement dynamiques échappaient totalement au domaine de compétence de l'Accord général.
L'érosion de l'influence du GATT était accentuée par des évolutions sur lesquelles l'Accord n'avait ni compétence ni capacité pour agir. La dislocation du système monétaire international depuis 1971-1973, avec son corollaire, l'instabilité accrue des taux de change liée à l'abandon de la règle de fixité du change, ont fortement perturbé l'ordre que s'efforçait d'établir le GATT. Le passage à la flexibilité du change a eu pour effet de faciliter le « protectionnisme monétaire », sur lequel le GATT n'avait aucune prise. L'essor du « commerce transnational » et l'accroissement du commerce intrafirmes (entre filiales du même groupe industriel) ont eux aussi contribué à ce travail de sape, dans la mesure où le GATT – pas plus que l'OMC aujourd'hui – n'avait compétence pour réglementer les activités des acteurs privés.

En outre, au fil des ans, la multiplication des échappatoires aux disciplines multilatérales a joué dans le même sens. Le développement des pratiques de « zone grise », l'exploitation des exceptions – trop souples, imprécises et permissives – ont contribué à miner l'effectivité et la crédibilité du GATT. « Des règles qui sont plus enfreintes que respectées sont vouées à perdre leur crédit », observaient les experts de la Banque mondiale dans le *Rapport sur le développement dans le monde* en 1987.

Dès son origine, le GATT a multiplié les exceptions ou les assouplissements aux règles qu'il s'efforçait de mettre en vigueur. Ce fut, on le sait, un facteur de souplesse, et certaines de ces exceptions étaient assurément indispensables ou inévitables (unions économiques, traitement spécial et différencié en faveur des PVD) ; mais, du même coup, l'ampleur des adaptations réalisées finit, en pratique, par entamer les fondements mêmes de l'Organisation. Significatif à cet égard était le cas de l'agriculture pour laquelle – pour des raisons politiques, voire électoralistes – deux des principes fondamentaux ne s'appliquaient pas (prohibition des subventions aux exportations et des restrictions quantitatives).

Plus préoccupante encore était la position du GATT, qui a accentué le phénomène en tolérant, voire en cautionnant, les accords d'autolimitation, pratiques manifestement contraires à ses principes fondamentaux et qui, de surcroît, permettent de contourner les dispositions plus contraignantes qu'imposerait, à défaut, le recours aux mesures de sauvegarde prévues par l'article XIX. Ainsi, l'accord multifibres négocié au sein du GATT a-t-il eu pour effet de soustraire un secteur tout entier à l'application d'une partie des règles du GATT, pendant plus de trois décennies.

Cette attitude était suicidaire. Elle laissait s'étendre la « zone grise » et sapait le « système du GATT ».

Enfin, l'inefficacité patente du dispositif de règlement des différends a également conduit à affaiblir le système multilatéral. De plus en plus fréquemment, les parties contractantes préféraient se faire justice elles-mêmes plutôt que s'en remettre à une procédure de résolution des conflits dont chacun savait qu'elle était inefficace.

Comme le notaient judicieusement les auteurs du rapport RAMSES 1985-1986, le système du GATT était en quelque sorte « acculé au changement ». Faute d'une révision de large portée, il risquait de se disloquer ou de tomber en désuétude.

Le retour à une plus stricte application des règles était devenu une nécessité vitale. La rénovation du système multilatéral passait par la création d'une organisation à compétences élargies et à pouvoirs renforcés, par la réduction des échanges « hors GATT » et par l'éradication des régimes d'exception non fondés économiquement.

La décision de créer l'OMC a été prise en 1993, à la fin de l'*Uruguay Round*. La nouvelle organisation a été officiellement créée à l'occasion de la signature de l'« Acte final » de l'*Uruguay Round* qui a eu lieu à Marrakech en avril 1994. Son activité a démarré en janvier 1995. Un an plus tard, le 1er janvier 1996, l'OMC s'est substituée au GATT. L'année 1995 a été une année de transition pendant laquelle GATT et OMC ont coexisté, de sorte à permettre aux parties contractantes de devenir pays membres en ratifiant l'Accord de Marrakech.

C. L'accord sur les services

Avant l'*Uruguay Round*, les échanges internationaux de services n'étaient pas soumis aux règles du GATT. Afin de consolider le système multilatéral et de réduire les échanges « hors GATT », les négociations d'Uruguay ont décidé d'inclure ce secteur remarquablement dynamique dans le champ des disciplines collectives.

Un accord, le *General Agreement on Trade of Services* (GATS) ou Accord général sur le commerce des services (AGCS), a été conclu. Il soumet les échanges internationaux de services aux mêmes règles que le commerce des biens : réciprocité, non-discrimination, *etc*. À ces règles générales s'ajoutent quelques règles spécifiques aux services, telle que la règle de transparence qui oblige les gouvernements à notifier au GATT (maintenant à l'OMC) tous les changements dans les lois et règlements nationaux concernant les services.

L'accord couvre virtuellement toutes les catégories de services, notamment les services financiers, les télécoms, le tourisme, le transport, *etc.*

Cet accord répondait vraiment à une nécessité, car le secteur des services est celui dont l'activité croît le plus rapidement, représentant aujourd'hui 70 % du PIB mondial, plus de 30 % des emplois et 23 % du commerce mondial.

Depuis 1996, le GATS a été incorporé dans les statuts de l'OMC. Il fait donc partie intégrante des disciplines instituées par cette organisation.

D. L'accord sur l'agriculture

Plusieurs raisons justifiaient la nécessité de réformer le régime spécifique applicable à l'agriculture :

- Les subventions aux exportations ont créé des distorsions importantes, permettant à certains pays de développer des activités peu concurrentielles et, dans le meilleur des cas, d'accentuer leur avantage. Il ne fait aucun doute que si l'Union européenne a pu devenir l'une des plus puissantes agricultures exportatrices du monde, c'est grâce à la protection dont elle a bénéficié.
- Il en a résulté aussi des escalades au niveau des subventions, qui ont été à l'origine de surproductions chroniques et de fortes pressions à la baisse des cours mondiaux dont les principales victimes ont été les agriculteurs des pays en développement (producteurs de coton, de céréales, de sucre, *etc.*).
- Une autre nécessité de réformer les pratiques en matière de soutien à l'agriculture tient au fait qu'au fil des ans, elle a fini par représenter une charge budgétaire considérable.

L'accord agricole a donc pour objectif de stopper la « guerre des subventions », d'éliminer les quotas et de promouvoir un commerce plus loyal dans ce secteur. L'application des décisions prises en ce domaine a débuté en 1995. Elle a été étalée sur une période de 6 ans pour les pays développés, et sur une période de 10 ans pour les pays en développement.

L'accord agricole comporte quatre volets :

La « tarification »

Au niveau des principes, les quotas sont aujourd'hui prohibés dans l'agriculture (tout comme dans l'industrie). Le mot d'ordre est donc « tarification » ou *Tariffs only*. Ce qui signifie que les quotas ont vocation à disparaître et doivent être remplacés par des droits de douane, procurant un niveau de protection à peu près équivalent.

Les parties contractantes se sont donc également entendues pour que le niveau de ces droits de douane soit ensuite réduit.

Au titre de l'*Uruguay Round*, la réduction négociée de ces droits était en moyenne de 36 %, avec un minimum de 15 % par ligne tarifaire sur une période de 6 ans à compter de 1995 pour les pays développés, et de 24 % pour les pays en développement, avec un minimum de 10 % par ligne tarifaire sur une période de 10 ans (1995-2005). Les pays les moins avancés n'étaient pas tenus de réduire leurs droits.

L'accord sur l'agriculture prévoyait deux adaptations ou atténuations au processus de tarification :

- Une clause de sauvegarde spéciale a été prévue.

Cette sauvegarde permet aux pays d'appliquer un droit additionnel, en sus de celui applicable sur un produit, lorsque les importations de ce produit augmentent brusquement au-delà d'un certain seuil (volume de déclenchement) ou quand le prix à l'importation de ce produit chute au-dessous d'un certain seuil (prix de déclenchement). Selon l'OMC, 38 pays ont mis en jeu cette clause de sauvegarde spéciale à l'agriculture concernant, pour chacun d'eux, un nombre limité de produits.

- Le régime du traitement spécial.

Une exemption à la suppression des restrictions quantitatives a toutefois été négociée à la fin de l'*Uruguay Round*, pour tenir compte des réticences de certains pays à libéraliser le commerce de certains produits particulièrement sensibles (régime dit du traitement spécial). Le maintien de restrictions non tarifaires est subordonné à la condition que les restrictions contingentaires d'importation soient progressivement relâchées.

Quatre pays ont utilisé cette disposition pour maintenir leurs restrictions quantitatives : le Japon, la République de Corée et les Philippines (pour le riz), Israël (pour la viande de mouton, le lait entier en poudre et certains fromages). Depuis quelques années, le Japon et Israël ont renoncé à cette exemption. Un nouveau membre, Taïwan, a recouru au traitement spécial pour le riz après son accession, en 2002.

La prohibition des subventions aux exportations

L'accord sur l'agriculture interdit également en principe les subventions aux exportations de produits agricoles et organise dans l'immédiat leur réduction et leur consolidation. Au titre de l'*Uruguay Round*, les pays membres doivent réduire à la fois le volume des exportations subventionnées et les dépenses liées aux subventions à l'exportation.

Les pays industrialisés ont réduit de 21 % le volume des exportations subventionnées, et de 36 % leurs dépenses relatives aux subventions à l'exportation, sur une période de 6 ans, par comparaison à la période de référence 1986-1990.

Les pays en voie de développement ont réduit de 14 % le volume des exportations subventionnées et de 24 % les dépenses de subventions à l'exportation, sur une période de 10 ans.

Les pays les moins avancés ne sont pas tenus d'opérer des réductions de subvention.

Enfin, il est interdit d'introduire des subventions aux exportations pour les produits agricoles qui ne bénéficiaient pas de telles subventions au cours de la période de référence 1986-1990.

La réglementation des mesures de soutien interne : les boîtes de couleurs

Outre leur charge financière, le principal reproche adressé aux mesures de soutien interne, telles que les subventions à la production et les mesures de soutien des prix, est qu'elles incitent les agriculteurs à produire plus et conduisent à la surproduction. La conséquence en est la réduction des importations (ce qui est l'effet recherché) et la baisse des cours mondiaux (ce qui est un effet non désiré). Pour les pays exportateurs, cette baisse des cours mondiaux accroît alors la nécessité de subventionner les exportations, pour parvenir à maintenir et développer les débouchés sur un marché mondial déprimé. La baisse des cours mondiaux peut aussi inciter à vendre les excédents à des prix de *dumping*, ce qui accentue encore plus la baisse des cours, *etc.*

C'est la raison pour laquelle il a été jugé indispensable de discipliner les mesures de soutien intérieur.

L'idée de base qui a présidé aux négociations consistait à distinguer trois catégories de mesure de soutien, à l'image des feux de circulation :

- Subventions de la catégorie verte, sans effet sur la production. Elles sont dites « découplées » et sont autorisées.
- Subventions de la catégorie orange, à effet plus ou moins direct sur la production. Elles sont tolérées, mais doivent être réduites (orange = ralentir).
- Subventions de la catégorie rouge, à effet direct sur la production. Elles sont dites « couplées » (sous-entendu à la production) et doivent être interdites.

Telle était l'idée de base. Mais, en matière agricole, les solutions sont rarement aussi simples, compte tenu des intérêts divergents des pays et des compromis qui doivent être trouvés pour parvenir à un arrangement acceptable. Le fait le plus remarquable est que, finalement, aucune catégorie « rouge » n'a été mise en place. L'accord signé n'en fait pas mention. En outre, les soutiens internes relevant de la catégorie orange sont interdits dès lors qu'ils excèdent les niveaux prévus par les engagements de réduction. Enfin, une catégorie (bleue) a été créée qui concerne spécifiquement les aides liées à des programmes de limitation de la production.

En définitive, l'accord effectivement signé distingue trois catégories de mesures de soutien (dites « boîtes ») :

- La **« boîte verte »** (*Green Box*)

Pour qu'une subvention entre dans la catégorie verte, ses effets de distorsion sur les échanges doivent être nuls ou minimes. Elle doit être financée par des fonds publics et non en imposant aux consommateurs des prix plus élevés. Elle ne doit pas non plus apporter un soutien des prix.

Il s'agit généralement de programmes qui ne visent pas des produits particuliers et qui comportent un soutien direct du revenu des agriculteurs, sans lien avec les niveaux de production ou les prix en vigueur. Ces subventions peuvent aussi prendre la forme de programmes de protection de l'environnement et de programmes de développement régional. Tous ces soutiens sont qualifiés de « découplés », c'est-à-dire sans effet sur la production et les prix.

Les subventions de la catégorie verte sont autorisées sans restriction.

- La « **boîte orange** » (*Amber Box*)

Elle correspond à des mesures de soutien interne, qui ont des effets de distorsion sur la production et les échanges. Il s'agit, notamment, des mesures de soutien des prix ou des subventions directement liées aux quantités produites.

Ces mesures de soutien sont plafonnées. Un soutien maximum est autorisé :

- Pour les pays développés, à un maximum de 5 % de la production du produit concerné chaque année.
- Pour les pays en développement, à un maximum de 10 %.

À concurrence de ce plafond dit niveau *de minimis*, expression latine qui signifie négligeable, il n'y a pas obligation de réduire ces mesures de soutien. Bien que ces mesures produisent des distorsions au niveau des échanges, ces dernières peuvent être négligées.

Les membres de l'OMC qui accordaient des soutiens excédant ces seuils sont tenus de réduire la valeur monétaire de ces soutiens. Cela a été le cas de 30 pays, si l'on compte l'Union européenne comme un seul pays membre.

Les engagements de réduction sont évalués à partir d'une « mesure globale du soutien totale » (MGS totale), qui englobe en un seul chiffre tous les soutiens accordés (soit par produit, soit autrement, par exemple sous forme de bonifications d'intérêt). Dans le cas de soutien par le prix de tel ou tel produit particulier, l'évaluation la plus fiable de l'importance du soutien est obtenue en multipliant l'écart entre le prix administré et le prix du marché mondial par les quantités produites de chaque produit concerné (disposant de ce soutien). Cette subvention implicite est ajoutée aux autres formes de subvention (explicites) à la production.

Lorsque, pour un produit, le calcul de la subvention implicite par les prix ne peut pas être réalisé, on l'évalue à partir des dépenses budgétaires que les pouvoirs publics consacrent au soutien du produit considéré (c'est ce qu'on appelle la « mesure équivalente du soutien » ou MES). Dans tous les cas, la MGS ou la MES est comparée au seuil accepté (*de minimis* de 5 ou 10 %, selon la catégorie de pays). Si la MGS ou la MES dépasse le *de minimis*, elle est intégrée à la MGS totale. Aux termes de l'accord d'Uruguay, les pays dépassant le seuil devaient alors réduire la valeur monétaire globale de leur soutien de 20 % sur 6 ans (pays développés), et de 13 % sur 10 ans (pays en développement).

• La **« boîte bleue »** (*Blue Box*)

Cette catégorie inclut des aides fondées sur les surfaces, les rendements ou le nombre de têtes, et qui sont liées à un programme de limitation de la production, par exemple sous la forme de la mise en place de quotas.

Les soutiens inclus dans la boîte bleue correspondent à des aides qui sont « couplées », puisqu'elles sont calculées par rapport à la production. De ce fait, elles devraient logiquement être soumises à limitation, mais elles ne le sont pas, parce qu'elles sont accordées aux agriculteurs sous condition qu'ils limitent leur production sous condition qu'ils limitent leur production (elles sont inversement couplées).

Créée à la demande des États-Unis et de l'Union européenne, cette catégorie de dépenses n'entre pas dans la détermination de la MGS totale. L'argument qui justifie cette exemption se fonde sur le fait que ce type de soutien contribue à réduire la surproduction et rend moins nécessaire les subventions aux exportations ou les ventes à prix de *dumping*. Initialement, ces aides devaient être temporaires, l'existence de la boîte bleue étant tolérée jusqu'à la fin 2003 (clause de paix), date à laquelle les aides qu'elle contient devaient basculer soit dans la boîte verte, soit dans la boîte orange. Aucun progrès n'ayant pu être réalisé quant à l'utilisation ou au plafonnement de la boîte bleue, celle-ci a été prorogée en 2004, sans date butoir. Toutefois, son existence est précaire, dans la mesure où de nombreux pays militent en faveur de sa suppression (inclusion dans la boîte orange) ou de sa réduction drastique (proposition Stuart-Harbinson).

Accord sur les mesures sanitaires et phytosanitaires

Un dernier acquis des négociations d'Uruguay en matière agricole a été *la signature d'un accord sur les mesures sanitaires et phytosanitaires*. Cet accord est entré en vigueur en même temps que l'OMC (en 1995). L'objectif est de permettre aux pays de garantir la santé des consommateurs et des animaux et de préserver les végétaux, sans que les dispositions prises nationalement soient détournées à des fins protectionnistes. L'accord impose notamment une obligation de transparence. Les pays sont tenus de notifier toute modification des prescriptions prises dans ce domaine. Un Comité des mesures sanitaires et phytosanitaires surveille le respect de l'accord et, en cas de litige, la procédure normale de règlement des différends est utilisée.

Une conséquence directe de la conclusion de l'accord sur l'agriculture est que l'Union européenne a dû réformer sa Politique agricole commune (PAC) en profondeur, et ceci dès 1992.

La PAC, telle qu'elle avait été mise en œuvre depuis le Traité de Rome, visait à maintenir le revenu des agriculteurs européens à un niveau rémunérateur grâce à un soutien des prix agricoles. La communauté achetait à cet effet des produits agricoles (lait, beurre…), chaque fois que le prix tombait en dessous d'un niveau d'objectif.

La conséquence de ce soutien des prix était que les prix agricoles européens étaient supérieurs aux cours mondiaux, ce qui provoquait deux difficultés :

– un manque de compétitivité, donc des difficultés à exporter ;
– un risque d'importations accru.

Pour limiter les importations, des droits de douane (appelés « prélèvements ») étaient prélevés à l'entrée des produits étrangers.

Pour faciliter les exportations, celles-ci étaient subventionnées (ces subventions étaient baptisées pudiquement « restitutions »).

Ces interventions étaient réalisées par le Fonds européen d'orientation et de garantie agricole (FEOGA). L'ancienne PAC ressemblait donc à un système d'écluses, qui compensait les différences entre le niveau des prix européens et des prix mondiaux (*cf.* figure 4.1).

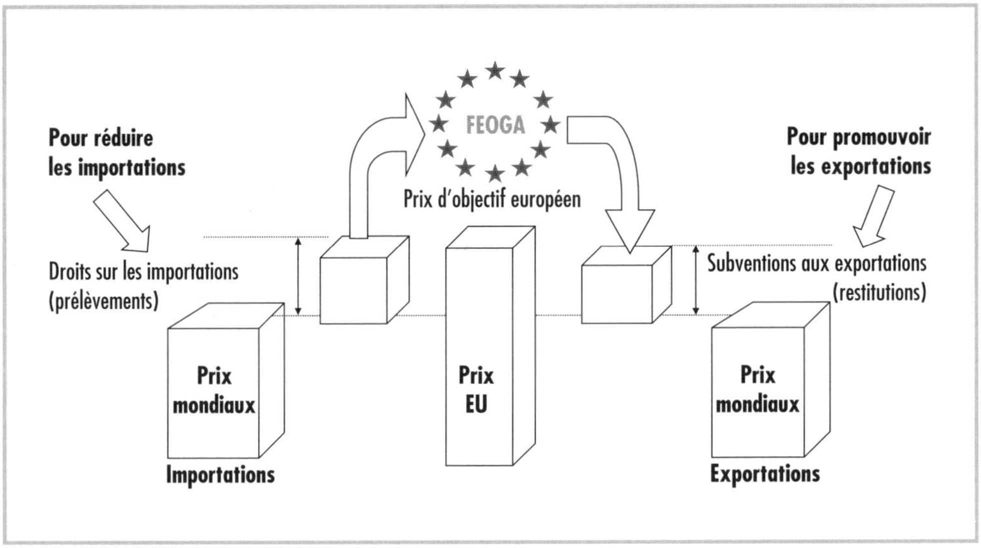

FIGURE 4.1.
L'ancienne PAC

Cette politique a dû être réformée au début des années 1990, pour deux raisons :

– D'une part, parce qu'elle était incompatible avec les nouvelles règles en cours de négociation à l'OMC et, plus précisément, avec la prohibition des subventions aux exportations de produits agricoles, qui étaient jusqu'alors tolérées.
– D'autre part, parce que cette politique était devenue un gouffre financier.

En effet, grâce à la PAC, l'Union européenne était devenue la seconde puissance agricole du monde (derrière la Chine), dégageant de forts excédents commerciaux. En un sens, la PAC était victime de son succès.

En effet, les subventions aux exportations étaient une charge pour le budget communautaire, alors que les « prélèvements » étaient une recette. Toutefois, du fait même de la PAC, les exportations (et donc les dépenses) ont progressé plus vite que les importations (et les prélèvements effectués sur celle-ci, donc les recettes). L'excédent croissant de la balance commerciale des produits agricoles avait donc pour contrepartie un déficit de plus en plus important du budget communautaire, les dépenses (liées aux exportations) progressant plus vite que les recettes (liées aux importations) : + 5,2 % contre + 1,2 % entre 1960 et 1990. En 1985, les dépenses liées à la PAC représentaient près de 75 % du total du budget communautaire. Cette politique n'était donc pas soutenable financièrement.

En 1992, l'Union européenne a décidé de réformer cette politique en remplaçant le système de soutien par les prix (qui appartient à la boîte orange) par des aides financières directes, découplées ou faiblement couplées, aux agriculteurs. Les soutiens ont ainsi été transférés de la boîte orange vers la boîte verte ou la boîte bleue.

Du coup, la nouvelle PAC est devenue plus similaire à la politique agricole américaine, fondée elle aussi sur des paiements directs aux agriculteurs (appelés *Deficiency Payments*).

De manière évidente, l'*Uruguay Round* est le cycle de négociations le plus ambitieux de l'histoire. Il est douteux qu'un cycle aussi ambitieux, aussi vaste, couvrant tous les aspects du commerce international, puisse à nouveau voir le jour.

4.5.3 *Le programme de Doha pour le développement*

La tenue d'un nouveau cycle de négociations était prévue dans les Accords de Marrakech, en 1994, qui avaient conclu l'*Uruguay Round*. Une première tentative de lancement a eu lieu à Seattle en 1999, mais sans succès, les pays membres n'ayant pas pu s'entendre sur un agenda précis, c'est-à-dire dire sur les thèmes couverts par la négociation. Plusieurs causes expliquent cet échec : le clivage habituel entre les États-Unis et l'Union européenne et l'attitude plus offensive des pays en développement, soucieux de faire entendre leur voix et de ne pas se laisser imposer la volonté des grandes puissances sur quelques dossiers sensibles, tels que l'extension du champ de compétence de l'OMC sur la question des normes en matière de travail et des normes environnementales. Deux ans plus tard (novembre 2001), tirant les leçons de l'échec de Seattle, la conférence ministérielle de Doha (au Qatar) a permis de lancer ce nouveau cycle de négociations, baptisé Cycle de Doha, Cycle du millénaire, Cycle du développement ou, plus fréquemment aujourd'hui, Programme de Doha pour le Développement (PDD).

A. L'ordre du jour initial

Le Programme de Doha pour le Développement comportait au départ 21 sujets que nous pouvons regrouper en 5 catégories.

Les thèmes traditionnels de négociation

• L'agriculture, avec le renforcement des règles et la poursuite des engagements de réduction des subventions aux exportations et du soutien interne.

• Les produits industriels, avec notamment la réduction des droits de douane et l'écrêtage des pics tarifaires.

• Les négociations sur les services ont commencé dès le début de l'an 2000. L'essentiel des négociations porte sur la poursuite de la libéralisation des échanges de services et le renforcement de la transparence. Un des objectifs des négociations est d'établir des disciplines permettant d'éviter, comme c'est le cas aujourd'hui, que les réglementations domestiques ne servent de moyen de protection. L'Union européenne s'oppose à inclure dans le champ de la négociation certains services « sensibles », tels que les services audiovisuels, les services de santé ou d'éducation.

• Les droits de propriété intellectuelle, avec notamment la mise en œuvre des accords existants dans ce domaine (les TRIPs ou ADPIC : Aspects des droits de propriété intellectuels qui touchent au commerce), par exemple dans le domaine de la santé publique. Ce dossier est complexe et sensible. Il s'agit, en effet, de tenter de concilier deux exigences plutôt contradictoires :

- D'une part, répondre aux besoins sanitaires des pays membres et, notamment, de ceux des plus pauvres, confrontés à des situations d'urgences liées à la montée des épidémies (sida, tuberculose, paludisme), nécessitant un accès à des médicaments à bas coût.
- D'autre part, le respect du droit des brevets.

Les quatre sujets dits de « Singapour »

Ces thèmes ont été retenus par les ministres des pays membres de l'OMC lors de la Conférence de Singapour en 1996, comme devant constituer des dossiers clés du programme des futures négociations. Ils portaient sur les thèmes suivants : commerce et investissement, commerce et concurrence, transparence des marchés publics, facilitation des échanges. Le mandat de négociation élaboré à Singapour prévoyait que les discussions sur ces sujets débuteraient après la Conférence ministérielle de Cancún en 2003 sur la base d'un consensus élaboré lors de cette Conférence sur les modalités des négociations. Ce consensus n'a pas pu être obtenu. Les oppositions portaient non seulement sur les modalités, mais sur l'opportunité même de lancer les négociations sur ces questions. Il a donc été décidé, l'année suivante, de poursuivre les négociations sur un seul sujet, la facilitation des échanges. Les trois autres sujets ont été supprimés du Programme de Doha pour le Développement.

Les négociations visent aussi à réviser certaines règles ou procédures existantes, telles que les actions antidumping et antisubvention, le règlement des différends et la clarification des règles relatives aux accords commerciaux régionaux.

Les nouvelles questions concernaient principalement l'élargissement du champ de compétence de l'Organisation ou la conclusion de nouveaux Accords. Elles portaient principalement sur trois points :

• *Le commerce électronique.* Le Programme de travail sur le commerce électronique avait été lancé dès mai 1998, avant même le démarrage du Cycle de Doha. L'objectif est de rendre les possibilités offertes par ce commerce accessible à tous les pays et tous les types d'entreprises, en particulier aider les petites et moyennes entreprises à participer plus activement au commerce mondial.

• *La relation entre commerce et envir*onnement. Il s'agit de préciser comment les règles existantes de l'OMC peuvent être articulées aux obligations spécifiques issues des accords environnementaux multilatéraux (Protocole de Kyoto, de Montréal, COP 21, Convention de Vienne et les quelques centaines d'autres accords similaires). L'objectif des négociations est aussi d'éliminer les obstacles tarifaires et non tarifaires qui entravent le commerce des biens environnementaux (pots catalytiques, filtres, *etc.*) et d'éviter que des mesures à caractère environnemental ne soient appliquées arbitrairement, ou qu'elles ne puissent être exploitées comme des moyens de protection déguisés.

• *La promotion du développement.* Les deux tiers des pays membres de l'OMC sont des pays en développement ou des PMA. Or, de nombreux pays en développement ne parviennent pas à tirer de bénéfices de la libéralisation des échanges et de l'expansion du commerce qu'elle suscite. Certains tendent à être de plus en plus marginalisés, dans les échanges comme dans les négociations. Le Programme de Doha pour le Développement a mis à l'ordre du jour une large gamme de questions concernant les pays en développement, portant par exemple sur le libre accès des produits agricoles des PMA aux marchés des pays développés (accès en franchise de droits et de quotas) ; sur la négociation d'un mécanisme de sauvegarde spéciale en matière agricole pour les pays en développement, de façon à répondre à leurs besoins spécifiques au niveau de la sécurité alimentaire et du développement rural. Le PDD prévoit aussi une amélioration du régime du traitement spécial et différencié, le développement de l'assistance technique notamment pour renforcer les capacités commerciales des pays en développement, les transferts de technologie, *etc.*

• *Enfin, une partie de l'ordre du jour de Doha porte sur les questions relatives à « la mise en œuvre ».*

Il s'agit, en d'autres termes d'apporter des clarifications aux problèmes que les pays en développement rencontrent pour appliquer les accords existants (principalement issus des négociations d'Uruguay). Une centaine de questions ont été soulevées. Une cinquantaine d'entre elles a été résolue, certaines rapidement, d'autres plus laborieusement. Exemples :

– Comment rendre plus effective l'obligation, prévue par l'accord sur les ADPIC (TRIPs), faite aux pays développés d'inciter le secteur privé à développer les transferts de technologie vers les pays moins avancés ?

– Possibilité offerte aux pays en développement de subventionner des activités visant à réaliser « des objectifs légitimes en matière de développement » comprenant par exemple « le soutien à la croissance régionale, le financement de la recherche-développement, la diversification de la production et la mise au point et l'application de méthodes de production écologiques », *etc.*

B. Un *Round* chaotique

Le moins que l'on puisse dire est que les négociations de Doha ont été particulièrement chaotiques. Initialement, elles devaient s'achever au plus tard le 1er janvier 2005. Aujourd'hui (février 2017), 16 ans après leur démarrage et 12 ans après la date prévue de leur achèvement, il n'est pas totalement certain que les négociations soient parvenues à leur terme !

Le blocage des négociations apparaît dès septembre 2003, lors de la conférence ministérielle de Cancún, qui devait dresser le bilan à mi-parcours. Cette conférence ministérielle bisannuelle qui est l'organe de décision suprême de l'OMC s'est achevée en effet sur un échec. En l'absence d'un compromis Nord-Sud sur les questions agricoles, les pays du Sud refusent l'ouverture de négociations sur les « sujets de Singapour ». Du coup, la Conférence s'est séparée sans adopter de position commune.

Le manque de volonté politique des pays membres pour rapprocher leurs points de vue, les dissensions sur les questions agricoles et sur les questions de Singapour (notamment entre pays développés et pays en développement) expliquent en grande partie cet échec.

La négociation est relancée en 2004. Lors de la Conférence de Hong Kong en 2005 quelques avancées sont réalisées (accord sur le coton, accord sur le principe de l'accès en franchise de droits et sans contingent au marché des pays développés pour les 32 pays membres les moins avancés), mais des blocages subsistent sur la plupart des dossiers.

En juillet 2006, le Directeur général de l'OMC, Pascal Lamy, suspendait les négociations *sine die*, les grandes puissances commerciales ne parvenant pas à trouver un accord sur les questions agricoles et, plus précisément, sur l'importance de la baisse des droits de douane et de la réduction des subventions aux exportations. Cette suspension, cinq ans après le début des négociations, c'est-à-dire au-delà même de la date à laquelle elles auraient dû s'achever « confirmait ainsi que le fiasco de la conférence de Cancún n'avait pas été un simple accident de parcours, mais le révélateur de tensions que le système de négociations ne parvenait plus à aplanir » [7, p. 8]. Les négociations reprennent pourtant en janvier 2007. Cependant, la Conférence ministérielle qui aurait dû se tenir à la fin de cette année est annulée.

Une nouvelle réunion informelle du Comité des négociations commerciales en juillet 2008 avait plutôt bien commencé. Les États-Unis et l'Union européenne avaient proposé d'importantes concessions dans le domaine agricole, mais les divergences sur plusieurs points, en particulier sur le nouveau « mécanisme spécial de sauvegarde » (MSS) pour l'agriculture, vont conduire au blocage des négociations. Le MSS est un nouveau dispositif visant à remplacer le régime spécifique de sauvegarde existant concernant l'agriculture applicable à tous les pays. Le MSS devait concerner spécialement les pays en développement. Il avait pour objectif de permettre aux pays en développement de relever temporairement leurs droits consolidés pour faire face à une poussée des importations ou à la chute des prix. Le point d'achoppement portait sur le seuil de déclenchement, c'est-à-dire le pourcentage de hausse des volumes d'importation permettant de mettre en jeu la sauvegarde et, accessoirement, sur le pourcentage maximum de hausse autorisé. Les grands pays exportateurs (les États-Unis et les membres du Groupe de Cairns, notamment l'Argentine, le Paraguay, l'Uruguay) craignaient que ce nouveau mécanisme n'entrave l'accès au marché. Ils voulaient donc un seuil de déclenchement élevé (une forte hausse des importations : 40 %). À l'inverse, les pays qui craignaient que le mécanisme soit trop restrictif et donc inopérant pour protéger leur agriculture locale (l'Inde, la Chine, les pays de la zone Afrique, Caraïbe, Pacifique, les « petites économies vulnérables ») voulaient un seuil de déclenchement bas (10 %). Même l'Union européenne était divisée sur cette question, puisque neuf pays européens (dont la France) ont affirmé leur opposition à la position défendue par le commissaire européen chargé de conduire la négociation au nom de l'ensemble de l'Union ! Constatant qu'ils n'étaient d'accord que sur l'existence de leurs désaccords, les pays membres se séparent finalement sur un nouveau constat d'échec.

Le 29 janvier 2011, lors d'une mini-réunion ministérielle informelle qui s'est tenue lors du forum de Davos, avec 24 pays incluant les acteurs décisifs de l'économie mondiale (États-Unis, Union européenne, Japon, Chine, Brésil, Inde, *etc.*), un consensus s'est dégagé pour relancer les négociations avec une nouvelle feuille de route : rédaction des projets d'accord sur les questions en suspens d'ici le mois d'avril, obtention d'un accord sur ces questions d'ici juillet et finalisation du cycle lors de la conférence ministérielle de Genève, en décembre 2011. En fait, il a fallu attendre les Conférences ministérielles de 2013 et de 2015 pour que les pourparlers aboutissent à des résultats sur une fraction seulement de l'agenda.

C. Des résultats limités : les accords de Bali (2013) et de Nairobi (2015)

Les accords de Bali

Les échecs à répétition ont fini par mettre en doute la capacité de l'OMC à faire vivre un ordre commercial multilatéral et à en adapter les règles à l'évolution du monde. En somme, il devenait évident, après la déconvenue de la Conférence de 2011, qu'un nouvel échec risquait de mettre en danger l'Organisation elle-même et le multilatéralisme. Pourtant un certain nombre de progrès avaient été accomplis en 2011. Pour tenter de sauver le Cycle de Doha, la décision a été prise d'adopter une nouvelle méthode de négociation.

Jusqu'alors, le principe était celui de « l'engagement unique », c'est-à-dire celui d'un accord complet, portant sur la totalité des questions à l'ordre du jour de la négociation, dans lequel « rien n'est conclu tant que tout n'est pas conclu ». L'objectif de cette règle est de faciliter l'émergence de concessions mutuelles et croisées et de favoriser les compromis : « Chaque pays arbitre plus aisément entre les différents thèmes : céder sur certains points pour mieux résister sur d'autres » [7, p. 11] ou faire des concessions sur certains points désavantageux pour obtenir des avantages sur d'autres points. Toutefois, les négociations de Doha ont montré que cette méthode, qui implique un accord global sur un agenda large pouvait aussi provoquer des blocages. Du coup, les pays membres ont décidé de mettre à l'ordre du jour de la Conférence de Bali des questions sur lesquelles la probabilité de trouver rapidement un accord était la plus élevée, étant entendu que le reste de l'agenda de Doha pourrait être négocié de manière distincte ultérieurement. L'idée était de parvenir à un accord "*low-hanging fruits*" : cueillir d'abord les fruits les plus bas de l'arbre, ceux qui peuvent être ramassés le plus facilement, ce qui suggère que les autres pourraient – dans l'avenir – être de plus en plus difficiles à atteindre.

Un accord a ainsi pu être obtenu sur trois points :

• *Accord sur la facilitation des échanges (AFE)*, qui consiste à réduire la bureaucratie aux frontières (simplifier les procédures, réduire le nombre de documents, accélérer le passage des produits en douane, *etc.*), avec des échéances plus longues données aux pays en développement et aux PMA pour qu'ils se mettent en conformité. Cet accord est entré en vigueur en février 2017, plus des deux tiers des pays membres l'ayant ratifié. Nous avons pu constater précédemment (paragraphe 3.4.4) l'importance des obstacles aux échanges qu'exercent ces entraves bureaucratiques. L'accord sur ce point n'est donc pas négligeable.

• *Dans le domaine de l'agriculture*, la possibilité a été offerte à titre temporaire aux gouvernements des pays en développement (conduits par le G-33, groupe de 33 pays en développement mené par l'Inde) de constituer des stocks de denrées de base pour des raisons de sécurité alimentaire, y compris à des prix administrés supérieurs aux prix de marché pour pouvoir ensuite les revendre à bas prix aux populations, ce qui équivaut à subventionner la production nationale.

• *Concernant le développement*, les pays moins avancés obtiennent une possibilité étendue d'accès « libre de droits et de contingents » aux marchés des économies avancées.

Les accords de Nairobi

La procédure de négociation sur une fraction seulement de l'agenda de Doha qui avait prévalu à Bali (possibilité de conclure des accords partiels) est reprise lors de la Conférence de Nairobi en décembre 2015. Les principaux résultats obtenus sont les suivants :

• « Concurrence à l'exportation » dans le domaine agricole. Cette décision couvre plusieurs aspects :

– *Suppression des subventions*. La décision prévoit l'élimination des subventions à l'exportation des produits agricoles selon un calendrier différent selon les catégories de pays : dès le 31 décembre 2016 pour les pays développés, fin 2018 pour les pays en développement, avec un délai supplémentaire jusqu'en 2022 ou 2023 pour certains d'entre eux et certains types de subventions (au transport et à la commercialisation par exemple) et jusqu'à 2030 pour les PMA. Des dispositions spéciales sont prévues pour les subventions à l'exportation du coton.

– *Les crédits à l'exportation sont désormais encadrés* en termes de durée (18 mois maximum), de tarification, d'équilibre financier. L'application est immédiate pour les pays développés. Un délai additionnel de 4 ans est laissé aux pays en développement pour se mettre en conformité.

– L'aide alimentaire fait l'objet de recommandations non contraignantes, l'objectif étant, par exemple, que l'aide alimentaire ne provoque pas d'effets indésirables sur les marchés locaux.

• La nécessité et le principe général du mécanisme de sauvegarde spéciale (MSS) en matière agricole – destiné aux pays en développement – sont reconnus. En revanche, les modalités précises du mécanisme, qui avait parasité les négociations à partir de 2008, n'ont pas été arrêtées, si ce n'est que le déclenchement du MSS pourrait ne pas être basé uniquement sur l'accroissement du volume des importations, mais qu'il puisse aussi tenir compte de l'évolution des prix. On vérifie bien, comme c'est souvent le cas, que « le diable est dans les détails ». Donc sur ce point, il n'y a pas vraiment eu de progrès.

• La Conférence de Nairobi a également finalisé la révision de l'accord de 1996 sur les technologies de l'information (ATI). L'ATI est un accord plurilatéral (qui n'engage que les pays qui l'ont signé), comptant initialement 29 pays membres et qui en compte aujourd'hui 82, représentant 97 % des échanges mondiaux de ces produits. À la Conférence de Nairobi, 53 parmi les 82 pays signataires ont décidé d'élargir le champ d'application de l'accord à 201 produits supplémentaires. La mise en œuvre de l'accord révisé entraînera la suppression de droits de douane sur des échanges commerciaux de ces 201 produits de haute technologie et la consolidation des droits à zéro (semi-conducteurs de dernières générations, navigateurs GPS, matériels médicaux dont imagerie médicale, machines-outils pour la fabrication de circuits imprimés, télécommunications par satellites, écrans tactiles, téléphones mobiles, consoles de jeux, lecteurs de CD ou de DVD, appareils photo ou caméras vidéo numériques, *etc.*). Le montant total des échanges mondiaux de ces produits représente chaque année environ 1 300 milliards de dollars. La suppression des droits sur ces produits bénéficiera aux consommateurs et aux utilisateurs de ces biens.

• Quelques précisions ont été apportées en ce qui concerne les modalités de mise en œuvre effective d'un régime de traitement préférentiel pour les services et fournisseurs de services des pays les moins avancés dont le principe avait été adopté lors de la Conférence de décembre 2011.

L'accord de Nairobi a été salué comme un « accord historique ». Il l'est sans doute au sens où c'est le premier accord (avec Bali) qui se soit traduit par quelques résultats. Il ne l'est assurément pas par l'importance des résultats. Il s'agit plutôt d'un "*Doha light*", d'un accord *a minima*, si nous rapportons les résultats obtenus à l'ampleur et l'ambition de l'agenda initial du Programme de Doha pour le Développement. Au titre des résultats tangibles, nous ne trouvons guère que l'Accord sur la facilitation des échanges, la révision de l'ATI et la concurrence à l'exportation. Chacun ne constitue qu'une fraction de tel ou tel des 21 points de l'agenda de départ. Dans l'immédiat, l'essentiel de ce qui était visé est acquis : sauver la face en faisant en sorte que l'issue du Cycle de Doha ne se réduise pas à « un ensemble vide ».

4.6 DEUX ACTIVITÉS MAJEURES DE L'OMC : LE RÈGLEMENT DES DIFFÉRENDS ENTRE LES ÉTATS ET LA SURVEILLANCE DES POLITIQUES COMMERCIALES

À côté des négociations commerciales, ces deux autres aspects essentiels de l'activité de l'OMC ne sont pas des innovations. Ils existaient déjà dans le cadre du GATT. La procédure de règlement des différends a cependant été considérablement améliorée, au point que l'on peut considérer ce changement comme l'une (voire la) principale amélioration liée à la mise en place de l'OMC.

4.6.1 *La nouvelle procédure de règlement des différends*

En comparaison de ce qu'il était dans le cadre du GATT, le règlement des différends de l'OMC est à la fois plus rapide, plus automatique et moins exposé au risque de blocage de la part d'un pays membre.

En effet, à ce niveau, l'innovation majeure introduite par la nouvelle procédure réside dans l'inversion de l'ancienne règle de décision du GATT. De notre point de vue, cette inversion est une des principales différences, voire la différence la plus importante entre le GATT et l'OMC.

Dans l'ancienne procédure du GATT, une décision prise par l'Organe de règlement des différends (ORD) ne pouvait être appliquée que par consensus, c'est-à-dire si toutes les parties contractantes étaient d'accord pour la mettre en application. Chaque pays, y compris les pays impliqués dans le conflit, avait donc un droit de veto et pouvait bloquer cette décision.

Il suffisait donc au pays qui n'obtenait pas gain de cause de refuser la décision pour que celle-ci fût bloquée et ne fût pas applicable. On comprend donc que l'action du GATT dans ce domaine ait été totalement paralysée et, finalement, délaissée.

Aujourd'hui, dans la nouvelle procédure de règlement des différends de l'OMC, une recommandation ou une décision de l'ORD ne peut être refusée que si un consensus se manifeste contre elle, autrement dit s'il n'y a personne pour la défendre (« consensus négatif »).

En outre, une procédure précise, quasi judiciaire et comportant différentes étapes (avec des délais précis pour chacune d'elles), a été mise en place, pour assurer une résolution efficace des différends. Ces délais maximums évitent les manœuvres dilatoires : ils éliminent la possibilité pour les parties de faire traîner la procédure. De même, chaque partie dispose désormais de la possibilité de faire appel (*cf.* encadré 4.4).

ENCADRÉ 4.4. LA NOUVELLE PROCÉDURE DE RÈGLEMENT DES DIFFÉRENDS

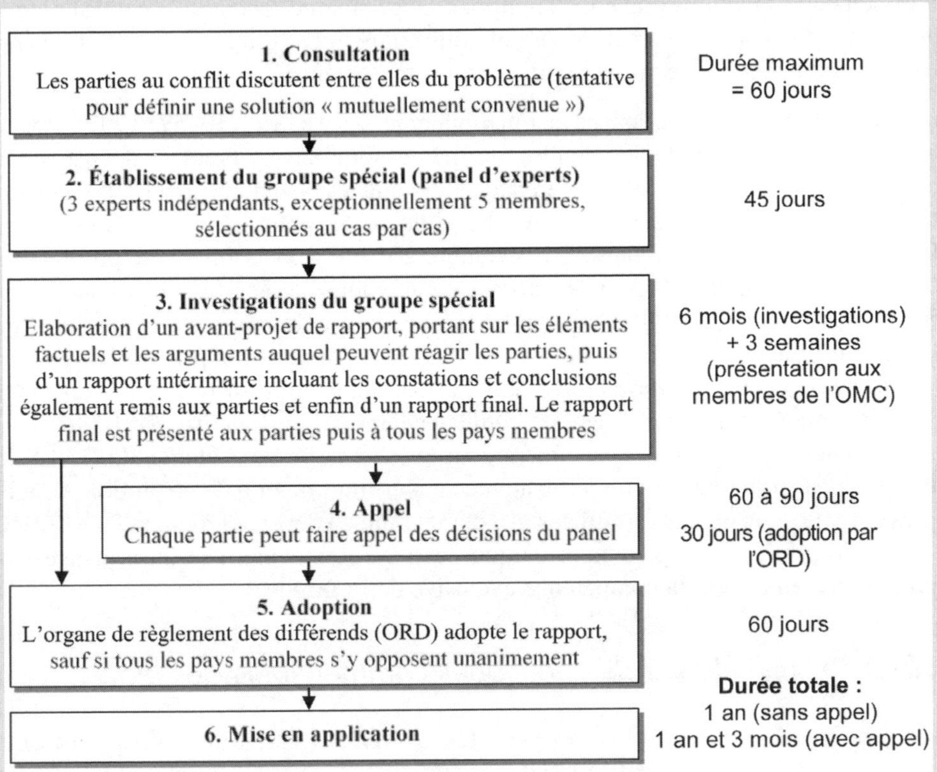

Seul l'ORD, composé de tous les pays membres, habituellement représentés par des ambassadeurs ou des fonctionnaires de rang équivalent, a compétence pour prendre une décision en acceptant le rapport du groupe spécial ou le rapport d'appel, mais aussi pour en contrôler l'application. Lui seul peut autoriser des mesures de rétorsion, lorsque ses décisions ne seront pas appliquées. On observera, toutefois, que le dispositif mis en place ne va pas jusqu'à conférer à la nouvelle organisation cet attribut essentiel de la souveraineté nationale qu'est le pouvoir de sanctionner.

Le pays perdant doit notifier son intention de mettre en application les décisions ou recommandations contenues dans le rapport du groupe spécial ou le rapport de l'Organe d'appel dans les 30 jours après l'adoption du rapport. En cas d'impossibilité de se conformer à la décision, le pays peut obtenir un délai « raisonnable » pour le faire. S'il ne s'exécute pas dans ce délai, un délai supplémentaire de 20 jours lui est laissé pour négocier des compensations avec le (ou les) pays plaignants, par exemple sous forme d'abaissement des droits de douane. Si aucune modalité mutuellement acceptable n'est trouvée dans les 20 jours, la partie qui a obtenu gain de cause demande l'autorisation à l'ORD d'appliquer des sanctions. Ce n'est donc pas l'OMC elle-même qui sanctionne. Elle se contente d'encadrer et de réglementer l'application des sanctions par le plaignant.

En principe, les sanctions doivent s'appliquer dans le même secteur que celui sur lequel porte le conflit, sauf si ceci est impossible ou difficilement praticable. Le but de cette disposition est d'éviter de propager un conflit d'un secteur à un autre.

Pendant les deux premières années de fonctionnement de l'OMC (1996 et 1997), 100 cas ont été résolus par l'ORD, exactement le même nombre que pendant les 49 années d'existence du GATT, avec une différence : alors que les décisions prises à l'époque du GATT sont toutes restées sans effet, les décisions prises pour les 100 cas tranchés par l'OMC ont toutes été appliquées. En novembre 2015, le 500e conflit a été porté devant l'ORD et, à ce jour, plus de 350 décisions ont été rendues. L'accroissement du nombre des affaires soumises à l'ORD ne signifie nullement que le nombre des conflits commerciaux est plus élevé aujourd'hui qu'autrefois. C'est plutôt l'expression du fait que la nouvelle procédure est devenue crédible, et qu'elle est plus utilisée que l'ancienne. Bref, cela témoigne d'une plus grande confiance dans le nouveau dispositif. Plutôt que de se faire justice eux-mêmes, comme c'était le cas à la fin de l'époque du GATT, les pays membres préfèrent s'en remettre au mécanisme multilatéral de résolution, dont les règles et l'efficacité ont été renforcées. Au demeurant, en devenant membres de l'OMC, en vertu du principe d'engagement unique, les pays renoncent à se faire justice eux-mêmes et reconnaissent la compétence exclusive de l'ORD.

4.6.2 *La surveillance des politiques commerciales des États*

Pour achever cette présentation des activités de l'OMC, il faut ajouter qu'une autre mission essentielle de l'Organisation est de surveiller les politiques commerciales des États.

Le mécanisme d'examen des politiques commerciales (MEPC) avait été institué à titre provisoire, dans le cadre du GATT, en 1989, au moment de l'examen à mi-parcours de l'*Uruguay Round*. Aujourd'hui, ce dispositif fait partie intégrante du système de l'OMC et il couvre tous les champs de compétence de l'OMC (industrie, agriculture, services, TRIMs, TRIPs, *etc.*). L'objectif du MEPC est d'accroître la transparence sur les pratiques et les politiques commerciales des États membres et d'assurer une application plus stricte des règles, sans recourir à la contrainte – puisque l'OMC n'en a pas le pouvoir –, mais en accentuant la pression sur les États, afin de les y inciter.

À cet effet, la politique commerciale des États membres est soumise à un examen périodique effectué par l'Organe d'examen des politiques commerciales (OEPC) qui n'est autre que le Conseil général de l'OMC, composé de tous les membres de l'OMC, travaillant selon des règles et procédures spéciales. La périodicité de cet examen varie selon les pays : tous les deux ans pour les quatre pays à plus forte contribution au commerce mondial : l'Union européenne, la Chine, les États-Unis et le Japon ; les 16 pays suivants sont « examinés » tous les quatre ans, les autres tous les 6 ans. La réforme adoptée en décembre 2016 a modifié cette périodicité et l'a portée respectivement à 3, 5 et 7 ans pour tenir compte de l'accroissement du nombre de pays membres. Cette disposition entrera progressivement en application à compter de 2019.

Concrètement, des investigations sont réalisées par l'OMC. L'examen se fonde, d'une part, sur un rapport que tout pays membre est tenu de fournir concernant sa politique commerciale et de renseignements qui peuvent lui être demandés et, d'autre part, d'informations obtenues suite à des visites dans le pays membre. Ce rapport est publié immédiatement après l'examen, décrivant en détail les pratiques et politiques du pays. Dans l'hypothèse où l'examen révélerait des violations des règles, aucune sanction n'est prise, l'OMC, rappelons-le, ne disposant pas de ce pouvoir. Bien que le rapport ne soit pas « destiné à servir de base pour assurer le respect d'obligations spécifiques découlant des accords ni pour des procédures de règlement des différends ni à imposer aux membres de nouveaux engagements en matière de politique », sa publication exerce une pression efficace sur le pays concerné, car elle risque de susciter des représailles ou des plaintes auprès de l'ORD. Le MEPC joue donc un rôle préventif. Il incite les pays à mieux respecter les règles et les engagements qu'ils ont pris. Il réduit, de ce fait, les risques de conflits commerciaux. Le MEPC est une bonne illustration des moyens par lesquels l'OMC, bien que dépourvue du pouvoir de sanctionner les violations des règles, parvient cependant à amener ses membres à les respecter.

4.7 L'OMC, UNE ORGANISATION SUJETTE À CONTROVERSES

L'OMC fait l'objet de multiples critiques qui sont quasiment les mêmes que celles qui ont été – de façon plus confidentielle, mais non moins virulente – adressées au GATT pendant ses dernières années d'existence.

L'OMC est souvent présentée comme une organisation tentaculaire toute puissante dont la mission est d'imposer le libre-échange aux États. Cette « machine » technocratique, aux pouvoirs réputés colossaux, est fréquemment considérée comme le symbole ou comme le promoteur de la globalisation. Pour les défenseurs des souverainetés nationales, l'OMC serait dangereuse parce qu'elle aurait la capacité de dicter aux États une volonté d'autant plus inquiétante que son champ de compétence et d'action est mondial. Pour d'autres, il s'agirait d'un instrument de la domination des pays industrialisés sur les PVD, une sorte de « club des pays riches » exploitant les pays pauvres et accaparant les bénéfices du commerce mondial. En Europe et plus spécialement en France l'Organisation est également vue comme un relais par lequel l'économie américaine imposerait aux autres nations une ouverture forcée de leur économie (particulièrement dans le domaine de l'agriculture, de l'audiovisuel, des services financiers, de l'aéronautique). Ces critiques discordantes sont toutefois unanimes pour dénoncer le caractère antidémocratique de l'OMC.

Que peut-on penser de ces critiques ? Examinons ces principaux reproches.

4.7.1 *Une organisation toute puissante, castratrice des États ?*

L'OMC n'a rien à voir avec une gigantesque machine bureaucratique, si l'on en juge à sa taille. C'est une petite organisation comptant 634 salariés, ce qui est un faible effectif comparé aux autres organisations économiques et financières internationales (le FMI en compte de 4 fois plus). Le budget total de l'OMC (197 millions de francs suisses) ne représente guère plus du quart de celui du *World Wildlife Fund* (WWF), l'une des plus petites organisations internationales. Le GATT, dont l'OMC a repris l'essentiel des caractéristiques et qui recevait déjà la même critique, n'était même pas une organisation, mais un simple accord multilatéral de commerce géré par une commission intérimaire et administré par un petit secrétariat.

Aujourd'hui avec l'OMC comme hier avec le GATT, l'action de ces institutions ne vaut que par la volonté des ceux qui en sont membres. Dans quasiment tous les domaines – à l'exception notable du règlement des différends commerciaux entre les États – l'OMC n'a pas la capacité d'imposer « ses décisions » aux États membres. L'Organisation n'a pas de pouvoir ni de volonté propre distincte de celle des pays qui la composent et la presque totalité des décisions est prise par consensus : les pays négocient jusqu'à ce qu'il n'existe plus d'opposition irréductible au projet de la part de l'un des 164 membres, ce qui équivaut à prendre les décisions à l'unanimité. Nous sommes donc loin de l'organisation réputée toute puissante, « castratrice des États-nations », capable d'imposer ses diktats ou celui de l'une de ses nations constituantes, fut-elle la plus puissante.

En réalité, du fait de ses caractéristiques issues de son histoire particulière (caractère exceptionnel du vote, décision par consensus, héritage du mode de fonctionnement du GATT), l'OMC est aujourd'hui plus proche d'un théâtre de confrontation et de conciliation des intérêts nationaux que d'une instance de régulation supranationale. Il est d'usage de résumer cette idée en disant que l'OMC est une "*Member-driven, Organization*", c'est-à-dire une organisation contrôlée et pilotée par ses membres et totalement dépendante de ceux-ci.

L'exception la plus notable à cette limitation du pouvoir de l'Organisation face aux États qui le constituent concerne la résolution des conflits commerciaux entre États membres. Comme nous l'avons vu précédemment, le mécanisme de « règlement des différends » a été réformé dans le sens du renforcement du pouvoir de l'Organisation (inversion de la règle de consensus), mais cette réforme n'a pas été jusqu'à conférer à l'OMC le pouvoir de sanctionner. Même en matière de règlement des différends, l'OMC n'a pas de pouvoir d'imposition, de coercition ou de subordination. Elle ne peut pas contraindre un État membre à faire ou ne pas faire, ni, *a fortiori*, se substituer à lui. Au terme de la procédure, le seul pouvoir de l'OMC se limite uniquement à autoriser le pays lésé à riposter, sous la forme de retrait de concessions antérieures ou en autorisant des représailles. L'Organisation ne dispose donc pas des moyens propres qui lui permettraient de contraindre les états récalcitrants au respect des disciplines collectives. La sagesse de chacun est assurée non par la crainte du gendarme OMC, mais par la crainte des ripostes des autres pays membres.

Le fait que ces sanctions décidées nationalement soient prises dans le cadre de règles multilatérales et d'un dispositif juridictionnel international réduit toutefois les risques de dérives et d'escalade dont l'expérience des années 1930 a montré qu'elles peuvent dégénérer en guerres commerciales dévastatrices.

4.7.2 *Une organisation au service du libre-échange ?*

La dépendance de l'OMC et la limitation de ses pouvoirs vis-à-vis des souverainetés nationales sont des arguments simples et peu discutables justifiant le diagnostic selon lequel l'OMC n'est pas ce que l'on croit généralement. Ce n'est pas – mieux : ce ne peut pas être – l'instrument destiné à promouvoir le libre-échange sous l'effet d'une préférence inconditionnelle de doctrine et à l'imposer aux États. Par nécessité, l'OMC aujourd'hui, pas plus que le GATT hier, ne peut être plus libre-échangiste que ne le sont les pays membres ou, ceux du moins qui jouent le rôle le plus actif dans les négociations. Or, manifestement, si les gouvernements sont parfois libre-échangistes en paroles, leurs actions sont souvent en contradiction avec leur discours.

Comme le souligne P. Messerlin, les rédacteurs de l'Accord général ont fait preuve en 1947 d'un grand pragmatisme. « En économistes et politiques avisés, (ils) étaient convaincus, à la fois des bienfaits économiques de la libéralisation des échanges et de l'impossibilité politique d'imposer le libre-échange à des États souverains » [3]. Aussi, les règles instituées par l'Accord général comportaient-elles dès le départ, et de plus en plus fréquemment par la suite, des exceptions qui atténuaient leur rigueur (clause de sauvegarde, régime spécial pour l'agriculture, traitement spécial et différencié à l'égard des pays en voie de développement, *etc.*). Cette philosophie inspire encore aujourd'hui l'action de l'OMC, même si cette dernière témoigne d'un souci plus clairement affiché d'éviter le développement de la « zone grise », c'est-à-dire l'extension de pratiques dont la compatibilité est douteuse avec les principes et les règles multilatérales que l'Organisation est chargée de défendre.

Au niveau même des objectifs affichés, l'OMC ne vise pas à instaurer le libre-échange (c'est-à-dire la suppression totale des restrictions au commerce), mais à œuvrer à la libéralisation négociée des échanges (abaissement, mais pas nécessairement suppression, des obstacles au commerce), en instaurant un cadre d'échanges multilatéral, non discriminatoire et en s'efforçant de limiter les barrières commerciales aux seules formes de protection transparentes, c'est-à-dire explicites, visibles et aisément quantifiables (essentiellement les droits de douane). L'expression « libre-échange » ne figure d'ailleurs ni dans l'Accord général ni dans l'Acte final de l'*Uruguay Round*. Ces textes ne disent rien sur le niveau de protection qu'un pays doit imposer à son économie. Cette décision appartient au pays signataire et à lui seul.

En diverses circonstances, l'OMC autorise même les États à adopter des mesures de protection de leur économie, y compris sous la forme de restrictions quantitatives, certaines à titre temporaire (exemples : clause de sauvegarde, agriculture), d'autres de façon permanente (exception de sécurité). Quelques rares auteurs – dont nous sommes – en viennent à considérer l'OMC, non pas comme le bras armé du libre-échange, mais comme une « machine à négocier » dont la mécanique, de type mercantiliste, est mise au service de l'objectif de libéralisation des échanges. Cette opinion est argumentée notamment par P. Krugman [2, p. 24], pour qui la doctrine du GATT et de l'OMC est un « mercantilisme éclairé ». Cette version particulière du mercantilisme est fondée sur les trois postulats :

1. Les exportations sont un bien.

2. Les importations sont un mal.

3. Toutes choses égales par ailleurs, une augmentation égale des importations et des exportations est un bien.

« C'est un mercantilisme en ce qu'elle présuppose que chaque pays, qui a en vue son propre intérêt, souhaite subventionner ses exportations et freiner ses importations. Mais il est éclairé en ce sens qu'il reconnaît que si chacun agissait ainsi, la situation générale se dégraderait et qu'il est bon que chacun admette une expansion des échanges en acceptant les exportations de ses partenaires ».

Aussi, chaque nation est-elle amenée à faire des concessions et réduire ses barrières aux échanges, non pas pour bénéficier d'importations à meilleur marché (tel serait l'argument d'un libre-échangiste convaincu), mais pour pouvoir exporter plus, pour bénéficier, par réciprocité, de plus vastes débouchés à l'exportation grâce à une moindre protection dans les pays partenaires. L'âpreté des négociations et les efforts déployés par les États pour tenter de maintenir l'efficacité de leurs barrières en dépit de l'abaissement des droits de douane l'illustrent bien. On ne peut pas interpréter autrement le maintien des pics tarifaires et l'incapacité des *Rounds* successifs à les éroder.

4.7.3 *Une organisation antidémocratique ?*

Cette critique est à la fois vraie et fausse.

Elle est vraie, dans la mesure où elle dénonce le manque de participation de la « société civile » au fonctionnement de l'organisation, ce qui est absolument incontestable. Seuls les représentants des États membres participent aux négociations.

Mais sur le plan du mode de décision, cette critique est inacceptable.

L'OMC fonctionne sur le principe « un pays, une voix », contrairement à d'autres organisations internationales, telles que le Fonds Monétaire International où la règle s'apparente plutôt à « un dollar de contribution, une voix ». Pourtant, en pratique, sauf en de rares exceptions (accession de nouveaux États par exemple), on ne vote pas. Les décisions sont prises « par consensus ». En outre, les résultats des négociations et les divers accords négociés au sein de l'OMC doivent être ratifiés par les parlements nationaux. De ce fait, la dénonciation du défaut de démocratie de l'Organisation ne peut que laisser songeur. Du point de vue des valeurs démocratiques, le fonctionnement de l'OMC est assurément le moins satisfaisant… après tous les autres.

Une autre forme possible de cette critique consiste à dire que l'égalité des droits des pays membres est formelle et non réelle. Le fait que chaque pays membre dispose de l'équivalent d'un droit de veto n'empêche pas que les pays soient très inégaux au niveau de leurs pouvoirs dans les négociations. En somme, si les membres sont égaux en droit, « certains seraient plus égaux que d'autres », pour reprendre l'expression humoristique de George Orwell. Cependant à qui peut-on en imputer la responsabilité ? Peut-on déduire que l'OMC est antidémocratique du simple fait qu'existent des inégalités dans le monde ?

La seule critique admissible est celle du manque de participation aux décisions et aux négociations des associations, des syndicats et des ONG, bien que des effets importants aient été réalisés depuis 1998 pour diffuser l'information sur l'activité de l'OMC à destination des ONG et pour faire participer celles-ci à divers symposiums et forums, y compris à l'occasion des Conférences ministérielles. Aller plus loin impliquerait d'associer les acteurs non gouvernementaux aux prises de décision, ce qui signifierait aussi renforcer l'influence des groupes de pression et renforcer le lobbying. Ce qui ne manquerait pas de soulever des problèmes :

- L'intérêt général est-il mieux défendu par l'association des groupes de pression au processus décisionnel ?
- Le lobbying est-il garant d'un fonctionnement plus démocratique ?
- Si oui, comment faut-il l'articuler avec les acteurs de la négociation et de la représentation nationale, sans handicaper la défense des intérêts nationaux correspondants et la capacité de prise de décision collective ? (Pour une présentation analytique de ces questions, *cf. infra*, chapitre 5).

Étant donné la nature même de l'Organisation et le mode de prise de décision, la pression de la rue est utile en ce qu'elle prouve le besoin d'une meilleure information, mais vise-t-elle la bonne cible en contestant la légitimité démocratique de l'OMC ?

On le voit, ces questions s'accommodent mal de la simplicité des réponses toutes faites, en forme de slogan.

4.7.4 *L'OMC, instrument de l'impérialisme américain ?*

Cette critique est développée tout particulièrement en France. C'est sans doute la plus injuste de toutes. Deux raisons à cela :

- D'une part en raison du mode de décision, soit par consensus soit par vote avec un pays une voix : Sainte Lucie compte autant que les États-Unis.
- D'autre part et surtout, contrairement à une idée reçue, l'OMC n'a pas été créée à l'initiative des États-Unis, mais à la demande de l'Union européenne et avec le soutien du Canada dans la phase finale de l'*Uruguay Round*.

Les négociations d'Uruguay ont été particulièrement âpres, opposant les USA à l'UE (et notamment à la France) sur les questions agricoles. Les États-Unis soutenus par le « groupe de Cairns », incluant l'Argentine, la Nouvelle-Zélande, l'Australie ainsi que quelques autres pays, demandaient la suppression des subventions aux exportations de produits agricoles. L'UE s'y opposait puisque cette suppression signifiait le démembrement de la PAC, basée précisément sur des subventions aux exportations et une taxation des importations. L'inscription en dernière minute à l'ordre du jour de la création de l'OMC (non prévue dans l'agenda initial de l'*Uruguay Round*) a été conçue comme un moyen de lever le blocage des négociations. L'UE a accepté de faire des concessions sur la question des subventions agricoles, à condition que les États-Unis acceptent la création de l'OMC.

Finalement, les États-Unis ont accepté le *deal*, tout en conservant une attitude critique à l'égard de l'Organisation, spécialement de la part du Congrès. Soucieux de préserver l'entière souveraineté des États-Unis en matière de politique commerciale, le Congrès américain était hostile à l'initiative européenne de mise en place de l'OMC. Pour surmonter ces réticences et obtenir la ratification, le président Clinton a dû s'engager, en novembre 1994, à mettre l'OMC sous surveillance en créant un « comité de sages », composé d'anciens juges, chargé d'apprécier, en permanence, l'équité des décisions prises par l'Organisation dans les affaires où les intérêts américains seraient impliqués. En somme, l'OMC surveille les politiques commerciales des États, mais les États-Unis surveillent l'OMC.

Cette mise sous surveillance est assortie d'une menace des États-Unis de se retirer de l'Organisation dès l'instant où ce comité prendrait trois décisions consécutives injustifiées contre les États-Unis par périodes de cinq ans ("*Three strikes and you're out*").

L'hostilité agressive du Président D. Trump à l'égard de l'OMC, qu'il qualifie de « désastre », contribue, elle aussi, à montrer que l'assimilation de l'OMC à un « relais de l'impérialisme américain » est plus qu'absurde. Elle trahit une ignorance totale des conditions dans lesquelles l'Organisation a été créée et une méconnaissance de ce qu'a été l'attitude des États-Unis à l'égard de l'Organisation et de ce qu'elle est encore aujourd'hui.

Au total, les critiques habituellement adressées à l'OMC nous paraissent excessives et, pour certaines d'entre elles, totalement infondées. Ceci ne signifie pourtant pas que le fonctionnement de l'Organisation soit à l'abri de toute réprobation, mais ses limites et insuffisances ne sont pas celles qui lui sont adressées.

RÉSUMÉ DU CHAPITRE

Le GATT est un accord conclu en 1947, suite à l'échec de la création de l'OIC. Cet accord a institué un ensemble de règles régissant le commerce international. Il a également réalisé une série de négociations internationales (*Rounds*), qui ont eu pour effet d'abaisser significativement le niveau de protection à l'échelle planétaire. Il a fallu attendre la fin du XXe siècle pour qu'une véritable institution internationale régissant les échanges internationaux soit créée. L'OMC a repris l'héritage du GATT et poursuit ses missions de manière plus efficace que le GATT. Bien qu'étant incontestablement utile, cette organisation est aujourd'hui sous pression. Elle fait l'objet de multiples contestations.

POUR ALLER PLUS LOIN

[1] Messerlin P. (1995), *La nouvelle organisation du commerce*, Paris, coll. IFRI.
[2] Sandretto R. (2000), « L'OMC, une organisation mal connue et méconnue », *Management & Conjoncture sociale*, n° 588, septembre, pp. 50-57.
[3] Siroën J.M. (2007), « L'OMC et les négociations commerciales multilatérales », *Négociations*, vol. 1, n° 7, pp. 7-22.
[4] VanGrasstek C. (2013), *Histoire et avenir de l'Organisation mondiale du commerce*, Genève, Publications de l'OMC.

DES QUESTIONS POUR MIEUX RETENIR OU APPROFONDIR

1. Que désigne-t-on par « sujets de Singapour » et par « nouvelles questions », dans l'ordre du jour des négociations de Doha ?
2. Quelles différences faites-vous entre multilatéralisme, plurilatéralisme, bilatéralisme et unilatéralisme ? Donner des illustrations.
3. Quelles sont les causes possibles de l'enlisement du Cycle de Doha ?
4. Quels sont les principaux risques qui pèsent sur l'avenir de l'OMC ?

E-LINK

La librairie en ligne de l'OMC fournit des données très complètes et détaillées à la fois sur cette institution et sur le commerce mondial. Cette librairie est accessible à :
http://onlinebookshop.wto.org/shop/?EN
De multiples vidéos portant sur les institutions internationales sont disponibles sur Internet. Citons par exemple :
L'Organisation mondiale du commerce (1/3) – Du GATT à l'OMC
https://www.youtube.com/watch?v=59ZcaQXKxWQ
L'Organisation mondiale du commerce (2/3) – Mécanismes et fonctionnement
https://www.youtube.com/watch?v=NFHopyTA-RE
L'Organisation mondiale du commerce (3/3) : Le Cycle de Doha
https://www.youtube.com/watch?v=WTkE_GGS1tw
OMC : les accords de Nairobi
https://www.youtube.com/watch?v=OJfP8XICayg

CONCLUSION DE LA DEUXIÈME PARTIE : L'OMC ET LE SYSTÈME MULTILATÉRAL SONT-ILS MENACÉS DE DISPARAÎTRE ?

La mission impartie à l'OMC est considérable, puisque sa raison d'être est de tenter de remplacer les rapports de force par un système de droits. Le remplacement du GATT par l'OMC a permis d'accomplir d'incontestables avancées vers une meilleure gouvernance des relations commerciales, à l'échelle de la planète. Le fait que l'ORD ait pris, à de multiples reprises, des décisions qui vont à l'encontre des pays les plus puissants, États-Unis et Union européenne en tête, en est une preuve éloquente. Cependant, l'OMC est aujourd'hui menacée par plusieurs risques qui peuvent mettre en danger le système multilatéral.

Le risque de perversion des règles internationales

Comme nous l'avons vu dans cette deuxième partie, certaines des règles de l'OMC peuvent être perverties, les États les utilisant en les détournant de leur finalité. C'est le cas, par exemple, des règles antidumping, qui peuvent être mises en œuvre par les États non pas pour préserver la loyauté, mais pour se protéger.

Autrement dit, des actions *antidumping* sont déclenchées par les États alors que le *dumping* n'existe pas. Les droits compensateurs adoptés pour neutraliser les effets (prétendus) du *dumping* servent aux États à se protéger, tout en se parant de l'uniforme du respect de la loyauté et des règles internationales. De ce fait, l'antidumping tend à devenir un des moyens privilégiés de protection des États en ce début de XXIe siècle, comme le montrent parfois les actions déclenchées sur la base d'une « marge de dumping » infime.

Comment est-ce possible ? L'explication – donnée précédemment – est simple : si la réglementation antidumping est internationale, son application reste purement nationale. Aux États-Unis, c'est le Département du Commerce (DOC) qui a la charge de déterminer l'existence ou non du dumping, tandis qu'il appartient à la Commission du Commerce international des États-Unis (*United States International Trade Commission*, USITC) d'évaluer l'existence et l'importance du dommage. Au sein de l'UE, la Commission européenne remplit ces deux fonctions. Autrement dit, il appartient à chaque pays qui s'estime lésé d'apprécier s'il y a ou non *dumping*, d'évaluer l'ampleur du préjudice subi par ses industries et de déterminer le montant des droits compensateurs à appliquer. En somme, il existe une totale confusion des rôles : les États sont à la fois, juges d'instruction, magistrats du siège, ministère public, avocat, experts judiciaires et partie ! Ceci facilite évidemment les détournements de finalité. Ce qui est en cause ici, ce n'est donc pas un pouvoir excessif de l'OMC (reproche fréquemment adressé à l'OMC), mais bien, au contraire, l'insuffisance, la limitation de ses pouvoirs.

Risque d'épuisement de la capacité de négociation

L'incapacité de l'OMC à finaliser le Programme de Doha pour le Développement, en réalisant autre chose qu'une partie marginale de l'agenda initial, montre que l'Organisation est désormais confrontée à des difficultés majeures pour gérer les négociations internationales et les conduire à leur terme. Or il s'agit là d'une des fonctions essentielles de l'OMC puisque tout, au sein de l'Organisation, est affaire ou résultat de négociations. La question qui vient naturellement à l'esprit est de savoir si l'échec de Doha est le produit d'une conjoncture momentanément défavorable ou s'il résulte de causes structurelles.

La longueur même des négociations (14 ans) pour aboutir à de modestes résultats et les conflits à répétition que ce cycle a suscités montrent bien que les difficultés ne sont pas circonstancielles et passagères. En effet, l'histoire du GATT et de l'OMC montre une tendance permanente à l'allongement des cycles : les cinq premiers *Rounds* n'ont pas duré plus d'un an. En revanche, il a fallu 37 mois pour conclure le *Kennedy Round*, 74 mois pour le *Tokyo Round*, 87 mois pour l'*Uruguay Round*. À ce jour (juin 2017), le Cycle de Doha a duré 187 mois, sans compter les 24 mois supplémentaires liés à l'échec du démarrage à Seattle !

Plusieurs facteurs peuvent expliquer l'enlisement de Doha et, plus généralement, l'épuisement de la capacité de l'OMC à conduire les négociations.

1. Le premier facteur, le plus évident, résulte de l'**accroissement du nombre des parties prenantes aux négociations**.

Plus les membres sont nombreux, plus les négociations sont difficiles. Plusieurs théories ont été élaborées pour analyser cette relation, en particulier la loi de Parkinson (1957) qui suggère l'existence d'une relation inverse entre la taille et l'efficacité d'un groupe, ou encore, de manière plus rigoureuse, la théorie de l'action collective de M. Olson (*Logic of Collective Action*, Harvard University Press, 1965) qui démontre que plus le nombre de membres constituant un groupe est élevé, plus la probabilité qu'il passe à l'acte est faible, car la contribution marginale d'un membre à la réussite du groupe est décroissante (voir chapitre 5). Au début de son existence, le GATT comptait 23 parties contractantes. Aujourd'hui, l'OMC compte 164 membres (leur nombre s'est accru d'un tiers depuis sa création). Appliqué à l'OMC, le principe d'Olson pourrait expliquer que les membres puissent ne pas parvenir à s'entendre sur les modalités précises et cela même s'il existe entre eux un consensus sur les objectifs à atteindre. L'exemple du MSS en est une bonne illustration.

2. **Plus importante encore que le nombre des membres est leur diversité**.

Du fait de l'hétérogénéité accrue de leurs situations et de leurs intérêts, « les membres de l'OMC, ont moins d'*affectio societatis* (volonté de s'associer), moins de volonté d'aller vers un même but, que les parties au GATT qui formaient une communauté plus soudée » [9, p. 594]. Le fait que les pays ne disposent que d'une information incomplète sur leurs intentions et leurs stratégies accentue ce phénomène en empêchant les pays membres de se comporter de manière parfaitement rationnelle. Comme le souligne Craig VanGrasstek : « Il est déjà assez difficile de distinguer le vrai du faux quand on traite avec un partenaire issu du même environnement culturel, économique et linguistique, mais cela l'est encore plus avec un groupe de membres plus nombreux et plus divers ayant des antécédents historiques et culturels différents. » [9, p. 594].

3. Ce qui complique encore plus les négociations est l'**importance des phénomènes collusifs**, particulièrement pendant le Cycle de Doha.

En comparaison de la période du GATT, l'ère de l'OMC se traduit par une explosion des coalitions, qu'il s'agisse des coalitions temporaires et informelles ou de blocs destinés à durer et basés fréquemment sur des groupes régionaux. L'accroissement du nombre des groupements (ils se comptent en plusieurs dizaines) est tel que quasiment tous les pays membres appartiennent au moins à une coalition et l'immense majorité à plusieurs. La palme revient à Maurice qui est membre de neuf groupes. Or s'il est vrai que les coalitions peuvent faciliter les négociations (en réduisant le nombre des acteurs), elles peuvent aussi les entraver lorsqu'elles défendent des points de vue trop divergents, le font de manière trop intransigeante (coalitions de blocage) ou lorsque ces groupes s'enchevêtrent inextricablement, comme c'est le cas aujourd'hui.

Plusieurs autres différences entre les périodes historiques du GATT et de l'OMC peuvent expliquer les difficultés croissantes de négociation. À l'époque du GATT, les coalitions (moins nombreuses) œuvraient plutôt en faveur de l'aboutissement des *Rounds* (exemple : le « Groupe de la Paix »). Elles associaient fréquemment des pays du Nord et du Sud, ce qui était également un atout facilitant le rapprochement des points de vue (exemple : le groupe de Cairns, regroupant 19 pays producteurs de produits agricoles avec notamment le Canada, l'Australie, plusieurs pays d'Asie et la plupart des pays d'Amérique latine). Ces coalitions qui jouaient un rôle majeur jusqu'en 1995 ont vu leur influence décliner ensuite. Il en va de même de la « quadrilatérale » (Canada, États-Unis, Japon et Union européenne), qui, bien entendu, défendait les intérêts des grandes puissances, mais qui, par son impulsion, exerçait un *leadership* favorable à l'aboutissement des négociations. Par contraste, au début de la période de l'OMC des coalitions plus nombreuses ont émergé, basées moins sur des logiques de défense d'intérêts communs que sur des logiques de rapport de force ou construites spécifiquement pour bloquer certains points de l'ordre du jour.

Comparativement, sous l'ère du GATT, les coalitions étaient en proportion plus nombreuses à soutenir des intérêts offensifs (élargir l'accès de leurs produits aux marchés étrangers) que des intérêts défensifs (protéger le marché domestique). Or, de manière évidente, les premières sont plus propices aux concessions que les secondes où les intérêts défendus sont perçus comme beaucoup plus vitaux par les décideurs politiques nationaux.

De même, les blocs régionaux sont à la fois plus nombreux et plus influents aujourd'hui qu'à l'époque du GATT. Or, dans ce contexte, la défense des intérêts tend à devenir plus rigide, moins favorable aux arbitrages et aux compensations que dans le cadre de coalitions plus fluides et moins monolithiques.

4. Le facteur explicatif sans doute le plus important est lié à la **diffusion du pouvoir à l'échelle mondiale**.

Les premiers cycles de négociation (jusqu'au *Kennedy Round* inclus) étaient marqués par le *leadership* des États-Unis, ou le *co-leadership* des États-Unis et de l'Europe. Avec l'essor des pays nouvellement industrialisés, des nouvelles puissances exportatrices et l'accession de nouveaux membres, le centre de gravité de l'OMC s'est déplacé en faveur des pays en développement et des économies émergentes. L'entrée de la Chine en 2001 constitue un tournant dans cette évolution. Il en a résulté une érosion de l'hégémonie du couple États-Unis/Europe, sans qu'émerge pour autant une nouvelle puissance capable d'exercer le *leadership* au sein du système multilatéral. Or la théorie dite de la « stabilité hégémonique », développée notamment par Ch. Kindleberger (1973) explique que l'existence d'un *hegemon* (une puissance hégémonique) est favorable à la stabilité des relations internationales, parce que cette puissance hégémonique dispose de la capacité d'impulser la création de normes internationales et de les faire respecter, tout en ayant intérêt à le faire. À l'inverse, la mise en cause de cette puissance hégémonique tend à remettre en cause cet ordre international et à rendre les relations internationales plus conflictuelles et plus instables.

5. Depuis la fin de l'*Uruguay Round*, **les États-Unis témoignent d'un moindre intérêt à l'égard des négociations multilatérales**.

Ils n'ont pas joué un rôle véritablement actif dans le lancement du PDD, laissant l'initiative à Bruxelles. Cette tendance à une moindre implication américaine pourrait être mise en relation avec l'explication précédente. La période qui s'ouvre en 2017 pourrait aller bien au-delà. Avec la politique initiée par D. Trump, c'est en effet une évolution complexe qui se dessine, combinant deux orientations apparemment contradictoires : un désengagement radical (isolationnisme) et une volonté affirmée de renforcement de la puissance économique et diplomatique américaine sur la scène internationale (voir ci-dessous).

6. **L'évolution même de la thématique des *Rounds* rend plus complexe la tâche des négociateurs.**

Alors que les négociations initiales étaient principalement centrées sur les questions tarifaires et contingentaires, les négociations plus récentes ont abordé des questions plus complexes avec la réduction des barrières non tarifaires. De ce fait, les discussions portent de plus en plus sur des questions ambitieuses, mais sensibles pour les opinions publiques nationales et par conséquent pour les gouvernements, telles que les questions de santé publique (accès aux médicaments bon marché), la culture (est-ce une simple marchandise ?), l'environnement, l'éducation, la conduite des politiques publiques, *etc.* Or, dans chaque pays, la surveillance et les pressions accrues exercées par l'opinion publique, les médias, les organes législatifs réduisent les marges de manœuvre dont disposent les négociateurs en rétrécissant la gamme des concessions qu'ils peuvent – socialement et politiquement – consentir.

Risque de l'unilatéralisme

Antérieurement à la mise en place de l'OMC, les États-Unis, comme l'Union européenne, s'étaient dotés (institutionnellement) d'instruments unilatéraux permettant de sanctionner des pays en dehors de la procédure de règlement des différends du GATT, alors totalement inefficace.

Ce type de dispositif, permettant aux États de se faire justice eux-mêmes en dehors de toute procédure internationale, devenait incompatible avec leur adhésion à l'OMC, celle-ci impliquant pour chaque État membre l'acceptation de toutes les règles de l'Organisation, y compris celle de résoudre ses conflits commerciaux dans le cadre du nouveau dispositif de règlement des différends (principe de « l'engagement unique »). Autrement dit, sauf cas de la procédure antidumping, les membres de l'OMC ne sont pas habilités à déterminer eux-mêmes l'existence d'une infraction et ils doivent renoncer à se faire justice eux-mêmes (article 23, paragraphe 2 du mémorandum d'accord sur les règles et procédures régissant le règlement des différends).

En outre, il n'est plus possible, comme c'était le cas à l'époque du GATT, de s'exonérer de certaines règles de l'OMC en invoquant l'antériorité des lois et règlements nationaux. La « clause de conformité », instituée par l'article XVI-4 de l'accord instituant l'OMC, impose à chaque pays membre d'assurer « la conformité de ses lois, réglementations et procédures administratives avec ses obligations », nées de son adhésion à l'OMC.

Logiquement, l'Union européenne a donc supprimé son arsenal de mesures unilatérales de sanctions (qui s'appelait le « nouvel instrument de politique commerciale »). Les États-Unis, au contraire, l'ont conservé avec la Section 301 du *Trade Act* adopté en 1974, qui autorise le président des États-Unis à prendre des mesures de rétorsion contre toute pratique déloyale, « déraisonnable, injustifiable ou discriminatoire, et qui réduirait ou mettrait en difficulté le commerce américain » (entraves aux exportations américaines, subventions, *etc.*). Nous savons que ce dispositif a été renforcé pendant le déroulement même de l'*Uruguay Round* par l'adoption, en 1988, de la Section *Super 301* (*Omnibus Trade and Competitiveness Act*), qui confère à ces mesures de rétorsion un caractère plus systématique et plus agressif. Concrètement, chaque année, le représentant de l'exécutif pour les questions commerciales (l'*United States Trade Representative* ou *USTR*) est chargé de réaliser un rapport sur les barrières aux échanges des partenaires commerciaux des États-Unis. Ce rapport dresse une liste des pratiques déloyales dont l'éradication est jugée prioritaire *(Priority Foreign Countries)*. L'élaboration de cette liste déclenche automatiquement – après enquête – des demandes de concessions adressées aux pays fautifs. Les pays incriminés disposent de 18 mois pour s'amender, sinon des mesures de rétorsion sont appliquées à leur égard. La Section *Super 301* est complétée par la section *Special 301*, qui concerne spécifiquement les droits de propriété intellectuelle (lutte contre la contrefaçon). La section *Special 301* fonctionne comme la *Super 301*, avec l'établissement, chaque année, d'une *Priority Watch List*. Enfin, la *Section 1377* concerne spécialement le secteur des télécommunications.

Ces dispositifs de sanctions unilatérales sont incompatibles avec le mécanisme de règlement des différends de l'OMC, même si le rapport du panel saisi par l'Union européenne en 1999 concluait, de manière diplomatique, que la Section 301 ne violait pas en elles-mêmes les règles de l'OMC, sous réserve qu'elle fût appliquée conformément aux règles de l'OMC. Plus précisément, cette décision du panel mettait comme condition à l'acceptabilité des mesures unilatérales américaines que des sanctions ne fussent mises en œuvre qu'après autorisation de l'ORD. En somme, qu'elles soient utilisées comme menace, mais qu'elles ne soient exécutées qu'au terme de la procédure de règlement des différends et avec l'accord de l'ORD. Pour assurer cette compatibilité, les États-Unis se sont engagés à caler la procédure de la Section 301 sur celle du mécanisme de règlement des différends, de façon à donner la priorité à ce dernier, du moins pour tout problème entrant dans le domaine de compétence de l'OMC. C'est ce qu'ils ont effectivement fait jusqu'ici. De fait, les États-Unis sont amenés à employer leurs instruments unilatéraux comme moyen de marchandage et de négociation, et pour faire pression sur leurs partenaires. La Section 301 a jusqu'ici été employée de manière complémentaire à la procédure de règlement des différends, en appui de cette « dernière ».

Ce mode de gestion des conflits a plusieurs significations et implications. Jusqu'ici, il équivaut à une reconnaissance, par les États-Unis, de la légitimité de l'ORD. Toutefois, de manière contradictoire, la volonté des États-Unis de préserver leur arsenal de moyens de dissuasion unilatéraux signifie aussi qu'ils ne sont guère prêts à faire des concessions en matière de souveraineté nationale. La conséquence de cette contradiction est que le mécanisme de règlement des différends, supposé mettre un terme à la « loi du plus fort », se trouve soumis ouvertement au jeu des rapports de force autant qu'à l'application de disciplines collectives. Que penser en effet d'un système judiciaire (ce que le mécanisme de règlement des différends n'est pas) ou quasi judiciaire (ce qu'il est) qui accepterait et légitimerait, comme élément constitutif de la procédure, les menaces exercées par une partie au litige sur une autre partie ? Décidément, les relations internationales ont leurs raisons que la raison ignore.

La menace Trump

Aujourd'hui, le principal risque d'unilatéralisme n'est plus seulement là. Il est que les États-Unis se retirent tout simplement de l'Organisation. Le Président Trump a fait de l'OMC une de ses cibles privilégiées, annonçant qu'il exigerait qu'elle soit réformée, comme s'il était dans le pouvoir des États-Unis d'imposer seuls cette réforme aux 163 autres pays membres. À défaut, D. Trump a clairement annoncé que les États-Unis s'en retireraient purement et simplement. Connaissant l'hostilité historique des États-Unis vis-à-vis de l'Organisation, il serait dangereux de considérer qu'il s'agit là d'une simple gesticulation. De manière générale, les États-Unis ont toujours manifesté la plus grande réticence à participer à des institutions internationales sur lesquelles ils n'exercent pas un certain contrôle, tout spécialement celles dans lesquelles ils pourraient être mis en minorité et, *a fortiori*, être contraints. Ainsi s'explique l'attitude américaine à l'égard de l'ONU d'abord promue, soutenue et utilisée pendant les premières années qui ont suivi sa création, puis violemment critiquée comme « forum du tiers-mondisme et du communisme », lorsqu'ils ont vu leur contrôle s'amenuiser avec l'admission de nouveaux pays. Ainsi s'expliquent le retrait américain de l'UNESCO pendant près de 20 ans et le retrait de l'Organisation internationale du Travail pendant plus de 12 ans. Ainsi s'expliquent les réticences des États-Unis à signer les conventions et recommandations internationales pouvant brider leur totale liberté de décision : refus de ratifier la Convention internationale des droits de l'enfant, refus de signer la Convention de l'UNESCO sur la diversité culturelle, refus d'adhérer à la Convention sur l'interdiction des mines antipersonnel en 1997, retrait du Protocole de Kyoto pour la réduction de l'émission de gaz à effet de serre en 2001, annulation en 2002 de la signature faite par B. Clinton en 2000 du traité instituant la Cour pénale internationale. Ainsi s'explique enfin l'extrême réticence manifestée par le Sénat américain face à l'institution de l'OMC, une institution susceptible de contrôler, voire de « condamner » la politique commerciale des États-Unis.

Avec D. Trump, le principe implicite de la diplomatie américaine actuelle, *contrôle ou désengagement*, a, selon nous, de fortes chances de s'appliquer à l'égard de l'OMC.

Si les États-Unis se retiraient de l'Organisation, celle-ci serait largement vidée de sa substance et perdrait une grande partie de son intérêt. En un mot, la survie même de l'OMC serait en jeu. Une telle décision mettrait alors inévitablement en cause le multilatéralisme, au profit du bilatéralisme et d'un unilatéralisme agressif. Que la volonté d'un seul homme soit capable de saper l'ordre mondial mis en place à la suite de 70 ans de négociations et impliquant pratiquement tous les pays de la planète a de quoi stupéfier. Ce n'est malheureusement que trop vrai, lorsque cette personne est le Président des États-Unis et qu'il a en main la plupart des cartes, puisqu'il contrôle potentiellement, non seulement l'exécutif, mais aussi le législatif (toutefois avec quelle cohésion ?) et – en partie seulement – le judiciaire.

Certes, les États-Unis auraient beaucoup à perdre d'un retrait de l'Organisation, puisqu'ils perdraient instantanément le bénéfice cumulé des concessions commerciales effectuées par tous les autres membres (quasiment tous les autres pays du monde) depuis 70 ans. Mais que pèserait la rationalité économique si une décision devait être envisagée ?

Au total, la création de l'OMC représente incontestablement une avancée positive, même si elle comporte des insuffisances.

Le monde a besoin de règles pour pacifier les relations internationales, surtout dans le contexte de globalisation et de remodelage rapide de la géographie du commerce mondial à laquelle nous assistons dans la période récente, avec l'accession aux premiers rangs des puissances exportatrices des NICs (*Newly Industrializing Countries)* et des NECs (*New Exporting Countries*). Or, l'histoire comme la théorie (*cf.* stabilité hégémonique) montrent que ces phases de remodelage des rapports de pouvoir sont porteuses d'exacerbations des antagonismes internationaux, d'incertitudes, d'instabilités et de crises. C'est ce qui explique que nous sommes aujourd'hui dans une période à hauts risques. Une étude attentive des conséquences produites par le maniement des différents instruments de protection conforte cette appréciation. La troisième partie de cet ouvrage y est consacrée.

En outre, il ne fait guère de doute qu'un commerce qui ne serait soumis à aucune règle et serait régi uniquement par des rapports de force aurait toutes les chances de bénéficier principalement aux pays les plus puissants, au détriment des pays les plus pauvres. Pour ces diverses raisons, plutôt que de réduire l'influence de l'OMC, il nous semble au contraire indispensable – et urgent – de renforcer ses pouvoirs, seul moyen d'affirmer sa crédibilité et l'efficacité de son action face aux souverainetés nationales. Or, c'est le moment précis où nous entrons dans une phase où la survie même de cette institution pourrait être en jeu.

« Entre le fort et le faible, entre le riche et le pauvre, entre le maître et le serviteur, c'est la liberté qui opprime et la loi qui affranchit », écrivait Henri Lacordaire en 1848.

Cette réflexion mérite d'être méditée.

Troisième partie

LES POLITIQUES COMMERCIALES DES GRANDES PUISSANCES

INTRODUCTION

« La Chine fait peur aux États-Unis ! » Tel est l'intitulé d'un article, sous forme d'entretien, publié par F. Godement dans un numéro de la revue *Alternatives internationales* en 2005. Le sinologue met en exergue le caractère ambivalent de l'ascension de la Chine. D'un côté, la montée en puissance de ce pays importe aux États-Unis, car il est toujours intéressant, pour un État prospère, de traiter avec d'autres États et régions également opulents. Mais, d'un autre côté, l'influence grandissante de la Chine les inquiète. L'essor de la Chine n'a-t-il pas vocation à dévaloriser irréversiblement, au moins en termes relatifs, la position pendant longtemps dominante des États-Unis ? La Chine, quant à elle, sans le dire ouvertement, souhaite saisir l'opportunité de son décollage économique pour se dégager de l'influence américaine. Elle exprime aussi souvent que nécessaire ses réticences à s'intégrer dans un ordre multilatéral à l'élaboration duquel elle n'avait pas contribué durant, et surtout à l'issue du dernier grand conflit mondial.

Le renforcement de la puissance économique de la Chine est également un point de crispation dans les rapports de ce pays avec l'UE. En Asie, la principale ambition de la Chine est de supplanter la position naguère conquérante du Japon. Tout en y travaillant, elle a progressivement engagé une diplomatie « souriante » en s'intéressant aux retombées de son influence culturelle et diplomatique sans négliger les aspects économiques et commerciaux. Toutefois, à ce jeu, elle n'est pas la seule. L'Inde lui fait une concurrence sévère. Vis-à-vis de l'Europe, la position de la Chine ne manque pas en apparence d'extravagance. Sur l'ensemble de la période allant de 2004 à 2014, la croissance annuelle moyenne a été de 9,9 % en Chine alors qu'elle n'a été que de 1,5 % aux États-Unis, de 1,2 % en Allemagne et de 0,9 % en France (CEPII, 2015). La Chine a profité de la crise mondiale des dernières années pour rafler de nombreuses positions industrielles et commerciales occupées naguère par le « Vieux continent ».

Faut-il le rappeler, les relations entre les États-Unis et le Japon ont été jusqu'au milieu des années 1990, le plus souvent houleuses. Pendant près de quinze ans, soit entre le début des années 1980 et le milieu des années 1990, l'essentiel des déficits américains provenait des échanges avec le Japon. L'avance technologique américaine, très importante à la fin de la Seconde Guerre mondiale, s'est réduite de façon significative pour s'inverser à la fin des années 1970. L'avènement du Japon au rang de *leader* technologique mondial dans plusieurs secteurs industriels va inspirer aux États-Unis les premières grandes mesures coercitives de leur politique commerciale extérieure pour tenter de faire contrepoids à l'érosion de leur influence économique, industrielle et technologique dans le monde.

Au total, il ne suffit pas de faire le constat que les échanges commerciaux internationaux ont progressé selon un rythme impressionnant depuis 1947. Il faut aussi remarquer que la mondialisation des échanges est accompagnée par un ajustement perpétuel des rapports de force entre les grandes puissances, ainsi qu'entre ces dernières et le reste du monde. À l'expérience, cet ajustement produit des effets structurants qui revêtent au moins la même importance que ceux qui ont découlé des mesures de libéralisation du commerce durant toute la période de l'Après-guerre.

C'est à l'étude de ces rapports de force, et à l'appréciation de leurs enjeux et de leurs conséquences, qu'est consacrée cette troisième partie. L'objectif revêt d'autant plus d'importance que des faits nouveaux, porteurs d'avenir, peuvent potentiellement entraîner une accélération de la transformation de l'ordre économique et commercial mondial. La décélération de la croissance du PIB et des échanges mondiaux depuis 2015 fait partie de ces faits majeurs. Toutefois, ses effets sont probablement moindres comparés à l'impact redouté du repli stratégique annoncé de la politique commerciale américaine à la suite de l'arrivée de D. Trump à la présidence des États-Unis en janvier 2017.

5

POLITIQUES COMMERCIALES EN PRÉSENCE DES *LOBBIES*

SOMMAIRE

OBJECTIFS PÉDAGOGIQUES

Justifier l'intérêt que l'on peut porter au fonctionnement des marchés à partir d'une reconnaissance de l'existence de groupes de pression.

Étudier différentes circonstances dans lesquelles les *lobbies* tentent de capturer les rentes engendrées par les politiques commerciales.

Montrer que les demandes des *lobbies* sont multiformes, qu'elles obéissent à des motivations complexes et contradictoires et, qu'à ce titre, elles remplissent une fonction courante, sinon « naturelle », dans la définition et la conduite des politiques commerciales.

Montrer concrètement comment s'organisent les rapports d'influence entre le *lobbying* et la politique commerciale, à travers deux cas : l'amiante et le textile.

Dans un univers régi par les « lois du marché », les échanges de biens et de services tendent à être gouvernés par le libre-échange. En d'autres termes, les affaires sont remportées par les agents économiques qui proposent les meilleurs produits au meilleur prix. Jusqu'aux années 1970, cette conception était la référence dominante en matière d'analyse des relations commerciales internationales.

Selon cette conception, la spécialisation des nations selon le principe de l'avantage comparatif est justifiée par le besoin impérieux qu'elles ont les unes des autres. Les nations acceptent d'échanger les produits de leur spécialisation afin de tirer le meilleur parti de leurs différences. Cette conception est au cœur d'une lecture « lisse » de la dynamique de la mondialisation qui met en exergue les complémentarités naturelles entre les économies que viennent sceller les forces du marché et la dynamique de la concurrence. Certaines analyses de la mondialisation sont très nettement imprégnées par cette lecture des choses. J. Norberg (2004) écrit notamment que la mondialisation réalise une cohérence d'ensemble au sein de l'économie mondiale et harmonise les rapports internationaux entre les firmes et les nations. R. Barre (1980) affirmait la même en écrivant : « En se spécialisant dans la production dans laquelle il dispose d'un avantage relatif en termes de coût de production, chaque pays accroît sa capacité productive et dégage un surplus exportable lui permettant en retour d'importer les biens qu'il ne produit pas. Dès lors, la division internationale du travail accroît la production globale et génère un gain qui sera réparti entre l'ensemble des participants à l'échange ».

Plus récemment, Y. Bhagwati (2005) est allé encore plus loin en affirmant que « non seulement le libre-échange des marchandises et des services favorise le développement économique mondial, mais surtout ce n'est pas en s'y opposant que les droits sociaux et l'environnement seront mieux protégés. Les tentations protectionnistes qui se manifestent aujourd'hui, en particulier avec le mouvement antimondialisation, se font toujours au détriment de la prospérité non seulement des pays qui y succombent, mais aussi des autres ».

L'analyse de la structure des échanges indique pourtant que cette cohérence est loin d'être une réalité. Une partie non négligeable du commerce échappe aux « lois du marché ». Les gouvernements, attentifs à leurs intérêts et à l'état apparent de leur balance commerciale, tentent aussi souvent que possible, parfois au mépris de leurs engagements internationaux, et bien loin de ce que prétendent les modèles économiques dominants, de promouvoir leurs exportations et/ou de freiner celles des autres (Beaufort et Hacque-Cosson, 2015). Ces comportements protectionnistes, non seulement n'ont pas disparu, mais ont tendance à se renouveler en s'adaptant à la gravité des problèmes que doivent affronter les firmes et les États, isolément ou en lien avec les autres acteurs du marché (Syndicats, ONG, coalitions de consommateurs, *etc.*).

Ainsi se trouve justifié l'intérêt que l'on peut porter au fonctionnement des marchés où des agents opèrent dans un contexte stratégique. Reconnaître qu'un tel contexte existe, c'est admettre que les politiques commerciales des États peuvent, dans certaines circonstances, s'éloigner de l'objectif d'optimisation de leurs résultats. Des décisions contradictoires, des stratégies sous influence, des résolutions non suivies d'effets, des engagements officiels détournés de leur finalité sont des circonstances fréquentes qui suggèrent que le bien-être collectif n'est pas, tant s'en faut, le but permanent et unique des politiques des États. C'est notamment le cas lorsque, adoptées sous contrainte ou sous influence, des décisions visent à servir prioritairement ou exclusivement, les intérêts d'un acteur ou d'une corporation au détriment de ceux des autres. On est alors en situation de « *lobbying* ».

L'objet de ce chapitre est d'analyser le rôle des *lobbies* (groupes de pression) dans la définition et la mise en œuvre des politiques commerciales. Cependant, les politiques publiques ne sont pas seulement le résultat d'une recrudescence des demandes de protection, elles sont également, au moins aussi souvent, la cause de ces dernières. De manière générale, le fait même qu'existent des groupes de pression est la preuve que les politiques publiques ne sont inféodées à aucune cause de manière définitive. Il s'agit donc aussi de montrer que les demandes des *lobbies* sont multiformes, s'inscrivent dans des contextes changeants, obéissent à des motivations complexes et peuvent produire des résultats inattendus, voire contradictoires avec les objectifs.

5.1 POLITIQUE COMMERCIALE ET STRATÉGIE D'INFLUENCE : RÔLE ET DIVERSITÉ DES FORMES DE *LOBBYING*

Jusqu'ici, la discussion sur la politique commerciale a conduit à distinguer, et parfois à opposer, les politiques d'ouverture et celles dites de protection. Cette distinction reposait implicitement sur le postulat que la politique commerciale en général, ou certaines de ses dimensions comme la politique tarifaire, pouvaient être appréciées d'emblée du point de vue de leur effet sur le bien-être collectif (national). Certains travaux ont, cependant, attiré l'attention sur le fait qu'un tel bien-être est une fiction et qu'il importait de faire la différence entre bien-être collectif et bien-être des individus et/ou des groupes qui se trouvent volontairement ou non derrière les politiques commerciales des États. La question qui semble devoir être posée ici est donc la suivante : comme passe-t-on des préférences individuelles à la conduite des politiques commerciales globales ? Une telle question amène d'abord à examiner les motivations qui se trouvent derrière les offreurs et les bénéficiaires des politiques commerciales.

5.1.1 *Au cœur des actions économiques, les relations interpersonnelles*

Il y a plus de trente ans, M. Granovetter (1985) écrivait que « toutes les actions économiques sont insérées dans des réseaux de relations interpersonnelles ». Partant de ce postulat, il a cherché à caractériser la manière dont les acteurs économiques construisent des alliances et mobilisent des ressources à travers des réseaux de contacts, plus ou moins institutionnalisés. Le concept d'*Embeddedness*, qu'il a mis au jour, conduit à considérer que la compréhension des comportements des individus et des organisations, dans leurs relations réciproques, ne peut se suffire d'une analyse en termes strictement économiques, mais doit s'enrichir de questionnements plus larges, incluant les dimensions sociale, institutionnelle, politique et stratégique. Aujourd'hui, certains rapprochent ce concept de la loi de Metcalfe[1] qui énonce que « l'utilité d'un réseau est proportionnelle au carré du nombre de ses utilisateurs ». En d'autres termes, plus il y a d'utilisateurs dans un réseau, plus ce dernier a de la valeur. En effet, le contenu de l'information échangée et les effets multiples découlant de ces informations s'enrichissent et deviennent plus efficaces, de manière encore plus rapide que la vitesse de croissance du nombre des contributeurs.

Dans le domaine commercial, cette question est abordée notamment sous l'angle du *lobbying*. Ce dernier joue, semble-t-il, un rôle croissant dans la conduite des négociations et la mise en œuvre des politiques commerciales. Pour autant, tout le monde n'accorde pas le même intérêt au phénomène. Aussitôt que ce dernier a commencé à être étudié, certains l'ont immédiatement tenu pour un fait majeur (Bardon et Libaert, 2012). D'autres, au contraire, semblent ne pas y prêter attention notamment parce que le *lobbying* donne lieu à des pratiques très diverses qui débordent du cadre économique et qu'il est donc difficile à cerner (Vogel, 1996).

Le *lobbying* est en réalité un phénomène très ancien. La pratique existe depuis qu'il est devenu formellement possible d'intervenir dans la conduite des affaires publiques. Les hommes politiques, qui ont traditionnellement la responsabilité de la représentation des intérêts de la société, doivent de plus en plus souvent partager la fonction avec les *lobbies*. Les causes sont multiples. La complexité des savoirs – juridiques, économiques et scientifiques – nécessaires aux prises de décisions met les élus en situation d'être influencés par les experts.

L'imperfection des marchés est une autre cause à l'essor du *lobbying*. C'est le cas notamment lorsque les décideurs publics font face à des acteurs concentrés qui peuvent être par exemple des entreprises ou un électorat. Enfin, de nombreuses considérations personnelles peuvent expliquer que des décideurs orientent la politique commerciale dans une direction qui ne vise pas explicitement à servir l'intérêt général. Les scandales épisodiques relayés par les médias relancent périodiquement le débat sur la légitimité et l'encadrement des pratiques du *lobbying*. Toutefois, comment encadrer une activité qui est entièrement encastrée dans les rouages de l'économie et de ses institutions ?

Depuis une trentaine d'années, le *lobbying* a évolué avec la diversification de ses sources, la professionnalisation de ses acteurs, le raffinement des méthodes d'influence utilisées, l'internationalisation des intérêts et l'apparition de pouvoirs décisionnels supranationaux. Aujourd'hui, les techniques du *lobbying* ne sont plus l'apanage des grandes entreprises : elles sont couramment utilisées par des unités de plus petite taille, par les associations professionnelles, les syndicats ainsi que les États eux-mêmes. Le lobbyiste est désormais fréquemment un professionnel qui connaît la complexité de l'appareil administratif et gouvernemental. On attend de lui qu'il élabore des stratégies pour faire passer des informations ou faire aboutir des dossiers dont la portée et les enjeux dépassent de plus en

1. R. Metcalfe est l'inventeur d'Éthernet et fondateur, en 1981, de 3Com Corp.

plus souvent les frontières. Parallèlement, les méthodes d'influence se sont transformées, une évolution majeure récente étant l'utilisation des nouvelles technologies de l'information à des fins de *lobbying*.

M. Attarça (1999) précise que le *lobbying* n'est qu'un moyen parmi une multitude d'autres « ressources politiques » dont peuvent user les organisations pour atteindre leurs fins. Il y a en outre les ressources informationnelles, les ressources relationnelles, les ressources symboliques, les ressources organisationnelles et les ressources financières. Chacune de ces catégories mobilise à la fois des ressources-stocks (des actifs tangibles) et des ressources de « capacités » (*Capabilities*) pouvant aller jusqu'à la possibilité de mobiliser des relations extérieures, formelles et/ou informelles, avec des parties prenantes alliées.

5.1.2 *La diversité des formes de lobbying et le problème de la cohabitation des intérêts particuliers et de l'intérêt général*

Le *lobbying* se distingue des autres formes d'action par son caractère ponctuel : il désigne les actions d'influence directement engagées vis-à-vis des décideurs politiques. Pour M.D. Lord (2000), le *lobbying* ne vise pas seulement la sollicitation de membres d'une assemblée parlementaire dans l'intention d'influencer cette dernière, il inclut toutes les techniques et stratégies, directes ou indirectes, manipulées pour influencer la décision publique, que cette dernière soit d'ordre législatif ou non. Il déborde des formes connues de *lobbying* visant le pouvoir exécutif (gouvernement, pouvoirs locaux) ou législatif (parlement) pour inclure le *Grass-roots Lobbying*. Ce dernier consiste à s'appuyer sur des mouvements de citoyens pour poursuivre les mêmes objectifs que ceux de *lobbies*.

Dans la pratique, les *lobbies* sont classés en deux catégories : les groupes de pression et les groupes d'intérêt (Lacasse, 2002). Les *lobbies* traditionnels sont des groupes de pression issus des milieux d'affaires ou du travail. Constitués principalement d'entreprises, d'associations professionnelles et/ou de syndicats, ils exercent une influence avec pour objectif l'adoption d'une décision favorable aux intérêts de leurs membres. Pour défendre ces derniers, les entreprises peuvent intervenir directement auprès de l'État ou par le biais d'organisations générales qui les regroupent. Les élus et les fonctionnaires sont souvent plus prompts à traiter avec ces associations réputées représentatives plutôt que directement avec les entreprises. Comparativement, les groupes d'intérêt n'ont pas pour objectif d'obtenir des avantages particuliers pour leurs membres ni de défendre des intérêts d'ordre économique catégoriel. Ils font du *lobbying* pour défendre ce qu'ils croient être dans l'intérêt de la société dans son ensemble. Cette défense de l'intérêt public les distingue des groupes de pression. Les groupes d'intérêt représentent des intérêts diversifiés, liés à une cause ou à un secteur (les écologistes). Si les groupes de pression cherchent avant tout à exercer une influence directe sur les pouvoirs publics, les groupes d'intérêt concentrent leurs efforts sur des techniques d'influence indirectes. Ce sont les pouvoirs publics eux-mêmes qui initient parfois l'intervention des groupes d'intérêts.

La diversité des formes de *lobbying* et le fait que ce dernier puisse servir des intérêts catégoriels aux dépens de l'intérêt collectif sont à l'origine d'interrogations persistantes sur sa légitimité. L'opinion publique a tendance à le confondre avec les phénomènes de trafic d'influence, de conflit d'intérêt ou de corruption. Peu nombreux sont ceux qui défendent cette légitimité. L'issue des rapports de force entre les deux croyances est décisive pour le sens à attribuer à l'action publique.

Les détracteurs du *lobbying* soutiennent que les pratiques du *lobbying* génèrent une inégalité de représentation des citoyens et des organisations auprès des pouvoirs publics. Ils soulignent l'opposition entre l'intérêt particulier d'un *lobby* et l'intérêt général de la population (Corporate Europe Observatory, 2015). À l'inverse, les défenseurs du *lobbying* considèrent qu'il est un élément indispensable au processus de prise de décision politique. Les actions publiques ayant un impact sur les personnes et les organisations, ces dernières revendiquent le droit à l'expression pour que soient fournies aux décideurs de bonnes informations devant servir les meilleures décisions (Offerlé, 1998).

En réalité, une bonne décision, motivée, bien fondée et équitable, n'est possible que si les informations proviennent simultanément de toutes les parties concernées, ce qui n'est jamais le cas. Le sort du *lobbying* repose sur ce délicat balancement. On peut penser, en dernier ressort, qu'il appartient aux représentants de l'État d'évaluer la situation et d'agir en conformité avec leur mission. Ils ont le dernier mot face aux divers intérêts en présence. Il est dans la logique de la fonction des lobbyistes de parler, d'intervenir et de chercher à influer. Il est dans la logique professionnelle et déontologique des élus et des fonctionnaires d'agir au service de l'intérêt collectif.

5.2 L'ANALOGIE ENTRE COMMERCE ET POLITIQUE

Les défenseurs de la politique commerciale prétendent généralement que les effets de cette dernière profitent à la nation dans son ensemble. L'actualité rapporte, au contraire, l'activisme de nombreux groupes de pression qui cherchent à obtenir de la puissance publique des mesures accommodantes en les faisant passer, le cas échéant, pour des mesures qui vont dans le sens de l'intérêt national. En l'absence d'un tel activisme, lesdites mesures pourraient ne pas être prises. L'exemple des protections apportées au secteur textile est de ce point de vue tout à fait édifiant (voir § 5.4.2). Alors que la population européenne notamment, dans son immense majorité, aurait probablement gagné très tôt à la libéralisation de ces marchés, des protections ont été maintenues dans le secteur textile jusqu'en 2005. Comment expliquer une telle contradiction ?

5.2.1 *Les politiques commerciales servent-elles l'intérêt général ?*

Des auteurs ont proposé des explications qui se réfèrent, en particulier, à la « sympathie politique ». Il s'agit du sentiment de compassion qu'éprouve le corps social, dans certaines circonstances données, à l'égard de l'une de ses composantes. Un tel sentiment surgit lorsqu'une poussée concurrentielle a pour effet de dégrader la situation du groupe qui en est directement la victime. La sympathie crée alors l'effet de « dommage soudain ». Ce fut le cas en Europe au début de 2005, à la suite du démantèlement de l'AMF, lequel a révélé subitement à l'opinion l'extrême fragilité dans laquelle se trouvaient les industries du textile et habillement consécutivement à la hausse spectaculaire des importations. Un tel sentiment apparaît également lorsque tout le monde est affecté par un événement, mais avec des effets gradués. Le corps social exprime alors sa solidarité avec le(s) groupe(s) le(s) plus mal loti(s). En mai 2008 et en mars 2011, la hausse des prix des carburants avait attiré l'attention de l'opinion publique française sur les difficultés du secteur de la pêche. La compassion de l'opinion s'était matérialisée par des élans de solidarité, mais aussi par l'acceptation par les consommateurs, qui sont pourtant majoritairement des automobilistes, que les pouvoirs publics prodiguent des aides ciblées aux pêcheurs, sans qu'eux-mêmes en bénéficient.

Ces situations restent cependant marginales. Les politiques commerciales obéissent le plus souvent à d'autres impératifs et contraintes. Depuis quelques années, plusieurs études, avec des simulations à la clé, tentent de comprendre les fondements des politiques commerciales sous l'angle de la diversité des intérêts et des groupes auxquels elles s'adressent. Leur spécificité réside dans le fait qu'elles renoncent à justifier les politiques commerciales par l'intérêt national. Au pire, elles considèrent que l'intérêt national ou le bien-être collectif n'existent pas. Au mieux, elles envisagent que, sous certaines conditions draconiennes, les politiques commerciales puissent seulement tendre vers certaines situations d'équilibre. Les situations les plus courantes sont, au contraire, celles où les politiques commerciales servent plutôt les intérêts d'individus ou de groupes particuliers. La question consiste dès lors à rechercher les contraintes et les facteurs qui soumettent les politiques commerciales à la logique de ces intérêts catégoriels.

Les analyses proposées reposent sur un modèle où les relations sur le marché économique sont assimilables aux relations sur le marché politique, ici entre élus et électeurs. Cette interprétation remonte aux travaux précurseurs de A. Downs (1957) et M. Olson (1965) largement relayés ensuite dans les recherches de « l'École de Virginie ». Dans le modèle, le comportement de « passager clandestin » des électeurs (non-révélation des préférences pour les candidats, les programmes ou les partis politiques) et la stratégie individualiste des politiciens (pour lesquels ce qui compte avant tout, c'est de se faire (ré)élire), introduisent des biais évidents qui incitent à penser que derrière les discours sur l'intérêt général se dissimulent les véritables stratégies des deux catégories d'acteurs : les électeurs choisissent les candidats (ou les partis) pour lesquels ils voteront en maximisant l'utilité qu'ils pourront retirer de l'application des différents programmes. De leur côté, les élus qui prennent les décisions cherchent à maximiser le nombre de voix qu'ils peuvent obtenir et, pour cela, adoptent des programmes susceptibles d'attirer le maximum d'électeurs. Cela est d'autant plus vérifié lorsqu'on s'approche des échéances électorales, car l'atmosphère a tendance à amplifier la surenchère sur les souhaits des uns et les propositions des autres. Bien évidemment, la conjugaison de ces attitudes ne conduit pas à une situation optimale.

Ce qui importe dans cette démarche, ce n'est pas de savoir s'il est « meilleur » que l'État mette en avant telle politique commerciale ou telle autre, telle structure de politique tarifaire ou telle autre ; il n'est pas davantage question de savoir si tel droit de douane est par nature plus « juste » ou même plus efficace que tel autre, mais de comprendre pourquoi une collectivité (incarnée par un acteur politique) opte pour telle politique plutôt que pour telle autre. En d'autres termes, l'objectif est de saisir comment fonctionnent les processus de décision. Il est aussi de savoir comment se structure l'appareil de production de la décision collective, d'identifier le système de sanctions ou de récompenses qui détermine l'action de tous ceux qui concourent au processus de production de la décision politique. Dans cette démarche, l'État est appréhendé non comme un acteur unique ou homogène, mais comme une mécanique dont on décompose les différents mécanismes, de la même façon que les économistes ont depuis longtemps décortiqué tous les aspects du fonctionnement des marchés privés (Tullock, 1976).

Il est important de remarquer que les deux sphères, l'économie et la politique, sont en interaction l'une avec l'autre. Les choix politiques ont un effet évident sur les performances économiques et la répartition des revenus. L'impact des choix induits par les politiques commerciales sur la croissance, les revenus et l'emploi en attestent. De leur côté, les choix économiques ont un effet sur le pouvoir politique. On sait, par exemple, que le choix fait par les entreprises de produire dans le pays même ou à l'étranger a une influence importante sur la définition des instruments de politique commerciale. C'est ce qui explique que les groupes de pression et les partis politiques forment souvent des alliances pour exploiter ces interactions (Grossman et Helpman, 2002 ; Magee, Brock et Young, 1989).

5.2.2 *Les politiques commerciales sous concurrence électorale*

Le cadre d'analyse proposé ici est relativement simple. Le modèle considère deux partis politiques en situation de compétition. La politique commerciale est réduite à une seule dimension : le niveau du droit de douane (supposé unique). Le parti politique qui a la plus grande chance de l'emporter est celui qui réussira à proposer le droit de douane qui satisfait le plus grand nombre d'électeurs. Bien entendu, et comme il sied à toute démocratie, les électeurs diffèrent dans leurs préférences. Pour illustrer ces différences, on suppose que le pays importe des biens intensifs en travail (textile-habillement) et exporte des biens qui incorporent beaucoup de capital et du travail très qualifié (équipement électronique).

Les conséquences d'une telle mise en scène apparaissent immédiatement. Les électeurs dotés de très bonnes qualifications seront favorables à un droit très faible. *A contrario*, ceux qui sont les moins qualifiés préféreront un droit de douane très élevé. Ce phénomène est connu depuis longtemps des économistes sous l'appellation d'effet Stolper-Samuelson (Stolper et Samuelson, 1941 ; Krugman, Obstfeld et Melitz, 2015). Il a de nouveau été mis en lumière, à la suite du démantèlement de l'AMF, simultanément en Europe et aux États-Unis. Ainsi, J.P. Cotis, J.M. Germain et A. Quinet (1996) écrivent que « l'ouverture d'une économie développée (OCDE) au commerce avec les pays émergents entraîne, compte tenu des dotations respectives en facteurs de production, des exportations de produits intensifs en main-d'œuvre qualifiée et des importations de produits à fort contenu en main-d'œuvre non qualifiée. Dans ce cadre, l'ouverture au commerce avec les pays en développement exerce un double effet : la production de biens à fort contenu en main-d'œuvre non qualifiée diminue, ainsi que les salaires des non qualifiés. En revanche, au sein de chaque secteur, la baisse du coût relatif des non qualifiés entraîne une certaine substitution à de la main-d'œuvre qualifiée, qui amortit en partie l'effet intersectoriel ».

Les auteurs rappellent également les autres effets potentiels de la concurrence des pays dits « à bas salaires » : éviction directe des branches exposées riches en main-d'œuvre non qualifiée par les importations en provenance des pays à bas salaires, incitation à délocaliser les productions concurrencées dans les pays d'où s'exerce la pression concurrentielle, menace d'exclusion de la branche sauf pour les firmes capables de « monter en gamme » en adoptant des techniques de production plus capitalistiques.

Les électeurs peuvent, de la sorte, être classés selon un ordre croissant en allant de ceux qui expriment une préférence pour les droits de douane les plus faibles vers ceux qui ont une préférence pour les droits les plus élevés. Sans autre biais, on comprend rapidement que les partis politiques vont s'aligner sur le droit de douane proposé par l'électeur médian.

Comme le montre la partie gauche de la figure ci-dessous, tout parti qui proposerait une autre solution serait désavantagé. Un parti qui oserait proposer un taux supérieur t_a à celui de l'électeur médian t_m risquerait d'être devancé par l'autre parti dès lors que le droit qu'il proposerait t_b serait compris t_a et t_m. Pour les mêmes raisons, la partie droite de la figure montre que les partis n'ont aucune raison de proposer un droit $t_{b'}$ inférieur au droit médian, car un taux rival $t_{a'}$ existe qui présente une issue plus optimale.

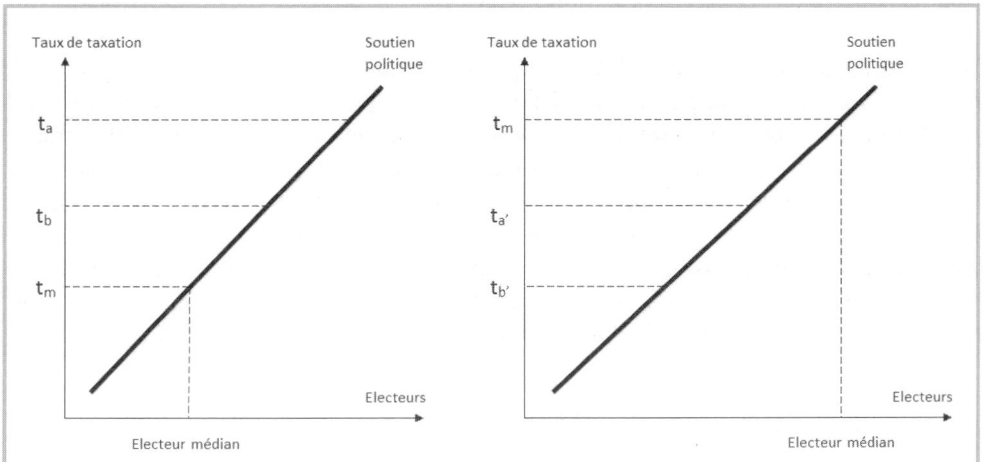

FIGURE 5.1.
Taxation et concurrence électorale

Le modèle met en lumière la stratégie des partis extrémistes. Comme ces partis vont se situer à l'ultime limite d'un côté ou d'un autre de l'échelle de préférence, le nombre de voix auxquelles ils peuvent prétendre sera nécessairement minoré par rapport aux partis qui se situent au milieu. Les partis extrémistes doivent, de la sorte, compter sur une mobilisation forte de leurs adhérents et sympathisants, mais cela est rarement suffisant pour leur garantir la victoire. Le modèle de l'électeur médian apporte ainsi une explication à l'inertie des partis politiques majoritaires. Ces derniers ont tendance, afin de s'assurer que leurs programmes auront la préférence de la majorité, de proposer des solutions qui agréent au plus grand nombre. Ainsi, les effets des politiques des dirigeants en termes de répartition du revenu tendent à être plus importants que leurs effets en termes d'efficacité.

C'est très précisément l'argumentation utilisée par F. David (1994) pour expliquer le caractère conservateur et peu novateur de la politique commerciale de l'UE. En effet, dans les négociations internationales, l'Europe doit très souvent commencer par trancher ses conflits internes. Les tensions autour de la réforme de la PAC en sont une démonstration éclatante. En particulier, les conflits récurrents avec les États-Unis ont été souvent l'occasion d'affrontements internes pour trouver le « juste milieu ». Alors qu'aux États-Unis, le Congrès n'est pas soumis à la règle de l'unanimité, en Europe, le risque de blocage existe dès lors que des positions tranchées amènent les États à s'opposer et à entrer dans un jeu de marchandage à somme nulle. Par exemple, un conflit au sein du Conseil des ministres peut mettre en péril la légitimité de la Commission à négocier avec les partenaires extérieurs. Afin d'éviter ce risque de blocage, la Commission, plus encore que les États membres, est incitée à parvenir à des politiques de résolution de problèmes (Stokman et Thomson, 2004 ; Héritier, 1999).

Cette analyse a des conséquences importantes pour le *lobbying* des acteurs privés qui cherchent à influencer la Commission européenne. Comme la Commission opère sous la contrainte de créer des situations politiques de résolution de problèmes, elle préférera la coopération avec les acteurs qui lui permettent de parvenir à ses objectifs. Cela ne veut pas dire que les acteurs représentés doivent être unanimes, mais qu'il est préférable que les *lobbies* n'aggravent pas une situation potentielle de marchandage entre pays. En d'autres termes, le contexte institutionnel fait que la Commission va plus volontiers encourager un *lobbying* pour des solutions européennes plutôt que nationales (Coen, 2002). Pour la politique du commerce extérieur, cela ouvre la possibilité à la fois à des solutions protectionnistes et à des mesures de libéralisation des échanges en fonction des circonstances (Balme et Chabanet, 2002).

5.3 LES POLITIQUES COMMERCIALES À VENDRE

Bien des circonstances existent où des restrictions aux échanges sont introduites en raison du poids des *lobbies*. En particulier, la « nouvelle économie politique des protections commerciales » tente d'expliquer l'introduction de certains obstacles aux échanges par les pressions qu'exercent des individus et/ou des groupes d'intérêt au sein d'un système politique donné pour demander et obtenir des protections, et le comportement intéressé des hommes politiques qui cherchent à maximiser leur influence et leur chance de demeurer en place, c'est-à-dire d'être réélus (Campan, 2016). Plusieurs circonstances ont été identifiées dans lesquelles les obstacles aux échanges nécessitent de mobiliser des explications qui font appel aux rôles des groupes de pression. Elles ont en commun de reposer sur le postulat que les pouvoirs publics tentent de maximiser leur succès politique plutôt qu'un objectif abstrait de maximisation du bien-être national.

5.3.1 *Les politiques commerciales en situation bureaucratique*

Toutes les politiques commerciales ne sont pas conduites dans des contextes où les décideurs sont soumis à la pression de la concurrence politique. Par exemple, les décideurs peuvent être des régulateurs (des fonctionnaires) dont les postes ne sont pas soumis aux scrutins politiques. Il peut s'agir aussi de membres d'une commission technique isolés de la pression de *lobbies*. En théorie, cet isolement devrait empêcher la capture par les *lobbies* des décisions des commissionnaires. Toutefois, même dans ce type de circonstances, on admet que les régulateurs n'agissent pas au nom et pour l'intérêt collectif. S'ils ne peuvent s'octroyer personnellement tout ou partie des rentes engendrées par les protections, ils peuvent être tentés de s'identifier avec les groupes impliqués par leurs décisions. Cette identification sera d'autant plus forte que le champ des responsabilités est direct et étroit.

En outre, il ne faut pas oublier que les « régulateurs » et les « bureaux » sont en concurrence entre eux à l'identique de la situation de rivalité qui oppose les partis politiques pour les résultats des scrutins. Ici, l'enjeu porte sur l'attribution des budgets. Comme l'*output* porte sur la production des circulaires et des règlements, sa maximisation soutient une surenchère qui a pour effet final une surproduction dans la réglementation. En d'autres termes, les « bureaux » sont incités à surproduire les services dont ils sont les fournisseurs (Messerlin, 1981).

Le mérite du modèle économique appliqué à l'étude de la logique du comportement bureaucratique est de rappeler que ce n'est pas parce qu'ils ne peuvent prétendre à des « rentes » que les « bureaux » jouissant d'un pouvoir de décision n'en tirent pas profit. Bien des « bureaux » se comportent en fait comme des monopoles qui spolieraient leurs actionnaires-propriétaires en réinvestissant leurs super-bénéfices dans une politique de sur-investissement. Autrement dit, la logique de la fonction publique est de produire « plus » que ce qui correspondrait à la meilleure allocation des ressources de la société. On arrive alors à une situation dite de « biais protectionniste ». En effet, la protection risque d'être plus élevée qu'elle ne l'aurait été en l'absence de rivalité. Ce phénomène risque de s'aggraver si le contrôle sur les décisions des « régulateurs » et des « bureaux » est faible, *a fortiori* s'il est inexistant. Cet aspect a donné lieu à des travaux importants dans le cadre de la théorie de l'Agence (Vaudrey, 2007 ; Miller, Vandome et McBrewster, 2010). La sphère politique joue le rôle du principal et les bureaux celui de l'agent. On montre alors que si les coûts de supervision sont trop élevés ou s'il y a incertitude sur le comportement de l'agent, on aboutit à une situation d'asymétrie informationnelle.

Il est vrai que « les régulateurs » (fonctionnaires) ne sont pas libres d'agir à leur convenance. Ils sont, dans la plupart des cas, soumis au contrôle politique des élus et/ou des appareils politico-administratifs. Ce contrôle s'exerce, par exemple, à l'occasion des débats budgétaires annuels. Il tient aussi de l'autorité discrétionnaire que les ministres exercent sur leurs administrations respectives, ainsi que, le cas échéant, de la nomination de commissions d'enquête parlementaires. Là encore, le modèle économique révèle pourquoi ces formes de contrôle sont en général inefficientes. Pour contrôler efficacement l'action de ses agents, il faudrait que le pouvoir de tutelle connaisse convenablement les conditions de production des services qu'il surveille. Or, ces renseignements émanent de services contrôlés. Il y a toutes les chances alors que les « contrôleurs » soient manipulés par les « contrôlés ». Ces derniers se trouvent vis-à-vis du pouvoir de tutelle dans une position qui leur permet (implicitement) pratiquement d'imposer la politique qui leur convient.

S'il existait une certaine concurrence entre plusieurs administrations pour la production des mêmes décisions, la position des « contrôlés » serait moins forte : les « offres » de services concurrents permettraient aux autorités de tutelle ou de contrôle de tester l'authenticité des renseignements fournis par le service en cause. Finalement, les décisions du pouvoir politique sont biaisées en faveur des intérêts de la bureaucratie, au détriment des intérêts de la collectivité. Des études empiriques confirment cette conclusion en montrant que les attitudes des représentants du pouvoir politique coïncident généralement bien davantage avec la défense des intérêts de l'administration contrôlée qu'avec celle des intérêts de la collectivité *stricto sensu*.

Certains auteurs ont cherché à nuancer ces conclusions en indiquant que, dans une perspective régionale, les autorités supranationales sont moins attentives aux groupes d'intérêts nationaux, car ces derniers ont moins de poids dans une communauté régionale plus large (Panagariya et Rodrik, 1993). Cependant, cette hypothèse n'est réaliste que si les groupes d'intérêts privés renoncent à toute coopération au niveau régional. Pourquoi en serait-il nécessairement ainsi ? Il y a lieu de penser, au contraire, que les intérêts des corporations professionnelles, et donc leurs coalitions, transcendent les frontières nationales. Cet effet de dilution des préférences nationales peut donc ne pas fonctionner. La réponse des autorités supranationales aux demandes des groupes d'intérêts nationaux peut être importante (Laporte, 2002). Dans le cas de l'UE, l'analyse de L.A. Winters (1994) va dans ce sens. Ce dernier souligne que la Commission européenne a répondu plusieurs fois favorablement à des demandes de protection pour affirmer son pouvoir face à celui du Conseil des ministres. *A contrario*, on peut penser que le pouvoir de la Commission est limité et que ses décisions peuvent être invalidées par la Cour de Justice européenne et/ou par le Parlement européen.

5.3.2 *Le poids inégal des groupes d'intérêt*

C'est le cas, notamment, lorsque les obstacles aux échanges sont globalement plus élevés que ce que justifierait une situation de bien-être, au sens néo-classique du terme.

Les modèles utilisés partent du postulat que, face à une décision attendue de l'État, les publics concernés peuvent être tentés d'agir. Par exemple, supputant le projet d'ouverture du secteur textile à la concurrence, les industriels du secteur peuvent décider de se mobiliser pour empêcher cette décision et tenter d'obtenir la prorogation des protections. On admet que cette décision leur rapporte un gain (un prix de marché plus élevé), mais leur coûte en termes d'argent et de temps pour se mobiliser auprès des élus. Symétriquement, les consommateurs peuvent avoir intérêt à agir également. On suppose qu'ils sont prêts à intervenir pour obtenir le démantèlement des protections si leur propre gain net est positif, c'est-à-dire si, pour chacun d'eux, la différence entre le coût de l'engagement (dépenses en argent, temps de la mobilisation) et le gain attendu (prix plus faible du fait de la concurrence) est positive.

En supposant en outre que le vote est sans coût, que la règle du vote est celle de la majorité simple et que chaque votant, au sein de son camp, est convaincu que son vote sera décisif, on arrive à montrer que la situation à laquelle on aboutit est celle où les obstacles inefficients seraient automatiquement rejetés. En d'autres termes, si toutes les conditions ci-dessus étaient garanties, l'on devrait se trouver dans la situation la plus proche du libre-échange. Pourtant, dans la réalité, ce n'est pas ce qui est observé.

L'explication tient au fait que les obstacles commerciaux ne bénéficient, dans les faits, qu'à une minorité. En d'autres termes, les résultats réels des politiques commerciales s'écartent généralement de ce qu'ils auraient été dans une véritable démocratie où les gouvernants appliqueraient scrupuleusement ce que souhaite la population (ou sa majorité). Notamment, la taille du groupe auquel on appartient a son influence. Le groupe protecteur tire sa force de son petit nombre. L'observation montre que, plus un groupe est réduit, plus le gain moyen par membre est élevé. L'enjeu étant plus grand, ils y trouvent la motivation nécessaire pour se mobiliser. De la sorte, même en n'étant qu'une minorité, ils peuvent prétendre sensibiliser plus fortement ou avoir les faveurs d'un plus grand nombre d'élus. À l'inverse, l'enjeu pour les consommateurs est mineur et la perte potentielle en cas de défaite de leur groupe est marginale. C'est pourquoi beaucoup peuvent trouver que le jeu n'en vaut pas la chandelle et décident de ne pas se mobiliser. Au total, le groupe des consommateurs perd parce que ses intérêts sont beaucoup trop dispersés et faibles, alors que le groupe des protecteurs gagne parce que ses intérêts sont concentrés. La politique commerciale qui sera finalement adoptée a toutes les chances d'être favorable à ces derniers, car un partage de gains entre des membres au nombre limité amplifie l'enjeu et pousse les membres à se mobiliser individuellement.

5.3.3 *Les comportements de « cavalier solitaire » (Free Rider)*

Une autre circonstance permet de justifier pourquoi, dans la réalité, les politiques commerciales ont tendance à s'écarter des situations où ces dernières se mettraient au service de « l'intérêt national ». C'est celle qui met en jeu l'existence de « cavalier solitaire ». Le problème vient de ce que les gains liés à l'action d'un groupe ne dépendent pas directement de l'engagement de chacun de ses membres considéré isolément.

Lorsqu'un groupe compte de nombreux membres, le sentiment gagne chacun des individus que sa contribution propre ne sera pas déterminante dans le résultat final. Les individus égoïstes penchent dès lors à en faire moins que les autres, voire à se soustraire complètement à l'action en laissant le soin, pensent-ils, aux autres de faire aboutir la cause commune. Le paradoxe tient au fait que l'efficacité du groupe sert l'intérêt de tous, alors que l'agrégation des actions individuelles ne produit pas nécessairement l'efficacité recherchée par l'ensemble du groupe. À l'excès, en effet, en considérant qu'aucun individu n'agit, on voit bien que l'intérêt du groupe ne sera pas défendu et l'action du groupe se trouvera réduite à néant.

Un tel problème serait résolu si tous les membres d'un même groupe d'intérêt étaient redevables de leur conduite. C'est pourquoi de nombreux groupes tentent de contrôler effectivement la mobilisation de leurs membres. Selon les cas, ils les soumettent à des taxations individualisées ou excluent les moins actifs parmi eux.

Les grands décideurs publics connaissent le phénomène. En particulier, ils sont au fait de la plus grande efficacité des petits groupes et des intérêts concentrés. Ils savent également que les grands groupes, les consommateurs notamment, sont moins bien organisés, qu'ils ont une multitude d'objectifs et qu'ils ne se détermineront pas exclusivement sur la base du problème qui mobilise le groupe de pression, d'autant que nombre d'entre eux vont adopter la stratégie de « cavalier solitaire ».

5.3.4 *L'équilibre des concessions tarifaires*

Le même phénomène est observable lorsqu'on étudie la situation des consommateurs par rapport à celle des producteurs. Des économistes ont remarqué que les textes et les droits de douane étaient davantage concentrés sur les biens de consommation finale que sur les matières premières et les produits intermédiaires. L'explication pourrait, de façon analogue, être imputée au fait que les consommateurs subissent le poids des vendeurs mieux coalisés. Les acheteurs de matières premières et de biens intermédiaires sont, en revanche, mieux positionnés par rapport à leurs propres fournisseurs, car ils ont la possibilité d'opérer par l'intermédiaire de leurs organisations professionnelles respectives (Krugman et Obstfeld, 2009 ; Lindert et Pugel, 1996).

Cette distorsion se répercute sur les négociations commerciales internationales lorsque les États, comme cela fut le cas durant les *Rounds* successifs du GATT entre 1950 et 1994, proposent de procéder, de façon réciproque et équilibrée, à des concessions tarifaires. Les concessions sont supposées aboutir à ce que les différentes parties consentent à réduire leurs droits de douane dans une proportion qui équilibre les effets sur les importations et les exportations de chacun d'eux.

Si on part du principe qu'une réduction unilatérale de son tarif douanier à l'importation peut procurer – et procure de fait assez souvent – un gain net et non une perte au pays qui le fait, on ne peut interpréter la règle de l'équilibre des concessions que comme une manifestation du pouvoir des groupes des producteurs relativement à celui des consommateurs. En effet, chacun des partenaires dans la négociation a une tendance naturelle à considérer ses propres réductions tarifaires comme des sacrifices, étant donné qu'il doit en rendre compte politiquement devant des producteurs soumis à la pression étrangère et résolument coalisés pour s'en protéger, alors que les consommateurs sont dispersés, souvent mal organisés et peu au fait des effets positifs des concessions tarifaires sur leur bien-être.

5.4 POLITIQUES COMMERCIALES ET RÔLE DES *LOBBIES* : DEUX CAS CONCRETS

Si la logique qui régit le fonctionnement des *lobbies* est sensiblement la même, ces derniers opèrent toutefois diversement en fonction de l'expression « locale » des intérêts à défendre. Le plus souvent, il s'agit d'infléchir les choix des pouvoirs publics pour obtenir une décision qui préserve – ou avantage – les intérêts d'une corporation par les tarifs, les quotas ou les normes, éventuellement par une action sur tout ou partie de ces instruments. Toutefois, sous l'effet du désarmement douanier issu des *Rounds* du GATT, le rôle des tarifs a sensiblement reculé au profit de celui des quotas et des normes. C'est ce qu'illustrent les deux cas retenus ci-dessous. Le premier, celui de l'amiante, analyse la mobilisation d'un cartel pendant plus de soixante-dix ans (1929-2001) pour s'inféoder les expertises scientifiques et les décisions de politique commerciale, non seulement au niveau européen, mais aussi au niveau international. Le deuxième cas, celui du textile, décrit les stratégies adaptatives des groupes de pression du secteur pour s'acclimater aux évolutions du secteur, notamment depuis que le démantèlement de l'« arrangement multifibres » (AMF) a accru les contraintes concurrentielles sur le textile européen en provenance de pays en développement.

5.4.1 *Le lobby de l'amiante*

L'interdiction de l'amiante a été adoptée, en France, par le décret du 24 décembre 1996. Elle avait été annoncée officiellement par le ministre du Travail et de la Santé le 3 juillet 1996. L'interdiction a été effective à partir du 1er janvier 1997. Elle a permis d'abaisser immédiatement la consommation de ce matériau dans des proportions considérables. Pour certains usages incontournables de l'amiante, un système temporaire d'exceptions a été mis en place. Toutefois, depuis janvier 2002 aucune des exceptions techniques – temporaires et limitées – n'est admise. La France a joué un rôle moteur s'agissant de l'interdiction de l'usage et de l'importation de l'amiante. Sa législation a inspiré la norme européenne. L'interdiction de l'amiante dans l'ensemble de l'UE a été obtenue par une directive de juillet 1998.

A. Les positions dominantes sur le marché de l'amiante : après le Canada, la Russie et la Chine

L'extraction d'amiante s'est développée au XIXe siècle, avec la découverte de gisements considérables en Afrique du Sud, au Canada et en Russie. Selon la revue *Politique*, environ 174 milliards de kilos d'amiante ont été produits tout au long du XXe siècle. Si l'on y ajoute la production des premières années du XXIe siècle, notre environnement contient plus de 25 kilos de fibres d'amiante par habitant dont une infime quantité seulement a été éliminée par des procédés sûrs comme la vitrification.

La production mondiale est passée de 4 millions à 2,4 millions de tonnes entre 1995 et 2008 pour se stabiliser aux alentours de 2 millions entre 2014 et 2015 (U.S. Geological Survey, 2016). Alors que l'on s'attendait à une réduction progressive de la production, l'industrie de l'amiante est parvenue à stabiliser ses marchés au prix d'un redéploiement rapide et spectaculaire vers les pays en développement. Aujourd'hui, l'usage de l'amiante a pratiquement disparu en Europe, à l'exclusion de la Russie qui s'affiche de très loin, surtout depuis le recul remarqué du Canada, comme le premier producteur mondial en la matière (U.S. Geological Survey, 2016 ; Vogel, 2009 ; Huré, 2008).

L'exploitation de l'amiante avait atteint un sommet en 1975. Plus de 200 millions de tonnes auraient été utilisées dans le monde cette année-là. Jusqu'aux années 1970, le Canada et l'ex-URSS ont fourni l'essentiel de la production mondiale. Le Canada est resté, jusqu'en 1975, le premier producteur, bénéficiant de sa proximité avec le premier débouché qu'étaient les États-Unis. Situées au Québec, les principales mines bénéficiaient de l'avantage de pratiquer des salaires plus faibles par rapport aux autres États tout en offrant des conditions de travail relativement plus dévalorisées. Le déclin de la production canadienne devenait inévitable dès lors que le marché des États-Unis a commencé à décliner.

Pays	2009	2010	2011	2012	2013	2014	2015
Brésil	288 000	270 000	270 000	307 000	300 000	284 000	311 000
Canada	150 000	100 000	100 000	–			
Chine	380 000	400 000	400 000	420 000	400 000	400 000	400 000
Kazakhstan	230 000	214 000	210 000	241 000	240 000	240 000	215 000
Russie	1 000 000	1 000 000	1 000 000	1 000 000	1 000 000	1 100 000	1 100 000
Autres pays	19 000	21 000	20 000	300	300	370	350
Production mondiale	**2 067 000**	**2 005 000**	**2 000 000**	**1 968 300**	**1 940 300**	**2 024 370**	**2 026 350**

Source : U.S. Geological Survey, *Mineral Commodity Summaries*, Rapports 2009-2016

TABLEAU 5.1.
Les 5 premiers producteurs d'amiante dans le monde (en tonnes métriques)

Aujourd'hui, la Russie et la Chine sont les plus gros producteurs d'amiante du monde avec une production consolidée annuelle de 1,3 million de tonnes métriques (chiffres

2015). Sur le plan international, la redistribution des cartes entre producteurs en ascension et producteurs en déclin s'inscrit dans un contexte de réduction des capacités mondiales de production : ces dernières sont revenues de 4 millions de tonnes métriques en 1995 à 2,2 millions en 2007, puis à 2 millions en 2015.

B. Le caractère avéré de la dangerosité de l'amiante

Le minerai de l'amiante est présent à l'état naturel dans l'environnement. Il contient du silicone et de l'oxygène. Il se présente sous différentes couleurs telles que le bleu, le marron et le blanc. Il est généralement naturellement fibreux. Pendant longtemps, l'amiante était très largement utilisé dans de nombreuses industries car, en vertu de ses propriétés, il résiste à la chaleur, aux incendies et aux produits chimiques. L'amiante présente également les qualités de malléabilité et de flexibilité en plus de son coût relativement faible, ce qui explique son succès notamment pour renforcer le ciment et les plastiques dans la construction de bâtiments.

Cependant, dès le début du XXe siècle, des rapports émanant des inspecteurs du travail et des administrations de tutelle signalent une forte mortalité des ouvriers dans les filatures et dans les usines de tissage d'amiante. En 1945, un tableau de maladies professionnelles dues à l'amiante est mis en place. Durant toute la seconde partie du XXe siècle, de très nombreuses expertises ont établi que l'exposition à l'amiante et l'inhalation de ses fibres sont dangereuses. En janvier 1978, le Parlement européen souligne, dans une résolution, le « caractère cancérigène » de l'amiante. L'inhalation produit une fibrose pulmonaire, nommée l'asbestose. C'est également un cancérigène en cause dans les cancers broncho-pulmonaires et dans les cancers de la plèvre (mésothéliome).

En 2005, un rapport du Sénat[2], s'appuyant sur les recherches de l'Institut national de la santé et de la recherche médicale (INSERM), révèle que l'utilisation de l'amiante est responsable de 35 000 décès survenus entre 1965 et 1995 en France, et qu'elle pourrait causer de 65 000 à 100 000 décès entre 2005 et 2025.

C. L'activisme des *lobbies*

C'est, dès 1929, que les firmes européennes du groupe Eternit se sont constituées en Cartel sous l'appellation de Sociétés Associées d'Industries Amiante-Ciment (SAIAC). Le but originel de la coalition est, entre autres, de centraliser les informations scientifiques sur les dangers de l'amiante. En 1971, les industriels nord-américains et européens, qui développent des applications de l'amiante, se réunissent à Londres alors que des études scientifiques venaient d'officialiser sa nocivité. L'organisateur de la conférence annonce prophétiquement que des pressions vont s'accroître à plus ou moins long terme. Il avertit : « Préparez votre défense ! ».

2. Dériot G., Godefroy J.P. (2005), « Le drame de l'amiante en France », Rapport d'information n° 37 du 26 octobre. À lire sur : http://www.senat.fr/rap/r05-037-1/r05-037-1_mono.html

En 1982, l'Association française de l'amiante qui regroupe les industriels de l'amiante crée le « Comité Permanent Amiante ». Le CPA se veut un groupe informel alors que, paradoxalement, son financement est entièrement dépendant des industriels. Dans sa composition, il comprend aussi des délégués des principaux syndicats qui défendront pendant longtemps l'usage de l'amiante au nom de la préservation de l'emploi. Pendant douze ans, la politique nationale en matière d'amiante est pratiquement confiée à ce comité dont certains membres, médecins ou chercheurs, déclareront plus tard s'être fait piéger : « tout le monde croyait les industriels ».

Paradoxalement, en 1986, lorsque les États-Unis entreprennent d'interdire l'amiante, la France intervient pour émettre un avis négatif fondé sur un rapport du CPA. De nouveau, quand à l'initiative de l'Allemagne, en 1991, la Communauté européenne s'interroge sur une interdiction de l'amiante, le CPA procède à un intense *lobbying* dans les couloirs de la Commission afin d'empêcher toute prohibition, de concert avec le *lobby* canadien.

En 1995, des groupes d'opposition à l'amiante s'organisent pour discréditer le CPA, menant une campagne efficace auprès des médias. Certains membres du CPA, sentant le vent tourner, démissionnent discrètement. Plusieurs ministères annoncent quitter une structure où ils affirment n'avoir été qu'en tant qu'observateurs. Le CPA disparaît à la fin de 1995.

Dans un ouvrage de circonstance, F. Chateauraynaud et D. Torny (1999) écrivent que « l'existence du CPA permet de continuer la transformation et l'usage de l'amiante en convoquant les différents intérêts en présence : ceux des producteurs, ceux des salariés qui sauvent leurs emplois et ceux des médecins ou des représentants de l'État qui peuvent exercer un contrôle normatif sur l'usage d'un produit tout en développant des programmes d'études et de recherches sur un certain nombre de maladies ». Ils notent également : « On peut aussi faire l'hypothèse que tous les acteurs ne « voyaient » pas la même chose dans le fonctionnement du CPA ».

En 1995 également, anticipant les difficultés à venir, le groupe Eternit change de dénomination et devient ETEX Group. Il amorce immédiatement une large reconversion de son activité. Notamment, il module sa stratégie, tantôt en se rangeant sous la bannière du *lobby* pro-amiante (comme au Brésil), tantôt en développant des alternatives moins dangereuses dans le domaine des matériaux (comme en Europe). En 2003, il a été cédé à *Austria Bank* alors qu'il était né et demeuré suisse depuis 1903.

ENCADRÉ 5.1. DE LA CONFÉRENCE DE LONDRES À LA CRÉATION DU « COMITÉ PERMANENT AMIANTE » (CPA). UNE ILLUSTRATION DE L'ÉMERGENCE ET DU FONCTIONNEMENT DES *LOBBIES*

Au lendemain de la conférence internationale des organisations d'information sur l'amiante, qui s'est tenue à Londres les 24 et 25 novembre 1971, le président britannique de la conférence rédigeait un commentaire final dans lequel il exprimait son propre point de vue. Il a d'abord rappelé que la conférence s'est déroulée « à un moment critique de l'histoire de l'industrie de l'amiante. En Amérique du Nord, en Grande-Bretagne et dans d'autres pays européens, de graves attaques contre l'amiante et ses utilisations sont relayées par la presse, la radio et la télévision ». Son intervention mentionne notamment les points suivants :

• « En écoutant parler des problèmes auxquels se confronte de plus en plus l'industrie de l'amiante [...], j'ai l'impression que les pressions vont s'accroître à plus ou moins long terme dans tous les domaines. Et à mon avis, cela risque de se produire bientôt. Je ne peux donc que vous inviter très sérieusement à vous préparer dès maintenant à faire face à une plus grande intervention des autorités publiques et à des attaques de plus en plus violentes » ;
• « En ce qui concerne les réglementations gouvernementales à venir, il me semble tout à fait souhaitable que vous cherchiez à participer à leur élaboration à travers vos organisations. [...]. Sans le Conseil [de recherche sur l'asbestose], qui a été créé de toutes pièces par l'industrie de l'amiante, les réglementations britanniques auraient été bien plus draconiennes » ;
• « Je vous invite tous à préparer votre défense dès maintenant [...]. Avez-vous un comité d'action disposant des fonds nécessaires, mais aussi d'une expertise technique et médicale ? [...] Êtes-vous en contact avec des consultants en relations publiques capables de vous donner de bons conseils ? » ;
• « La maxime "Ne réveillez pas le chat endormi" est tout à fait appropriée lorsque les choses vont lentement et que l'intérêt du public et de la presse reste faible. Mais les chats endormis peuvent se réveiller brutalement, faire entendre leur voix et montrer leurs griffes. Vous devez vous préparer à l'avance ».
Le CPA est-il né de ces recommandations ?

D. La décision de l'Organe d'appel de l'OMC

Dans une communication du 28 mai 1998, le Canada, deuxième producteur mondial d'amiante, a demandé l'ouverture de consultations avec la Communauté européenne conformément à l'article XXII du GATT, à l'article 11 de l'Accord sur l'application des mesures sanitaires et phytosanitaires (Accords SPS) et à l'article 14 de l'Accord sur les obstacles techniques au commerce (OTC) pour protester contre les mesures d'interdiction de l'amiante prises par le gouvernement français. La Communauté européenne qui défendait la France a, pour sa part, invoqué l'article XXb en indiquant que le décret était nécessaire pour garantir « la santé publique ». Trois États se sont joints, comme parties, à la procédure : les États-Unis en faveur de la Communauté européenne, le Brésil et le Zimbabwe (pays producteurs d'amiante) en faveur du Canada.

Après trois ans de procédures écrites et orales, le contentieux a donné lieu à une décision, en mars 2001, favorable à l'UE. Dans son rapport publié le 12 mars, l'Organe d'appel de l'OMC a jugé que « le Canada n'avait pas démontré que le décret français interdisant l'amiante était contraire aux obligations de l'UE vis-à-vis de l'OMC ».

Les réponses des experts du groupe spécial avaient confirmé unanimement les éléments de fait et les éléments scientifiques présentés par la France et, notamment, la cancérogénicité du chrysotile, l'absence d'un seuil d'innocuité, l'importance des populations à risque et l'inefficacité de l'utilisation contrôlée du matériau. La décision est importante, car c'est la première fois, depuis 1947, qu'un pays membre du GATT ou de l'OMC parvient à démontrer que sa mesure est « nécessaire à la protection de la santé et de la vie des personnes »[3]. Le Canada a regretté la décision de l'Organe d'appel de l'OMC de « bannir des produits qui présentent un véritable progrès », car moins chers, et dotés d'une plus longue durée de vie que d'autres matériaux.

3. Le rapport définitif du 18 septembre 2001 et le rapport de l'Organe d'appel sont disponibles sur le site de l'OMC : http://www.wto.org/french/tratop_f/dispu_f/135abr_f.doc

E. Une situation enfin clarifiée au Canada en 2016

En mars 2011, alors même que la dangerosité de l'amiante chrysotile faisait l'objet d'un large consensus au sein de la communauté scientifique canadienne, le gouvernement du Québec maintenait toujours qu'il est possible de faire un usage « sécuritaire » de l'amiante chrysotile. Toutefois, au même moment, la Confédération des Syndicats nationaux (CSN) du Québec a pris enfin la décision de ne plus appuyer de nouveaux projets d'expansion des mines d'amiante québécoises. Elle a, en outre, demandé au gouvernement du Canada l'inclusion de l'amiante dans la liste des produits dangereux. En tournant le dos à l'amiante, la CSN révise sa position de 1997 sur l'utilisation sécuritaire de l'amiante chrysotile. Certains hommes politiques ont qualifié le geste de la CSN de haute trahison.

Finalement, c'est le 15 décembre 2016 seulement que le gouvernement canadien a décidé d'interdire l'amiante à l'usage et à l'importation sur une durée de deux ans (horizon : fin 2018). Le Premier ministre, Justin Trudeau, avait fait de cette interdiction l'une de ses promesses électorales en 2015. Ce dernier engage parallèlement son pays à revisiter sa position en vue de la prochaine rencontre des signataires de la Convention de Rotterdam, traité qui régit le commerce international de produits dangereux. Le traité rassemble 156 pays qui considèrent aujourd'hui l'amiante comme substance nocive. Pour des raisons économiques et sociales évidentes, le Canada laisse toutefois la porte ouverte à la mise en valeur des résidus de l'amiante en vue notamment de l'extraction du magnésium.

5.4.2 *Le lobby du textile-habillement*

Après une longue période de prospérité, le textile européen est soumis, depuis une dizaine d'années, à des mutations accélérées. En particulier, le démantèlement de l'AMF, associé à l'essor de la production et du négoce de l'Asie, a pour effet une contraction continue et importante de l'appareil de production, de l'investissement et de l'emploi. Il s'agit, ici, d'examiner comment, étape après étape, depuis les années 1960, les groupes de pression se sont adaptés aux évolutions du secteur, comment ils ont cherché parfois à les anticiper pour en tirer avantage, et quelles sont les conditions spécifiques au secteur qui rendent problématique la conduite de stratégies de captation de rentes.

A. Un secteur stratégique pour l'Europe et les États-Unis

Le textile-habillement constitue l'une des activités industrielles les plus anciennes d'Europe. Le secteur est composé de deux sous-secteurs : le textile (qui regroupe la fabrication des fibres, les filés et les tissés) et l'habillement (qui regroupe globalement les activités de confection). Ce secteur est resté pendant longtemps stratégique au regard de son importance comme producteur de richesses et comme pourvoyeur d'emplois. Au milieu du XIXe siècle, le textile (au sens large) représentait 60 % de la production de l'industrie manufacturière en Angleterre et l'industrie cotonnière représentait 75 % de la valeur ajoutée industrielle aux États-Unis. Aujourd'hui, cette importance n'a certes pas totalement disparu, mais elle a progressivement diminué depuis les années 1970.

Le commerce mondial de textile-habillement consolidé a bondi de 453 milliards de dollars en 2004 à 797 en 2014, soit une progression de 75,9 % en 10 ans (OMC, 2005, 2015). Les exportations textiles seules sont passées, au cours de cette période, de 195 à 314 milliards de dollars, alors que celles de l'habillement sont passées de 258 à 483 milliards de dollars. En prévision du démantèlement de l'AMF, les exportations des textiles avaient progressé de 12 %, puis de 13 %, en 2003 et 2004. Comparativement, elles avaient stagné à 0 % sur la période 1995-2000 et n'avaient crû que de 6 % en moyenne annuelle entre 2000 et 2004. Pour l'habillement, l'évolution a été relativement comparable (+ 15 % en 2003, puis + 11 % en 2004) à la veille de la libéralisation des marchés. La croissance annuelle moyenne des exportations avait été bien moindre au cours des périodes 1995-2000 (+ 5 %) et 2000-2004 (+ 7 %). L'annonce, puis le passage à la libéralisation des marchés, n'ont pas seulement impacté l'évolution de l'activité, ils ont aussi, comme nous le verrons plus loin, redistribué les cartes parmi les grandes nations commerçantes.

En fait, les premiers frémissements du secteur avaient commencé, au milieu des années 1960, avec l'accélération de la mondialisation. Afin de protéger leurs activités textiles, les pays industrialisés, essentiellement les États-Unis et l'Europe, obtiennent la mise place de l'AMF. Jusqu'à la fin de l'*Uruguay Round* (1994), les contingents relatifs aux textiles et aux vêtements devaient être négociés sur un plan strictement bilatéral. Cet instrument prévoyait des règles pour l'imposition de restrictions quantitatives sélectives lorsque des poussées soudaines des importations menacent de porter un préjudice grave à la branche de production du pays importateur. De fait, l'AMF constitue une dérogation majeure aux principes canoniques du GATT, en particulier au principe de la non-discrimination.

B. Le démantèlement progressif de l'AMF et ses implications

La décennie 1990 avait été marquée par une nouvelle accélération rapide de l'internationalisation du secteur. Soutenue par la croissance, la géographie mondiale de la production et des échanges enregistre des mutations très fortes qui annoncent l'après-AMF. L'Asie dans son ensemble devient hégémonique : alors qu'elle représentait 45,1 % des exportations textiles en 2004, cette part est passée à 59,7 % en 2014. Pour l'habillement, la part mondiale de l'Asie est passée de 46,8 % en 2004 à 59,9 % en 2014. Comparativement, la part de l'Europe dans le négoce mondial de textiles a chuté de 41,4 % en 2004 à 28,4 % en 2014, et celle de l'habillement a reculé de 37,1 % à 30,3 %. Encore faut-il signaler que l'Europe devient désormais son propre marché : 20,5 % des exportations textiles européennes (sur 28,4 %) se dirigent vers le continent lui-même et 24,6 % dans l'habillement (sur 30,3 %) en font de même. Dans l'ensemble textile-habillement, l'Europe ne représente plus guère que 10 % des exportations mondiales inter-zones.

La reconfiguration des échanges s'est faite de pair avec une délocalisation massive de la production au profit d'un nombre limité de pays, situés principalement en Asie. La Chine joue de plus en plus un rôle prépondérant. Par exemple, elle a réalisé 21 % des achats mondiaux de métiers à tisser entre 1985 et 1995 et 23 % entre 1995 et 2015. Elle s'impose définitivement comme le premier producteur et le premier exportateur mondial.

Le 1er janvier 1995, pour accompagner ces mutations, l'OMC a mis en place un processus transitoire en vue de la suppression définitive des contingents. La période de transition doit s'étaler entre 1995 et 2005. Le protocole prévoit un processus de libéralisation visant à augmenter progressivement les contingents existants jusqu'à leur suppression grâce à un relèvement des coefficients de croissance annuels à chaque étape. Il prévoit également un mécanisme de sauvegarde transitoire permettant de régler les nouveaux cas de préjudice grave causés aux branches de production nationales qui pourraient se présenter pendant la période de transition.

Le démantèlement de l'AMF, même progressif, ouvre la voie à une compétition plus forte. Face à la concurrence, les industriels hésitent à maintenir leur outil de production en Europe. La crise a de profondes répercussions sur l'appareil productif. De nombreux sites ferment suite aux restructurations et au recentrage des activités. Les délocalisations européennes, en direction des pays à « bas salaires », ont d'abord affecté la confection où la main-d'œuvre constitue une part importante du prix de revient. Elles ont ensuite rapidement touché les métiers et les activités en amont.

Avec le retour de la libéralisation des échanges, les produits textiles sont réintégrés dans le régime commun. Depuis 2005, les pays en développement peuvent exporter sans aucune limitation vers les pays industrialisés d'Europe et d'Amérique du Nord. À titre de réciprocité, l'Association européenne de l'habillement et du textile (Euratex) a demandé que les pays en développement ouvrent davantage leur marché intérieur. Les entreprises se relayent pour demander que ces pays respectent strictement les normes sociales minimales de l'Organisation internationale du Travail (OIT). La lutte contre les fraudes et les contrefaçons est relancée et devient l'un des principaux leviers de protection. L'effet du démantèlement des quotas a surtout joué à l'avantage des grands pays qui avaient été antérieurement touchés par les restrictions de l'AMF. C'est notamment le cas de la Chine et dans un moindre niveau de l'Inde. La part de la Chine dans les exportations mondiales se hisse à 35,6 % dans le textile et 38,6 % dans l'habillement en 2014 dont, respectivement, 10,5 % et 5,4 % sont dirigés vers l'Europe (OMC, 2015).

Pour s'adapter au nouveau contexte issu du démantèlement de l'AMF, l'industrie européenne regroupée derrière Euratex met en avant deux choix stratégiques. D'une part, elle engage une convention avec des pays d'Europe et de la Méditerranée regroupés au sein de la Convention Paneuromed. La zone Paneuromed est une zone de « libre-échange » qui comprend les 28 États membres de l'UE, les 4 pays de l'AELE (Suisse, Norvège, Islande et Liechtenstein), deux autres pays d'Europe (Turquie et Îles Féroé) ainsi 9 pays de l'Euromed (Algérie, Maroc, Tunisie, Égypte, Israël, Jordanie, Liban, Syrie et Palestine). Le but de la zone est de préserver et promouvoir l'activité industrielle au sein de la zone Europe-Méditerranée et de se protéger contre l'offensive de l'Asie.

Rang	Habillement	Valeur en M$
	Monde	135 166
	UE28 Extra	73 090
	UE28 Intra	63 050
1	Chine	28 342
2	Bangladesh	11 034
3	Turquie	9 184
4	Inde	4 635
5	Maroc	2 301
6	Vietnam	2 230
7	Cambodge	2 229
8	Tunisie	2 079
9	Pakistan	1 825
10	Sri Lanka	1 463

Rang	Textile	Valeur en M$
	Monde	66 298
	UE28 Extra	26 376
	UE28 Intra	39 711
1	Chine	8 603
2	Turquie	4 513
3	Inde	2 471
4	Pakistan	2 064
5	États-Unis	1 060
6	Corée du Sud	1 053
7	Suisse	807
8	Japon	547
9	Égypte	485
10	Taïwan	446

Source : Euratex et UIT, *Rapport 2015*

TABLEAU 5.2.
Les 10 premiers fournisseurs de produits textiles de l'UE (2014)

Au niveau intérieur, l'objectif est de créer une zone exempte d'obstacles douaniers en privilégiant les marchandises originaires de cet espace. La Commission européenne a souhaité élaborer une position commune actualisée, tenant compte des propositions de l'ensemble des partenaires. Aussi, la session 2014 de Paneuromed a permis d'approfondir plusieurs objectifs susceptibles de déboucher sur un compromis. Toutefois, certains sujets en discussion pour le textile demeurent en suspens. Il en est ainsi pour les règles de tolérance, de territorialité et d'incorporation, de ristourne de droits, de cumul et les règles de liste. Enfin, Euratex s'est lancée dans les discussions préliminaires sur le TTIP, considérant cet accord comme une « priorité offensive pour le textile-habillement ». L'Organisation a particulièrement mis l'accent sur les conditions d'élimination des droits de douane, la recherche de règles d'origine adaptées aux spécificités des deux industries ainsi que les conditions d'accès aux marchés publics américains (voir § 9.4.2).

Rang	Habillement	Valeur en M$
	Monde	91 532
	UE28 Extra	21 866
	UE28 Intra	69 653
1	Suisse	3 378
2	Russie	2 963
3	États-Unis	2 557
4	Hong Kong	1 613
5	Japon	1 297
6	Chine	1 070
7	Turquie	883
8	Norvège	762
9	Émirats arabes unis	648
10	Corée du Sud	499

Rang	Textile	Valeur en M$
	Monde	64 030
	UE28 Extra	21 162
	UE28 Intra	42 400
1	États-Unis	2 354
2	Chine	1 789
3	Turquie	1 695
4	Suisse	1 427
5	Maroc	1 312
6	Tunisie	1 140
7	Russie	1 124
8	Hong Kong	605
9	Ukraine	543
10	Japon	540

Source : Euratex et UIT, *Rapport 2015*

TABLEAU 5.3.
Les 10 premiers marchés de produits textiles de l'UE (2014)

	Chiffres d'affaires		Investissements		Entreprises		Emplois	
	2013	2014	2013	2014	2013	2014	2013	2014
	en millions d'euros		*en millions d'euros*		*Nombre*		*Nombre*	
Textile	77 857	80 037	2 492	2 577	52 926	52 716	600 866	593 055
Habillement	74 144	75 552	1 409	1 428	121 253	119 960	1 038 346	1 019 656
Textile et habillement (T&H)	152 001	155 589	3 901	4 005	174 179	172 676	1 639 212	1 612 711
Fibres chimiques (FC)	9 451	9 715	250	266	75	80	20 000	21 333
T&H + FC (NACE 17 + 18 + 247)	161 452	165 304	4 151	4 271	174 254	172 756	1 659 212	1 634 044

Source : Euratex et UIT, *Rapport 2015*

TABLEAU 5.4.
Panorama du textile-habillement de l'UE 28 (2014)

C. Les groupes de pression dans le secteur textile européen

La mobilisation institutionnelle des groupes de pression s'exerce à deux niveaux, national et européen (Hasni, 2009). Dans le cas de la France, le premier niveau est celui de l'Union des Industries textiles (UIT). Au niveau européen, Euratex est l'institution dédiée à défendre les intérêts des professionnels du secteur. En tant que syndicat professionnel, l'UIT a été créé en 1900. Il réunit les 1 100 entreprises textiles encore actives en France. L'UIT est le porte-parole de l'industrie auprès des décideurs publics et, à ce titre, assure les missions de *lobbying*. Le conseil d'administration représente la profession des organisations patronales et syndicales au niveau national, européen et mondial pour toutes les questions d'intérêt général : stratégie industrielle, politique commerciale, recherche et développement, fiscalité, droit social, protection des droits de propriété, *etc.*

Au niveau européen, Euratex siège, selon les termes mêmes des statuts de l'association, dans la ville où se trouvent les bureaux de la Commission européenne (Art. 2). Il s'agit, en soi, d'un véritable signal sur la nature de ses fonctions. En effet, sa principale activité est la conduite d'une activité de *lobbying* auprès des grandes institutions chargées de la gouvernance européenne (Commission, cabinets des Commissaires, Parlement européen, *etc.*). De son côté, l'assemblée générale d'Euratex est composée de membres permanents : les associations nationales et européennes des industriels du secteur, les associations similaires des pays de l'AELE, ainsi que celles des pays avec lesquels l'Union européenne est en Union douanière (Turquie). Elle compte également des membres associés et des membres correspondants (notamment les sociétés multinationales industrielles dont le chiffre d'affaires européen est supérieur à 250 millions d'euros).

Le droit de vote ne concerne que les membres pléniers. Selon les statuts d'Euratex, les membres pléniers disposent d'une voix par 10 000 euros ou partie de 10 000 euros de leur cotisation annuelle pour l'année au cours de laquelle le droit est exercé (Art. 12). Par rapport aux fédérations nationales, Euratex joue un rôle décisif auprès des institutions communautaires, si bien que l'action européenne des organisations nationales est inévitablement influencée par l'existence d'Euratex. Le fait est d'autant plus prégnant que l'européanisation et la mondialisation de l'environnement politique, économique et institutionnel des entreprises compliquent l'efficacité des groupes de pression nationaux.

Selon D. Jacomet (2007), ces derniers sont confrontés à deux changements importants en raison notamment de la contrainte de passage à l'européanisation de leur action. D'une part, la dimension européenne des politiques publiques limite les marges de manœuvre de ces groupes : les plans sectoriels du textile ont été progressivement supprimés en raison de leur incompatibilité avec le droit communautaire. Ce dernier a progressivement harmonisé les règlements nationaux comme c'est le cas pour la défense des droits de propriété industrielle, dans un secteur où la création est un enjeu décisif. D'autre part, les acteurs publics européens avec leur mode d'action triptyque (Commission, Conseil, Parlement) sont différents des acteurs nationaux (gouvernement et parlement en France). Le mode de décision est plus compliqué et s'inscrit dans une logique « transactionnelle » entre les institutions communautaires et les acteurs concernés. Par exemple, pour suivre les transformations du secteur et proposer les actions qui permettent de défendre les intérêts du textile européen, la Commission a constitué, en 2004, un groupe de concertation de haut niveau auquel participent des commissaires, des ministres de l'Industrie de certains pays membres, des syndicats de salariés du textile et des représentants de la distribution.

En conséquence, les groupes de pression nationaux sont acculés à de nouveaux modes d'action qui tiennent compte de ces évolutions. En France, par exemple, l'UIT est passée de l'internalisation à l'externalisation, puis à la supranationalisation de sa mission selon la typologie établie par J. Balme et D. Chabanet (2002). Ces derniers identifient quatre modes d'européanisation de l'action collective du patronat du textile-habillement. L'internalisation traduit le développement de mobilisations essentiellement locales ou nationales autour d'enjeux européens le plus souvent en réaction à des décisions de l'UE. Ici, l'européanisation est minimale puisque seuls les enjeux locaux et nationaux sont concernés. Avec l'externalisation, les enjeux de mobilisation résident dans la saisie des opportunités offertes par les institutions politiques. Il s'agit, pour les acteurs locaux ou nationaux du secteur, d'activer des actions de *lobbying* pour tirer parti des ressources complémentaires que représente l'action simultanée dans deux ou plusieurs pays. La transnationalisation repose sur une transformation des acteurs eux-mêmes qui débordent leurs frontières nationales d'origine pour relever des défis situés à l'échelle de plusieurs États simultanément. La supranationalisation est la forme la plus poussée et la plus intégrée de l'action collective. Elle correspond à une forte institutionnalisation des acteurs au niveau européen.

Pour l'UIT, ce glissement est important. Il s'agit de l'accompagner, voire de l'anticiper, pour en tirer parti. À cette fin, elle dispose d'un siège de représentant au conseil d'administration d'Euratex. Elle a même obtenu la présidence de cette dernière pendant une durée de trois ans (de 1996 à 1998), fonction confiée à D. Jacomet, vice-président de l'UIT, lequel occupait, durant la même période, des fonctions de direction dans les groupes Indreco et Devanlay (New Man, Mendès, vêtements Lacoste) de 1982 à 1998. Il est très important de noter que D. Jacomet était par ailleurs membre du bureau de la « Commission internationale » du MEDEF et président de la section « Études et Diagnostics » de la Commission permanente de Concertation avec l'Industrie (CPCI) créée par le ministère de l'Économie et des Finances en 1996. Enfin, d'autres aspects montrent l'enchevêtrement des mécanismes de décision et des intérêts des trois niveaux (local, national et européen), lesquels mêlent à la fois les sphères économique et politique.

Cette situation pose le problème du « passager clandestin » (*cf. supra*) comme enjeu traditionnel de toute action collective et le risque de division qui peut provoquer des comportements de défection. Par exemple, le recours à des mesures *antidumping* est une source de conflit s'agissant d'une activité organisée en filière, ce qui est le cas du textile-habillement. Si un stade amont peut être favorable à une action *antidumping* (par exemple, les filateurs de coton), les clients (tisseurs et ennoblisseurs) y sont logiquement opposés en raison de l'effet à la hausse de leurs coûts que cette action entraîne. De la sorte, dégager un consensus sur l'attitude à adopter au sein d'Euratex – qui est l'organisation censée présenter tous ces acteurs simultanément auprès négociateurs communautaires –, n'est pas chose aisée, alors qu'elle est un élément-clé de l'action des groupes de pression nationaux (Jacomet, 2007).

Au total, on voit bien qu'un équilibre pareto-optimal est difficile à obtenir compte tenu de l'imbrication des niveaux territoriaux et de la multitude des acteurs et de leurs intérêts. Pour faire émerger un processus de « collusion », l'une des solutions consiste à privilégier un cadre d'action unique et contraignant (Euratex, par exemple). Toutefois, l'exemple lui-même de la construction européenne le montre, de tels cadres sont fragiles. Il n'est pas dit non plus que la solution coopérative soit la meilleure. En effet, un groupe de pression estimant que ses partenaires réagiront à son comportement par des attitudes de contestation ou de défection peut être tenté de choisir, d'emblée, une action qui éloigne de la solution recherchée, si les attentes des membres sont dispersées.

RÉSUMÉ DU CHAPITRE

Dans un univers régi par les « lois du marché », les échanges de biens et de services tendent à être gouvernés par le libre-échange. Toutefois, l'observation de la réalité montre qu'une partie non négligeable des échanges échappe au jeu du marché, notamment parce que des agents opèrent dans un contexte stratégique. La logique qui gouverne l'action des différents *lobbies* est généralement la même : il s'agit d'infléchir les choix des pouvoirs publics pour obtenir une décision qui préserve les intérêts d'une corporation par des tarifs, des quotas ou des normes. Dès lors, chaque *lobby* a tendance à fonctionner selon ses contraintes et dans l'éclairage de ses marges de manœuvre. C'est ce que montrent les cas de l'amiante et du textile analysés dans le cadre de ce chapitre.

POUR ALLER PLUS LOIN…

[1] Daridan M.L. et Luneau A. (2012), *Lobbying : les coulisses de l'influence en démocratie.*

[2] Beaufort V. et Hacque-Cosson F. (2015), *Lobbying : cadre, outils et stratégies*, Larcier Éditeur.

[3] Bardon P. et Libaert T. (2012), *Le lobbying*, Dunod.

[4] Grossman G.M. and Helpman E., (2002), *Interest Groups and Trade Policy*, Princeton University Press.

DES QUESTIONS POUR MIEUX RETENIR OU APPROFONDIR

1. Doit-on considérer le *lobbying* comme un élément naturel du processus de prise de décision politique ou, au contraire, comme un artifice qui institue une inégalité de représentation auprès des instances de décision ?

2. L'existence des *lobbies* obère-t-elle l'objectif officiel des politiques commerciales de servir l'intérêt général ?

3. En quoi les opérations de *lobbying* inspirées par des mouvements de citoyens ont-elles davantage de légitimité que celles qui sont conduites à l'initiative des firmes et/ou des milieux économiques ?

4. Le dossier de l'amiante est-il prioritairement révélateur de l'hérésie des politiques publiques ou de la cupidité des *lobbies* ?

5. Les politiques publiques sont-elles condamnées à servir l'intérêt des minorités agissantes ?

E-LINK

Pour appréhender les enjeux et l'impact du *lobbying* auprès des institutions communautaires, on pourra consulter avec profit le site de la Fondation Robert Schuman :

http://www.robert-schuman.eu/fr/syntheses/0140-enjeux-et-impact-du-lobbying-aupres-des-institutions-communautaires

Sur le lobbying des entreprises françaises à Bruxelles, pratique expliquée par les *lobbyistes* eux-mêmes, se reporter au site :

http://www.lobbyiste.org/lobbying-explique

Pour une documentation très large sur l'amiante, l'histoire, les ressources disponibles et les différents impacts, se référer au site américain extrêmement riche :

https://pubs.er.usgs.gov/search?q=Asbestos+

6

La politique commerciale des États-Unis

SOMMAIRE

OBJECTIFS PÉDAGOGIQUES

Comprendre les origines et les fondements de la politique commerciale des États-Unis.

Appréhender les nécessités historiques et les opportunités économiques et géostratégiques qui ont inspiré les transformations successives de la politique commerciale américaine.

Identifier les difficultés récentes qui ont entraîné un durcissement de la politique commerciale des États-Unis vis-à-vis de leurs partenaires (Union européenne) et adversaires (Chine).

Apprécier le caractère agressif de la politique commerciale des États-Unis, notamment depuis l'arrivée de D. Trump à la présidence américaine, et évaluer le risque qu'elle devienne l'une des principales menaces pour le multilatéralisme au tournant du siècle.

La politique commerciale des États-Unis a contribué de façon déterminante et durable à l'efficacité qui continue de caractériser l'économie de ce pays. Cependant, contrairement à une certaine idée en vogue, la principale caractéristique de cette politique n'est pas l'ouverture et la transparence, mais plutôt une certaine constance dans la conscience qu'a ce pays de ses intérêts. En effet, si l'objectif principal d'une politique commerciale est de capturer une plus grande part des « gains de l'échange » que celle que l'on pourrait obtenir sans intervention, alors nul État n'aura autant incarné cette attitude que les États-Unis au cours des soixante dernières années. Cette réalité vient rappeler qu'une partie non négligeable des échanges internationaux échappe aux lois du marché.

Les États-Unis, traditionnellement protecteurs de leur économie, n'ont soutenu le multilatéralisme qu'au lendemain de la Seconde Guerre mondiale. De nouveau, en difficulté sur le terrain industriel et commercial à partir de la fin des années 1970, ils ne vont que très timidement et très tardivement s'engager dans l'accord de l'*Uruguay Round*. Le recul rapide de leur compétitivité, dans un contexte de perte de leur influence politique et géostratégique, ajouté au sentiment que leurs partenaires proches ou lointains sont déloyaux, va leur inspirer un unilatéralisme et un bilatéralisme agressifs qui s'affirment de nouveau assez nettement aujourd'hui.

Bien évidemment, il faut se garder d'une vision manichéenne qui consisterait à considérer la politique commerciale américaine comme relevant d'une démarche stratégique unifiée de type *Top down*. En effet, un grand nombre d'acteurs, de toutes obédiences, intervient dans sa conception et sa modélisation. L'exécutif doit composer, au niveau de tous les échelons et à toutes les étapes, non seulement avec le Congrès, mais également avec la société civile, principalement les *lobbies* d'affaires, pour sa promulgation et sa mise en œuvre. Ce fait suffit à lui tout seul pour conseiller la prudence dans son évaluation critique.

6.1 LA POLITIQUE COMMERCIALE AMÉRICAINE : REPÈRES HISTORIQUES (1920-1988)

La politique commerciale américaine suscite des réactions de la part des partenaires des États-Unis de façon récurrente depuis le milieu du XIXe siècle. Cette politique présente certaines caractéristiques qui la singularisent en raison à la fois de l'originalité de l'histoire du pays et de la spécificité de ses institutions. Finalement, par-delà les chocs multiples que cette politique a rencontrés et les aléas de l'actualité internationale qui l'ont influencée, il y a une permanence logique dans son déroulement historique (Deblock et Morin, 2006).

6.1.1 *Une préoccupation permanente depuis la fin du XIXe siècle*

A. Avant la crise de 1929

Grâce à l'abondance des matières premières et à la mécanisation, l'économie américaine dépasse celle de l'Europe avant la fin du XIXe siècle. Cependant, aussi bien les agriculteurs que les industriels, traditionnellement hostiles aux barrières douanières, expriment leur opposition à toute tentative d'ouverture de l'économie depuis 1870. Cette attitude se vérifiera dans les discours et les choix politiques des présidences américaines successives qui vont demeurer isolationnistes jusqu'aux premières années du XXe siècle. En particulier, le *McKinlay Tariff* (1890) instaure un taux prohibitif sur les biens susceptibles de concurrencer l'industrie locale et pousse de nombreux industriels européens à s'installer aux États-Unis. Un siècle plus tôt, le secrétaire au Trésor A. Hamilton, dans son *Rapport sur les manufactures* (1791), avait dressé une objection sérieuse pour justifier la mise en place de protections aux frontières : livrée à elle-même, l'industrie américaine n'est pas en mesure de concurrencer, sur son propre territoire, l'industrie britannique, en raison de son manque de savoir-faire et d'expérience.

Dans un plaidoyer appuyé en faveur d'une marine militaire et d'une flotte marchande américaines, il affirme que le commerce peut être la cause de guerres. En conséquence, il préconise que les jeunes États-Unis se préparent à développer leur industrie naissante en adoptant une politique protectionniste inspirée du mercantilisme, de préférence par l'usage de subventions. Toutefois, la réduction drastique des importations entraînée par les mesures McKinlay provoque une réduction brutale des recettes douanières. Ainsi, dès le départ, l'économie américaine a jeté les bases de sa prospérité contemporaine à l'abri du protectionnisme.

Durant les années 1920, le pays connaît une prospérité économique importante. Malgré cet essor, il se renferme sur lui-même. Les barrières douanières héritées des dernières années du XIXe siècle sont affermies, tandis que la prohibition se renforce. En septembre 1922, le *Fordney-McCumber Tariff* relève brutalement les barrières douanières et les produits agricoles sont ajoutés à l'inventaire des secteurs désormais protégés. Le Président est habilité à modifier les tarifs jusqu'à 50 %. La balance commerciale dégage des excédents constants : un milliard de dollars annuellement entre 1921 et 1925 et 800 millions entre 1926 et 1930. Toutefois, pour éviter la contraction des échanges, les États-Unis sont tenus d'accorder des crédits massifs pour soutenir la demande et la production.

Quelques mois avant le *krach* boursier de 1929, le Congrès américain commence à réfléchir à une augmentation substantielle des droits de douane. En juin 1930, malgré les protestations de nombreux économistes, la loi Smoot-Hawley relative aux droits de douane est promulguée, nourrissant un réel ressentiment dans les pays tiers et entraînant même quelques mesures de rétorsion. La conférence de la Société des Nations qui devait se réunir en 1930 pour éviter l'entrée dans un cycle protectionniste échoue. L'année 1931 voit une détérioration de plus en plus rapide des échanges mondiaux et, de partout, une course effrénée pour protéger les marchés intérieurs s'organise. Certains grands pays procèdent à de fortes dévaluations et à des restrictions de change, ou encore relèvent leurs droits à l'importation et contingentent leurs importations (Eichengreen et Irwin, 2009). Au total, le commerce mondial recule de 25 % en volume entre 1929 et 1933, la moitié ou presque de ce recul étant imputable au relèvement des barrières commerciales. Bien que le protectionnisme n'ait pas été la cause exclusive de la crise des années 1930, le renforcement des obstacles au commerce l'a incontestablement aggravée et, pire encore, a contribué à l'asphyxie de la reprise. Aux États-Unis, l'application du nouveau tarif s'est traduite par une hausse du droit de douane moyen sur les importations de 40 % à 47 %. Les réactions que cette politique commerciale provoque à travers le monde font que, par ricochet, elle se verra attribuer, de manière justifiée ou non, un rôle décisif dans la propagation à l'échelle internationale de la crise de 1929.

B. Le tournant de la loi de 1934

Aux États-Unis, pour des raisons d'ordre historique et constitutionnel, la politique commerciale est l'objet d'une lutte de pouvoir entre le Congrès et l'Administration. Cette spécificité américaine rend parfois difficile l'identification d'une ligne de force économique dans l'histoire de cette politique. Historiquement, la constitution accorde au Congrès la conduite de la politique commerciale alors que le Président a la charge des relations extérieures. Cette situation explique la sensibilité des pouvoirs en place à la force de *lobbies*. Car, en donnant du poids à l'exécutif dans la conduite de la politique commerciale, la législation américaine a *de facto* accru sa sensibilité aux multiples forces qui tentent d'infléchir les choix de politique extérieure. Cette situation explique la conduite parfois fluctuante de la politique commerciale en fonction de l'adéquation ou non des deux pouvoirs législatif et exécutif (Barbet, 1997). L'exécutif ne répond pas seulement aux pressions protectionnistes des importateurs, il est aussi sensible aux intérêts des exportateurs. Le sens politique qui porte à la défense des industries domestiques n'est pas à sens unique et peut agir en faveur de la création ou du maintien d'accords de libéralisation commerciale. La même analyse vaut, du reste, pour le pouvoir législatif (Martin, 1995).

La politique commerciale a la particularité d'être formalisée dans un document unique : le *Trade Act*. Sa vocation est la protection des intérêts commerciaux des États-Unis. Formellement, il s'agit de dispositions d'ordre général assorties d'une multitude d'articles pouvant être mobilisés dans des conflits avec d'autres pays. Une législation de 1890 autorisait le pouvoir présidentiel à signer des traités de réciprocité. Le *Trade Act* de 1934 renforce cette tendance en permettant la négociation par l'exécutif des réductions des droits de douane. Le pouvoir présidentiel s'est trouvé de la sorte consolidé.

Les spécialistes de l'économie américaine sont unanimes pour considérer que le *Trade Act* de 1934 marque le début d'une mutation dans l'orientation de la politique commerciale qui a placé les États-Unis en position de puissance économique, financière et commerciale, après des décennies principalement marquées par une posture inspirée doublement par l'isolationnisme et l'unilatéralisme. Cette législation fait de l'ouverture réciproque des marchés une priorité de la politique étrangère des États-Unis.

Depuis son adoption, plusieurs traits de continuité caractérisent l'attitude et les rapports des Américains à l'égard du reste du monde. Tout d'abord, un langage qui met nettement l'accent sur la liberté du commerce. Depuis 1934, démocrates ou républicains, les Présidents américains expriment généralement une préférence pour le libre-échange. En particulier, après la Seconde Guerre mondiale, l'engagement officiel en faveur de la libéralisation des échanges ne s'est jamais trouvé démenti. Cet engagement s'arrime à des institutions et à un système de valeurs que les États-Unis prennent la responsabilité de promouvoir et de défendre à l'échelle internationale, au nom du bien commun.

Ensuite, un style diplomatique et un langage qui sont davantage marqués par le souci de l'ouverture que par le protectionnisme. L'objectif affiché est l'accès aux marchés et aux ressources de la planète et l'élimination des pratiques commerciales déloyales et des distorsions qui faussent les échanges et nuisent à l'efficacité de l'économie. C'est C. Hull, à peine nommé Secrétaire d'État du Président Franklin D. Roosevelt en 1933, qui a la responsabilité de rédiger et de faire adopter le *Trade Agreement Act* en juin 1934. Au milieu d'une décennie marquée par la crise et menacée par de nombreuses tensions, C. Hull pense que l'expansion du commerce réduirait les tensions internationales. Aussi, il s'empresse de négocier des accords commerciaux réciproques avec vingt-deux nations. Il emploie également la politique tarifaire comme instrument de coercition. Ainsi, il instaure une taxe supplémentaire sur les marchandises allemandes après l'occupation de la Tchécoslovaquie par l'Allemagne. Ces différentes mesures annoncent, avec plus d'une décennie d'avance, la doctrine du GATT. On les retrouve encore, sous des formulations diverses, dans les rapports que soumet annuellement aujourd'hui le gouvernement américain à l'OMC.

6.1.2 *Les hauts et les bas de la politique commerciale américaine depuis 1945*

A. Les États-Unis zélateurs du libre-échange (1947-1978)

À partir de 1947, héritage de la guerre en Europe et dans le Pacifique oblige, les États-Unis se posent plus que jamais en défenseurs du « monde libre ». La nécessité de contenir le communisme (la Guerre froide vient de démarrer la même année) incite le pays à développer une politique fortement interventionniste à travers le monde. L'« impérialisme américain » met alors toute sa force au service du développement du libre-échange.

En réalité, les États-Unis sont devenus entre-temps la première puissance industrielle et financière du monde, stimulés en cela par la politique du *New Deal* et l'effort militaire. Au sortir de la Seconde Guerre mondiale, seul pays allié resté intact en comparaison d'une Europe dévastée, les États-Unis disposent d'une puissance économique inédite : jamais un seul pays n'a fourni une part aussi importante de la richesse mondiale. Les États-Unis comptent seulement 7 % de la population mondiale, mais occupent la première place dans tous les domaines de l'économie : ils contrôlent l'équivalent de la moitié de la production de la planète, possèdent les deux tiers de la flotte maritime mondiale et assurent 25 % des échanges commerciaux. Enfin, depuis la Conférence de Bretton Woods de juillet 1944, le dollar convertible en or est devenu l'étalon universel des valeurs et les États-Unis disposent des deux tiers du stock d'or mondial (Melandri, 2016). Dans ces conditions, l'appel répété en faveur de l'ouverture commerciale répond non seulement à un impératif politique dicté par la situation acquise par le pays à l'échelle du monde, mais elle fait aussi écho au besoin qu'ont désormais les États-Unis d'asseoir l'assise économique et commerciale de leur puissance.

C'est en substance ce qu'écrit A. Gomez, ancien président du groupe Thomson, dans un article célèbre consacré à la critique du libre-échange et de l'institution officielle qui l'incarnait à l'époque, le GATT. Il écrit notamment : « Une théorie est un outil dont on se saisit ou que l'on forge pour justifier ses fins, elles-mêmes déterminées par ses intérêts. Il en fut ainsi de la théorie classique [du libre-échange] à la fin du XVIIIe siècle qui a établi l'assise intellectuelle (idéologique) de la parousie de l'Angleterre en première puissance mondiale. De même, l'Amérique, farouchement protectionniste jusqu'à la Première Guerre mondiale, ne s'ouvrit que pour une courte période entre les deux guerres et ne devint le champion du libre-échange qu'en 1945, lorsque sa suprématie était assurée » (Gomez, 1992).

Jusqu'à la fin des années 1960, les États-Unis vont ainsi pouvoir tirer avantage de leur puissance poussant l'ensemble de leurs partenaires, grands et petits, à un effort d'ouverture sans précédent. Ce fut notamment le cas lors des négociations commerciales multilatérales connues sous le nom de *Kennedy Round*, qui ont rassemblé 48 pays à Genève entre mai 1963 et juin 1967. Elles ont abouti à une réduction d'environ 35 % du niveau du tarif douanier commun de l'Europe pour les produits industriels, cette réduction allant jusqu'à 50 % pour certains produits comme les véhicules automobiles. Ces concessions concernent aussi les États-Unis. Au cours de cette même décennie 1960, 38 pays ont rejoint le GATT contre 21 durant la décennie 1950.

Toutefois, durant les années 1970, les États-Unis sont affectés par le traumatisme de la guerre du Vietnam et la contestation, au sein même du pays, du modèle économique américain. Le pays est confronté à une réelle crise de scepticisme sur ses valeurs. Aussi, les présidences successives de R. Nixon, G. Ford et J. Carter sont marquées par un repli des États-Unis sur la scène internationale, repli à la fois politique et commercial, à l'exception toutefois de la reprise du dialogue avec la Chine. Sur le plan économique également, les chocs pétroliers contrarient fortement l'économie nationale et révèlent ses fragilités. Cela a des répercussions considérables à la fois en amenant des forces idéologiques et politiques nouvelles au-devant de la scène (victoire de R. Reagan aux élections présidentielles de novembre 1980) et en poussant à une radicalisation de la position des États-Unis à l'égard de leurs partenaires. Sur le plan intérieur également, l'expression de « déficits jumeaux » est inventée localement pour caractériser la situation de l'économie américaine au début des années 1980 (Blanchard, 1985). Le populisme (par le retour aux valeurs traditionnelles de l'Amérique) et l'ultralibéralisme (par des coupes importantes dans les dépenses publiques, la réduction des impôts et le démantèlement de certains monopoles) sont portés au pouvoir. Contre toute attente, cette politique, engagée entre 1980 et 1988, vaut aux États-Unis les plus forts déficits budgétaires et commerciaux de leur histoire.

Indicateurs	Zone	1963	1973	1983	1993	2003	2014
Importations	Monde	163,8	593,7	1 881,5	3 786,8	7 692,3	19 091,0
Importations	États-Unis (%)	11,4	12,3	14,3	15,9	16,9	12,6
	États-Unis (Val)	18,6	73,0	269,9	603,4	1 303,1	2 413,0
Exportations	Monde	156,8	578,8	1 837,6	3 675,6	7 376,6	19 002,0
Exportations	États-Unis (%)	14,9	12,3	11,2	12,6	9,8	8,5
	États-Unis (Val)	23,4	71,2	205,6	464,8	724,8	1 621,0
Déficit commercial	États-Unis	4,7	−1,8	−64,2	−138,6	−578,3	−792,0
PIB courant	États-Unis	611,7	1 369,8	3 508,8	6 604,3	10 908,0	17 393,1
Taux d'ouverture*	États-Unis (%)	3,4	5,3	6,8	8,1	9,3	11,6

* Taux d'ouverture = 1/2 (Export + Import)/ PIB. Les données ci-dessus ont trait aux échanges de marchandises.
Sources : OMC (2015), *Statistiques du commerce international* ; Banque mondiale (2015), *Indicateurs du développement dans le monde*

TABLEAU 6.1.
L'évolution du taux d'ouverture des États-Unis (1963-2014)

B. Le commerce extérieur : la montée des tensions (1978-1988)

Venant après un long processus d'affirmation de la puissance américaine, qui s'est étendu de la fin des années 1940 à la fin des années 1970, une phase de difficultés touche les États-Unis à partir du milieu de la décennie 1980. La concurrence économique des principaux partenaires commerciaux (Japon et Europe), relancée par l'instabilité de l'économie mondiale et des crises financières récurrentes, sans oublier l'effet de l'essor des nouvelles économies du Sud (Dragons asiatiques, Brésil, Mexique, *etc.*), finit par écorner sévèrement de nombreuses positions des États-Unis, au niveau commercial et technologique, positions qui semblaient jusque-là solidement et définitivement acquises à la cause américaine.

Comme le montre le tableau ci-dessus, jusqu'au début des années 1980, les échanges extérieurs ne représentent qu'une part faible du PIB. Le taux d'ouverture est en dessous de 7 % en 1983 et il était à peine supérieur à 5 % en 1973. En outre, la balance commerciale est globalement équilibrée, présentant le plus souvent quelques milliards d'excédents (comme en 1963 et 1973) ou de déficits (comme en 1983). Dans ce contexte, le commerce extérieur reste un souci de second rang, un sujet d'intérêt pour les seuls spécialistes et les *lobbies* directement concernés.

C'est cela qui va changer désormais, car, si la politique reaganienne de compression des impôts dope les exportations des produits américains, elle n'empêche pas le décollage simultané des importations, faute de compétitivité suffisante. De la sorte, dès 1982, le déficit s'installe de façon durable et sonne le déclic : le thème de la destruction des emplois nationaux sous l'effet des importations pénètre l'opinion et devient rapidement un sujet de débat entre économistes, mais aussi un prétexte à des affrontements électoraux (Krugman, 1998). À partir de 1983, le déséquilibre commercial s'accroît fortement et se stabilise à un haut niveau. De 65 milliards de dollars cette année-là, il passe à 170 en 1987 pour revenir à 139 milliards de dollars en 1993.

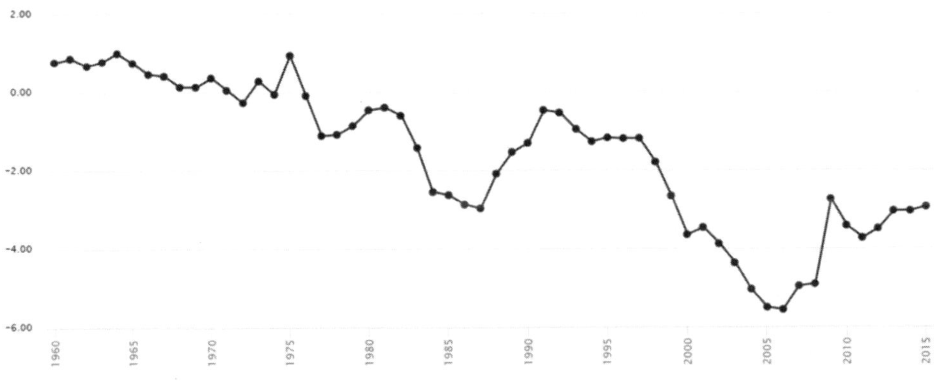

Source : Université de Sherbrooke (2017), *Grandes tendances mondiales depuis 1945* selon la Banque mondiale, Consultation février

FIGURE 6.1.
La Balance commerciale des États-Unis en % du PIB (1960-2015)

Ces contre-performances de la balance commerciale surprennent d'autant plus que le dollar est, à l'arrivée de R. Reagan, nettement sous-évalué et le cours du baril de pétrole à un niveau faible. Dans la multitude des explications qu'il a fallu trouver, certains ont pointé le décalage persistant entre la demande intérieure américaine (qui stimule les importations) et l'atonie des économies japonaise et européenne (qui limite leurs importations). Mais, très rapidement, il faut se rendre à l'évidence : les Américains qui étaient réputés, depuis la fin de la guerre, pour la qualité de leur infrastructure scientifique et technologique, leur niveau de productivité et les normes de leurs produits, découvrent qu'ils sont désormais débordés à la fois par « le bas », c'est-à-dire par les nouveaux pays industrialisés (NPI) et, par « le haut », c'est-à-dire par les grandes puissances rivales (Europe et Japon).

En 1970, les pays d'Asie du Sud-Est occupaient une place insignifiante sur les marchés de produits manufacturés (moins de 4 % des exportations). Désormais, en valeur, les exportations de la zone sont comparables à celles d'un pays comme l'Allemagne. En

1994, les quatre cinquièmes des exportations de produits manufacturés du Tiers-Monde sont le fait des NPI. En Corée du Sud, les exportations de produits manufacturés représentent dorénavant 96 % du total contre 7 % au Brésil. Tous les pays d'Asie du Sud et de l'Est qui sont parvenus à développer une stratégie d'exportation de produits manufacturés connaissent, depuis le début de la décennie, une croissance particulièrement soutenue. Ils constituent, jusqu'à la crise asiatique de 1997, le pôle le plus dynamique de l'économie mondiale. Plus encore, cet ensemble est devenu une source de croissance autonome et un centre d'impulsion pour de nombreux exportateurs : ils fournissent notamment 43 % des exportations mondiales de produits textiles et 36 % des ventes de machines de bureau et d'équipements de télécommunications.

Le déficit courant atteint 127 milliards en 1988 dont une partie conséquente avec le Japon. L'avance technologique vis-à-vis du Japon, très importante à la fin de la Seconde Guerre mondiale, s'est réduite de façon significative pour s'inverser finalement. Le Japon est désormais *leader* technologique dans plusieurs secteurs comme l'électronique, les jeux vidéo, les équipements électriques, l'électronique grand public, les moteurs, les deux roues, le chauffage, les réfrigérateurs, *etc.* Dans tous ces secteurs, sa créativité et sa productivité industrielles sont très nettement supérieures aux standards américains.

Pays	Indicateurs	1890-1913	1913-1950	1959-1973	1973-1980	1980-2006	2007-2013
Japon	PIB	2,5	2,2	9,3	3,4	2,3	0,6
	Productivité par heure	1,8	1,3	7,5	2,6	1,8	1,3
	Productivité par emploi	2,1	1,8	7,4	3,2	2,4	0,9
États-Unis	PIB	4,1	3,2	4,0	2,5	3,1	1,1
	Productivité par heure	1,6	1,9	2,3	0,2	1,6	1,3
	Productivité par emploi	2,0	2,8	2,5	0,7	1,6	1,2
Chine	PIB					6,6	8,7
	Productivité par heure					7,4	8,1
	Productivité par emploi					5,9	8,1
France	PIB	1,9	0,9	5,3	2,9	2,1	0,6
	Productivité par heure	1,6	1,0	4,7	2,6	1,5	0,4
	Productivité par emploi	1,9	1,8	5,2	3,4	2,2	0,3

Sources : Cette G., Kocoglu Y., Mairesse J. (2009), *Revue de l'OFCE*, n° 111, octobre ; *The Conférence Board Total Economy Database* (2016), Summary tables, Nov. ; Aglietta M. et Landry M. (2007), *La Chine vers la superpuissance*, Economica

TABLEAU 6.2.
Taux de croissance annuels moyens de la productivité du travail

6.2 LA POLITIQUE COMMERCIALE DES ÉTATS-UNIS ENTRE LIBRE-ÉCHANGE ET GÉOPOLITIQUE (1988-2016)

La période historique qui s'ouvre avec l'élection à la présidence américaine de G.W. Bush, en 1988, est doublement singulière. D'une part, elle est contemporaine de l'effondrement de l'URSS. L'événement est d'une portée politique et géostratégique considérable. Il met un terme à la Guerre froide. Une minorité d'intellectuels s'enthousiasme à croire à « la fin de l'Histoire » et à la mise en place d'un monde unipolaire, désormais dominé par la seule puissance américaine (Fukuyama, 1993). D'autre part, cette période est marquée paradoxalement par une prise de conscience soudaine par les responsables américains eux-mêmes des faiblesses structurelles de leur économie. Pour la première fois depuis longtemps, le pays est saisi par des doutes sur son destin.

6.2.1 *Le déclin de l'empire américain*

En 1986, *Le déclin de l'empire américain*, film satirique québécois, a soudainement défrayé la chronique parce que, dépeignant à grands traits les mœurs et l'art de vivre américains, il est parvenu à susciter une critique persistante sur la réalité de la supériorité américaine.

On a cru, un moment, que ce débat était dépassé. En effet, la chute du bloc soviétique à partir de 1991 et ses conséquences, notamment l'apaisement immédiat des relations Est-Ouest, sont venues opportunément rehausser la cote d'un pays de plus en plus critiqué à l'intérieur et davantage contesté de l'extérieur. En France même, certaines voix crédibles n'hésitent pas à consacrer le statut désormais exclusif des États-Unis comme « hyperpuissance » (Védrine, 2005). D'autres mettent en exergue la puissance de l'appareil militaire, le pouvoir de coercition de l'État fédéral ou encore la force du *Soft Power* américain et sa capacité à régénérer un modèle de société sans cesse projeté vers la modernité (Parmar et Cox, 2010; Parmentier, 2004). Ce retournement n'empêche pas que le thème du déclin soit réactivé. De la sorte, dans le même contexte, un nombre sans doute plus impressionnant d'articles et de rapports entreprend tour à tour de scruter ou de réactualiser les indices de l'érosion de la puissance américaine.

En France, c'est indiscutablement E. Todd (2002) qui a porté ce sujet le plus loin. Il présente cette érosion comme irréversible. L'auteur parle de « décadence » et de « décomposition » de la civilisation américaine. La thèse repose sur un certain nombre de points qui empruntent à la fois à l'économie, à la géopolitique et à la sécurité. Selon E. Todd, sur le plan économique, les États-Unis ne sont plus dans la situation économique de l'immédiat Après-guerre : ils ne sont plus l'atelier du monde et ne sont pas davantage la locomotive économique du monde. Le déficit commercial américain a plus que triplé au cours de la décennie 1980. Le déficit budgétaire a, lui aussi, battu des records historiques et paraît inexorablement condamné à rester à des seuils très élevés du fait des engagements américains vis-à-vis du reste du monde. En quête de sécurité et de rémunération, les capitaux et l'épargne du reste du monde affluent sous forme d'obligations, de bons du Trésor et de prêts à long terme. Mais, ils sont dilapidés sous forme de dépenses

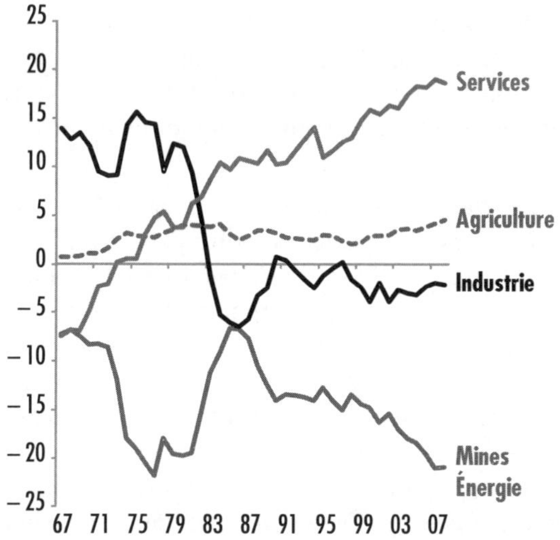

États-Unis 1967			
Points forts		**Points faibles**	
PIB en millièmes de USD courants			
Composants automobiles	1,9	Pétrole brut	−2,8
Ordinateurs	1,4	Voitures et cycles	−2,4
Aéronautique	1,4	Produits raffinés de pétrole	−1,8
Moteurs	1,3	Gaz naturel	−1,5
Équipements de construction	1,1	Minerais non ferreux	−0,8
Composants électroniques	0,9	Électronique grand public	−0,8
Articles en plastique	0,8	Cuir	−0,5
Équipements de télécom	0,7	Viande	−0,5
Appareils électriques	0,6	Tricot	−0,5

États-Unis 2008			
Points forts		**Points faibles**	
PIB en millièmes de USD courants			
Aéronautique	6,5	Pétrole brut	−17,7
Articles en plastique	2,6	Voitures et cycles	−2,5
Céréales	2,6	Ordinateurs	−2,2
Instruments de précision	2,4	Équipements de télécom	−2,2
Composants électroniques	2,1	Tricot	−1,7
Équipements de construction	1,8	Habillement	−1,5
Autre prod. agricole comestible	1,4	Cuir	−1,4
Or	1,4	Gaz naturel	−1,4
Articles de toilette	1,3	Meubles	−1,1

Source : CEPII, CHELEM-International Trade, CHELEM-GDP et CHELEM-Balance of Payments databases

FIGURE 6.2.
La spécialisation des États-Unis – Les avantages comparatifs révélés (1967-2008)

de consommation à court terme. Enfin, les États-Unis se désindustrialisent à grande vitesse et sont aujourd'hui en proie à la concurrence d'un nombre croissant d'économies rivales. Du point de vue de la géopolitique, les États-Unis sont à juste titre préoccupés par la poursuite de leur suprématie, conclut E. Todd. Toutefois, n'ayant plus les moyens de leur influence, ils n'ont d'autre choix que de tenter de contrôler les ressources de la planète grâce à un « militarisme théâtral ».

Ce plaidoyer a ses représentants au sein même des États-Unis. M. Mann (2003) écrit notamment que les ressources économiques, politiques et militaires des États-Unis ne leur permettent plus d'imposer une *Pax Americana* dont seul le pays serait le garant. Les États-Unis sont un géant militaire auquel aucune autre armée ne peut résister, mais l'Amérique est incapable de pacifier les régions conquises (Afghanistan, Irak, Somalie, Soudan, *etc.*). Politiquement aussi, les États-Unis sont un pays schizophrène qui hésite en permanence entre dialogue, coup de force et repli sur soi. Incapable de piloter l'économie mondiale, le pays doit se contenter de pousser les autres à adopter une politique néolibérale, souvent au mépris de leurs propres intérêts. Finalement, les États-Unis peuvent rester encore pour un temps une grande puissance. Cependant, l'unilatéralisme qui caractérise leur attitude s'avère, à l'expérience, une mauvaise entreprise, car il mène à la naissance de haines inapaisables chez les ennemis de l'Amérique et à une hostilité parfois glaciale chez ses alliés. Les menaces de repli réitérées par D. Trump aujourd'hui résonnent comme une réplique lointaine à ces propos prophétiques.

6.2.2 *Les États-Unis tentés par l'unilatéralisme*

S'il y a un terrain sur lequel les États-Unis vont tenter, par des mesures de politique publique, de faire contrepoids à l'érosion de leur influence, c'est bien celui de la politique commerciale. Dans le contexte décrit ci-dessus, ils vont s'employer par tous les moyens à créer les conditions leur permettant de sauvegarder les avantages commerciaux encore préservés de la période passée. Ils vont également chercher à se doter de nouveaux avantages.

C'est pourquoi, à partir de 1988, leur politique extérieure oscille entre des attitudes contradictoires qui créent un climat d'incompréhension, voire de tension, avec les partenaires du G7. Ainsi, du côté des apparences, les États-Unis maintiennent leurs engagements antérieurs d'ouverture, en apportant par exemple leur soutien (tardif) aux négociations de l'*Uruguay Round* qui démarrent en septembre 1986 à Punta del Este. L'objectif est très ambitieux puisqu'il s'agit d'intégrer quinze nouveaux domaines dans les accords (télécommunications, produits agricoles, services financiers, les autres services, *etc.*). Sur un plan politique également, l'administration Clinton met l'accent sur la « sécurité multilatérale » (1993). Selon cette doctrine, parfois identifiée du nom de P. Tarnoff (Secrétaire d'État adjoint pour les Affaires politiques), les États-Unis n'utiliseraient plus la force que dans un contexte multilatéral, à moins que certains de leurs intérêts vitaux ne soient en jeu. La « doctrine Tarnoff » met l'accent, non seulement sur les mécanismes de la sécurité collective, mais aussi sur une politique de « sécurité coopérative ».

En fait, les préoccupations des pouvoirs publics sont ailleurs. Repensant leurs ambitions internationales au regard de leur nouvelle situation industrielle et financière, les États-Unis accordent la priorité à la consolidation intérieure. Plusieurs études réalisées depuis le milieu des années 1980 montrent le recul industriel des États-Unis par rapport notamment aux nouveaux concurrents que sont le Japon, l'Allemagne (l'Europe de manière générale) et les Dragons asiatiques. Dans un grand nombre de domaines, la compétitivité américaine est à la traîne avec, comme conséquence, le recul des résultats et de l'emploi industriels des firmes américaines. Leurs parts de marché reculent également. C'est le principal facteur qui va pousser l'Administration à se mobiliser au service de la compétitivité.

Un premier programme d'action, mis au point sous le mandat de G.W. Bush, au printemps 1991, stipule : « Le temps est venu pour les États-Unis d'établir une stratégie de compétitivité sérieuse à travers à la fois des mesures sectorielles spécifiques et de politiques générales ». Il ajoute : « Il conviendrait de doter les États-Unis d'une structure gouvernementale puissante en matière économique. La création d'un Département du Commerce renforcé ou d'une *International Trade Commission* (ITC) élargie élèverait la prise de conscience du problème de compétitivité ». L'ITC est chargée de faire le suivi de l'évolution des industries-clés, d'exercer une surveillance des activités des firmes et des gouvernements étrangers dans les mêmes secteurs avec l'appui des organes officiels de renseignement *(Intelligence Community)* et de conduire la médiation au sein du gouvernement fédéral pour les questions spécifiques de compétitivité soulevées par les projets de loi et les règlements fédéraux.

Un tel programme ne surprend ni par son originalité ni par la force de ses moyens. À y regarder de près, des actions semblables avaient déjà été préconisées dans le passé (agriculture, aéronautique civile, informatique) avec des succès et des échecs. Mais, surtout, il est en contradiction « flagrante » avec les engagements internationaux des États-Unis (Barbet, 1997). Le FMI, inquiet de la radicalisation de la position américaine, recense près de 60 mesures unilatérales à la disposition du gouvernement américain pour protéger son marché intérieur. Résumant cette politique, B. Colson (1992) parle d'un « nouvel internationalisme pratique et sélectif ».

6.2.3 *Le déficit extérieur : une obsession devenue dangereuse*

G.W. Bush n'a pas eu le temps de conduire son programme de reconquête des marchés intérieurs. Toutefois, sous son mandat, des idées encore plus interventionnistes étaient en gestation dans le camp démocrate que la candidature de B. Clinton va révéler et que son équipe, dans le nouveau contexte économique intérieur et mondial, va tenter de mettre en œuvre. C'est ainsi que, recevant Sir L. Brittan à Washington, le 11 février 1993, M. Kantor, Secrétaire au Commerce, déclare : « Fini le temps où nous pouvions nous permettre de subordonner nos intérêts économiques à notre politique étrangère ». Le jour même, B. Clinton, évoquant les subventions européennes au consortium Airbus, déclare sans ambages : « Je ne laisserai pas Airbus pousser l'Amérique à la faillite ».

Désormais, c'est la politique étrangère américaine qui se met au service des marchés extérieurs des États-Unis. L'Amérique a la conviction que, pendant qu'elle ferraillait sur les champs de bataille de la Guerre froide et du Vietnam, l'Allemagne et le Japon bâtissaient, eux, leur prospérité. Elle revendique dorénavant qu'elle soit rétribuée en retour. Et, pour le montrer, elle fait prévaloir sa loi nationale sur les accords internationaux, mesure d'autant plus dangereuse que le pays qui était jusque-là – officiellement du moins – l'inspirateur du multilatéralisme, pouvait entraîner les autres sur la voie du protectionnisme. Plusieurs mesures sont adoptées. Tout d'abord, un relèvement important des droits de douane sur l'acier importé d'Europe. Ensuite, une menace vis-à-vis des trois grands constructeurs automobiles, exigeant de multiplier par dix les droits de douane sur les mini-vans étrangers. Enfin, la fermeture des appels d'offres publics aux entreprises européennes de télécommunications, avec l'argument que leurs concurrents américains sont maltraités par les politiques adoptées par les États européens sur le « Vieux continent ».

Alors que G.W. Bush, né avant la Seconde Guerre mondiale, était prêt à des compromis au nom du *leadership* américain et des alliances d'autrefois, B. Clinton, beaucoup plus jeune et épaulé par M. Kantor, est plus expéditif. Et pour cause, annonçant son programme de relance de l'économie américaine le 15 février 1993, les 31 milliards de dollars proposés sonnent comme une dérobade par rapport aux 50 milliards initialement prévus. Faute d'argent pour relancer la politique industrielle, poussé par ses conseillers économiques, notamment L. D'Andrea Tyson, il tente de trouver dans un discours aux relents protectionnistes, un palliatif pour rassurer des *lobbies* de plus en plus hostiles et impatients. Deux jours plus tôt, s'adressant à Sir L. Brittan, F. Fenton, représentant de la fédération de l'acier américain, rédacteur de la plainte pour *dumping* contre l'UE, déclarait : « Vos entreprises sont droguées aux subventions et le climat de ralentissement économique mondial incite les gouvernements à se préoccuper d'abord de leurs intérêts immédiats. L'heure n'est plus aux concessions ».

En fait, la position américaine est d'autant plus difficile à tenir dans la durée que le discours officiel continue de traverser une phase d'introspection oscillant entre la tentation du maintien d'un *leadership* global et les impératifs d'une gestion rigoureuse de ressources financières de l'État. Certes, d'autres actions d'éclat sont menées, et des batailles répétées sont conduites aussi bien vis-à-vis des adversaires déclarés des États-Unis que de leurs alliés et amis les plus proches, mais la décennie 1990 se poursuit et s'achève aussi sur une alternance de mesures brutales et de gestes apaisants. Ainsi, deux ans après voir ratifié les accords de l'Uruguay en 1994 et donné sa bénédiction à la création de l'OMC, le Congrès vote les lois dites Helms-Burton et d'Amato-Kennedy, en 1996, qui intensifient la politique d'isolement appliquée à Cuba, à l'Iran et à la Libye, voire durcissent l'attitude des États-Unis à l'égard des pays suspectés d'accommodements avec ces pays. La fin des deux mandats de B. Clinton ne modifie guère la donne.

Depuis 2000, les États-Unis continuent de souffler le chaud et le froid, d'osciller entre discours de fidélité au libre-échange et pratique commerciale plus ou moins ferme à l'égard du reste du monde. Plus précisément, il est possible d'identifier des cycles dans la politique commerciale : les périodes d'expansion sont généralement associées au libre-échange alors qu'en période de crise, les pressions en faveur du protectionnisme sont très nettes. Du moins, cette alternance était assez clairement repérable dans le discours des États-Unis.

Ainsi, entre 1999 et 2000, la croissance annuelle moyenne aux États-Unis est de 3,2 %, soit un taux supérieur d'un point environ à celui de zone euro sur la même période (2,1 %). Du fait en partie de cette embellie, le pays accueille favorablement le lancement du Cycle de Doha à l'OMC en 2001. De nouveau, lors de la Conférence de l'ONU à Monterrey en 2003, la référence au libre-échange revient dans le jargon du langage diplomatique des États-Unis. Ils concèdent qu'en matière d'émancipation des pays du Sud, il faut faire de la libéralisation des échanges un « nouveau contrat en faveur du développement mondial ». Le commerce, comme instrument du développement, entre dans la panoplie des instruments qui doivent venir renforcer la sécurité des États-Unis. La stratégie nationale de sécurité, présentée à l'automne 2002, est très explicite à cet effet. Le libre-échange y est présenté à la fois comme un principe moral et comme un instrument politique. Cet affichage demeure jusqu'en 2005, malgré un léger affaissement de la croissance économique en 2003 (2,4 %).

Le fait nouveau est que l'année 2005 sonne comme un moment de transition : l'économie américaine est visiblement confrontée à un repli durable et prononcé de ses performances : le taux de croissance qui s'était hissé à 4,4 % cette année-là, revient de nouveau à 3,2 % en 2006 et 2007 et même 2,2 % en 2008. Plus grave, les États-Unis entrent en récession à la fin de 2008 entraînant une contraction forte du PIB en 2009 (voir plus loin). Le chômage se hisse à 9,3 % de la population active. En janvier 2009, le gouvernement fait voter une loi sur la reprise qui met l'accent sur le réinvestissement *(American Recovery and Reinvestment Act)*. Les mesures de relance prévues comprennent près de 100 milliards de dépenses dans les domaines les plus divers. Le fait grave est qu'en 2005, le déficit commercial dépasse le seuil historique de 800 milliards de dollars, soit 6,4 % du PIB ou l'équivalent de 1,5 % du PIB mondial. Certes, au cours des vingt ans qui ont précédé, la balance commerciale américaine avait déjà enregistré des déséquilibres, notamment chaque fois que la dépense intérieure américaine augmentait plus vite que la croissance du PIB. Ainsi, le déficit a bien atteint 3,4 % du PIB en 1987. Toutefois, outre qu'il représentait la moitié de son niveau de 2005, il s'était vite résorbé après qu'une baisse du dollar soit venue stimuler les exportations et ralentir les importations.

À partir de 2005, le recul du dollar n'a pas le même effet principalement parce qu'il s'inscrit dans un nouveau contexte international. Pour la première fois, toutes les régions du monde sont simultanément en crise. Le déficit commercial des États-Unis apparaît à la fois comme le reflet de la faiblesse de l'économie américaine et comme le signe d'une dégradation de l'économie mondiale. À l'extérieur des États-Unis, des facteurs conjoncturels et structurels nombreux croisent leurs effets : le marasme du Japon, la mollesse de la croissance européenne, les interrogations quant à la durabilité de la reprise en Asie après la crise de 1997, l'instabilité économique de l'Amérique latine, *etc.* Le doute sur la possibilité de dégager un consensus sur la thérapie nécessaire pour faire face à la situation explique pourquoi les États-Unis peuvent difficilement infléchir – ou même tenter d'infléchir – à eux seuls la tendance de leur déficit commercial.

Paradoxalement, les pertes d'emplois enregistrées en 2008 et 2009 coïncident avec un recul des importations, le commerce s'étant contracté plus fortement que l'activité économique générale. Cela a calmé les ardeurs des défenseurs du protectionnisme habituellement prompts à dénoncer les effets négatifs de l'ouverture sur l'emploi. C'est donc avec une forme de diplomatie que G.W. Bush, en 2008, et B. Obama, en 2009, joignent leur voix à celle des chefs d'État et de gouvernement du G20 pour appeler à résister au protectionnisme et à la nécessité de promouvoir les échanges et les investissements dans le monde. Ils chargent l'OMC, l'OCDE et la CNUCED – les principales organisations internationales œuvrant en matière de politiques d'échanges et d'investissements internationaux – de procéder à un suivi des nouvelles mesures et de rendre compte publiquement du respect des engagements des pays.

Les deux mandats de B. Obama, allant de janvier 2009 à janvier 2017, sont marqués par une croissance ralentie, avec une moyenne voisine des 2 % pour an à l'exclusion du choc subi en 2009 (–2,8 %). Durant ces huit années, le PIB a crû d'environ 24 %, soit à un rythme beaucoup moins soutenu que durant les mandats de Bush (+38,5 %) et Clinton (49,5 %). La crise économique de 2008 est la principale cause de cette croissance molle.

En 2016, pour la première fois depuis le début de la dernière crise économique, le taux de chômage est passé sous la barre des 5 %. À l'arrivée au pouvoir de B. Obama, le taux de chômage atteignait 7,8 %. Il s'est ensuite hissé à un pic de 10 % en 2010 avant de s'éroder lentement. De janvier 2009 à janvier 2016, le taux de chômage a connu une baisse consolidée de 37,2 %, une performance quasi comparable à celle observée durant les présidences Clinton (–42,5 % entre janvier 1993 et janvier 2001). Cette embellie relative va se répercuter sur les performances du commerce extérieur. En effet, en 2010, le déficit de la balance courante est reparti à la hausse (–487 milliards de dollars) après une baisse très forte en 2009 (–417 milliards contre –688 milliards en 2008). Malgré un panorama économique mondial fortement marqué par la crise, les États-Unis peinent à l'évidence à retourner la courbe de leurs déficits. Comme la reprise de la croissance est timide, et que le taux de chômage reste encore à niveau très élevé, la crainte est devenue réelle de voir les pressions protectionnistes réapparaître.

En 2014, le déficit commercial américain a progressé de 6 % par rapport à 2013. La chute des cours du pétrole durant la plus grande partie de l'exercice n'a pas suffi à enrayer l'érosion inexorable des positions commerciales américaines, notamment dans les domaines de l'automobile et de l'acier. Le déficit commercial s'est établi à 505 milliards de dollars. La situation est d'autant plus difficile à supporter que le déficit avec la Chine a continué de se creuser pour atteindre le niveau record de 342,6 milliards malgré des mesures de l'administration pour réprimer les pratiques commerciales de Pékin jugées déloyales. Parallèlement, le déséquilibre commercial s'est creusé avec l'UE, atteignant le montant sans précédent de 141,1 milliards, à l'heure où les deux blocs entament des négociations sur un nouvel accord de libre-échange, le TTIP (voir § 9.4.2).

Destination / Exportations en M$	Valeur	Part en %		Variation annuelle en %	
	2014	2010	2014	2013	2014
Monde	**1 620,5**	**100,0**	**100,0**	**2,2**	**2,6**
Amérique du Nord	553,3	32,3	34,1	3,7	4,8
Asie	438,7	28,5	27,1	2,4	1,5
Europe	317,6	21,6	19,6	–1,2	2,4
Amérique du Sud et Centrale	181,0	10,7	11,2	0,6	–0,1
Moyen-Orient	73,7	3,8	4,6	5,4	0,5
Afrique	38,4	2,2	2,4	7,9	7,3
CEI	15,5	0,7	1,0	5,8	–4,2
Cinq principaux partenaires	**1 020,0**	**63,0**	**62,9**	–	–
Canada	312,4	19,5	19,3	2,8	3,9
Union européenne (28)	276,9	18,8	17,1	–1,0	5,0
Mexique	240,2	12,8	14,8	4,7	6,3
Chine	123,7	7,2	7,6	10,1	1,6
Japon	66,8	4,7	4,1	–6,8	2,5
Cinq partenaires suivants	**184,6**	**12,2**	**11,4**	–	–
Corée du Sud	44,5	3,0	2,7	–1,4	6,7
Brésil	42,4	2,8	2,6	0,7	–3,8
Hong Kong, Chine	40,8	2,1	2,5	13,0	–3,5
Singapour	30,2	2,3	1,9	0,4	–1,4
Taipei chinois	26,7	2,0	1,6	4,7	4,7
Total des 10 partenaires	**1 204,6**	**75,2**	**74,3**	–	–

Origine / Importations en M$	Valeur	Part en %		Variation annuelle en %	
	2014	2010	2014	2013	2014
Monde	**2 412,5**	**100,0**	**100,0**	**–0,3**	**3,6**
Asie	960,0	38,8	39,8	1,9	5,2
Amérique du Nord	649,2	26,0	26,9	2,0	4,7
Europe	472,9	18,2	19,6	2,1	7,7
Amérique du Sud et Centrale	155,9	6,9	6,5	–7,6	–4,8
Moyen-Orient	105,8	3,9	4,4	–8,4	–3,4
Afrique	35,5	4,4	1,5	–25,1	–30,7
CEI	28,7	1,6	1,2	–8,7	–9,9
Économie	**1 659,6**	**66,6**	**68,8**	**–**	**–**
Chine	466,7	18,5	19,3	3,5	6,0
Union européenne (28)	418,0	16,2	17,3	1,4	7,9
Canada	346,8	14,0	14,4	2,5	4,8
Mexique	294,1	11,7	12,2	1,1	4,8
Japon	134,0	6,1	5,6	–5,4	–3,3
Cinq partenaires suivants	**233,8**	**8,4**	**9,7**	**–**	**–**
Corée, République de	69,5	2,5	2,9	6,0	11,3
Arabie saoudite, Royaume d'	47,0	1,6	1,9	–6,9	–9,2
Inde	45,2	1,5	1,9	3,2	8,2
Taipei chinois	40,6	1,8	1,7	–2,4	7,0
Suisse	31,5	1,0	1,3	9,9	10,3
Total des 10 partenaires	**1 893,4**	**75,0**	**78,5**	**–**	**–**

Source : à partir de OMC (2015), *Statistiques du commerce international*

TABLEAU 6.3.
États-Unis – Commerce de marchandises, par origine et destination

Le solde commercial, qui a continué de se dégrader en 2015 et 2016, a particulièrement pesé sur la performance de l'économie américaine durant ces deux années. Ainsi, le déficit de la balance courante est passé de 522 milliards de dollars en 2015 à 600 milliards de dollars en 2016, soit le niveau le plus dégradé depuis la crise de 2008. Cette dégradation est liée à une baisse des exportations, mais aussi conjointement à la vigueur affichée par les importations qui ont enregistré la progression la plus forte depuis 2013. L'essor des importations est soutenu par le maintien à un très haut niveau de l'effort de consommation des ménages et un niveau élevé du dollar qui rend les importations attractives pour l'acheteur américain. À l'opposé, le niveau de la devise américaine, avec une appréciation de 14 % durant la seule année 2015, est devenu un frein à la compétitivité-prix des entreprises américaines à l'exportation.

Au total, le déficit de la balance commerciale américaine s'est creusé de 33,8 % entre l'arrivée et le départ de Barak Obama de la Maison-Blanche, contre une dégradation de 96,1 % sous G.W. Bush et même 476,6 % sous B. Clinton. Durant toute l'année 2016, la campagne électorale qui allait porter D. Trump à la présidence a ramené la question des déficits commerciaux au-devant de la scène politique et médiatique. Parmi la classe politique américaine, tout autant qu'au sein de la population, de nombreuses voix se sont élevées pour revendiquer des mesures de protection, voire de repli. La nouveauté désormais est que ces mots d'ordre ne visent plus seulement les adversaires désignés que sont la Chine, l'Inde ou d'autres pays asiatiques. Ce sont les alliés traditionnels qui sont devenus la cible des attaques, en particulier l'Australie, le Mexique voisin et surtout l'Europe. Les États-Unis qui ont toujours fait des relations économiques et commerciales, avec leurs partenaires, le moyen de préserver leurs intérêts politiques et géostratégiques inversent désormais la logique. Les intérêts commerciaux prennent nettement le pas sur toute autre considération. Le monde est perçu comme une source de prédation. La grandeur américaine consistera à donner aux États-Unis les moyens de s'imposer dans ce « désordre économique ». La puissance militaire peut, de ce point de vue, être utile, mais elle ne prime plus, car son usage est coûteux et peu rentable. C'est ce que traduisent les critiques adressés par le nouveau président, D. Trump, à la stratégie militaire de tous ses prédécesseurs depuis R. Reagan.

6.3 LA BOÎTE À OUTILS DE LA POLITIQUE COMMERCIALE DES ÉTATS-UNIS OU L'ARSENAL DE L'ESCALADE

Pour comprendre les enchaînements chronologiques de la politique commerciale des États-Unis, il est important de reconsidérer les facteurs de pression intérieure et extérieure qui ont conduit à son adaptation progressive, en fait à son durcissement quasi continu depuis des décennies. En réalité, ce qui impressionne aujourd'hui est moins le constat banal de ce durcissement que celui de la passivité relative des partenaires des États-Unis face aux contraintes multiformes et changements que leur imposait le grand partenaire américain.

La politique commerciale est formalisée dans un document unique, le *Trade Agreement Act,* qui a connu des réécritures nombreuses depuis le début du XXe siècle pour être adapté aux ambitions et problèmes rencontrés sur sa route par l'économie américaine. La vocation de cette législation est de protéger, en toutes circonstances, les intérêts industriels et commerciaux du pays. Elle se présente sous la forme de plusieurs lois et circulaires, avec leurs déclinaisons, qui sont appelées à être mobilisées à l'occasion de conflits réels ou potentiels avec des États tiers. Le dispositif repose sur le recours à plusieurs instruments spécifiques qui empruntent à la législation du GATT, mais il peut aussi parfois s'en démarquer au point de renier cette dernière. Un même esprit anime cet arsenal juridique : persuader les partenaires des États-Unis que leur « déloyauté » serait sanctionnée par des représailles en retour.

6.3.1 *Les principes et les instruments clés de la politique commerciale des États-Unis*

La politique commerciale est une préoccupation constante de l'histoire américaine. Qu'ils soient libéraux ou conservateurs, les hommes politiques et les décideurs centraux expriment généralement une préférence pour le libre-échange. Historiquement, la constitution accorde au Congrès la conduite de la politique commerciale alors que le Président a la charge des relations extérieures. Cette ambivalence explique les variations parfois imprévisibles de la politique commerciale en fonction de l'adéquation ou non des deux pouvoirs et de leur sensibilité relative aux poids fluctuants des *lobbies*. Toutefois, on observe, à très long terme, un renforcement inexorable du pouvoir présidentiel. Ainsi, une loi votée en 1890 a déjà permis une incursion du pouvoir présidentiel dans des prérogatives jusque-là dévolues au Congrès. À partir de là, le Président est autorisé à signer des traités de réciprocité. Le *Trade Agreement Act* de 1934 a confirmé cette tendance en permettant la négociation par l'exécutif des réductions des droits de douane. L'adhésion au GATT elle-même s'est faite sans l'intervention du Congrès.

Pour autant, l'influence du Congrès n'est pas négligeable. C'est lui, et le fait n'est pas négligeable, qui avait empêché, à l'issue de dix mois de négociations, la création de l'OIC en 1948. Néanmoins, il perd de son pouvoir d'influence. Au contraire, l'exécutif gagne en marge de manœuvre par le recours à une stratégie du « grignotage ». Les premiers *Rounds* de négociation du GATT, en vue de réductions tarifaires, ont été menés dans le cadre d'une délégation de pouvoir à l'exécutif. Jusqu'à 1962, c'est le Département d'État qui a conduit les négociations. À partir de là, l'affermissement du poids du *Department of Commerce* aboutit à la création d'une Agence qui deviendra, à partir de 1979, l'*U.S. Trade Representative* (USTR).

L'arsenal juridique qui compose la législation américaine du commerce est complexe. Pour une part, cette complexité vient de ce que la législation s'est constituée à travers une sédimentation lente qui est le produit logique à la fois des contradictions au sein même des États-Unis sur la gestion de leurs intérêts commerciaux et le reflet des tensions entre le pays et ses partenaires à travers le monde. De ce « maquis juridique », Ph. Barbet dit qu'« il est plus ambigu que clair » (Barbet, 1997). Sur plusieurs de ses volets, l'auteur concède qu'il est en contradiction avec les principes canoniques de l'OMC. Les instruments principaux qu'il utilise sont : la section *dumping*, la Section 201, la Section 301 et la Section Super 301.

A. La Section *Dumping*

Une loi de 1897 protégeait déjà les industries domestiques des importations subventionnées. Elle est contemporaine de la législation antitrust (Sherman Act, 1890).

La première législation consacrée au *dumping* est dans l'*Antidumping* Act de 1916 qui dénonce la « prédation par les prix ». À ce titre, elle jouera un rôle pionnier dans la répression du *dumping*. Les nouvelles dispositions de 1921 durcissent les conditions d'application de l'*Antidumping Act* de 1916. L'action antidumping se déclenche quand il y a prédation par le prix, mais aussi seulement si les prix des importateurs sont inférieurs aux prix domestiques, qu'il y ait ou non intention de nuire. Cette dernière définition constitue la base de la législation actuelle après avoir été amendée dans le *Tariff Act* de 1930, et dans les *Trade Agreement Act* de 1979, 1984 et 1988. L'antidumping est également au cœur de la législation de l'OMC (cf. supra, Chapitre 4).

B. La Section 201

Elle apparaît dans le *Trade Agreement Act* de 1934.

La Section 201 permettait aux firmes américaines d'échapper temporairement aux conséquences d'une réduction importante des droits de douane.

Cette clause, utilisée originellement dans un cadre bilatéral contre le Mexique, a ensuite été introduite dans la législation du GATT en tant que « clause de sauvegarde » (Art. XIX). Les plaintes pour « préjudice important à l'industrie domestique », prévues par la Section 201, peuvent être introduites par un syndicat professionnel ou de salariés. Elle ouvre, de fait, libre cours aux comportements « opportunistes », les syndicats pouvant se plaindre chaque fois que les performances de leur entreprise ou de leur branche sont affectées. Dans la réalité, « il n'est pas nécessaire, pour obtenir la protection, de prouver que les compétiteurs étrangers ont utilisé des pratiques commerciales déloyales ». Il suffit d'établir qu'une montée subite des importations contribue à créer un quelconque préjudice, matérialisé par exemple par une baisse de la production, du profit ou de l'emploi (Barbet, 1997).

C. La Section 301

La Section 301 apparaît dans le *Trade Act* de 1974. Elle prévoit la possibilité de représailles, dans des conditions données, contre des tiers. Elle confère la possibilité de prendre des mesures de rétorsion contre des pays qui ont des pratiques jugées « déloyales ». Parmi les pratiques visées, la section mentionne notamment les restrictions aux exportations américaines et les soutiens apportés aux exportations vers les États-Unis. La Section 301 peut être considérée comme une procédure unilatérale contradictoire avec l'esprit des règles du commerce international. Elle est inspirée par des idées mercantilistes en vogue aux États-Unis à l'époque. Pendant de nombreuses années, la notion de « déloyauté » n'avait pas de définition précise dans le corps même de la législation commerciale, laissant une marge d'interprétation importante sur les conditions de son usage. Il faudra attendre le *Trade Act* de 1984 pour voir se préciser partiellement la notion de « déloyauté » incriminée. Paradoxalement, elle peut tenir uniquement d'une efficacité accrue des pays tiers qui a pour effet de drainer le trafic commercial vers ces derniers sans qu'ils soient directement en infraction avec les principes commerciaux internationaux. Elle est à l'origine de plusieurs dizaines d'enquêtes depuis 1974.

D. La Section Super 301

Si la Section 301 représente déjà une étape importante dans le durcissement de l'attitude américaine, la Section Super 301 est l'occasion d'une nouvelle « escalade ». La Section Super 301 apparaît dans le *Trade Act* de 1988. Proposée par le Congrès, elle vise les pays qui représentent plus de 15 % du déficit commercial des États-Unis. Elle est le produit du contexte économique américain de la fin des années 1980 *(cf. supra).* Alors qu'elle avait un caractère temporaire (1988-1990), elle a été prolongée sous la pression des milieux d'affaires et du Congrès. La Section 301 spéciale, qui en dérive, vise les pays qui ne respectent pas la propriété intellectuelle (des Américains). La Section Super 301 est fortement controversée. On lui reproche, notamment, son caractère subjectif : elle laisse une marge d'appréciation importante à l'administration américaine sur les conditions et les termes de son application.

E. L'affirmation des relations entre politique commerciale et géopolitique

La Section Super 301 a été contestée de toutes parts. Des théoriciens du commerce indiquent que sa comptabilité avec les règles de l'OMC n'est pas évidente (Feenstra, 1997). De nombreux partenaires commerciaux lui reprochent également d'être davantage inspirée par des enjeux géostratégiques que par la défense des seuls intérêts commerciaux américains. C'est ce seuil, déjà à la limite de la légalité, qui sera franchi lorsque le Congrès a voté deux nouvelles lois au cours de l'année 1996. La première, la loi Helms-Burton *(Cuban Liberty and Democratic Solidarity Act)*, a été votée en mars 1996. Adoptée par le Congrès américain et signée par le président B. Clinton, elle renforce une précédente, la loi Torricelli *(Cuban Democracy Act)* promulguée au mois d'octobre 1992. Elle renforce la politique d'isolement appliquée à Cuba. Elle interdit, notamment, l'entrée sur le territoire américain aux hommes d'affaires et aux actionnaires étrangers qui tirent avantage de propriétés confisquées à des Néo-Américains à Cuba (Titre IV). La même loi dispose que les tribunaux américains sont compétents pour statuer sur les demandes d'indemnisation que des citoyens américains forment contre des étrangers (personnes physiques ou entreprises) qui tirent un avantage des biens confisqués.

Une nouvelle loi, dite d'Amato-Kennedy, est adoptée en août 1996. Elle fait suite à l'explosion en vol, au-dessus de Lockerbie (Écosse), d'un avion de la Pan Am assurant la liaison New York-Londres, en 1988. En novembre 1991, le Département d'État à la justice avait accusé deux agents libyens d'être responsables de l'attentat. La nouvelle loi vise à sanctionner les États voyous (*Rogue States*) en vertu de leur soutien au terrorisme international. Elle donne au président américain le pouvoir de sanctionner tout titulaire d'un investissement supérieur à 40 millions de dollars par an, qu'il soit américain ou non, effectué dans le secteur énergétique en Iran et en Libye. En mai 1998, l'UE et les États-Unis parviennent à un compromis : en échange de l'engagement de l'UE d'essayer de dissuader l'Iran d'acquérir des armes de destruction, les États-Unis acceptent de lever les sanctions prises contre les sociétés européennes (en particulier Total).

Les relations diplomatiques entre les États-Unis et la Libye, rompues en 1981, ont été finalement rétablies en 2004, après que la Libye eut déclaré « renoncer à acquérir des armes de destruction massive » et surtout accepté d'indemniser les victimes du krach de 1988. En contrepartie, les États-Unis ont retiré, en 2006, la Libye de leur liste des pays réputés soutenir le terrorisme international.

6.3.2 *Le renfort du courant néoprotectionniste américain*

Le durcissement progressif de la législation commerciale américaine n'a rien de fortuit. Il est le résultat de circonstances historiques précises. Dans le contexte des années récentes, l'économie des États-Unis est ouvertement confrontée à la perte avérée de sa position dominante. Elle doit également faire face, dans un contexte difficile, aux conséquences de la montée des nouvelles puissances industrielles et commerciales du Sud. Dans ce climat, il n'est pas étonnant de voir que des milieux universitaires américains sont eux-mêmes tentés par le repli. Plusieurs économistes de renom vont ainsi se ranger derrière la bannière protectionniste. Ils lancent des attaques en règle contre le libre-échange et s'en prennent à l'aveuglement des partisans du laisser-faire qui aboutit, selon eux, au démantèlement de l'industrie américaine. L. Thurow, professeur au MIT de Boston, lance "*GATT is dead. The world economy as we know it is coming to an end, taking the General Agreements on Tariffs and Trade with it*" (Thurow, 1990). D'autres, comme C. Prestowitz et P. Kuttner prônent des accords d'autolimitation généralisés sur le modèle des accords multifibres (AMF). Même des économistes traditionnellement favorables au libre-échange ont été progressivement gagnés par le doute quant aux bienfaits inconditionnels du libre-échange décrits par les modèles économiques traditionnels.

Ces doutes ont commencé à avoir une plus grande crédibilité lorsque P. Samuelson (2004), Prix Nobel d'économie et professeur au MIT, a emboîté le pas dans un article retentissant très largement repris depuis sa publication. Il y avance la thèse selon laquelle l'essor du progrès technique en Chine pourrait conduire à supprimer les gains du commerce bilatéral pour les États-Unis. Certes, la contribution de P. Samuelson a été mal interprétée, car il n'est pas favorable à l'application de mesures protectionnistes. Cependant, c'est la référence que H. Clinton, candidate aux primaires démocrates en novembre 2008, a utilisée pour justifier un réexamen possible des accords commerciaux des États-Unis si elle était élue à la présidence. L'argument a été repris par la même candidate à l'élection suivante en 2016. D'autres économistes de renom sont allés dans le même sens, exprimant pour certains, comme P. Krugman et A. Blinder (Princeton), leur scepticisme sur la supériorité du libre-échange et, pour d'autres, comme D. Rodrik (Harvard) et F. Rodriguez (Maryland), leur incertitude sur les bienfaits systématiques de l'ouverture (Rodriguez et Rodrik, 1999).

Mais, c'est indiscutablement L. D'Andrea Tyson qui s'est le plus illustrée sur ce terrain. Épaulée, au sein même du sommet de l'exécutif américain, par des industriels réputés qui ont le même discours qu'elle, notamment J. Sculley, ancien responsable d'Apple, elle présente une vision du commerce international comme un espace dans lequel les États se livrent une compétition à somme nulle ou, comme l'écrit L. Thurow, lui aussi dans le même registre de croyance, à « gagne-perd ».

Les exégèses les plus compréhensives ont souligné l'intérêt des travaux de L. D'Andrea Tyson qui offrent, disent-ils, les matériaux nécessaires pour comprendre les enjeux du commerce contemporain dans un cadre de concurrence imparfaite. Elle a reçu également le soutien symbolique de J.K. Galbraith (1993). Selon ce dernier, L. D'Andrea Tyson n'est pas protectionniste. Ses écrits reflètent seulement la version moderne du débat sur le commerce international, lequel a enregistré des changements substantiels au cours des deux décennies antérieures. En outre, il nuance ses travaux en restreignant leur validité aux activités de hautes technologies, et plus particulièrement aux relations entre les États-Unis, le Japon et l'Europe dans le domaine. L. D'Andrea Tyson a suscité aussi des positions hostiles. Parmi ses plus farouches adversaires, J. Bhagwati (1994), alors professeur à Columbia et expert auprès du GATT. Ce dernier a tancé L. D'Andrea Tyson en dénonçant les dérives qu'induit la recherche systématique de rentes par des groupes industriels. Selon lui, les collusions entre les groupes de pression et l'État ont tendance à déplacer les conflits commerciaux du champ économique vers le champ de la souveraineté étatique ce qui est, selon lui, inefficace et potentiellement dangereux (Bhagwati, 2002, 2005).

6.4 LES « TRUMPONOMICS » OU LA DIPLOMATIE DE LA DÉFIANCE

De nombreux facteurs viennent alimenter la crainte d'un retour en force du protectionnisme, aux États-Unis, depuis l'avènement de D. Trump au pouvoir à Washington. Certes, cette crainte n'est pas nouvelle. Les développements précédents ont montré que la tentation du protectionnisme est une constante de la diplomatie et de la politique commerciale des États-Unis depuis la fin du XIXe siècle. Toutefois, il y a lieu de différencier entre les déclarations et les mesures antérieures, d'une part, et celles qui sont en gestation au sein de l'appareil administratif américain depuis le 20 janvier 2017, d'autre part.

Dans le passé, les déficits courants, multilatéraux ou bilatéraux, ont souvent servi d'argument aux partisans de pratiques commerciales restrictives pour réclamer un renouvellement ou un renforcement des mesures de protection et/ou de rétorsion. Quand la contraction des échanges qui en résultait produisait un effet d'amenuisement sur les déséquilibres extérieurs ou sur la croissance intérieure, leur maintien dans la durée était bien souvent remis en cause, et ce même si les acteurs et les secteurs affectés pouvaient réclamer de nouvelles mesures de protection (Henn et McDonald, 2014). C'est cette situation qui a changé. La nouvelle administration prend d'une certaine façon acte de l'affaiblissement de la stratégie classique des États-Unis qui fondait la puissance du pays sur son influence extérieure. À la faveur d'un changement à la présidence, elle entend imposer au reste du monde les intérêts économiques et financiers intérieurs des États-Unis. Toutefois, les "Trumponomics" qui rend compte de ce changement reste moins une doctrine qui reposerait sur des fondements théoriques solides qu'une vision soucieuse de mettre en avant un « instinct » nationaliste converti dans des slogans simplistes comme "*America first*" ou encore "*Make America Great Again*". Ce changement de cap n'est pas exempt d'incertitudes pour les États-Unis eux-mêmes, car personne, pas même aux États-Unis, n'est en mesure, au début de 2017, d'anticiper les conséquences pouvant en découler. S'il semble inquiéter prioritairement les partenaires des États-Unis, c'est parce que ces derniers redoutent que les retournements imprévisibles de la politique des États-Unis contribuent à les tenir durablement à la remorque des choix unilatéraux américains.

6.4.1 *La nouvelle politique commerciale américaine au couronnement de trente ans de tensions incessantes*

Depuis une trentaine d'années (1988-2016), et ce de façon quasi continue, l'ampleur de leurs déficits extérieurs et le sentiment que leurs partenaires sont déloyaux ont inspiré aux États-Unis un comportement que certains n'ont pas hésité à qualifier d'« agressif » (Bremmer, 2015). Ce comportement place les relations avec l'UE sous le signe de crispations sans cesse renouvelées. À vrai dire, les relations avec l'UE ne se sont jamais véritablement apaisées. Déjà en avril 1992, la Commission européenne stigmatisait « l'augmentation réelle du nombre d'obstacles aux échanges » (L. Brittan, Commissaire européen).

Au moment de fêter son quinzième anniversaire, le 1er janvier 2010, l'OMC a salué le renforcement des rapports commerciaux entre les nations les plus commerçantes : les États-Unis, l'Union européenne et la Chine venaient d'atteindre plus de 42 % des échanges mondiaux totaux de biens et de services. Toutefois, l'Organisation annonce simultanément que le cap de 400 plaintes, enregistrées depuis sa création en 1995, était franchi et que les plaintes venaient majoritairement des États-Unis de l'Union européenne et de la Chine et opposaient souvent deux parties parmi les trois, voire les trois simultanément. En 2010 également, environ 40 % du déficit commercial des États-Unis provenait des échanges avec la Chine. Cette dernière produit désormais une part importante des biens de consommation utilisés par les Américains. Corrélativement, la Chine est devenue le troisième pays avec lequel les tensions commerciales sont les plus vives.

Les nouvelles tensions ne sont pas seulement la conséquence de la mondialisation des marchés et de la recrudescence des affaires. Elles ont aussi pour origine des dérives de plus en plus fréquentes mettant en cause la partie américaine. Les États-Unis sont accusés, y compris par leurs partenaires les plus proches, de « timidité » dans la façon d'aborder nombre de dossiers multilatéraux : la réalisation du programme prévu au Cycle de Doha, la poursuite des objectifs du Millénaire pour le développement, *etc.*

Au niveau interne, les coercitions et les sanctions contre les partenaires commerciaux ont stimulé le patriotisme des Américains, mais causé des préjudices aux agents économiques, producteurs et consommateurs. À l'extérieur, la diplomatie s'est mise, parfois au mépris des règles, au service des grandes entreprises pour les aider à écouler leurs productions (avions, matériels…). Plusieurs États se sont plaints des pressions subies dans l'attribution des contrats (Arabie saoudite, Koweït, Brésil, *etc.*).

Depuis le début des années 1990, les États-Unis ont multiplié les accords bilatéraux et régionaux avec le risque de fragiliser l'OMC. Au lieu de régler leurs différends commerciaux par le recours à l'ORD, ils sont tentés de préférer des négociations directes, ce qui est en contradiction évidente avec les règles de l'Organisation de Genève, mais leur offre en revanche l'opportunité de mobiliser une législation commerciale affûtée et propice à leur conférer des avantages certains dans la résolution des conflits.

Or, le contexte actuel, incertain quant aux issues économiques, politiques et sociales d'une crise qui continue de sévir, pose avec insistance le problème de l'attitude des États-Unis, au demeurant encore le premier marché du monde et, selon l'OMC, le pays le plus ouvert du monde développé au regard de ses tarifs douaniers (3,0 % de droits de douane moyens appliqués en 2015). Jusqu'à la fin de 2016, on pouvait raisonnablement considérer que les États-Unis, au risque de saborder tout retour possible à la prospérité et à la stabilité, n'ont pas de raison *a priori* d'opter pour l'escalade dans le durcissement des mesures protectionnistes. On pouvait même douter de l'efficacité économique, sociale et diplomatique d'une telle escalade au point de considérer que ce doute exercerait un effet dissuasif sur l'administration américaine elle-même pour lui dicter une autre conduite que celle du durcissement de sa diplomatie internationale. Il n'en est rien. Ce tournant radical dans ses intentions est venu donner raison à E. Laurent qui, dans une analyse de 2008, avait écrit prophétiquement : « L'histoire du XXe siècle incite à la plus grande prudence sur le caractère éternel de l'ouverture des nations et sur la rationalité économique des responsables politiques, en particulier lorsque la récession sévit et que les inégalités explosent. Quel pourrait être l'impact d'un nouveau protectionnisme américain ? On peut, sans dramatiser, prédire qu'il serait considérable » (Laurent, 2008).

6.4.2 *Les « Trumponomics » : une version moderne du mercantilisme ?*

À peine installé à la Maison-Blanche, le 20 janvier 2017, D. Trump a multiplié des déclarations de défiance à l'égard du reste du monde. Tour à tour, il a retiré les États-Unis du Partenariat transpacifique (TPP), menacé de surtaxer les importations de voitures issues du Mexique et d'Allemagne et invité les 27 pays d'Europe coalisés au sein de l'UE à imiter l'exemple du Royaume-Uni en se retirant de celle-ci.

Or, le TPP avait été souhaité par l'administration Obama qui lui avait assigné comme objectif de doper la croissance américaine et de sortir les pays de l'incertitude économique des dernières années. Le projet devait conduire à supprimer les barrières au commerce des biens et des services et les obstacles à l'investissement entre des pays qui représentent 40 % de l'économie mondiale. L'administration américaine souhaitait, en outre, que cet accord serve de modèle de référence aux accords commerciaux du futur en assurant, en particulier, l'égalité de traitement et de condition à tous les partenaires et à toutes les entreprises.

Cet accord invite les pays signataires à ouvrir plus amplement leurs marchés nationaux aux entreprises non-résidentes en limitant autant que faire se peut les avantages et les situations de monopole parfois indûment réservés aux entreprises publiques nationales. Les conflits entre gouvernements nationaux et investisseurs étrangers devaient également trouver leur résolution devant des commissions ou des tribunaux techniques et non au sein des cours de justice traditionnelles parfois sujettes à caution. Enfin, les pays partenaires s'engageaient à renforcer les normes environnementales et sociales, en particulier, en acceptant d'appliquer le droit du travail tel que préconisé par l'OIT.

Le TPP a été considéré par beaucoup d'économistes comme un dispositif majeur de la stratégie diplomatique américaine, celle de B. Obama principalement, en direction de la région. L'abolition de 98 % des tarifs douaniers entre les 12 États concernés devait permettre de redresser le dynamisme économique d'une zone qui a vu sa part dans les exportations mondiales passer de 26 % en 2013 à 24 % en 2015 et la part des importations reculer de 33 % à 29 % entre les deux dates. Le potentiel de la zone est révélé symboliquement par la taille du marché, soit 810 millions d'habitants, ce qui représente environ une fois et demi celle de l'Europe. Dans cet ensemble, les États-Unis représentent 62 % du PIB et 40 % de la population.

Le Mexique, déjà abondamment ciblé durant la campagne électorale au cours du second semestre 2016, a été la seconde victime de la nouvelle politique américaine. Celle-ci a dénoncé pêle-mêle les flux migratoires entre les deux pays et menacé de remettre en cause l'ALENA. Pour D. Trump, un mur conséquent devrait venir barrer la route aux marchandises du voisin du Sud réalisées dans des conditions jugées déloyales. À cela viendrait en outre s'ajouter le règlement du contentieux sur les flux migratoires.

En Mds $ et en %	Monde			ALENA			Autres origines/ destinations		
	Valeur	*Part en %*		*Valeur*	*Part en %*		*Valeur*	*Part en %*	
	2014	**2010**	**2014**	**2014**	**2010**	**2014**	**2014**	**2010**	**2014**
Exportations									
Canada									
Produits agricoles	68	13,5	14,3	37	9,3	10,0	31	26,4	29,3
Combustibles/Minerais	160	31,4	33,8	138	34,5	37,5	22	21,7	20,7
Produits manufacturés	212	48,0	44,7	174	50,8	47,3	38	39,3	35,5
Exportations totales	475	100,0	100,0	368	100,0	100,0	107	100,0	100,0
Mexique									
Produits agricoles	26	6,3	6,6	21	6,0	6,2	6	7,8	8,6
Combustibles/Minerais	53	16,7	13,4	36	15,9	11,1	17	20,6	24,8
Produits manufacturés	309	74,5	77,8	266	75,7	80,6	43	68,5	64,1
Exportations totales	398	100,0	100,0	330	100,0	100,0	68	100,0	100,0
États-Unis									
Produits agricoles	182	11,2	11,2	50	9,5	9,1	132	11,9	12,4
Combustibles/Minerais	202	10,1	12,4	73	9,6	13,3	128	10,3	12,0
Produits manufacturés	1 164	73,8	71,8	412	77,7	74,5	752	72,0	70,4
Exportations totales	1 621	100,0	100,0	553	100,0	100,0	1 068	100,0	100,0
ALENA									
Produits agricoles	277	10,9	11,1	108	8,5	8,6	169	13,1	13,6
Combustibles/Minerais	415	15,3	16,7	248	18,9	19,8	167	11,8	13,5
Produits manufacturés	1 685	68,8	67,6	852	68,9	68,1	833	68,8	67,1
Exportations totales	2 493	100,0	100,0	1 251	100,0	100,0	1 242	100,0	100,0

En Mds $ et en %	**Monde**			**ALENA**			**Autres origines/ destinations**		
	Valeur	*Part en %*		*Valeur*	*Part en %*		*Valeur*	*Part en %*	
	2014	**2010**	**2014**	**2014**	**2010**	**2014**	**2014**	**2010**	**2014**
Importations									
Canada									
Produits agricoles	41	8,2	8,7	26	8,9	9,1	15	7,1	8,1
Combustibles/Minerais	62	13,1	13,0	42	8,9	14,4	20	18,7	10,9
Produits manufacturés	353	74,7	74,4	212	78,6	73,4	142	69,5	75,9
Importations totales	475	100,0	100,0	288	100,0	100,0	187	100,0	100,0
Mexique									
Produits agricoles	31	7,8	7,5	24	12,2	11,5	7	3,3	3,3
Combustibles/Minerais	44	10,7	10,6	34	14,6	16,2	9	6,5	4,6
Produits manufacturés	326	79,5	79,2	149	72,0	70,3	177	87,4	88,6
Importations totales	412	100,0	100,0	212	100,0	100,0	200	100,0	100,0
États-Unis									
Produits agricoles	157	5,9	6,5	57	8,0	8,8	100	5,2	5,7
Combustibles/Minerais	408	20,7	16,9	172	26,9	26,5	235	18,6	13,3
Produits manufacturés	1 752	69,5	72,6	390	59,8	60,1	1 362	73,0	77,2
Importations totales	2 413	100,0	100,0	649	100,0	100,0	1 763	100,0	100,0
ALENA									
Produits agricoles	229	6,5	6,9	108	9,0	9,4	122	5,2	5,7
Combustibles/Minerais	513	18,4	15,6	248	20,1	21,6	265	17,5	12,3
Produits manufacturés	2 432	71,5	73,7	751	66,7	65,3	1 681	73,9	78,2
Importations totales	3 299	100,0	100,0	1 149	100,0	100,0	2 150	100,0	100,0

Source : OMC (2015), *Statistiques du commerce international*

TABLEAU 6.4.
Commerce de marchandises au sein de l'ALENA par catégorie de produit en 2014

Plusieurs voix ont claironné leur hostilité à ces décisions unilatérales venant notamment de l'intérieur des États-Unis. Mais, la contestation et la critique sont venues aussi de l'extérieur. Ainsi, pour C. Malmström, Commissaire européenne au commerce, les États-Unis commettent une « erreur majeure », car le TPP devait non seulement soutenir les performances économiques des États-Unis et de leurs partenaires, mais également contenir l'influence chinoise. Pour C. Malmström, la dénonciation de l'accord est une mauvaise décision pour l'Europe elle-même, car il devait apporter sa contribution à l'amélioration des règles du commerce à l'échelle planétaire. Finalement, conclut-elle, c'est à l'Europe de relever le défi en acceptant d'accélérer les négociations de partenariat avec ceux, parmi ces pays (Mexique, Australie, Japon, *etc.*), qui le demandent.

Les économistes ne sont pas en reste. L. Fontagné (2017) a notamment qualifié le comportement affiché par D. Trump de « brusque retour en arrière ». Il lui reproche de privilégier une « logique de rapports de force » qui risque de faire bien plus de perdants que de gagnants. Il rappelle que lorsque l'ALENA a démarré en 1994, le Mexique était bien plus pauvre qu'aujourd'hui et sa pression migratoire également plus forte. La conviction des États-Unis était alors de contribuer par l'accroissement des échanges au décollage économique du Mexique afin de l'aider à fixer sa population. Si les multinationales américaines se désengageaient aujourd'hui de ce pays, cela pourrait aggraver les difficultés économiques du Mexique avec, comme effet ricochet, l'intensification des migrations extérieures. Cette analyse suggère à l'auteur que les mesures annoncées par D. Trump seraient de toutes les façons partiellement inefficaces. Les relocalisations industrielles pourraient ne concerner que certaines industries avales proches des consommateurs, ce qui est le cas notamment de l'automobile. En revanche, l'impact reste entièrement incertain en ce qui concerne les industries légères enchâssées dans des chaînes de valeurs mondiales et peu sensibles au coût de transport (Smartphones, ordinateurs, composants électroniques, *etc.*).

La conclusion de L. Fontagné est bien plus alarmiste en ce qui concerne l'avenir de l'OMC. En effet, il considère que l'Organisation peut recentrer son rôle de gendarme du commerce international si des pays comme la Chine, le Mexique ou le Japon, en sus du rôle de l'Europe qui a toujours été accommodant, lui apportent leur concours. Cette coopération serait même nécessaire si les panels d'arbitrage venaient à se multiplier sous les coups de boutoir de la nouvelle administration américaine. Mais s'il venait à l'idée de D. Trump de se désengager de l'OMC, alors cette dernière ne pourrait plus survivre à ce qui reste encore aujourd'hui la plus puissante et la plus influente économie du monde.

RÉSUMÉ DU CHAPITRE

La politique commerciale américaine est formalisée dans un document unique, le *Trade Agreement Act*, qui a connu des réécritures nombreuses depuis le début du XXe siècle pour être adapté aux ambitions et problèmes rencontrés sur sa route par la plus grande économie du début du XXIe siècle. Le dispositif repose sur le recours à de nombreux instruments à la fois généraux et spécifiques qui empruntent à la législation du GATT (OMC), mais peuvent aussi parfois s'en démarquer au point de renier cette dernière. Un même esprit anime cet arsenal juridique : prévenir que les États-Unis sont très soucieux de leurs intérêts et persuader les partenaires du pays que leur « déloyauté » serait sanctionnée durement par des représailles en retour. À vrai dire, et dans l'ordre des faits, les États-Unis n'ont soutenu franchement le multilatéralisme qu'au lendemain de la Seconde Guerre mondiale. De nouveau, en difficulté sur le terrain industriel et commercial à partir du début des années 1980, ils alternent entre volonté d'ouverture et tentation de repli. Le recul rapide de leur compétitivité, dans un contexte de perte de leur influence politique et géostratégique, inspire aux Américains un « bilatéralisme agressif » qui s'affirme encore plus nettement dans leurs relations (commerciales) extérieures depuis l'arrivée de D. Trump au pouvoir à Washington.

POUR ALLER PLUS LOIN…

[1] Sawyer W.C. (2017), *U.S. international Trade Policy : an introduction*, Praeger, California.
[2] Charillon F. et Belin C. (2016), *Les États-Unis dans le monde*, Paris, Éditions du CNRS.
[3] Bremmer I. (2015), *Superpower : three Choices for America's Role in the World*, Portfolio-Penguin.

DES QUESTIONS POUR MIEUX RETENIR OU APPROFONDIR

1. Peut-on dire que les États-Unis sont un pays libre-échangiste ?
2. La thèse du « déclin de l'économie américaine » vous paraît-elle justifiée au regard de la politique commerciale du pays et de ses résultats ?
3. En quoi peut-on dire que les insuccès récurrents de la politique commerciale des États-Unis sont le reflet de fragilités internes ? Quelles sont les plus importantes parmi ces dernières ?
4. L. Fontagné a qualifié le comportement affiché par D. Trump de « brusque retour en arrière ». Ce qualificatif vous paraît-il justifié ? Dans l'affirmative, quelles en sont les implications potentielles pour le statut et l'influence des États-Unis dans le monde ?

E-LINK

Pour accéder au dernier Rapport du Secrétariat de l'OMC sur la politique commerciale des États-Unis, se reporter au site :
https://www.wto.int/french/tratop_f/tpr_f/tp_rep_f.htm
Pour prendre connaissance de statistiques détaillées sur le commerce de marchandises entre l'UE et les États-Unis, on peut se reporter au document :
http://trade.ec.europa.eu/doclib/docs/2006/september/tradoc_113465.pdf
Pour prendre connaissance des travaux de la Commission américaine du commerce international (*International Trade Commission* ou ITC) sur l'économie, le commerce et la compétitivité des États-Unis, se reporter au site :
https://usitc.gov/journals/jice_home.htm

7

La politique commerciale de l'Union européenne

SOMMAIRE

OBJECTIFS PÉDAGOGIQUES

Appréhender la politique commerciale commune (PCC) dans les rouages historiques de la construction européenne.

Identifier les organes et les principes généraux de la gouvernance commerciale proposée par la PCC et assumée, dans son exécution, par la Commission européenne.

Saisir les enjeux internes et externes de la politique commerciale commune.

Apprécier les relations existant entre la PCC et le rayonnement international de l'Union européenne.

Identifier les faiblesses structurelles de la PCC que l'Europe doit dépasser pour prétendre s'affirmer comme une puissance commerciale de premier plan.

Évaluer les conséquences économiques et commerciales pour le Royaume-Uni, et en retour pour l'Europe, de la sortie de ce dernier de l'Union européenne (le *Brexit*).

La ligne de conduite de la politique commerciale de l'UE a particulièrement œuvré à la suppression des entraves aux échanges au sein de l'Union. Par-là, elle a contribué à sa prospérité et renforcé son engagement en faveur de l'essor des échanges mondiaux.

L'Europe a parallèlement joué un rôle décisif dans les *Rounds* de négociation sur la libéralisation des échanges, du *Kennedy Round* dans les années 1960 au Cycle de Doha lancé en 2001. À la suite de ces différents cycles de négociation, le niveau moyen des droits appliqués aux importations industrielles dans l'UE est tombé à 3 %, soit l'un des plus faibles du monde.

Depuis sa fondation en 1957, la PCC a connu une évolution constante. Cantonnée initialement au commerce de marchandises et à la défense commerciale, elle a enregistré une transformation graduelle en s'étendant, au gré des nécessités et des visions stratégiques des principaux pays membres, à l'agriculture, aux services, à la propriété intellectuelle, aux investissements, à la concurrence et, plus récemment, à des sujets transversaux (travail, environnement, sécurité alimentaire et sanitaire, *etc.*). Aujourd'hui, cette politique commerciale est en contact direct avec les principaux sujets d'intérêt dont dépendent les conditions et le niveau de vie des Européens. Pour autant, bien des interrogations demeurent à son propos, s'agissant notamment de sa pertinence, de son efficacité et de son apport au rayonnement international de l'Europe.

7.1 UNE VIEILLE IDÉE : LES ÉTATS-UNIS D'EUROPE

L'idée d'une unification économique des pays européens, en germe depuis des siècles, s'est trouvée, à plusieurs reprises, relancée en fonction des circonstances. Mais, c'est surtout à partir de 1957 que le contexte historique et les conditions politiques vont permettre de sceller une telle union « pour le meilleur et pour le pire » (Morin, 1987). Aujourd'hui, ce qui impressionne, ce sont autant les projets encore à accomplir que les étapes décisives déjà franchies.

7.1.1 *Aux origines de l'intégration européenne*

C'est dès la Renaissance que les premières idées pro-européennes commencent à faire leur apparition et à être revendiquées aux quatre coins du continent. Notamment, l'humaniste espagnol L. Vives préconise une Union des royaumes d'Europe contre les Turcs. L'Espagne est alors à son apogée et doit mener des combats contre les Ottomans qui s'installent en Méditerranée (*Des conflits européens et de la guerre turque*, 1526). Un peu plus tard, les philosophes des Lumières revendiquent à leur tour cette idée. En 1713, l'abbé de Saint-Pierre évoque explicitement une Union des États de l'Europe afin de supprimer les guerres dans le monde. En 1756, J.J. Rousseau fait, lui aussi, deux propositions majeures : d'une part, associer les États dans leurs relations extérieures à l'image de l'association des citoyens dans l'État et la démocratie et, d'autre part, créer un pacte protecteur de lois internationalement reconnues, auxquelles obéiraient les États signataires du pacte. C'est l'amorce d'une conception d'une souveraineté commune ou partagée. De nouveau, à la fin du XVIIIe siècle, E. Kant (*Essai sur la paix perpétuelle*, 1795) préconise une « Fédération d'États libres ».

En réaction aux dévastations provoquées par la guerre de 1870, V. Hugo en appelle à son tour solennellement à la construction d'un « État paneuropéen », seul capable, selon lui, de garantir la paix au sein du continent. Ces « États-Unis d'Europe » seraient un modèle du genre pour les valeurs républicaines que le monde sera mené à imiter (Victor Hugo, *Actes et paroles*, 1876).

La Première Guerre mondiale éclipse le projet avec d'autant plus de facilité, qu'à l'issue du conflit, la France va déployer tous ses efforts, à travers le Traité de Versailles, pour imposer à l'Allemagne vaincue un règlement humiliant de réparations des dégâts de la guerre. Cependant, et à contre-courant des sentiments de revanche qu'inspirait la situation à une grande partie de la classe politique et de l'opinion, on peut noter l'initiative d'A. Briand auprès de la Société des Nations (SDN). Prenant la parole à Genève, à la tribune de la SDN, le 5 septembre 1929, il se prononce en faveur d'une « sorte de lien fédéral entre les peuples d'Europe ». Au-delà de la référence à l'idéal européen, A. Briand a surtout présentes à l'esprit les préoccupations du moment, notamment les blocages dans le domaine économique. En effet, les mesures proposées par la conférence internationale de Genève de 1927 n'avaient pas été vraiment entendues, s'agissant en particulier de mettre fin à l'accroissement des tarifs douaniers et d'initier une diminution des mesures protectionnistes. Dans son discours, il mentionne aussi le projet l'Union douanière européenne en ajoutant que « c'est la question la plus pressante ».

En 1947, des socialistes issus de plusieurs partis européens créent le Mouvement pour les États-Unis socialistes d'Europe. Au même moment, l'écrivain G. Orwell se range en faveur des États-Unis socialistes d'Europe. Un an plus tard, en 1948, un congrès tenu à La Haye rassemble différents partisans de l'unification de l'Europe. Ce congrès fut à l'origine de la création du Conseil de l'Europe, première tentative vers l'édification d'un projet commun aux nations d'Europe.

Le 5 mai 1949, dix États signent à Londres les statuts du Conseil de l'Europe. L'accord entend encadrer le partenariat européen dans les domaines politique, économique, social, culturel, scientifique, juridique et administratif. L'Organisation entre en vigueur le 3 août 1949. Aujourd'hui, le Conseil de l'Europe, dont le siège est à Strasbourg, fédère 47 pays membres, soit la quasi-totalité du continent européen, et 820 millions de citoyens. Son objectif principal est d'agir en faveur de la consolidation d'un espace démocratique et juridique commun européen, organisé autour de la Convention européenne des droits de l'homme et d'autres textes de référence dédiés à la protection de l'individu.

7.1.2 *La naissance du « Marché commun » européen : de la CECA à la CEE*

La première manifestation d'une véritable volonté de coopération économique européenne, dès l'Après-guerre, fut la création de la Communauté européenne du Charbon et de l'Acier (CECA). C'est le gouvernement français qui, en mai 1950, prit l'initiative de sa création. Si le souci affiché est d'ordre économique et commercial, les préoccupations politiques ne sont pas absentes. En effet, la remise en marche progressive de l'industrie allemande, après le relâchement des contrôles imposés par les Alliés en 1945, plaçait la France et les autres pays voisins, qui avaient payé un lourd tribut à la guerre, devant la perspective d'une Allemagne ayant recouvré sa force économique et une indépendance politique qui la laisserait dans une position incertaine entre l'Est et l'Ouest. En outre, en raison de ses ressources humaines et industrielles, mais aussi de sa situation géographique, l'Allemagne pouvait entretenir une inquiétude générale risquant d'entraîner le continent dans un nouveau conflit international.

Le traité fut signé par six pays voisins de l'Europe de l'Ouest : la République fédérale d'Allemagne (RFA), la France, l'Italie ainsi que les trois voisins du Benelux : la Belgique, les Pays-Bas et le Luxembourg. Il a pour objectif de faciliter le rapprochement des pays concernés grâce à une élimination totale des entraves à la libre circulation du charbon et de l'acier. Il est entré en vigueur le 23 juillet 1952. À peine quelques années après, une conférence intergouvernementale pour le Marché commun et l'Euratom s'est ouverte le 26 juin 1956 dans la banlieue de Bruxelles. Il s'agissait de faire aboutir deux traités de coopération, l'un sur le nucléaire civil (Euratom), l'autre sur le Marché commun.

Si la France désire la création d'Euratom, c'est parce qu'elle dispose sur ses voisins d'une certaine avance en matière de nucléaire civil. En revanche, elle est plus réticente à la mise en œuvre du Marché commun. Son but est de faire financer au niveau européen la recherche et l'investissement dans le domaine du nucléaire civil pour mieux se consacrer aux applications militaires de l'énergie atomique. Étant sur le point de se doter de l'arme nucléaire, elle souhaite qu'Euratom ne soit pas un obstacle à son programme militaire.

Si le projet de Marché commun est vivement soutenu par l'Allemagne et le Benelux, dont les économies sont basées sur les exportations, en revanche la France est franchement hostile à la disparition des barrières douanières. Les milieux économiques du pays, traditionnellement protectionnistes, redoutent la concurrence étrangère même si leur attitude va s'infléchir au cours des négociations auxquelles le gouvernement les associe fortement. Aussi, les négociateurs français – qui sont pour la plupart plus favorables au Marché commun que l'opinion publique – formulent-ils des demandes censées garantir une libéralisation harmonieuse du commerce entre les Six : périodes de transition longues, tarif extérieur commun élevé, harmonisation en matière sociale et fiscale. La France souhaite que le traité prenne en compte la question agricole et que soient associés ses territoires d'outre-mer, avec lesquels elle veut continuer d'entretenir des relations commerciales privilégiées. Enfin, elle demande que les institutions des nouvelles organisations soient moins supranationales que celles de la CECA, qu'elles laissent davantage de pouvoir de décision aux États. La France sort gagnante de ces négociations : ses demandes sont en grande partie exaucées, elle a fait accepter à ses partenaires la création d'Euratom et obtenu assez de garanties pour se lancer dans l'aventure du Marché commun.

Prenant pour référence le Traité de la CECA, le Traité de Rome élargit le champ de la coopération et relance la construction européenne ralentie par l'échec du projet politique de Communauté européenne de défense (CED, 1954). Le domaine économique, moins sujet aux résistances nationales, apparaît comme un champ consensuel de coopération. Le 25 mars 1957, les six pays signent à Rome deux traités. Le premier crée la Communauté économique européenne (CEE). Le second crée la Communauté européenne de l'énergie atomique (CEEA ou Euratom). Ils sont entrés en vigueur le 14 janvier 1958. Cheval de proue de la construction européenne, la CEE a pour mission, grâce à la réalisation d'un marché commun, d'aider au rapprochement des politiques publiques et à l'harmonisation des activités économiques dans l'ensemble de l'espace communautaire. Les autres objectifs sont une croissance continue et équilibrée, une stabilité macroéconomique accrue et un relèvement rapide du niveau de vie des populations.

7.1.3 *Au cœur de l'alliance pour l'Europe : la Politique commerciale commune*

Depuis la mise en œuvre du Traité de Rome, en 1958, les questions commerciales sont au centre des discussions européennes. Tout d'abord, la réalisation d'un Marché commun est déclarée comme étant l'objet central du Traité de Rome. C'est aussi très nettement sur la mise en place de ce Marché commun que repose la réalisation des principaux objectifs assignés à la Communauté. C'est également sur la base de ce marché qu'ont été développées ultérieurement toutes les autres politiques européennes. Enfin, la politique commerciale commune (PCC) a constitué dès le départ, et continue de représenter aujourd'hui, le pendant du marché unique s'agissant des relations de l'UE avec les pays tiers.

A. La PCC et les défis internes

Le projet du Marché commun repose sur l'acceptation d'une abolition des entraves aux échanges de marchandises, de personnes, de capitaux et de services entre les États membres. En effet, l'article 23 du traité stipule explicitement que la libéralisation du commerce des marchandises est la première étape dans la réalisation du Marché commun. Dès lors, la démarche ne répond plus seulement à des préoccupations de nature économique, mais aussi sociale et politique en étant consciente à la fois des gains et des coûts associés.

Le Marché commun doit théoriquement permettre aux entreprises, grâce à l'abolition des entraves à l'échange, de prétendre à des débouchés plus vastes et donc développer plus facilement leurs activités, mais cela implique simultanément une concurrence plus frontale et donc plus exigeante. L'environnement des marchés change considérablement. Du côté des consommateurs, les bénéfices potentiels sont réels, matérialisés notamment par une variété de produits plus grande et des prix plus faibles. Il reste, cependant, beaucoup d'efforts à accomplir pour donner une existence réelle à ces bénéfices, par exemple en favorisant l'harmonisation des normes, l'amélioration de l'information et de la défense des droits des consommateurs, *etc.*

La suppression complète des droits de douane entre les États membres devait intervenir le 1er janvier 1977. Elle est devenue effective dès le 1er juillet 1968, soit avec près d'une dizaine d'années d'avance sur le calendrier initial. De son côté, la suppression des restrictions quantitatives à l'échange est l'un des principes canoniques qui guident l'action du GATT et de l'OMC, car elles sont considérées comme une véritable entorse à la liberté du commerce. La suppression des restrictions quantitatives à l'échange et, plus généralement, l'harmonisation des règles de la concurrence ont pris beaucoup plus de temps, car elles se sont longtemps heurtées aux impératifs nationaux. Les États européens avaient notamment pris l'habitude d'utiliser les arguments de l'hygiène ou de la sécurité pour se protéger commercialement. La Cour de Justice européenne (CJE) a veillé tant bien que mal à réduire ces restrictions (*cf.* encadré 7.1. Affaire dite du « cassis de Dijon »). Désormais, on peut considérer que des progrès réels ont été accomplis. Ainsi, beaucoup d'aides publiques – en particulier de subventions – supposent des autorisations européennes préalables.

ENCADRÉ 7.1. LE « PRINCIPE DU CASSIS DE DIJON »

C'est le nom donné au principe de la reconnaissance mutuelle, par les États de l'UE, de leurs réglementations respectives, en l'absence d'une harmonisation communautaire. Ce principe découle de l'Art. 28 du Traité de la CE, interdisant des mesures protectionnistes techniques. Il est nommé ainsi d'après l'arrêt Cassis de Dijon du 20 février 1979 de la Cour de Justice des Communautés européennes.
L'Allemagne avait interdit l'importation du « cassis de Dijon », à un importateur allemand, au motif que sa « teneur en alcool était inférieure au taux minimum prescrit par le droit allemand ». La Cour a soutenu que « puisque cette liqueur était licitement produite et vendue en France, la législation allemande apportait une restriction – à la libre circulation des marchandises – qui n'était pas justifiée par l'intérêt général ».

Une nouvelle étape a été franchie en 1986 avec l'avènement de « l'Acte unique » européen (souvent abrégé en Acte unique ou en AUE). Ce dernier a été signé par 12 États en février 1986 à Luxembourg et ratifié par les parlements nationaux la même année. Il est entré en vigueur le 1er juillet 1987. Il tire son nom de son état : il est désormais l'acte qui fusionne tous les traités antérieurs depuis le Traité de Rome. En outre, c'est la première fois que l'on retrouve dans un même traité à la fois des dispositions communautaires (niveau supranational) et des dispositions intergouvernementales (niveau international). Politiquement, il constitue la réponse à l'enlisement de l'Europe, durant les dix années antérieures, dans les difficultés socio-économiques nées des effets dévastateurs des chocs pétroliers. C'est pourquoi il se donne pour objectif de relancer la construction européenne en achevant le marché intérieur avant la fin de 1992.

L'Acte unique est un véritable tournant. D'abord, parce qu'il amende ou approfondit plusieurs dispositions du Traité de Rome. Ensuite, parce qu'il introduit une nouvelle forme de coopération en matière de politique étrangère. Enfin, parce qu'il renforce le rôle du Parlement européen afin de pallier le déficit démocratique de la Communauté, tout en améliorant la capacité de décision du Conseil des ministres.

Ainsi, jusqu'en 2000, la plupart des décisions relevant de la PCC se prenaient à la majorité qualifiée au sein du Conseil. À la différence de ce qui se passe aux États-Unis, où le Congrès exerce une influence déterminante sur certaines questions de politique commerciale extérieure, aucune consultation du Parlement européen n'était prévue. Néanmoins, depuis un accord-cadre sur les relations entre le Parlement européen et la Commission européenne, signé le 5 juillet 2000, la Commission s'est engagée à tenir le Parlement informé du déroulement et de la conclusion des négociations internationales, une manière de tenir compte des points de vue du Parlement.

La réalisation d'un marché intérieur est bien plus souvent invoquée, pour être saluée ou critiquée, que les autres objectifs ou réalisations de l'Acte unique. Cela prouve le degré d'intégration économique atteint en cinquante ans. Toutefois, il est important de rappeler, qu'au moins dans ses intentions, l'Acte unique s'est s'inscrit dans l'ambition de rapprochement des peuples européens en créant un « espace sans frontières intérieures dans lequel la libre circulation des marchandises, des personnes, des services et des capitaux est assurée » (Art. 7A).

Dans les faits, la libre circulation des personnes (Art. 39) a été le plus délicat à mettre en œuvre. Cette liberté de circulation ne concernait, au début de la Communauté européenne, que les travailleurs. La création d'une citoyenneté de l'Union par le Traité de Maastricht, d'une part, et l'entrée en vigueur de la Convention de Schengen en 1995, d'autre part, ont permis d'étendre cette liberté à un plus grand nombre de personnes. Comme la circulation des personnes, la libre circulation des capitaux (Art. 56) s'est heurtée également à de nombreuses entraves. Mise en œuvre par une directive en 1988, elle connaîtra un vrai élan avec la création de l'euro. Enfin, la libre circulation des services (Art. 49) est sans doute celle qui a posé le plus de difficultés. Après avoir identifié un certain nombre d'entraves à la libre circulation des services et à la liberté d'établissement, l'UE s'est dotée enfin, en décembre 2006, d'une directive sur les services.

ENCADRÉ 7.2. L'ACTE UNIQUE ET LES QUATRE LIBERTÉS FONDAMENTALES DE L'EUROPE

« L'acte unique » fixe pour objectif l'achèvement du marché intérieur à la fin de 1992. À cette fin, la Commission a prévu l'adoption d'environ 300 directives pour démanteler les barrières physiques, politiques et fiscales faisant obstacle à la libre circulation des marchandises, des services, des capitaux et des personnes. Il implique donc quatre libertés dites « fondamentales » :

1. La libre circulation des marchandises et des services. Pour faire face aux nombreuses barrières non tarifaires qui subsistent malgré la suppression officielle des droits de douane en 1968, plusieurs séries de mesures sont alors prévues, notamment :
   - La suppression des entraves techniques par le biais de l'harmonisation européenne et de la reconnaissance mutuelle.
   - L'abandon des formalités douanières fiscales et sanitaires à la frontière.
   - L'ouverture des marchés publics.
2. La double liberté de prestation (banques, assurances, finances, transports du pays d'accueil) et d'installation pour une quelconque entreprise de la communauté dans le pays de son choix.
3. La libre circulation des personnes : les personnes peuvent circuler librement dans l'UE depuis le 1er janvier 1993, même si cette liberté existe pour les travailleurs théoriquement depuis 1968.
4. La libre circulation des capitaux : officiellement effective depuis le 1er juillet 1990, elle s'inscrit dans la préparation de la mise en œuvre de l'Union monétaire et la création de l'euro.

B. La PCC et les enjeux externes

La PCC a longtemps représenté l'essentiel des relations extérieures de l'UE. Il s'agissait de rechercher un équilibre entre l'ouverture des marchés étrangers aux produits européens et la protection du marché intérieur. De ce fait, elle a été un moyen privilégié pour l'Europe d'offrir sa vision de la diplomatie internationale pour régler les conflits nés de l'essor rapide des échanges, notamment sous l'égide de l'OMC.

Avec une part importante du volume des exportations de biens et services dans le monde, hors échanges intra-communautaires, l'UE28 est la première puissance commerciale de la planète, devant la Chine, les États-Unis et le Japon. En 2014, elle pèse à hauteur de 23,6 % du PIB mondial, devant les États-Unis avec 22,3 % et la Chine à hauteur de 13,3 %. Ses exportations de marchandises atteignent 15,0 % du total mondial derrière la Chine (15,5 %), mais devant les États-Unis (10,7 %). Enfin, les exportations européennes de services se hissent à hauteur de 26,2 % du total mondial devant les États-Unis, loin derrière avec 18,3 % et la Chine avec 6,2 % seulement. Les échanges combinés des biens et des services placent de fait l'UE au premier rang mondial avec 4 494 milliards de dollars en 2014, contre 4 301 pour la Chine et 4 034 milliards de dollars pour les États-Unis (OMC, 2015). Toutefois, le taux d'ouverture, calculé comme la moyenne des exportations et des importations rapportées au PIB place l'UE28 (16,6 %) devant les États-Unis, mais derrière la Chine (23,3 %).

En 2015, l'UE a enregistré une baisse de 12 % de la valeur de ses exportations, après une croissance de 2 % en moyenne pendant la période 2012-2014. En conséquence, l'Asie a dépassé l'Europe pour la première fois en termes de part des exportations mondiales (36,17 % contre 36,15 % pour l'Europe) (OMC, 2016).

Le rayonnement de l'UE28 se mesure aussi à l'importance de ses partenariats internationaux : elle constitue le 1er marché d'exportation pour environ 80 pays. Enfin, elle occupe le 1er rang pour les excédents courants : 271 milliards de dollars en 2014 contre 233 pour la Chine. Les États-Unis demeurent dans le rouge avec un déficit de 556 milliards de dollars. Les effets persistants de la crise économique mondiale ajoutés à l'effondrement des cours du pétrole en 2014 et 2015 ont exercé un effet déflationniste sur les performances économiques de l'Union. Alors que ces effets ne sont toujours pas dissipés, l'économie de l'UE fait preuve d'une résistance avérée comparativement à celle d'autres pays industrialisés. En particulier, la part du PIB de l'UE28 recule moins vite que celles de certaines économies de même dimension comme les États-Unis ou le Japon.

Enfin, l'Europe est aussi le 1er investisseur mondial, en termes d'IDE et, symétriquement, la première destination de ces investissements. Particulièrement depuis 2009, l'entrée en vigueur du Traité de Lisbonne, en étendant la compétence de l'Union, a rendu possibles de plus grandes synergies entre investissement, production et commerce. Le commerce intra et extra-européen a atteint un niveau inégalé au cours des années passées, atteignant même des niveaux sans précédent. Grâce aux investissements, l'Europe est plus que jamais intégrée économiquement et les chaînes d'approvisionnement, à la fois à l'intérieur et à l'extérieur de l'Europe, renforcent les liens avec les autres acteurs et composantes du système de l'économie mondiale.

Biens	**Chine**	**UE**	**USA**	**Japon**	**Corée**
Exportations (X)	2 342	2 262	1 621	684	573
Importations (M)	1 959	2 232	2 413	822	526
Total (X + M)	**4 301**	**4 494**	**4 034**	**1 506**	**1 099**
Solde (X – M)	**383**	**30**	**–792**	**–138**	**47**

Services	**Chine**	**UE**	**USA**	**Japon**	**Corée**
Exportations (X)	232	985	688	158	106
Importations (M)	382	744	452	190	114
Total (X + M)	**614**	**1 729**	**1 140**	**348**	**220**
Solde (X – M)	**–150**	**241**	**236**	**–32**	**–8**

B&S	**Chine**	**UE**	**USA**	**Japon**	**Corée**
Exportations (X)	2 574	3 247	2 309	842	679
Importations (M)	2 341	2 976	2 865	1 012	640
Total (X + M)	**4 915**	**6 223**	**5 174**	**1 854**	**1 319**
Solde (X – M)	**233**	**271**	**–556**	**–170**	**39**

PIB en Mds de $	10 558	18 793	17 393	4 770	1 685

Taux d'ouverture = 1/2*(X + M)/PIB

Biens	20,4 %	12,0 %	11,6 %	15,8 %	32,6 %
Services	2,9 %	4,6 %	3,3 %	3,6 %	6,5 %
B&S	**23,3 %**	**16,6 %**	**14,9 %**	**19,4 %**	**39,1 %**

Sources : à partir de OMC (2015), *Statistiques du commerce international*; International Monetary Fund (2016), *World Economic Outlook Database*, October

TABLEAU 7.1.
Taux d'ouverture comparés des 5 nations/zone les plus commerçantes (2014)

Dès 1962, la Communauté a conclu des accords bilatéraux et participé, en tant que telle, aux négociations du *Kennedy Round* entre 1963 et 1967. Depuis 1968, la politique commerciale relève pour l'essentiel de la compétence exclusive de l'UE au même titre que la PAC, la politique de la concurrence ou la politique de la pêche. Cela offre l'avantage de permettre à l'UE de défendre ses intérêts d'une seule et même voix sur la scène mondiale.

Rang	Exportateurs	Valeur	Part	Rang	Importateurs	Valeur	Part
1	Chine	2 342	15,5	1	États-Unis	2 413	15,9
2	**Extra-UE (28)**	**2 262**	**15,0**	**2**	**Extra-UE (28)**	**2 232**	**14,7**
3	États-Unis	1 621	10,7	3	Chine	1 959	12,9
4	Japon	684	4,5	4	Japon	822	5,4
5	Corée du Sud	573	3,8	5	Hong Kong	601	4,0
6	Hong Kong	524	3,5	6	Corée du Sud	526	3,5
7	Russie	498	3,3	7	Canada	475	3,1
8	Canada	475	3,1	8	Inde	463	3,0
9	Singapour	410	2,7	9	Mexique	412	2,7
10	Mexique	398	2,6	10	Singapour	366	2,4
	Monde (hors intra-UE)	**15 102**	**100,0**		**Monde (hors intra-UE)**	**15 191**	**100,0**

Source : OMC (2015), *Statistiques du commerce international*

TABLEAU 7.2.
La position des 10 principaux protagonistes du commerce de marchandises en 2014

Rang	Exportateurs	Valeur	Part	Rang	Importateurs	Valeur	Part
1	**Extra-UE (28)**	**985**	**26,2**	**1**	**Extra-UE (28)**	**744**	**20,1**
2	États-Unis	688	18,3	2	États-Unis	452	12,2
3	Chine	232	6,2	3	Chine	382	10,3
4	Japon	158	4,2	4	Japon	190	5,1
5	Inde	156	4,1	5	Inde	147	4,0
6	Singapour	140	3,7	6	Singapour	141	3,8
7	Suisse	113	3,0	7	Russie	119	3,2
8	Hong Kong	106	2,8	8	Corée du Sud	114	3,1
9	Corée du Sud	106	2,8	9	Canada	106	2,9
10	Canada	85	2,3	10	Suisse	93	2,5
	Monde (hors intra-UE)	**15 102**	**100,0**		**Monde (hors intra-UE)**	**15 191**	**100,0**

Source : OMC (2015), *Statistiques du commerce international*

TABLEAU 7.3.
La position des 10 principaux protagonistes du commerce de services en 2014

Le Traité de Nice, entré en vigueur en 2003, soumet les accords portant sur le commerce des services et des aspects commerciaux de la propriété intellectuelle à la compétence exclusive de la Communauté. Mais, en règle générale, ces accords doivent être approuvés par le Conseil à l'unanimité après consultation du Parlement européen.

Enfin, le Traité de Lisbonne a conféré à l'Union la personnalité juridique qui lui permet désormais de renforcer son rôle sur la scène internationale, notamment dans le domaine du commerce extérieur. Le Traité de Lisbonne est entré en vigueur le 1er décembre 2009. Il prévoit, qu'à partir de novembre 2014, la majorité qualifiée se définit comme étant égale au moins à 55 % des membres du Conseil, comprenant au moins 15 d'entre eux et représentant des États membres réunissant au moins 65 % de la population de l'Union. Une minorité de blocage doit inclure au moins quatre membres du Conseil.

7.2 LA GOUVERNANCE DE LA POLITIQUE COMMERCIALE EUROPÉENNE DEPUIS LE TRAITÉ DE LISBONNE

La politique commerciale, en vertu de l'article 207 sur le fonctionnement de l'Union, est une compétence exclusive de la Communauté européenne au même titre que la politique de la concurrence ou la politique monétaire au sein de la zone euro. L'article 131 du Traité de Lisbonne précise qu'en « établissant une Union douanière entre eux, les États membres entendent contribuer, conformément à l'intérêt commun, au développement harmonieux du commerce mondial, à la suppression progressive des restrictions aux échanges internationaux et à la réduction des barrières douanières ». Son contenu ainsi que ses modalités de mise en œuvre ont été précisés par le Conseil dans un programme adopté en 1962. Depuis que l'Union tarifaire a été réalisée en 1968, droits de douane et restrictions tarifaires entre États membres de la Communauté ont été supprimés et simultanément un tarif douanier commun (ou tarif extérieur commun / TEC) a été introduit.

La gouvernance de la politique commerciale européenne est assurée par trois organes aux compétences complémentaires. Cette complémentarité se veut garante de l'efficacité, mais aussi d'une certaine légitimité démocratique des décisions adoptées.

7.2.1 *Les organes de gestion et de décision*

A. Un organe politique : le Conseil des ministres

Créé par le traité fondateur de l'Europe, en 1957, à l'instar du Parlement européen, le Conseil des ministres est le principal organe de décision de l'UE. Il représente les États membres. Un ministre de chaque État membre participe à ses réunions. La participation de tel ou tel ministre aux réunions dépend de la nature des sujets inscrits à l'ordre du jour. Ainsi, si le Conseil doit aborder une question relevant des relations commerciales de l'Europe avec le reste du monde, c'est le ministre (ou secrétaire d'État) au commerce qui, en théorie, participe à la réunion.

Signe des temps, un « Conseil de la compétitivité » a été créé en juin 2002 avec la fusion de trois précédentes formations (marché intérieur, industrie, recherche). Cette structure est composée de ministres s'occupant d'affaires telles que les affaires européennes, l'industrie, le tourisme et la recherche.

B. Un organe technique : la Commission européenne

La Commission européenne est l'acteur-clé des négociations commerciales, sous le contrôle des États membres *via* le Conseil des ministres. Représentée par le (la) Commissaire au commerce extérieur, la Commission est le représentant/négociateur unique de l'UE, même pour les sujets de compétences partagées avec les États membres.

En matière de décision, la Commission européenne joue un rôle essentiel. En vertu de l'article 133 du traité instituant la Communauté européenne (TCE), la Commission conduit les négociations tarifaires et commerciales avec les États tiers ou auprès des organisations internationales, telle l'OMC.

En pratique, la Commission travaille néanmoins en consultation étroite avec les États membres *via* le Conseil de l'UE. En effet, c'est la Commission qui est chargée de lui présenter des recommandations avant d'être autorisée en retour à ouvrir les négociations nécessaires.

Enfin, les négociations sont conduites par la Commission en consultation avec le « Comité 133 » (*cf.* ci-dessous) qui comprend des représentants des États membres et de la Commission européenne. À l'issue de toute négociation internationale, c'est le Conseil de l'UE qui signe et ratifie les accords négociés par la Commission européenne.

Nom du Commissaire	Nationalité	Président	Période
Willy De Clercq	Belgique	Commission Delors I	1985-1989
Frans Andriessen	Pays-Bas	Commission Delors II	1989-1993
Leon Brittan	Royaume-Uni	Commission Delors III	1993-1995
Vacant		Commission Santer	1995-1999
Pascal Lamy	France	Commission Prodi	1999-2004
Danuta Hübner	Pologne	Commission Prodi	2004
Peter Mandelson	Royaume-Uni	Commission Barroso I	2004-2008
Catherine Ashton	Royaume-Uni	Commission Barroso I	2008-2009
Karel De Gucht	Belgique	Commission Barroso II	2009-2014
Cecilia Malmström	Suède	Commission Juncker	depuis 2014

TABLEAU 7.4.
Historique des Commissaires au commerce depuis 1985

C. Un organe consultatif : le Comité 133

Appelé ainsi en référence à l'article 133 qui donne compétence à la Commission européenne pour négocier dans le domaine des relations commerciales internationales, le « Comité 133 » a pour principale fonction de coordonner la politique commerciale européenne et d'assister la Commission européenne.

Le « Comité 133 » se réunit en formation « titulaires » (directeurs généraux du commerce extérieur des États membres) ou suppléants, ou en formation « sectorielle » (textile, services, acier, *etc.*). Chaque semaine, ce comité spécial se réunit au siège du Conseil de l'UE, à Bruxelles, et examine les questions de politique commerciale affectant l'UE. Les États membres et la Commission y expriment leurs points de vue, formulent des propositions et prennent des décisions soumises ensuite pour accord au Conseil de l'UE.

7.2.2 *Les principes de fonctionnement : les marges de manœuvre et les contraintes*

A. Au niveau interne

Si des accords avec des pays tiers doivent être négociés, la Commission se fait délivrer par le Conseil un mandat qui l'autorise à ouvrir les négociations nécessaires et à les mener sous certaines conditions. Ces négociations sont conduites par la Commission en consultation avec le « Comité 133 » et dans le cadre des directives que le Conseil peut lui adresser *(cf. supra)*. Les mandats de négociation sont adoptés à la majorité qualifiée avec quelques exceptions.

L'unanimité des États membres est requise dans trois domaines. Celui, d'abord, du commerce des services, des aspects commerciaux de la propriété intellectuelle et des investissements directs étrangers. Ici, le consensus entre États membres est un préalable lorsque l'accord négocié intègre des dispositions pour lesquelles l'unanimité est prévue pour l'adoption de mesures internes. Celui, ensuite, du commerce des services culturels et audiovisuels, en particulier lorsque les accords négociés risquent de porter atteinte à la diversité culturelle et linguistique de l'Union (la fameuse « exception culturelle »). Celui, enfin, du commerce de services sociaux, d'éducation et de santé, lorsque la conclusion d'accords dans ces domaines risque de porter atteinte à la compétence des États membres pour la fourniture de ces services.

B. Au niveau externe

Au niveau externe, le fonctionnement de la mécanique de la PCC pose, par la force des choses, le problème de la cohérence entre les règles européennes et les principes de l'OMC. La nécessité de cette cohérence vise principalement la « préférence communautaire » que certains considèrent comme étant en contradiction avec la doctrine canonique de l'Organisation de Genève.

Pendant très longtemps, la « préférence communautaire » était un sujet de discorde entre l'Union et ses principaux partenaires, en particulier les États-Unis. En effet, cette préférence représente une entorse réelle au principe de « non-discrimination » en avantageant les produits qui circulent à l'intérieur du marché commun. Cette entorse était, cependant, tolérée en vertu de l'Article 24.

À la suite des ouvertures successives du marché européen, le tarif douanier commun atteint désormais un niveau très bas. Il est inférieur à 3 % pour les importations industrielles, ce qui contribue à atténuer l'impact de la « préférence communautaire ». Cette atténuation est, toutefois, amortie par l'importance des échanges entre États membres qui représentent 63,3 % pour les marchandises et 56,3 % pour les services en proportion de l'ensemble des échanges de l'Union (Eurostat, 2014).

Les régimes commerciaux préférentiels accordés par l'UE aux pays en développement sont parfois aussi dénoncés par des États tiers (comme l'a montré le contentieux sur la banane dans le cadre de l'OMC). L'UE a dû adapter en conséquence les avantages accordés à ses partenaires de la zone ACP (Afrique-Caraïbes-Pacifique).

Le soutien à l'exportation des produits agricoles a également été considéré comme une entrave au commerce mondial par certains membres de l'OMC. La France, et avec elle certains autres pays, considèrent toutefois que l'agriculture n'est pas un secteur « ordinaire ». À ce titre, elle ne doit pas être soumise aux mêmes règles que les biens manufacturés, et ce, d'autant plus que les réformes successives de la PAC ont permis de réorienter les subventions à l'agriculture afin de réduire ou supprimer leur éventuel impact négatif sur les échanges internationaux. La France met notamment en avant le besoin d'améliorer la protection sanitaire du continent et de lutter contre le « *dumping* sanitaire » qui « pose un problème au consommateur et entraîne d'importantes distorsions de concurrence ». À l'encontre des États-Unis qui voudraient voir le marché européen ouvert à ses « poulets chlorés » et à son « bœuf élevé aux hormones de croissance », la France oppose une réforme de la PAC qui prévoit la mise en place de réels mécanismes de stabilisation et de régulation des marchés des produits agricoles. Ces préoccupations sont relayées aujourd'hui par les négociateurs autour du TTIP sans que l'on puisse préjuger, à ce stade, des discussions de l'aboutissement de ces dernières (voir § 9.4.2).

Malgré ces difficultés, qui ne doivent pas au demeurant masquer les succès obtenus, l'UE reste un acteur majeur de la diplomatie commerciale internationale, notamment au sein de l'OMC.

7.2.3 *Les instruments de la politique commerciale commune*

La PCC repose sur une politique douanière commune et des règles commerciales partagées avec les pays tiers. Historiquement, en effet, il a fallu à l'Europe œuvrer simultanément pour doter la PCC des instruments nécessaires à son fonctionnement tout en veillant à ce que ces instruments soient en adéquation avec les principes généraux qui gouvernent les échanges commerciaux avec les pays tiers non européens.

A. Le tarif douanier commun (TEC)

Le modèle de l'Union douanière a constitué la première démarche de mise en place du Marché intérieur. Le Traité de Rome prévoyait une période de transition de 12 à 15 ans pendant laquelle devait s'opérer progressivement le désarmement douanier. Comme on le sait *(cf. supra)*, le désarmement a pu être réalisé en une dizaine d'années seulement. L'Union européenne constitue une Union douanière au sens de l'article XXIV. 8 du GATT.

L'harmonisation du TEC à la fois suppose et implique une participation des États membres aux négociations commerciales internationales en tant que groupe unique. Par exemple, au sein de l'OMC, la Commission négocie au nom des États membres.

Le tarif douanier commun (ou tarif extérieur commun, TEC), de l'Europe a été adopté pour la première fois le 28 juin 1968, soit dix ans après la création du marché commun. À l'origine, il a été calculé comme une simple moyenne des tarifs douaniers alors en vigueur. Depuis 1968, il a été régulièrement modifié pour tenir compte des résultats des négociations tarifaires engagées par la Communauté au sein du GATT (puis de l'OMC). L'adoption de ce TEC fait que la compétence communautaire s'est substituée à celle des États membres pour les négociations tarifaires avec les pays tiers et la réglementation douanière. L'Acte unique (1987) est allé plus loin et a introduit, depuis le 1er janvier 1993, « un espace sans frontières intérieures » dans lequel l'harmonisation des législations et réglementations indispensables à sa réalisation pourrait s'opérer à la majorité qualifiée, sauf en matière fiscale où l'unanimité demeure expressément prévue (Art. 95.2).

La mise en place d'un TEC, tout en forçant les États européens à se « réunir » au sein d'un « territoire douanier unique », a créé *de facto* une « préférence communautaire ».

B. La préférence communautaire

Littéralement, la « préférence communautaire » signifie un traitement de faveur accordé aux marchandises produites dans la Communauté européenne. Concrètement, il s'agit d'encourager les différents États membres à s'approvisionner au sein de l'Union plutôt que sur le marché mondial. La notion de « préférence communautaire » ne figurait pas dans le traité instituant la Communauté économique européenne.

Le 6e alinéa du préambule du traité est même opposé à cette idée, puisqu'il dispose que « les Chefs des États membres [...] désireux de contribuer, grâce à une politique commerciale commune, à la suppression progressive des restrictions aux échanges internationaux [...] ont décidé de créer une Communauté économique européenne... ». Le seul article faisant référence à une « préférence naturelle » entre les États membres, l'article 44-2 du même traité, a été abrogé par le Traité d'Amsterdam. Ainsi, la Commission européenne et les États membres peuvent se référer à la « préférence communautaire » dès lors qu'ils estiment que c'est un objectif politique. Toutefois, il n'est pas possible de l'invoquer pour faire obstacle à la libéralisation des échanges.

Dans un arrêt du 10 mars 2005, la CJE a réaffirmé clairement que la « préférence communautaire » est un principe qui n'a pas une valeur juridique, mais une valeur politique. À l'origine de l'arrêt, la plainte déposée auprès de l'ORD par la Thaïlande et les Philippines à propos de l'importation des conserves de thon en Europe. L'Espagne a fait remarquer qu'elle était, au niveau mondial, le troisième pays producteur et le deuxième pays exportateur de conserves de thon, et que plus de 80 % du total de ces exportations sont destinés à l'approvisionnement du marché communautaire. Elle a cherché à faire valoir l'importance du secteur des conserves de thon pour l'économie espagnole, et en particulier pour celle de la Région autonome de Galice confrontée à de graves problèmes économiques et qui assure 90 % de la production espagnole de ces conserves. Du point de vue de l'Espagne, il s'agit donc d'un produit sensible qui exige un degré élevé de protection tarifaire en vue de maintenir des conditions de compétitivité par rapport aux produits originaires d'autres pays (Règlement (CE) n° 975/2003 – Contingent tarifaire).

Le Conseil, pour sa part, a rappelé que la « préférence communautaire » signifie uniquement que les producteurs communautaires doivent être traités plus favorablement que les producteurs des pays tiers. Or, les importations incriminées sont soumises à un droit de 12 %, de sorte que les producteurs communautaires continuent de bénéficier d'un traitement plus favorable que celui fait aux pays tiers. Enfin, la Commission a indiqué que la « préférence communautaire » n'est qu'une considération parmi d'autres pour fixer les taux des droits de douane. Si les institutions devaient respecter la « préférence communautaire » en toutes circonstances, le champ d'action de la politique commerciale commune serait circonscrit dans des marges étroites et serait de fait incompatible avec le Traité de Rome.

En revanche, il est fait explicitement référence à la « préférence communautaire » dans un domaine très particulier, celui de la libre circulation des travailleurs. Dans une résolution du Conseil du 20 juin 1994, le principe de « préférence communautaire » a été défini en ces termes : « Les États membres prendront en compte les demandes d'accès sur leur territoire en vue d'emploi seulement quand l'offre d'emploi proposée dans un État membre ne peut pas être pourvue par la main-d'œuvre nationale et communautaire ou par la main-d'œuvre non communautaire qui réside d'une façon permanente et légale dans cet État membre et qui appartient déjà au marché régulier du travail dans cet État membre ». Cette résolution a été réaffirmée par la Commission européenne dans son « Livre vert » intitulé « Pour une approche communautaire de la gestion des migrations économiques », publié en janvier 2005.

C. Les mesures de défense commerciale

Dans pratiquement tous les pays et toutes les zones commerciales du monde, il est prévu des outils de protection commerciale. Pour les pays faisant partie du GATT et l'OMC, ces outils ne peuvent logiquement aller à l'encontre des règles du jeu qui régissent le commerce multilatéral et doivent donc être manipulés dans les circonstances seulement pour lesquelles ils ont été prévus. L'Europe a aussi progressivement conçu et affûté les instruments destinés à protéger l'économie des États membres des pratiques déloyales de leurs partenaires commerciaux. Ils prévoient généralement le rétablissement ou le durcissement de droits de douane sur les importations en provenance des pays éventuellement incriminés.

L'existence de ces mesures ne doit pas faire oublier que la politique européenne d'importation a mis l'accent dès le départ sur la libéralisation des importations. C'est dans cet esprit que l'Europe a participé à toutes les négociations commerciales multilatérales (NCM) du GATT entre 1950 et 1994 au point d'être aujourd'hui l'une des zones les plus ouvertes du monde. Le TEC qui était de près de 13 % au début des années 1960 est actuellement de l'ordre 3 %. Toutefois, des instruments de défense commerciale sont prévus…

Ainsi, à l'instar de la Section 301 de la législation sur le commerce extérieur des États-Unis, la Communauté européenne a mis en place, en 1984, un « nouvel instrument de politique commerciale » (NIPC). Ce dernier devait permettre de lutter contre les pratiques commerciales illicites des pays partenaires. Toutefois, il a été peu utilisé, notamment en raison des désaccords au sein de la Communauté européenne. Il a été remplacé, en 1994, par le Règlement sur les obstacles au commerce (ROC). Il donne à la Commission « des pouvoirs inquisitoriaux de contrôle et d'enquête sur les obstacles au commerce, y compris ceux trouvant leur source dans des pays tiers ». Le ROC ne peut être assimilé à certaines circulaires prévues par la législation commerciale américaine, ouvertement dissuasives, voire agressives, car il ne prévoit pas « d'imposer unilatéralement des mesures de rétorsion commerciales en dehors des procédures multilatérales de l'OMC » (Pantz, 1998).

Les mesures de défense commerciale appartiennent à trois familles :

- Les mesures de sauvegarde qui interviennent lorsque l'augmentation des importations a pour effet un déséquilibre brutal, mais conséquent, de l'activité et de l'emploi au sein d'une industrie de l'un ou de plusieurs pays membres (exemple du textile chinois en 2005 à la suite du démantèlement de l'AMF).
- Les actions *antidumping* qui sont déclenchées lorsqu'il est démontré que le prix de vente d'un produit pratiqué par un pays partenaire est inférieur au coût de sa production. C'est un Règlement communautaire du 22 décembre 1995 qui prévoit la protection contre les importations faisant l'objet d'un *dumping* de la part de pays non membres de la Communauté européenne. Le règlement pose une double condition pour l'institution de droit *antidumping* : l'existence avérée d'un *dumping* et la manifestation d'un préjudice pour l'industrie communautaire engendré par ledit *dumping*.
- Les mesures antisubventions qui résultent d'un Règlement communautaire du 6 octobre 1997. Ce dernier a transposé dans le droit communautaire les dispositions de l'accord sur les subventions conclu dans le cadre de l'OMC. Il permet l'institution d'un droit compensateur afin de contrebalancer toute subvention accordée, directement ou indirectement, à la fabrication, à la production, à l'exportation ou au transport de tout produit, en provenance d'un pays tiers, dont la mise en libre commerce dans l'espace de la communauté cause un préjudice à l'économie de l'un de ses membres ou à l'économie européenne dans son ensemble.

À tous ces niveaux, l'UE a aussi recours à l'Organe de règlement des différends de l'OMC pour arbitrer les litiges opposant un ou plusieurs États membres à leurs partenaires commerciaux extérieurs.

D. Les accords préférentiels

Dans ses relations avec le reste du monde, l'Union a mis en place une politique commerciale sélective qui l'a amenée séquentiellement à accorder à des pays ou groupes de pays des régimes tarifaires préférentiels assortis, le cas échéant, d'une élimination des restrictions quantitatives de façon à s'accorder au développement du commerce international. Parmi les principaux accords, on range habituellement :

- Les accords avec l'AELE.
- Les accords avec les PECO (Pays de l'Europe Centrale et Orientale).
- Les accords avec les Pays A.C.P. (Afrique, Caraïbes, Pacifique).
- Les accords avec les pays de la Méditerranée (dans le cadre du processus de Barcelone devenu, depuis 2008, le programme en vue de l'Union pour la Méditerranée ou UPM).
- Les discussions sont aussi conduites avec le MERCOSUR, les États du Conseil de coopération du Golfe, la Communauté andine et l'Amérique centrale (Système d'Intégration centraméricain), etc.

La liste des accords préférentiels de l'UE est régulièrement mise à jour par la Commission européenne. Ces accords préférentiels prévoient que les marchandises originaires des parties contractantes à l'accord bénéficient de suppression ou de réduction de droits de douane à l'entrée dans le pays acheteur. Pour être considérées comme originaires d'un pays, les marchandises doivent avoir été obtenues dans ce pays, soit entièrement, soit par transformation suffisante des produits non originaires de ce pays, selon des règles précises répertoriées dans les accords concernés. Toutefois, depuis janvier 2007, la Communauté européenne héberge 28 États membres (en attendant la sortie du Royaume-Uni). Certains pays nouvellement membres, en vertu de clauses prévues en ce sens, n'octroient pas de préférences tarifaires.

On reproche parfois aux accords préférentiels de l'UE de répondre insuffisamment au besoin de rebond de la croissance au sein de l'UE. C'est le cas notamment lorsque les économies partenaires ne sont pas de dimension suffisante ou ne sont pas dotées de cadres réglementaires de qualité pour inciter les économies européennes à améliorer leurs propres réglementations.

Enfin, la Commission européenne a également proposé plusieurs nouvelles orientations pour guider le Système généralisé de Préférences (SGP) pour la période 2006-2015 (Hugon, 2009 ; BAD, 2009). Ces nouvelles orientations se fondent sur l'expérience des systèmes antérieurs.

7.3 L'UNION EUROPÉENNE, UNE PUISSANCE COMMERCIALE CONTRARIÉE

L'Europe est-elle une puissance commerciale ? On peut le penser *a priori* en examinant les statistiques commerciales qui relatent ses progrès spectaculaires aussi bien au niveau du commerce domestique qu'au niveau des échanges extra-communautaires. La politique commerciale dont elle s'est dotée comme les organes prévus pour sa mise en œuvre témoignent aussi d'une capacité réelle de l'Europe à assumer le rôle qui lui échoit de sa dimension de première plateforme commerciale et des missions qui en découlent dès lors pour elle, et ce bien au-delà de la sphère commerciale.

S'interroger sur la portée de la puissance commerciale de l'Europe est aussi une manière de prospecter l'avenir. En effet, si la mondialisation combine une double dynamique d'internationalisation des échanges et de territorialisation (régionalisation ?) des déterminants en termes de travail, de production et d'innovation à l'origine des biens et services échangés, alors l'avenir est à la consolidation du poids et de l'influence des aires régionales. De ce point de vue, les succès de l'Europe, mais aussi corrélativement les difficultés et les inerties qu'elle parvient elle-même à entretenir voire à créer, sont des leçons à étudier (Boulanger et Messerlin, 2014).

7.3.1 *Une longue marche vers l'Union qui dissimule difficilement les divergences d'intérêts*

Le rapport de l'UE à la puissance, au sens politique du terme, est complexe et trouve ses origines dans les balbutiements mêmes de la construction européenne. Ainsi, lorsque la France a proposé, le 9 mai 1950, la création de la CECA, elle l'a fait certes au nom de la paix retrouvée et de la réconciliation franco-allemande, mais aussi avec des arrière-pensées de puissance.

La France était, à l'amorce du projet européen, le seul pays pour lequel la construction européenne représentait un instrument de refondation et, à terme, de rivalité face à la superpuissance américaine. En effet, pour la France, la construction d'une Europe unie est un moyen de retrouver une puissance perdue à travers les deux guerres mondiales, et notamment la seconde qui l'avait particulièrement éprouvée. Derrière le projet de la France se cache donc une ambition proprement hexagonale : prendre le *leadership* d'une Europe capable de peser dans le monde. De leur côté, et fort naturellement, ses partenaires ne pouvaient être en phase avec ces ambitions.

Pour la RFA, fraîchement née en mai 1949, la construction européenne est une voie vers la réhabilitation. L'Allemagne a peur à la fois d'elle-même, l'Europe unifiée pouvant alors être un moyen de se protéger contre ses propres démons, et des ambitions potentielles de puissance de ses voisins, car l'histoire venait de lui montrer que la puissance peut conduire à l'affrontement entre les nations. C'est pourquoi l'Allemagne ne pouvait entendre les arguments que la France avançait à l'appui de son projet pour l'Europe.

Les pays du Benelux partagent cette méfiance après avoir subi, à travers l'histoire longue, la puissance de leurs deux grands voisins. Pour ces trois petits pays, l'Europe doit constituer une protection contre les débordements potentiels des deux puissances voisines. Ils préfèrent sans conteste la tutelle américaine, lointaine et protectrice, à celle de la France et de l'Allemagne au sein d'une Europe politique qui pourrait sceller leur sort à celui de leurs voisins aux velléités conquérantes.

Ces ambiguïtés et ces méfiances expliquent en grande partie les échecs répétés de la construction d'une Europe politique jusqu'à nos jours. Mais, le plus difficile est que les difficultés, loin de s'estomper avec le temps, se renouvellent et semblent vouées à se répéter à chaque nouvelle étape de la construction de l'Europe. C'est bien ce qui ressort de l'adhésion des dix pays d'Europe centrale et orientale à l'Union européenne en 2004 (huit pays) et en 2007 (deux pays). Cette étape a révélé que les États d'Europe de l'Est sont avant tout préoccupés par leur souveraineté et leur sécurité. Situés à la remorque de l'Europe occidentale, soumis à l'influence de celle-ci, naguère traumatisés par la domination allemande puis soviétique, ils éprouvent encore des craintes à l'égard de leurs voisins de l'Ouest. Les États-Unis paraissent à distance un allié sûr et fiable. Ce sont eux qui ont gagné la Guerre froide et qui ont permis de mettre un terme à la tragédie des Balkans (1995 en Bosnie, 1999 au Kosovo). Ce sont eux aussi qui soutiennent l'entrée de ces pays dans l'OTAN et défendent la souveraineté politique et les intérêts économiques des pays de l'ex-CEI (Géorgie, Ukraine) face à la Russie. Ainsi, l'Amérique s'érige comme un meilleur parapluie pour l'Europe de l'Est que ne l'est l'Europe de l'Ouest.

La crise irakienne de 2003 n'a pas tardé, dès ses débuts, à révéler l'orientation pro-américaine des pays de l'Est. À travers la « lettre des huit », signée notamment par la Pologne, la Tchéquie et la Hongrie, le 30 janvier de cette même année, ces pays se sont rangés derrière la bannière des États-Unis au grand désespoir de la France, et dans une moindre mesure de l'Allemagne, qui avaient beaucoup fait pour empêcher la fatalité de la guerre. D. Rumsfeld, Secrétaire d'État à la défense de l'époque, avait profité de l'occasion pour opposer la « vieille Europe » (France, Allemagne) à la « nouvelle Europe » (Royaume-Uni, Espagne, Italie et l'Est de l'Europe).

7.3.2 *L'Union européenne confrontée aux faiblesses structurelles de sa politique commerciale*

« L'union fait la force ! ». Les développements précédents tendent à montrer que cette formule est loin de traduire la réalité de la construction politique de l'Europe. Qu'en est-il, toutefois, sur le terrain de la politique commerciale, domaine dans lequel la stratégie de l'intégration est à la fois la plus ancienne et la plus poussée ? Force est de constater que les réponses à cette interrogation sont loin de faire l'unanimité. Elles opposent ceux qui voient dans la PCC l'outil inespéré de promotion des intérêts de l'Europe qui, désormais, grâce à elle, peut s'ériger en partenaire – et parfois en adversaire – à égalité avec les États-Unis (Meunier, 2005) à ceux qui à l'inverse voient dans les clivages internes à l'Europe un obstacle qui ne peut qu'affaiblir celle-ci en tant que telle et réduire les capacités d'action internationale de ses États membres (David, 1994).

Singulièrement pessimiste, S. Meunier (2005) considère que la situation de l'Europe sur la scène commerciale diffère sensiblement de sa situation sur la scène politique et géostratégique. Depuis la mise en route du Marché commun, en 1958, les États membres ont abandonné leurs prérogatives commerciales au profit de l'Europe. Désormais, l'Union parle d'une seule voix. Réduit à lui-même, chacun des pays membres ne pèserait guère face aux autres géants que sont les États-Unis et la Chine.

Le « Marché unique », du fait de son envergure, est la base de la force de frappe communautaire dans les négociations internationales. La puissance de l'Europe est corrélée à celle de la capacité de son marché. Elle peut en monnayer l'accès en échange de concessions, les pays tiers convoitant ses opportunités. En ce sens, l'élargissement donne à la voix de l'Europe un écho bien plus important dans les rencontres internationales qu'elle pouvait en avoir auparavant. C'est ainsi qu'elle a obtenu le droit pour ses entreprises de participer à des appels d'offres pour les marchés publics américains. À Genève ou dans les discussions bilatérales, elle parle d'égal à égal avec les États-Unis en matière commerciale, alors qu'elle peine à le faire en matière de dialogue diplomatique. L'Europe parvient même à subtiliser l'arme commerciale pour en faire une arme diplomatique : l'accès à son marché lui sert pour obtenir parfois des concessions politiques de la part de ses partenaires, comme l'amélioration des droits de l'homme dans le cas d'accords commerciaux avec les Balkans ou le Maghreb, ou encore en matière de surveillance nucléaire dans le cas de l'Iran.

F. David (1994) pointe les clivages idéologiques et politiques au sein de l'Union qu'il considère comme une menace réelle pour la cohérence et la bonne lisibilité des positions extérieures de l'Europe. L'Europe forme, selon lui, cinq groupes aux positions souvent dissemblables :

- Le groupe libéral composé de l'Allemagne, des Pays-Bas et du Danemark.
- Le groupe des pays protecteurs composé des pays du Sud de l'Europe (France, Italie, Espagne, Portugal, Grèce).
- Les défenseurs de la PAC comprennent, outre la France, l'Irlande et la Belgique.
- Jusqu'à sa prochaine sortie programmée de l'UE, le Royaume-Uni forme un cas à part en raison de son hostilité à l'intégration politique et monétaire de l'Europe et de son alignement systématique sur les positions américaines.
- Les PECO, pour la plupart engagés dans un difficile processus de transition, et qui militent en tant que « tard venus » en faveur du maintien de la solidarité financière de l'Europe et de la protection de leurs intérêts dans les négociations internationales pour faire que la convergence économique entre l'Est et l'Ouest s'en trouve la moins longue et la plus bénéfique possible.

Il résulte de cette situation une position difficile pour la Commission européenne. Sous l'influence des pays libéraux, elle est amenée assez souvent à adopter des positions libérales. Mais, les atermoiements des pays membres, du fait notamment de leur nombre et de la diversité du panel de leurs intérêts et de leurs positions, acculent aussi parfois la Commission à des positions surprenantes, voire inconfortables, comme en témoignent les affaires « Péchiney » et « ATR ». Le groupe canadien Alcan, *leader* mondial de l'aluminium, avait lancé une OPA sur Péchiney en décembre 2004. On aurait pu s'attendre, de la part de la Commission européenne, à beaucoup de vigilance. Il n'en a rien été. Elle, qui s'était opposée en 2000 à un projet de fusion à trois, entre Alcan, Algroup et Péchiney, solution qui aurait pu conforter la position de l'Europe dans cette fusion, n'a cette fois rien eu à redire, hormis la référence faite à quelques « problèmes de concurrence » entraînant des ventes de sites, notamment pour les produits laminés plats et les aérosols. Une mésaventure analogue était déjà arrivée en octobre 1991. La Commission européenne s'était alors opposée, au nom de la prévention contre les positions dominantes, au rachat de De Havilland, filiale de Boeing spécialisée dans la fabrication de turbopropulseurs pour le secteur aéronautique, par le consortium franco-italien ATR appartenant conjointement à l'Aérospatiale et à Alenia. L'opération constituait pourtant pour l'industrie européenne le moyen privilégié de se renforcer face à la concurrence américaine et à celle des constructeurs du Sud-Est asiatique. En 1992, De Havilland avait été racheté par le groupe canadien Bombardier Aéronautique qui a réussi, grâce à cette opération, à renforcer significativement sa position concurrentielle par rapport à ATR.

Cette situation se renouvelle chaque fois que les intérêts commerciaux des pays européens divergent. Durant toute l'histoire de la PCC, les mésententes entre la France et le reste de l'Europe ont mis en scène ces divergences. À plusieurs reprises, les pouvoirs publics français ont dû lever le ton face à des négociateurs européens prêts à passer outre les intérêts du pays. Le général de Gaulle fut le premier à commencer avec la politique de la « chaise vide » qui bloqua les négociations internationales du *Kennedy Round* en 1965-1966. Beaucoup plus récemment, à l'occasion de la préparation de la sixième Conférence ministérielle de l'OMC (13 au 18 décembre 2005), Ch. Lagarde, ministre déléguée au Commerce extérieur, et D. Bussereau, ministre de l'Agriculture, ont clairement fait comprendre que la France n'hésiterait pas à utiliser l'arme de son veto si le Commissaire européen au Commerce de l'époque, P. Mandelson, devait aller au-delà du mandat qui lui avait été confié par les pays membres.

Ces tensions rappellent chaque fois que l'Europe est beaucoup moins une nation qu'une coalition d'États, que la politique commerciale de l'Europe reste en partie l'émanation de ses membres constitutifs. D'où des faiblesses structurelles qui ne pourront trouver d'exutoire qu'avec le renforcement de l'Union européenne en tant que telle, c'est-à-dire son émancipation par rapport au pouvoir et à l'influence exercés par chacun des États isolément.

La première faiblesse est celle de la transparence : dans la compétition internationale, le secret peut être un atout ; l'Europe ne peut guère s'offrir ce luxe du fait des confrontations internes et des ajustements de position qui doivent dégager le mandat à donner au Commissaire au commerce au démarrage de chaque négociation internationale.

La deuxième faiblesse est celle du conservatisme : l'Europe doit très souvent commencer par trancher ses conflits internes (PAC) ; dès lors, les États ont tendance à apprécier les situations en fonction de leurs intérêts propres ou à l'aune de leurs problèmes internes (les tensions entre l'Allemagne et la France dans le dossier de la banane).

La troisième faiblesse est celle de l'inertie : toute proposition d'un État membre est immédiatement examinée dans l'éclairage de l'adhésion ou de l'hostilité des autres États ; il en résulte un appareil communautaire attentiste, soucieux avant tout d'empêcher les tensions entre parties et incapable de prétendre à des positions novatrices ou avant-gardistes.

7.4 L'EUROPE APRÈS LE BREXIT

L'ambiguïté des relations entre l'UE et le Royaume-Uni n'a pas attendu les incertitudes qui ont présidé à l'organisation du référendum du 23 juin 2016. Cette ambiguïté est née avec l'émergence même du Marché commun et va perdurer tout au long des soixante années qui ont jalonné l'histoire de la construction européenne. Pour ainsi dire, le Royaume-Uni aura été le principal obstacle à l'affirmation d'une identité européenne. Tolérants avec la construction d'un vaste marché en Europe, les voisins britanniques ont toujours été irréductiblement hostiles à l'affirmation d'une construction qui serait de type institutionnel, politique, social et/ou monétaire.

7.4.1 *Soixante ans de malentendus entre l'Europe et le Royaume-Uni*

Les tensions euro-britanniques sont nées avec l'émergence du projet européen. Convié à participer en 1956-57 à la fondation du Traité de Rome, le grand voisin avait décliné en se lançant de son côté dans la création d'une zone de libre échange rivale : l'Association européenne de libre-échange (AELE). Le Royaume-Uni de 1957 était fort polarisé entre ceux qui considéraient que le pays faisait bien en restant en dehors du Marché commun et ceux qui pensaient qu'il commettait une erreur. Les affrontements entre europhiles et eurosceptiques ne faisaient que commencer focalisant déjà les affrontements entre les composantes de la classe politique sans qu'il soit possible de faire clairement la distinction entre les conservateurs (*Torries*) et les travaillistes (*Labour*).

À peine entré en fonctionnement en 1958, le Marché commun a vu l'AELE lui emboîter le pas en 1960 en fédérant, derrière le Royaume-Uni, six autres pays : le Danemark, la Norvège, la Suisse, le Portugal, l'Autriche et la Suède. Trois autres pays se joindront plus tard à l'accord : l'Islande (1970), la Finlande (1986) et le Liechtenstein (1991). À l'origine, il s'agissait de stimuler les relations d'échanges entre les pays qui ne souhaitaient pas entrer dans la CEE. L'AELE est, en effet, une simple zone de libre-échange alors que le Marché commun est une Union douanière assortie d'un projet d'approfondissement dans des domaines aussi stratégiques que l'agriculture, le développement régional, la coopération monétaire ou les transports. Il était prévu que la CEE se mue à terme en union politique, ce dont les Britanniques ne voulaient aucunement.

J.F. Deniau (1977) rappelle dans quelles conditions le Royaume-Uni a renoncé à sa participation à la création du Traité de Rome. Au moment de quitter la conférence, son représentant a tenu un discours appuyé dans lequel il a tenté de traduire l'entière hostilité de son pays au projet naissant : « *Monsieur le Président, Messieurs, Je voulais vous remercier sincèrement de votre hospitalité et vous indiquer qu'elle va cesser à partir d'aujourd'hui. En effet, je regagne Londres. Fonctionnaire sérieux, il me gêne de perdre mon temps et de ne pas justifier le modeste argent que me verse mon gouvernement. J'ai suivi avec intérêt et sympathie vos travaux. Je dois vous dire que le futur traité dont vous parlez et que vous êtes chargés d'élaborer n'a aucune chance d'être conclu ; s'il est conclu, il n'a aucune chance d'être ratifié ; et s'il est ratifié, il n'a aucune chance d'être appliqué. S'il l'était, il serait d'ailleurs totalement inacceptable pour la Grande-Bretagne. On y parle d'agriculture, ce que nous n'aimons pas ; de droits de douane, ce que nous récusons ; et d'institutions, ce qui nous fait horreur. Monsieur le Président, Messieurs, au revoir et bonne chance* ».

Il est bien loin le temps où W. Churchill, prononçant une conférence à l'université de Zurich en septembre 1946, pouvait haranguer les jeunes en proposant de créer « une sorte d'États-Unis d'Europe » et même de fonder la reconstruction de la famille européenne sur « l'association entre la France et l'Allemagne » excluant du coup le Royaume-Uni d'une participation active à cette reconstruction ayant le Commonwealth comme espace d'ancrage propre (Deniau, 1977).

La réalité n'a pas tourné comme le souhaitaient les voisins britanniques. Face à l'échec du projet de l'AELE, le Royaume-Uni a fini par soumettre sa candidature à la CEE en août 1961. Le Premier ministre conservateur H. MacMillan, redoutant que le Royaume-Uni soit débordé en termes de poids économique et d'influence géopolitique par le nouveau Marché Commun européen, a franchi le pas. La demande fut refusée par la France, avant d'être acceptée en 1973. Les autres pays de l'AELE, l'Islande, le Liechtenstein et la Norvège, ont eux aussi signé des rapports bilatéraux séparés avec la CEE.

L'arrivée du Royaume-Uni fut pourtant bien timide : soutenue par les conservateurs, elle est dénoncée par les travaillistes qui déclarent dans un manifeste de 1983 que : « *la CEE n'a pas été conçue pour nous et notre intégration, en tant que membre, a rendu plus difficile la lutte contre les problèmes économiques et industriels* ». Le Labour critique tout particulièrement la PCC à laquelle doit se plier le Royaume-Uni. Il promet : « *Quand nous arriverons au pouvoir, nous ouvrirons des négociations préliminaires avec les autres États membres pour établir un calendrier de retrait* ». Une position qui provoque la scission du parti et la naissance du mouvement social-démocrate, parti centriste et pro-européen, prédécesseur des libéraux-démocrates actuels.

Si les travaillistes ne se sentent pas proches de l'Europe, les conservateurs ne se sentent guère europhiles de leur côté. En 1978, le Système monétaire européen (SME), avec l'ECU comme pivot, est lancé sans la participation du Royaume-Uni qui bénéficie d'un statut spécial. M. Thatcher, arrivée au pouvoir en tant que Première-ministre, en 1979, a très vite souhaité corriger ce qu'elle percevait comme un traitement inéquitable : obtenir la réduction de la contribution britannique au budget européen qui est nettement au-dessus à ce que le pays reçoit en retour. La négociation avec l'Europe sur ce point a été marquée par la phrase testamentaire : "*I want my money back*" (« Je veux récupérer mon argent ») prononcée par M. Thatcher en 1984. Depuis le début du XXe siècle, l'agriculture britannique, tout en étant l'une des plus modernes, ne pouvait plus subvenir aux besoins alimentaires de la population. Le pays devait recourir massivement à des importations, en provenance notamment des États-Unis et des pays du Commonwealth. La mésentente avec l'Europe a pour origine le fait que les importations alimentaires extra-communautaires étaient taxées par la CEE, contribuant ainsi à gonfler la contribution britannique à la Communauté en comparaison de celles des autres pays autosuffisants comme… la France.

L'hostilité manifeste de M. Thatcher à l'Europe ne l'empêcha pas cependant d'envisager un projet de tunnel sous la Manche avec le président français F. Mitterrand. Le projet, qui était relativement ancien, venait chaque fois buter sur le sentiment nostalgique qui habitait beaucoup de Britanniques, farouchement jaloux de leur statut de pays conquérant, et habitués à leur insularité. Les *lobbies* attachés à l'isolement britannique en Europe se mobilisaient chaque fois contre la construction de ce lien fixe, mais M. Thatcher a tenu bon cette fois parvenant à faire aboutir le projet.

Au début des années 1990, les relations de M. Thatcher avec J. Delors, alors président de la Commission européenne, étaient des plus exécrables. Elles sont relayées par les médias britanniques qui appellent publiquement à dénoncer le projet de monnaie commune. En 1992, le Royaume-Uni parvient à obtenir une clause d'exemption (*opt-out*) concernant la « charte sociale » et le passage à l'euro dans le cadre du Traité de Maastricht. En 1993, les conservateurs tenteront à nouveau d'imposer un référendum sur le Traité de Maastricht. Contre toute attente, ce dernier est finalement approuvé par le Parlement britannique. En 1999, l'euro est lancé, le Royaume-Uni et le Danemark restent en dehors de la zone euro.

De 1990 à 2010, les gouvernements de J. Major (conservateur) et de T. Blair et G. Brown (travaillistes) ont plutôt travaillé pour un renforcement du rôle de leur pays au sein de l'Union. T. Blair, en particulier, était europhile. Mais ce fut surtout cette europhilie au pouvoir pendant près de deux décennies qui a contribué au renforcement de l'euroscepticisme chez les opposants, en particulier au sein du parti conservateur. Entre-temps, en 2008, face à la grogne qui montait dans plusieurs pays européens, la Commission européenne élabore le Traité de Lisbonne qui sera signé par le Premier ministre G. Brown, sans passer par un référendum. Il offre ainsi un répit aux relations entre les deux parties.

En 2011, soucieux de protéger le secteur financier britannique, le nouveau Premier ministre, D. Cameron, s'oppose au nouveau traité européen visant le renforcement des règles budgétaires. Cette position accentue les tensions sur la question européenne au sein même du pouvoir britannique, mais lui vaut une réplique cinglante conjointement de la part de J. Delors et de H. Van Rompuy (alors président du Conseil européen). Le premier déclare que : « *Les Britanniques s'intéressent seulement à leurs intérêts économiques, à rien de plus. On pourrait leur proposer une autre forme de partenariat* ». Il suggère ensuite au Royaume-Uni de quitter l'Union européenne. Le second déplore le comportement individualiste de Londres avant d'enchaîner : « *Si chaque État membre avait la possibilité de trier dans les politiques actuelles pour prendre celles qu'il préfère et rejeter celles qu'il aime le moins, l'Union en général et le marché unique en particulier se déliteraient rapidement* » (entretien avec le quotidien économique allemand *Handelsblatt*, 28 décembre 2012).

En 2013, alors que de nouvelles élections s'annoncent, D. Cameron affirme que, si les conservateurs l'emportent au parlement, il renégociera les relations entre le Royaume-Uni et l'Union et tiendra un référendum. La promesse d'un référendum sur le maintien du Royaume-Uni dans l'Union est une tactique électoraliste, à l'expérience hautement périlleuse, qui visait à attirer de nombreux électeurs tentés par les voix des nationalistes et eurosceptiques. C'était aussi donner au peuple britannique ce que l'UE ne leur offrait pas : une occasion pour refuser de se soumettre à des mesures imposées de l'extérieur par la « technocratie de Bruxelles ». Le référendum a lieu finalement le 23 juin 2016. Après une campagne tendue et empoisonnée par la question migratoire, le Royaume-Uni opte pour le *Brexit* à 51,9 % des voix exprimées provoquant le départ immédiat de D. Cameron. Enfin, les menaces de retrait réitérées pendant près de 60 ans trouvèrent leur aboutissement.

7.4.2 *Le bilan incertain du Brexit*

La sortie du Royaume-Uni de l'Union, suite au référendum de juin 2016, porte un nom devenu désormais célèbre : le *"Brexit"*. Le même événement a mis à l'honneur l'expression de *"Cherry Picking"* très largement relayée par les médias et les organes de presse anglo-saxons. Cette expression relativement courante au Royaume-Uni n'a paradoxalement pas d'équivalent en français. Elle serait littéralement synonyme de « piquer les meilleures cerises ». En effet, on prête l'intention à ce pays de préparer une stratégie « dure » (*hard*) lui conférant l'opportunité de peser sur l'agenda et les termes de la négociation, notamment en minorant les coûts et en majorant les bénéfices liés à son retrait. L'équivalent français de l'expression devrait être « picorer / picorage », synonyme tout à la fois de pignocher, pinailler et chipoter. Certains officiels britanniques ont annoncé la couleur : non seulement ils ne regrettent rien de leur décision de sortie de l'Union, mais ils ont bien l'intention de négocier une sortie honorable en promettant de surcroît de trouver d'autres alliances économiques et commerciales de compensation au-delà des rivages européens. S'agit-il de menace crédible ou de faux-semblant ? Comment se présente, pour le Royaume-Uni, la balance coût-avantage de sa sortie de l'Union ?

A. Le bilan du passé : retour quarante ans de coopération commerciale entre l'Europe et le Royaume-Uni

En 2014, le PIB du Royaume-Uni est le 5e dans la hiérarchie mondiale (3 002 milliards de dollars). Le pays se classe derrière l'Allemagne (4e rang) et juste devant la France (6e rang). Dès l'entrée dans la Communauté européenne, les échanges extérieurs du Royaume-Uni ont enregistré un élan rapide, tout particulièrement avec les voisins les plus proches, ce qui atteste de la réalité des « économies d'agglomération géographiques ». Selon le *Centre for European Reform*, considéré comme le meilleur *think tank* londonien sur les dossiers et le dialogue euro-britannique, les relations commerciales entre l'UE et le Royaume-Uni ont stimulé les exportations de ce dernier de 5,5 % en moyenne annuelle entre 1974 et 2014. Toutefois si, entre 1973 et 1982, les exportations et les importations du pays ont connu une progression moyenne quasi identique, la situation s'est ensuite infléchie à partir de 1982. En effet, les importations ont alors pris le pas sur les exportations. À partir de la fin des années 1990, le solde courant devient même structurellement négatif et connaît progressivement une forte aggravation. La classe politique britannique en est venue à déclarer publiquement son animosité à l'Europe voisine.

En milliards $	2000	2002	2004	2006	2008	2010	2012	2014	2016
Allemagne	5,8	92,7	139,6	160,3	224,3	174,6	217,0	254,6	277,3
Chine	28,8	37,4	51,2	208,9	348,8	223,0	231,8	262,7	289,2
Corée	11,7	9,0	29,2	8,0	–2,1	34,7	34,5	74,1	104,4
États-Unis	–375,8	–426,5	–619,2	–771,0	–723,1	–512,7	–565,6	–508,8	–484,2
France	15,0	24,9	13,4	–19,5	–51,7	–48,6	–57,9	–57,2	–37,0
Italie	9,5	9,7	9,9	–16,6	–18,4	–42,3	20,4	61,3	67,8
Japon	68,6	53,5	91,2	54,7	8,3	68,9	–114,8	–145,0	19,0
Pays-Bas	26,8	31,9	51,3	63,5	81,0	70,2	79,8	95,3	84,0
Royaume-Uni	**–30,9**	**–49,6**	**–64,8**	**–66,6**	**–87,0**	**–65,9**	**–59,2**	**–59,6**	**–59,2**
Russie	52,3	37,7	73,2	127,1	156,6	125,1	146,3	135,1	73,7
Suisse	16,6	20,6	35,1	36,8	59,1	62,6	69,7	83,5	70,8
Zone euro	47,7	177,4	207,1	124,7	142,3	170,4	336,1	473,0	564,2
Total OCDE	–193,7	–148,4	–241,7	–511,9	–541,0	–194,5	–282,1	–20,5	202,0

Source : OCDE (2016), *Perspectives économiques de l'OCDE*, n° 2

TABLEAU 7.5.
Balances commerciales des biens et services du Royaume-Uni et des autres grands pays commerçants

On note plusieurs tendances marquantes. Tout d'abord, le solde extérieur courant accuse la détérioration la plus marquée avec des pays de l'UE. Alors même que la France enregistre des déficits chroniques à partir de 2004, ceux du Royaume-Uni atteignent des niveaux encore plus inquiétants, en opposition totale avec la zone euro qui accumule des excédents courants croissants jusqu'à 2016. À l'origine de l'aggravation du déficit courant, la baisse des exportations de biens tient principalement à la chute des échanges de produits pétroliers. Toutefois, ce recul des exportations s'explique également par un effet prix, ce qui laisse à penser que les exportateurs ont diminué leurs marges pour compenser le niveau de la *livre sterling*. Ensuite, le pays a vu progressivement arriver d'autres partenaires, notamment asiatiques. Comme alternative pour l'économie du Royaume-Uni, l'arrivée des pays asiatiques peut-elle toutefois supplanter les fortes liaisons tissées des siècles durant avec le continent voisin ?

En 2014, le Royaume-Uni affiche un excédent commercial vis-à-vis des principales économies asiatiques (Japon, Corée, *etc.*) à l'exclusion de la Chine (– 35,4 milliards de dollars). À l'inverse, il présente un important déficit avec les principales économies européennes : l'Allemagne (– 48,6 milliards de dollars), les Pays-Bas (– 19,5 milliards de dollars), la Belgique (– 13,6 milliards de dollars), la France (– 11,2 milliards de dollars). Enfin, les États-Unis s'affichent comme le second partenaire commercial du Royaume-Uni derrière l'Allemagne, mais avec l'avantage d'offrir au pays l'un de ses plus importants excédents commerciaux (+ 11,3 milliards de dollars). La performance commerciale vient en quelque sorte renforcer l'affinité politique que les Britanniques ont toujours manifestée à l'égard de leur grand allié américain.

Les difficultés du commerce extérieur britannique n'enlèvent rien au poids du pays qui demeure l'un des acteurs les plus importants du commerce international. En 2014, il est le 10e exportateur mondial de marchandises (506 milliards de dollars) et le 5e importateur mondial (684 milliards de dollars). Le poids du pays est encore plus marqué dans le domaine des services pour lequel il est le 2e exportateur mondial (337 milliards de dollars) et 5e importateur mondial (197 milliards de dollars). Toutefois, la spécialisation croissante du pays dans les services s'accompagne du recul de l'industrie dans le PIB : en 2014, le secteur manufacturier ne représente plus que 12 % contre 18 % en 2002. La désindustrialisation, qui affecte d'autres pays d'Europe comme la France, devient manifeste dans le cas britannique. Le pays est plus que jamais dépendant des importations de biens. En 2014, le déficit manufacturier atteint 178 Mds$ contre 95 pour la France et un excédent de 292 pour l'Allemagne.

Symétriquement, la part du Royaume-Uni, dans le commerce total de l'UE28, recule irréversiblement. En 2014, l'Europe représente 43,6 % du commerce extérieur du Royaume-Uni contre 61,4 % en 2002. Outre le Royaume-Uni, seules la Grèce (46,6 %) et l'île de Malte (42,6 %) sont en dessous de 50 %. Comparativement, la France est à 59,3 %, la Belgique à 70,1 % et les Pays-Bas à 75,7 %. Il est intéressant d'observer que, jusque dans les années 1970, une part significative des échanges extérieurs britanniques était réalisée avec les anciens *dominions*, c'est-à-dire les anciennes colonies avec lesquelles le pays continue de conserver des relations commerciales resserrées même après les indépendances.

Rang	Exportations vers...	Valeur en Mds d'€	Part en %
1	États-Unis	69,2	15,0 %
2	Allemagne	44,3	9,6 %
3	Suisse	33,9	7,4 %
4	Chine	27,6	6,0 %
5	France	26,7	5,8 %
6	Pays-Bas	26,2	5,7 %
7	Irlande	24,9	5,4 %
8	Belgique	17,5	3,8 %
9	Espagne	13,3	2,9 %
10	Italie	12,3	2,7 %
11	Arabie saoudite	8,3	1,8 %
12	Corée du Sud	7,2	1,6 %
13	Japon	6,6	1,4 %
14	Inde	6,0	1,3 %
15	Canada	5,9	1,3 %
	G7	165,4	35,9 %
	G20	354,5	77,0 %
	OCDE	339,4	73,7 %
	Monde	**460,6**	**100,0 %**

Rang	Importations de...	Valeur en Mds d'€	Part en %
1	Allemagne	92,9	14,9 %
2	Chine	63,0	10,1 %
3	États-Unis	57,9	9,3 %
4	Pays-Bas	45,7	7,3 %
5	France	37,9	6,1 %
6	Belgique	31,1	5,0 %
7	Italie	24,6	3,9 %
8	Espagne	21,3	3,4 %
9	Irlande	19,0	3,1 %
10	Nouvelle-Zélande	17,9	2,9 %
11	Norvège	12,2	2,0 %
12	Turquie	11,1	1,8 %
13	Canada	10,7	1,7 %
14	Suède	10,4	1,7 %
15	Suisse	10,2	1,6 %
	G7	241,8	38,8 %
	G20	535,3	86,0 %
	OCDE	470,0	75,5 %
	Monde	**622,8**	**100,0 %**

Source : OCDE (2017), *Statistiques trimestrielles du commerce international*, février

TABLEAU 7.6.
Principaux partenaires commerciaux de B&S du Royaume-Uni en 2015

Ce décrochage témoigne d'une mutation de la spécialisation internationale du pays, désormais moins manufacturier et davantage tourné vers les services, notamment financiers. Ledit décrochage a sans doute des causes plurielles comme le niveau durablement élevé de la *livre sterling* jusqu'à une date récente, ou encore le différentiel de croissance du PIB favorable au Royaume-Uni par rapport à d'autres pays de l'UE. C'est sans doute dans ces évolutions convergentes qu'il faut trouver les vraies explications à la volonté de rupture avec l'Europe et à la recherche d'autres partenariats plus lointains.

Rang	Pays	2002	2013
1	Allemagne	63,7	57,0
2	Autriche	76,1	70,0
3	Belgique	75,5	70,1
4	Bulgarie	62,3	60,1
5	Chypre	57,8	58,0
6	Croatie	66,1	59,2
7	Danemark	69,9	63,5
8	Espagne	74,9	63,0
9	Estonie	81,7	71,0
10	Finlande	61,2	55,3
11	France	65,2	59,3
12	Grèce	61,1	46,6
13	Hongrie	85,4	77,9
14	Irlande	66,0	56,9
15	Italie	61,7	53,7
16	Lettonie	77,8	66,4
17	Lituanie	69,3	57,4
18	Luxembourg	88,3	81,0
19	Malte	47,4	42,6
20	Pays-Bas	80,5	75,7
21	Pologne	81,5	74,8
22	Portugal	81,4	70,3
23	République tchèque	86,3	81,1
24	Roumanie	74,1	69,6
25	**Royaume-Uni**	**61,4**	**43,6**
26	Slovaquie	90,1	83,0
27	Slovénie	77,3	74,9
28	Suède	58,6	57,7
	UE 28	**68,3**	**62,0**

Source : HMRC (2016), *Overseas Trade Statistics*

TABLEAU 7.7.
Part du commerce avec les pays de l'UE28 en 2002 et 2013

B. Le « tableau économique » du Brexit

De nombreuses projections ont été faites, depuis juin 2016, pour tenter d'évaluer les conséquences économiques et commerciales du *Brexit*. Toutefois, dans la mesure où la séparation s'inscrit dans un agenda politique qui devra s'achever en 2019 seulement, il paraît bien périlleux de tenter de dresser un « tableau économique d'ensemble » de l'opération. La difficulté ressort aussi des nombreuses percolations attendues. En effet, l'on s'attend à ce que le *Brexit* affecte non seulement les pays de l'Union, en fonction de la densité de leurs relations bilatérales avec le Royaume-Uni, ainsi que ce dernier, mais aussi les pays tiers qui entretiennent des rapports à la fois directs et indirects avec les deux parties (Barrichella, 2016). Enfin, il faut également faire la distinction entre les effets de court terme, d'une part, et ceux de moyen et de long terme, d'autre part, afin de tenir compte des adaptations progressives de chacune des deux entités à la nouvelle donne régionale.

Les scénarios publiés par la majorité des centres de recherche spécialisés et des organisations internationales (voir tableaux 7.9 et 7.10) assimilent le *Brexit* à un « impôt sur le PIB » qui imposerait un coût durable à la croissance des deux économies. Ce choc serait transmis par à-coups successifs en raison de l'emboîtement de nombreux canaux qui impliquent également les économies extra-européennes. Toutefois, les effets sur l'économie du Royaume-Uni seraient à la fois plus rapides et plus marqués, car l'économie de l'UE repose sur des piliers internes plus solides et profite d'un réel effet de dimension qui rend possible un effet de substitution entre l'économie britannique et d'autres économies européennes. À l'inverse, si l'économie du Royaume-Uni possède des atouts réels relativement connus, elle est sujette à certaines vulnérabilités, elle est également exposée à davantage de risques.

	Points faibles	**Points forts**
À court terme	Incertitude forte sur les conditions de sortie de l'Union européenne Repli de la croissance avec effet immédiat sur la consommation, l'investissement et l'emploi Cycle conjoncturel porté par les activités immobilières	Recouvrement de la contribution nette au budget européen Économies substantielles liées à l'autonomie retrouvée dans la gestion des affaires du pays Marge de manœuvre accrue en matière de politique monétaire et budgétaire
À long terme	Dépendance forte de l'économie aux services financiers Niveau élevé de la dette publique et de l'endettement privé Sans accès au marché unique, perte d'une grande partie des IDE La désindustrialisation pourrait s'accélérer sous l'effet du reflux des IDE et de l'affaiblissement de l'investissement domestique Risque de divisions internes, eu égard à la volonté de l'Écosse et de l'Irlande du Nord de demeurer au sein de l'Europe Pour devenir partenaire de l'UE, obligation de respecter les règlements de celle-ci sans pouvoir les décider. De surcroît, les avantages du marché unique seraient moindres. Relocalisation des grands groupes multinationaux sur le continent, là où le marché est plus vaste Suprématie financière bousculée : Londres pourrait perdre son rang de grande place financière au profit de New York, Francfort ou Hong Kong Perdant les synergies avec l'UE, le RU pourrait connaître une perte d'influence en Europe et dans le monde	Production d'hydrocarbures couvrant les ¾ des besoins domestiques Positions industrielles fortes dans des secteurs stratégiques : aéronautique, pharmacie, automobile, *etc.* Fiscalité accommodante sur les entreprises Flexibilité du marché du travail Éventuellement, maintien des relations commerciales avec l'UE sous la forme d'un ALE Renforcement des liens avec les pays du Commonwealth et autres pays/zones en besoin d'ouverture

TABLEAU 7.8.
Points forts et points faibles de l'économie du Royaume-Uni à court et à long terme

À court terme, c'est-à-dire en 2017 et 2018, l'économie britannique serait fragilisée par l'incertitude sur l'issue du *Brexit* et l'ébranlement de la confiance des agents économiques. Elle serait également affectée économiquement par le durcissement des conditions monétaires et financières, celles notamment qui ont trait à l'évolution des taux d'intérêt du crédit et au taux de changes de la *livre sterling*.

L'incertitude persistante sur les modalités de sortie devrait peser plus ou moins rapidement sur l'investissement privé et donc sur la croissance économique. Beaucoup d'entreprises pourraient adopter un comportement de vigilance en attendant d'y voir plus clair à partir de 2019. Les exportations pourraient, toutefois, engranger les effets positifs de la dépréciation de la *livre* amorcée depuis 2016. À l'inverse, la consommation des ménages, l'autre moteur de croissance, pourrait encaisser les effets d'un relâchement du marché de l'emploi et de la modération salariale qui en résulterait.

Selon le FMI (2016), de toutes les économies avancées et émergentes, c'est l'économie britannique qui serait la plus affectée à court terme : le taux de croissance du PIB perdrait 0,9 point en 2017 quand celle de la zone euro ne perdrait que 0,2 point (*cf. infra*).

Des prévisions proches sont établies en France. Ainsi, à partir des comptes nationaux de l'INSEE, l'Observatoire français des conjonctures économiques (OFCE) prévoit que les effets du *Brexit* seraient finalement assez limités à court terme et ne contribueraient que marginalement au ralentissement de la croissance dans le reste de l'Europe et aux États-Unis. Au sein des grands pays de la zone euro, c'est l'économie allemande qui serait relativement la plus touchée avec une baisse d'activité de l'ordre de 0,12 point à l'horizon 2018. L'effet serait moindre en France (–0,10), en Espagne (–0,11) et en Italie (–0,10) en raison notamment d'un taux d'ouverture comparativement plus faible. Aux États-Unis, le recul serait de 0,14 contre 0,80 au Royaume-Uni en 2018.

Dans ce contexte marqué par l'incertitude économique et le risque politique, les aléas sont nombreux. En cas de ralentissement économique avéré à court terme, des mesures d'assouplissement monétaires ne seraient pas à exclure. Cela viendrait sanctionner l'attractivité extérieure du pays, actuellement encore l'une des meilleures destinations européennes pour le placement des capitaux et l'investissement direct étranger : l'UE est à l'origine de 48 % des IDE qui ont atteint un montant total de 496 milliards de livres en 2014. Une dépréciation de la *livre sterling* face au dollar pourrait tendre les relations commerciales avec les États-Unis et/ou les pays de la zone dollar. Ces turbulences pourraient accentuer la volatilité sur les marchés financiers et un choc des prix pourrait affecter l'activité immobilière qui a été pour beaucoup dans la reprise économique de la période récente, avec le risque de transmission au secteur bancaire.

À moyen terme, c'est-à-dire en 2020, l'effet sur le PIB serait plus important. Les prévisionnistes s'attendent à un affaissement de 3,0 % environ du PIB britannique. La ponction moyenne sur le revenu annuel moyen des ménages atteindrait 2 200 *livres sterling*. La dégradation s'affirmerait par le truchement de trois canaux : les capitaux, l'immigration et les échanges extérieurs. La productivité serait pénalisée par la stagnation, et encore plus en cas d'aggravation de la situation, par le recul de l'investissement à la fois privé et étranger. Le déficit de croissance se creuserait graduellement avec le temps jusqu'en 2030.

	Réel	Projections révisées après vote du Brexit		Écarts par rapport aux prévisions d'avril 2016	
	2015	**2016**	**2017**	**2016**	**2017**
Production mondiale	**3,1**	**3,1**	**3,4**	**−0,1**	**−0,1**
Pays avancés	**1,9**	**1,8**	**1,8**	**−0,1**	**−0,2**
États-Unis	2,4	2,2	2,5	−0,2	0,0
Zone euro	1,7	1,6	1,4	0,1	−0,2
Allemagne	1,5	1,6	1,2	0,1	−0,4
France	1,3	1,5	1,2	0,4	−0,1
Italie	0,8	0,9	1,0	−0,1	−0,1
Royaume-Uni	**2,2**	**1,7**	**1,3**	**−0,2**	**−0,9**
Japon	0,5	0,3	0,1	−0,2	0,2
Pays émergents ou en développement	**4,0**	**4,1**	**4,6**	**0,0**	**0,0**
Chine	6,9	6,6	6,2	0,1	0,0
Inde	7,6	7,4	7,4	−0,1	−0,1
Russie	−3,7	−1,2	1,0	0,6	0,2
Brésil	−3,8	−3,3	0,5	0,5	0,5
Mexique	2,5	2,5	2,6	0,1	0,0
Commerce mondial des B&S	**2,6**	**2,7**	**3,9**	**−0,4**	**0,1**
Pays avancés	3,8	2,6	3,9	−0,4	0,1
Pays émergents ou en développement	0,6	2,9	3,9	−0,5	0,1

Source : FMI (2016), *Mise à jour des perspectives de l'économie mondiale*, 19 juillet

TABLEAU 7.9.
Perspectives économiques mondiales révisées après le vote du *Brexit*

De leur côté, des scénarios dégradés de l'OCDE (2016) prévoient une intensification des tensions, notamment dans les pays les plus développés de l'UE, qui serait l'aboutissement des difficultés de négociation entre cette dernière et le Royaume-Uni. Lesdites difficultés enverraient les dossiers commerciaux en suspens à Genève pour être arbitrés selon les règles de l'OMC. En revanche, les tensions financières provoqueraient un transfert plus ou moins de grande ampleur des services financiers du Royaume-Uni vers le continent. Les effets de contagion transmis par les canaux commerciaux et financiers pèseraient alors surtout sur l'économie britannique qui pourrait enregistrer un ralentissement durable.

	Prévision OCDE	Prévision CBI/ PwC		Prévision LSEPS/ CEP	
	ALE	ALE	Sans ALE	ALE	Sans ALE
Impact Horizon 2020					
Impact sur la croissance	–3,30 %	–3,1 %	–5,5 %	–1,3 %	–2,6 %
Impact moyen sur le revenu des ménages	–2 200	–2 100	–3 700	–900	–1 700
Impact Horizon 2030					
Impact sur la croissance	–5,1 %	–1,2 %	–3,5 %	nc	nc
Impact moyen sur le revenu des ménages	–3 200	–600	–1 800	nc	nc
Canaux de transmission					
Incertitude dans à court terme	✗	✗	✗		
Accord sur les droits de douane négociés avec l'UE	Jusqu'en 2023		✗		✗
Pas de Barrières non-tarifaires sur le commerce avec l'UE	✗	✗	✗	✗	✗
ALE avec les pays hors UE maintenus		✗	Au-delà de 2026	✗	✗
Recul des migrations	✗	✗	✗		
Baisse des IDE	✗	✗	✗		
Recul de la R&D privée	✗				
Diminution des compétences managériales	✗				
Déréglementation	✗	✗	✗		
Baisse ou contribution nulle au budget de l'UE	✗	✗	✗	✗	✗

Sources : Kierzenkowski R. *et al.* (2016), "The Economic Consequences of *Brexit* : A Taxing Decision", *OECD Economic Policy Papers*, n° 16; Confederation of British Industry (CBI) / PricewaterhouseCoopers (PwC); London School of Economics and Political Science (LSEPS) / Centre for Economic Performance (CEP)

TABLEAU 7.10.
Impacts prévisibles du *Brexit* sur la croissance et les revenus au Royaume-Uni (2016-2030)

À long terme, soit vers 2030, le scénario serait plus alarmiste. Le PIB serait inférieur de plus de 5 % et le montant de « l'impôt *Brexit* » sur le revenu des ménages atteindrait 3 200 livres par ménage en moyenne. Les effets macroéconomiques seraient encore plus marqués. Il est alors fort probable que le retrait britannique entrave la croissance non seulement dans le pays même, mais au-delà dans d'autres économies européennes par des canaux de transmission à la fois directs et indirects. Les supputations vont bon train au point d'inquiéter certains groupes multinationaux dont certains affichent ouvertement leur intention de déplacer leur siège européen et/ou leurs implantations industrielles sur le continent, c'est-à-dire là où le marché leur paraît davantage porteur compte tenu de sa dimension. La confédération de l'industrie britannique, qui fédère près de 245 000 entreprises, ajoute sa voix à celles venues du continent. Elle estime entre 4 et 5 % le recul du PIB à terme. Sur le fond, elle plaide lucidement que ce n'est a pas la sortie de l'Union qui permettrait au Royaume-Uni de renouer avec son passé industriel. Seules des synergies industrielles et commerciales avec le puissant voisin, stimulées par les effets moteurs de la puissante économie allemande, pourraient lui permettre de redresser sa production manufacturière rabotée par un lent et inexorable processus de désindustrialisation.

En définitive, une même conviction se dégage des différents scénarios. Avec le *Brexit*, le Royaume-Uni reprendrait le contrôle de ses frontières et limiterait l'ampleur des flux migratoires. Il aurait également la maîtrise de ses accords commerciaux extérieurs. Ces mesures signeraient formellement le retour aux « *mesures impériales* » dont le pays savait se doter autrefois. Toutefois, son influence sur la scène mondiale ne pourrait qu'en être affaiblie. Le pays est, en effet, un point d'entrée en Europe pour les vieilles puissances comme pour les puissances émergentes. Les présidents américains, B. Obama, et chinois, X. Jinping, n'ont-ils pas publiquement appelé Londres à maintenir le plus de liens avec l'UE ?

C. Les scénarios des relations entre l'UE et le Royaume-Uni après le Brexit

C'est l'article 50 du Traité de Lisbonne qui régit normalement la sortie de tout État qui souhaite se retirer de l'UE. Cet article pose que tout État membre peut, conformément à ses propres règles constitutionnelles, notifier son intention au Conseil européen. Par suite, l'UE négocie avec ce dernier un accord fixant les modalités de retrait en formalisant le cadre de ses relations futures avec l'Union européenne. L'accord à négocier est régi par l'article 218-3 du traité régissant le fonctionnement de l'UE. L'accord de séparation est conclu au nom de l'Union par le Conseil, statuant à la majorité qualifiée après approbation du Parlement européen. Les traités de l'Union cessent d'être appliqués à l'État demandeur à partir de la date d'entrée en vigueur de l'accord de retrait ou, à défaut, deux ans après la notification visée à l'article 218-2. Toutefois, le Conseil européen peut en accord avec l'État concerné décider à l'unanimité de proroger ce délai (Peeters, 2016).

Le 8 février 2017, la Chambre des communes a approuvé le projet de loi du gouvernement conservateur de Th. May autorisant le déclenchement du *Brexit*. Ce projet de loi avait été imposé au gouvernement par la Cour suprême qui a rappelé à l'occasion que le projet d'adhésion avait été autorisé par la même Chambre des communes. Même si de nombreux députés faisaient partie du clan du *Remain*, favorable au maintien au sein de l'UE, les circonscriptions électorales du pays, elles étaient majoritairement favorables au *Brexit*. Dans ces conditions, il était difficile aux députés d'aller à l'encontre du vote de leurs électeurs. En revanche, beaucoup de députés ont annoncé que leur vote favorable ne signifiait pas une adhésion totale et définitive à la stratégie de sortie en se réservant la possibilité de saisir et éventuellement de contester le gouvernement sur les termes de la négociation de sortie de l'UE.

De son côté, le gouvernement, par la voix de Th. May, s'est empressé de préciser que la sortie du pays de l'UE n'était pas le début d'un enfermement, mais au contraire le début d'un repositionnement de l'UE dans une position égalitaire avec les autres régions du monde. Cela aurait pour effet, ajoute-t-elle, de dynamiser le commerce extra-européen resté longtemps entravé par une logique trop continentale contraire à la tradition du Royaume-Uni. Pour le gouvernement issu du référendum, le *Brexit* est le point de retour à une nouvelle doctrine économique qui fait du commerce international la source future de sa puissance. C'est une doctrine qui tente de faire écho à l'histoire du pays qui avait fait du libre-échange, entre 1848 et 1933, la doctrine de référence de sa politique économique. Le Royaume-Uni utilisait alors les accords de libre-échange pour pénétrer les marchés étrangers et imposer sa puissance industrielle et commerciale au reste du monde.

Toutefois, l'immersion de l'économie britannique au sein de l'ensemble européen a conduit à une mutation de sa spécialisation dans les activités financières et les services aux entreprises au détriment des activités industrielles qui se sont délocalisées dans d'autres pays européens (Irlande, Allemagne, *etc.*) ou en dehors de l'Europe (États-Unis, Canada, Australie, *etc.*). Cette spécialisation a obligé le gouvernement de Londres à maintenir une fiscalité favorable aux investissements étrangers et a entretenu les points faibles de l'économie britannique, notamment un immense déficit courant et une désertification progressive des anciennes zones industrielles. Ces déséquilibres ont conduit à des polarisations politiques et raciales et au vote favorable au *Brexit*. En sortant du marché unique, et en cherchant à commercer le plus possible avec le reste du monde, le Royaume-Uni entend engager un rééquilibrage de son modèle économique en s'adaptant à une demande plus vaste et en partie nouvelle.

Le pays a-t-il seulement les moyens de son projet ? En effet, la position de Th. May est de privilégier un libre-échange réciproque. Toutefois, cela suppose des concessions et laisse planer la possibilité d'échec des négociations futures avec ses partenaires. Ainsi, D. Trump a promis un accord rapide, mais son pays affiche un déficit courant important avec le Royaume-Uni. Il y a fort à parier qu'il cherchera à rééquilibrer les relations réciproques avec un possible effet négatif sur les industries et le négoce britanniques.

Reste la question que d'aucuns se posent : un accord entre l'UE et le Royaume-Uni est-il possible eu égard notamment aux malaises exprimés et aux dérapages diplomatiques entendus ici ou là l'issue du référendum ? Et, en cas d'accord, à quoi pourraient ressembler les futures relations ? Il importe de noter que l'incertitude est encore de mise. Si la situation économique devait se dégrader de manière sensible pour la population britannique, avant la fin des négociations, il est permis de penser que le gouvernement subirait une pression populaire forte susceptible de le conduire à revoir sa position. En outre, l'article 50 n'oblige en rien le Royaume-Uni à aller au bout de la procédure de sortie, qui pourrait donc être arrêtée avant d'avoir été conclue. Enfin, rien ne permet d'assurer que le discours ferme tenu par le gouvernement ne relève pas d'une stratégie de pré-négociation par rapport à l'UE. Autrement dit, tout reste possible d'autant plus qu'aucun précédent ne permet d'anticiper avec certitude la suite des événements. C'est pourquoi, en théorie, tous les modèles ci-après – et peut-être d'autres – restent des références possibles pour les futures relations euro-britanniques à l'issue du *Brexit* (Peeters, 2016 ; Maciej et Karolewski, 2014 ; Degeorge, 2013).

1°) Le modèle du Groenland

Le Groenland a quitté la CEE en 1985, à la suite d'un référendum organisé trois ans plus tôt. Après son départ, le territoire danois a continué de percevoir des fonds européens et d'avoir accès sans droits de douane au marché européen de la pêche. En contrepartie, le Groenland autorisait l'UE à pêcher dans ses eaux. Mais, l'exemple du Groenland n'est guère applicable au cas britannique. Le territoire est peu peuplé (moins de 60 000 habitants) et n'a jamais été membre de son plein droit de la CEE, qu'il a rejointe en tant que territoire appartenant au Danemark.

Étant donné que deux millions de Britanniques vivent dans d'autres pays de l'UE et que 2,5 millions ressortissants de l'UE vivent au Royaume-Uni, le Groenland pourrait toutefois servir d'inspiration pour la période de transition. L'accord passé entre l'UE et le Groenland stipulait que les ressortissants de l'UE ayant acquis des droits grâce à l'UE, comme celui de circuler librement, conservaient ces droits pendant la période de transition.

2°) Le modèle suisse

La Suisse est, avec la Norvège, l'Islande et le Liechtenstein, membre de l'Association européenne de libre-échange (AELE). Les biens qu'elle exporte bénéficient d'exemptions de droits sur les marchés de l'UE, mais elle reste libre de négocier ses propres accords commerciaux avec les pays hors UE. La confédération a ainsi signé un accord de libre-échange avec la Chine, contrairement à l'UE. La Suisse n'a cependant qu'un accès limité au marché des services de l'UE, et quasiment aucun accès aux services financiers, l'un des moteurs de l'économie britannique. La Suisse est libre de fixer ses propres politiques en matière sociale ou environnementale, ce que Londres apprécierait, mais verse également des contributions au budget de l'UE et accepte la libre circulation des personnes, deux points dont les partisans du *Brexit* ne veulent plus.

La Confédération helvétique connaît un taux d'immigration beaucoup plus élevé que la Grande-Bretagne en proportion de sa population. Lors d'une votation en février 2014, les électeurs suisses ont approuvé l'introduction de quotas pour les ressortissants de l'UE à partir de 2017. Si elle entrait en application, cette décision violerait le pacte bilatéral garantissant la libre circulation. L'UE a déjà menacé de suspendre tous les autres accords passés avec Berne, ainsi que l'accès à ses marchés, si la Suisse venait à imposer unilatéralement ces quotas.

3°) Le modèle norvégien

Tout en appartenant à l'AELE, la Norvège a également accès au marché unique européen en tant que membre de l'Espace économique européen (EEE). En échange, elle accepte la liberté de circulation des ressortissants de l'UE, verse des contributions au budget de l'UE et applique les règles du marché unique sans avoir, en retour, de droit de vote sur ce dossier. Le pays a rejeté par deux fois l'appartenance à l'UE lors de référendums. Il verse un montant par habitant deux fois plus élevé que la Grande-Bretagne et accueille deux fois plus de migrants.

Si le modèle norvégien était retenu, la législation européenne continuerait de s'appliquer à la Grande-Bretagne dans de nombreux domaines de politique économique, y compris sur le marché du travail où pourtant des lois sont jugées restrictives par les milieux d'affaires. Comme la Suisse, la Norvège est libre de négocier ses propres accords de libre-échange avec les pays non membres de l'UE. Elle n'est pas soumise aux avis de la Cour européenne de justice, l'une des cibles des eurosceptiques britanniques.

4°) Le modèle ukrainien

Il présente un niveau d'intégration sans précédent pour un État qui n'est membre ni de l'UE ni de l'Espace économique européen (EEE). Dans le cadre de cet Accord, qui inclut un accord de libre-échange, l'Ukraine conserve la possibilité de conclure des accords commerciaux avec des pays tiers et seules 3 des 4 libertés, qui sont au centre de la charte européenne, appellent une application obligatoire. En effet, le pays récuse la liberté de circulation des personnes. Sans mettre l'Ukraine et le Royaume-Uni sur un pied d'égalité, ce modèle offre un modèle de partenariat idéalement intéressant.

5°) Le modèle turc

La Turquie, candidate à l'adhésion à l'UE, a un accord d'Union douanière avec les 28 qui l'exempte de droits de douane sur les biens qu'elle exporte vers l'UE, mais l'oblige à accepter les droits de douane à l'exportation de l'UE quand elle commerce avec des pays extérieurs à l'UE. L'accord ne couvre pas le secteur des services. Il s'agit, par conséquent, d'un partenariat aux ambitions bien plus modestes comparativement à tous les autres.

RÉSUMÉ DU CHAPITRE

La politique commerciale est une compétence exclusive de la Communauté européenne au même titre que la politique monétaire au sein de la zone euro. Cantonnée initialement au commerce de marchandises et à la défense commerciale, la politique commerciale commune a connu une transformation graduelle en s'étendant, au gré des nécessités et des visions stratégiques des principaux pays membres, à l'agriculture, aux services, à la propriété intellectuelle, aux investissements, à la concurrence et, plus récemment, à des sujets transversaux comme l'environnement et les normes sociales. Mais, l'Europe est-elle une puissance commerciale comme on le dit parfois ? On peut le penser *a priori* en examinant les statistiques commerciales qui relatent ses progrès spectaculaires aussi bien au niveau du commerce domestique qu'au niveau des échanges extra-communautaires. La politique commerciale dont elle s'est dotée comme les organes prévus pour sa mise en œuvre témoignent d'une capacité réelle de l'Europe à comprendre le rôle qui lui échoit de sa dimension de première plateforme commerciale de la planète. Pourtant, à l'examen, on voit aussi que l'Europe est confrontée à des difficultés et à des inerties « naturelles » qu'elle parvient elle-même à entretenir, voire à créer. Une réalité ambivalente qui donne tout son intérêt à l'étude de la PCC. Mais, depuis juin 2016, une autre interrogation plane au-dessus du ciel de l'Europe : que deviendra celle-ci à l'issue du *Brexit* ?

POUR ALLER PLUS LOIN...

[1] OFCE, Département Analyse et prévision (2016), « Exit la croissance ? Perspectives 2016-2018 pour l'économie mondiale et la zone euro », Revue de l'OFCE, 2016/4, n° 148, pp. 13-129.

[2] OMC (2013), Examen des politiques commerciales, Rapport du Secrétariat, Union européenne, WT/TPR/S/284, 28 mai, Genève.

[3] Meunier S. (2005), *L'Union fait la force : l'Europe dans les négociations commerciales internationales*, Éditions Presses de Sciences-Po, coll. Gouvernances.

DES QUESTIONS POUR MIEUX RETENIR OU APPROFONDIR

1. En quoi peut-on dire que la politique commerciale commune (PCC) est un enjeu majeur pour l'Union européenne ?
2. Quels sont les défis internes de la PCC ?
3. Quels sont les défis externes de la PCC ?
4. Quelles sont les différences fondamentales entre la PCC et la politique commerciale des États-Unis ?
5. Que peut-on appeler les faiblesses « naturelles » dans le fonctionnement de la politique commerciale commune (PCC) ?
6. En quoi peut-on dire que l'Union européenne est une puissance commerciale inachevée ?
7. L'Union européenne doit-elle redouter la sortie du Royaume-Uni de l'Europe ?

E-LINK

Le rapport de l'OMC portant sur l'examen de la politique commerciale de l'Union européenne peut être téléchargé sur :

https://www.wto.org/french/tratop_f/tpr_f/s317_f.pdf

On peut se reporter utilement au lien suivant pour prendre connaissance des analyses du Parlement européen sur la position de l'UE dans le commerce mondial :

http://ec.europa.eu/trade/policy/eu-position-in-world-trade/

L'étude sur les conséquences du *Brexit* sur l'économie du Royaume-Uni, réalisée par Kierzenkowski R. et *alii* (2016), peut être téléchargée sur :

http://dx.doi.org/10.1787/5jm0lsvdkf6k-en

Pour prendre connaissance du débat au sein du Sénat français sur les conséquences économiques et budgétaires du *Brexit*, on peut utiliser le lien :

https://www.senat.fr/basile/visio.do?id=r887887

8

La politique commerciale de la Chine

SOMMAIRE

OBJECTIFS PÉDAGOGIQUES

Recenser et interroger les éléments économiques, sociaux et démographiques qui font de la Chine une « économie de dimension ».

Analyser les conditions économiques, institutionnelles et politiques de retour de la Chine dans le « concert des nations » à partir de la fin des années 1970.

Identifier et analyser les facteurs susceptibles d'illustrer le rôle des protections dans le décollage économique de la Chine.

Appréhender les principaux rouages de la politique industrielle et commerciale qui font de la Chine un « géant en marche » vers le statut de première puissance économique du monde.

Apprécier l'influence montante de la Chine au sein du continent asiatique.

Apprécier les enjeux autour de l'octroi, par les États-Unis et l'Europe, du statut d'économie de marché à la Chine : vrai ou faux problème ?

En 1945, la Chine apparaît comme une économie désarticulée et aux performances économiques réduites. Visiteurs et spécialistes rivalisaient de détails pour décrire les disparités entre provinces ou entre villes et campagnes. Pourtant, soixante-dix ans plus tard, elle est devenue la deuxième puissance économique mondiale en termes de PIB consolidé et la première puissance exportatrice, surclassant l'Allemagne et les États-Unis depuis 2009. Une telle trajectoire est impressionnante, c'est pourquoi elle ne peut être tenue pour contingente.

Mais, le début du XXIe siècle est marqué simultanément par l'essor de l'économie chinoise et par l'essoufflement de la croissance dans les sociétés industrielles d'Europe et d'Amérique du Nord. De là à expliquer les performances industrielles réalisées par la Chine par les avantages que ce pays a su acquérir au détriment des autres États, il n'y a qu'un pas. Beaucoup le franchissent sans autre forme de procès, d'autant plus allègrement que les contextes de crise sont traditionnellement l'occasion de tensions et de crispations que mettent en scène les médias avec la complicité des groupes de pression et/ou des appareils diplomatico-politiques des États.

L'émergence de la Chine a donc pour effet de bousculer la hiérarchie des grandes puissances. Fort logiquement, le présent chapitre s'intéresse aux déterminants structurels, mais aussi aux fondements des politiques industrielles et commerciales à l'origine du décollage chinois. Dans la foulée, il envisage les enjeux économiques et les répercussions politiques de ce décollage. Les faits et les données rassemblés montrent que c'est désormais à l'échelle planétaire que l'on doit mesurer l'impact géostratégique de l'ascension chinoise. Pour les autres États et régions du monde, il s'agit d'en tenir compte pour en déduire l'attitude à adopter vis-à-vis du partenaire chinois.

8.1 UNE ÉCONOMIE DE DIMENSION AU SEIN D'UN CONTINENT EN ÉBULLITION

Les progrès économiques de la Chine offrent une matière abondante aux analyses qui s'intéressent aux conditions d'apparition et de poursuite durable du processus de développement du pays (Izraelewicz, 2005 et 2011 ; Goldstein *et alii*, 2006). Le plus souvent, les spécialistes mettent en évidence les traits de différence structurels qui distinguent la Chine, et plus généralement les pays dynamiques d'Asie, des pays localisés dans les autres continents en développement. S'agissant de la Chine, ce sont surtout les attributs géographiques et les traits culturels de la société qui sont le plus souvent considérés comme les fondements décisifs de la dynamique de décollage en cours.

8.1.1 *Le poids de la géographie et de la démographie*

Il y avait 582,6 millions d'habitants en Chine en 1953, 1 milliard en 1982 et 1,394 milliard en 2014 (PNUD, 2015). Le pays est le plus peuplé de la planète. Près d'un habitant de la terre sur cinq est de nationalité chinoise. Au début des années 1970, les autorités avaient lancé une politique vigoureuse de contrôle des naissances, avec l'objectif de parvenir plus ou moins rapidement à une stabilisation de la population. Toutefois, depuis les années 1980, le taux de croissance de la population a connu une diminution spectaculaire, qui a amené les autorités, en novembre 2013, à renoncer à la politique de l'enfant unique. Selon les prévisions officielles des Nations Unies, l'Inde dépasserait la Chine en l'an 2030 en devenant le pays le plus peuplé du monde. En attendant, la population chinoise est la plus nombreuse et le gouvernement tente d'appliquer une politique draconienne afin de maintenir un taux de croissance démographique modéré.

La population est très inégalement répartie sur les 9,6 millions de km^2 de superficie du pays. Plusieurs centaines de millions de personnes sont installées dans le Sud côtier en développement rapide. La pression démographique fait de la main-d'œuvre le levier principal (et naturel) de la croissance, un levier d'autant plus efficace qu'il s'avère meilleur marché que dans beaucoup d'autres endroits de la planète.

L'autonomie de l'État est également mise en évidence. Cette autonomie s'est affirmée historiquement non seulement par rapport à la société civile, mais aussi, et surtout, dans la conception et la réussite d'un changement de stratégie économique affranchie de l'emprise du capitalisme étranger en dépit des liens commerciaux entretenus avec ce dernier.

Pays	Chine	Inde	Brésil	États-Unis	Japon	Allemagne	France
Superficie (millions km^2)	9,677	3,287	8,547	9,372	0,377	0,357	0,67
Population (millions)	1 394	1 267	202	323	127	83	65
PIB (Mds de $)	10 355	2 048	2 244	17 416	4 770	3 820	2 902
PIB en PPA (MDS de $)	16 786	6 747	2 925	16 580	4 557	3 532	2 462

Sources : À partir du PNUD (2015), *Rapport mondial sur le développement humain; CEPII (2015), L'économie mondiale 2016, La Découverte, coll. Repères*

TABLEAU 8.1.
Le poids géoéconomique de la Chine en comparaison de celui des autres puissances (données 2014)

8.1.2 *La Chine : un géant en marche*

En 1978, le sociologue américain d'origine allemande, A. Gunder-Frank, écrivait : « La mesure du sous-développement actuel en Asie est très substantiellement proportionnelle au niveau atteint par la colonisation du continent au XIXe siècle. Les populations [...] qui étaient soumises à la plus brutale exploitation colonialiste sont parmi les plus pauvres du monde et leur pays parmi les plus sous-développés ». Paradoxalement, c'est également en 1978, lors du 21e congrès du Comité central du parti communiste chinois, que la Chine a pris la décision d'amorcer un revirement dans son modèle de développement en renonçant au plan centralisé au profit de l'économie de marché. Au cours de la décennie suivante, le pays accède à des performances de croissance sans précédent : 10 % en termes réels sans discontinuer. Au cours de la période 1989-1991, le pays enregistre une pause sous l'effet des mesures anti-inflationnistes. Mais, de nouveau à partir de 1992, la croissance se redresse nettement pour dépasser les 10 % annuellement. En 2010, le dynamisme de la Chine fait de ce pays un acteur privilégié de l'économie mondiale, l'un des tout premiers protagonistes mondiaux en matière d'échanges de marchandises et de capitaux.

De l'intérieur comme de l'extérieur, on s'emploie à faire remarquer que la Chine a fourni des efforts judicieux afin de s'adapter au nouveau contexte de l'économie mondiale, comme en témoigne :

- La mise en place de fortes incitations à l'implantation d'entreprises étrangères initialement sur la base de la politique de ZES[1], puis progressivement sous la forme de zones prioritairement orientées vers l'accueil d'activités à haut contenu technologique (ZDET ou ZHN[2]). Ces mesures sont connues, dès 1988, mais s'intensifient à partir de 1997. De nouveau, depuis 2005, la Chine concentre ses choix autour du développement des parcs technologiques. Les IDE sont encouragés dans dix domaines prioritaires : les infrastructures et industries de base, les nouvelles technologies et nouveaux équipements pour l'utilisation de ressources renouvelables, les nouvelles technologies et nouveaux équipements pour la prévention des pollutions et l'aménagement de l'environnement, les nouvelles technologies industrielles (biotechnologies, réseaux de télécommunications), les industries de support (machines et électronique, pétrochimie, construction d'automobiles), les secteurs d'exportation, les technologies agricoles modernes, l'exploitation de la mer et de l'énergie de la mer, les services et l'exploitation des ressources humaines et naturelles.

- Le maintien de taxes élevées sur les importations de biens ou services destinés aux marchés de demande finale. Un ensemble de barrières tarifaires et non tarifaires dissuasives a été impulsé par l'État central.

- Une forte incitation aux importations intra-firmes d'inputs destinés à être réexportés. Cela a conduit l'État à mettre en place des exemptions de droits de douane et à faciliter plus largement le développement d'entreprises exportatrices.

- La mise en convertibilité partielle du yuan. D'abord, la politique de non-convertibilité du yuan sera conservée jusqu'en 1996. Mais, dès cette date, place est laissée à une convertibilité partielle du yuan autorisée pour les seules transactions courantes. Toutefois, afin d'accélérer le développement de son économie orientée vers l'extérieur, la Chine a entrepris la réforme du système de gestion des devises par une série de mesures importantes comme l'application du système de règlement et de vente de devises par les

1. Les *Zones économiques spéciales* sont des zones qui permettent au pays d'introduire des capitaux étrangers et de nouvelles technologies grâce à des incitations fiscales et réglementaires.

2. Les *Zones de Développement économique et technologique* sont une évolution des ZES. Elles se définissent également comme des *Zones de hautes et nouvelles Technologies*.

banques, l'unification des taux de change et la création du marché d'échanges interbancaires de devises.

Grâce aux gains de productivité rendus possibles par les capitaux domestiques et étrangers investis, la Chine est devenue en l'espace d'une quinzaine d'années l'une des économies émergentes les plus dynamiques. Comparativement aux autres, elle a l'avantage de disposer de l'un des meilleurs régulateurs de la croissance économique : elle est le premier marché du monde. Son dynamisme, qui rejaillit sur la zone asiatique, concerne au même titre l'ensemble des pays de l'OCDE qui voient dans ce potentiel un substitut immédiat à une demande condamnée à l'atonie par les politiques déflationnistes appliquées depuis de nombreuses années dans la plupart des pays de la zone. Ce n'est donc pas sans une certaine curiosité intéressée que, à chaque grande occasion, les réformes économiques et les successions politiques sont suivies de l'extérieur par les principaux partenaires de la Chine (OCDE, 2002).

De nombreux observateurs considèrent que les performances de la Chine devraient se poursuivre et se consolider au cours des prochaines années. Les mesures de libéralisation adoptées à partir 2001 commencent à peine à donner les résultats attendus, notamment en termes d'amélioration de la productivité et de diversification de l'offre extérieure des firmes chinoises. Extirpées des contraintes bureaucratiques de l'ancien modèle de développement d'obédience « étatiste », les entreprises chinoises orientent plus souvent les investissements vers les activités qui présentent les plus grandes incitations et les meilleures performances, comme c'est le cas pour les produits de haut niveau technologique.

	1970-2008	2009	2010	2014	2015	2016
Chine	7,9	8,7	9,5	7,3	6,9	6,5
Inde	3,6	6,8	7,5	7,2	7,3	7,5
Brésil	2,2	−0,2	4,8	0,1	−3,1	−3,1
États-Unis	1,9	−2,4	2,9	2,4	2,4	2,4
Japon	2,1	−5,2	1,8	0,0	0,5	0,5
Allemagne	1,9	−4,9	1,5	1,6	1,5	1,5
France	1,8	−2,2	1,0	0,2	1,1	1,1

Sources : FMI (2016), *Perspectives de l'économie mondiale : une croissance trop faible depuis longtemps*, avril et EULER HERMES (2011), *Conjoncture internationale*, n° 1157, mars

TABLEAU 8.2.
La croissance chinoise en comparaison de celle des autres puissances (données 1970-2016)

À plus long terme, les performances dépendront sans doute du maintien durable et à un niveau élevé des niveaux d'épargne et d'investissement. Ce n'est pas une tâche impossible si l'on songe à l'importance des progrès récents et surtout aux bénéfices futurs auxquels le pays peut légitimement aspirer en raison de l'affirmation de son poids géostratégique. En effet, la Chine ne peut se satisfaire de l'ordre international dominé par les seuls États-Unis depuis la dislocation de l'URSS. Cette attitude paraît d'autant plus légitime, et appréciée de l'intérieur, que la Chine est de plus en plus ouvertement la cible de la politique commerciale stratégique des États-Unis qui lui reprochent de ne pas respecter les règles du commerce multilatéral et de nuire aux intérêts économiques et commerciaux des entreprises américaines.

8.1.3 *Les déterminants de l'essor économique de la Chine*

Quelles sont les principales leçons à tirer de l'émergence de la Chine ? Les Chinois eux-mêmes auxquels cette question est souvent posée rétorquent presque unanimement en mettant en avant le sens pratique et le pragmatisme des dirigeants économiques et politiques du pays. En particulier, leur capacité à dépasser l'orthodoxie des idées semble trancher avec l'inertie qui étouffe les politiques publiques imaginées et mises en œuvre en Europe (Gould, 2012 ; Delamotte et Godement, 2007).

Le début du XXIe siècle est marqué par l'effondrement de tous les modèles de développement. Au début des années 1980, on avait vu l'idéologie du marché déferler sur le monde. Toutefois, ses effets dévastateurs en Afrique et en Amérique latine lui enlèvent toute prétention de devenir une référence commune. Après avoir été un temps en vogue, la voie socialiste de développement a, elle aussi, fait faillite. Et si certaines voies dites « alternatives » (la troisième voie) ont semblé un temps se frayer un chemin entre ces deux extrêmes, à ce jour, nulle part elles n'ont pu réellement fournir la preuve de leur vitalité. Fort logiquement, dans le contexte actuel de panne des idéologies, on se tourne vers la Chine pour tenter d'identifier, dans la complexité des transformations qui s'y déroulent, les contours d'un nouveau modèle à suivre (voir § 8.2.1).

La première évidence qui ressort de l'observation est que le « modèle chinois » tourne le dos aux voies connues. Formellement, la croissance est celle d'un modèle fondé sur la propriété privative des capitaux, la concurrence sur le marché et l'ouverture vers l'extérieur. Mais les « étatistes » ont aussi des arguments à faire valoir dans la réussite de ce pays. L'État, acteur économique omniprésent, définit les règles de jeu que doivent suivre les acteurs de l'industrie et du commerce. Il influence les plans des entreprises et finance leurs activités. De la sorte, il pèse de tout son poids sur l'économie nationale. Ainsi, et ce n'est pas la moindre de ses originalités, l'expérience chinoise apporte la preuve que « si le marché est nécessaire, l'État est incontournable ».

Des économistes du développement se sont un temps résolus à la croyance que la voie de la croissance rapide obtenue par une articulation étroite à la division internationale du travail ne pouvait que renforcer la domination du « Nord » sur le « Sud ». L'expérience chinoise apporte au contraire la preuve que la croissance est le chemin le plus sûr vers le développement. Elle montre aussi que le rattrapage est une réalité.

Dans l'inventaire impressionnant des facteurs qui sont généralement invoqués pour expliquer des percées aussi rapides, trois autres retiennent particulièrement l'attention.

Certains avancent l'hypothèse selon laquelle la Chine a bénéficié de son statut de « tard venue » sur la scène industrielle mondiale. D'autres mettent en avant, tout en en soulignant les limites, la capacité d'absorption et de rattrapage technologique du pays (Lemoine et Ünal-Kesenci, 2002). Dans les deux cas, cela signifie que la Chine n'a eu à consentir ni les coûts de sortie des vieilles industries issues de la révolution industrielle, comme c'est encore aujourd'hui le cas pour une partie des pays européens, ni les coûts d'entrée dans les nouvelles trajectoires, grâce à une gestion efficace des transferts internationaux de technologies. L'argument est recevable à la condition que l'on ne minore pas les investissements matériels et humains déployés de l'intérieur et qui ont pu rendre ces transferts possibles et, à l'usage, efficients.

D'autres encore mettent en exergue l'attitude particulièrement vigilante des autorités chinoises à l'égard des firmes transnationales (FTN). En raison de la place qu'elles occupent au sein du système de l'économie mondiale, les FTN sont un puissant vecteur de transfert de technologie et de circulation des richesses. Le très médiatique dossier de la délocalisation de la fabrication des avions Airbus en Chine, en contrepartie d'achats fermes, a montré que la manifestation d'une capacité de négociation vis-à-vis des FTN pouvait rendre à la fois crédibles et significatives les opérations de transferts de technologie même dans certains domaines sensibles de très haute technologie (Plantade, 2006).

Enfin, d'autres encore soulignent le rôle important des investissements directs étrangers (IDE) dans le décollage chinois. Depuis une vingtaine d'années, la Chine constitue l'une des principales destinations pour les investisseurs étrangers en mal de valorisation de leurs capitaux dans les vieilles sociétés industrielles.

En Mds$	1980	1990	2000	2005	2010	2015
Chine*	0,6	3,5	40,7	72,4	114,7	135,6
Inde	0,8	0,2	3,6	7,6	27,4	44,2
Brésil	1,9	1,0	32,8	15,1	83,7	64,6
États-Unis	16,9	48,4	314,0	104,8	198,0	379,9
Japon	0,3	1,8	8,3	2,8	–1,3	–2,3
Allemagne	0,3	3,0	198,3	47,4	66,6	31,7
France	3,3	16,5	27,5	33,2	13,9	42,9

* Hors Hong Kong
Source : CNUCED (2016), *Manuel de statistiques*

TABLEAU 8.3.
Évolution des IDE à destination de la Chine en comparaison des flux en direction des autres grands pays

Après avoir timidement décollé à l'issue de l'ouverture de la Chine au début des années 1980, les flux ont rapidement augmenté à partir de 1995 (20 milliards de dollars) pour dépasser les 135 milliards de dollars en 2015. Ils sont stimulés à la fois par la très forte stabilité politique et les avantages divers d'infrastructure et de personnel offerts. Les mêmes tendances, mais plus accentuées encore, valent également pour les flux de crédits bancaires.

Les éléments ci-dessus seraient d'une importance moindre sans les soubassements humains qui ont fait de la Chine un pays singulièrement apprenant et capable d'adapter ses valeurs culturelles et sociales aux tensions et aux efforts qu'exige le développement économique dans les conditions complexes du système économique mondial contemporain. Quels travaux de recherche, articles ou ouvrages consacrés à la Chine actuelle ne mentionnent pas l'influence, dans la réussite des affaires, des communautés de langage, de la discipline des salariés, de l'habitude du secret, des vertus de l'enseignement du confucianisme et du rôle des diasporas à l'étranger ? Ignorer ces éléments, c'est se priver de comprendre les mécanismes complexes qui servent de vecteurs à la contribution de la collectivité humaine au processus de développement, ici en Chine.

8.2 LA CHINE : PARTENAIRE OU PRÉDATEUR ?

Chaque fois qu'une région traverse une crise de première grandeur, il se trouve toujours des économistes pour s'interroger sur la pertinence et la pérennité du modèle économique qui lui sert de référence. Au cours des années 1960-1970, il en a été ainsi du « modèle américain ». Depuis la seconde partie des années 1990, il en va de même pour le « modèle japonais ». Ce parallèle illustre par lui-même la nature du débat actuel à propos de l'économie chinoise. À quelles conditions une économie peut-elle prétendre à l'exemplarité ? À partir de quel seuil et de quelles transformations, un modèle économique peut-il en supplanter un autre ? Un modèle en avènement peut-il s'écarter significativement et durablement du calibre du modèle dominant à un moment donné ?

8.2.1 *Le débat sur l'avènement d'un modèle économique chinois*

Personne ne peut prédire avec précision ce que sera devenue la Chine d'ici une vingtaine d'années. L'histoire tranchera. Il n'en paraît pas moins évident, qu'au cours des trente dernières années, ce pays a bousculé le regard que pouvait avoir le Nord sur le Sud, amenant les macroéconomistes à revoir les savoirs académiques qu'ils avaient accumulés sur les sources, les facteurs-clés et les étapes de la croissance des nations. Pour certains économistes qui s'intéressent aux changements à la « périphérie » du capitalisme européen et nord-américain, les prouesses de la Chine ne signifient pas seulement un possible déplacement du centre de gravité économique de la planète vers la zone Pacifique, elles valent surtout par leur valeur historique, car elles illustrent la possibilité d'un débordement des sociétés industrielles occidentales, celle des États-Unis en particulier, par les « nouvelles puissances » (Dervis, 2012).

Mais, la montée de l'Asie a aussi ses sceptiques qui se contentent de parler d'embellie provisoire ou de simple rattrapage d'une partie de l'Asie de son retard sur l'Europe et l'Amérique. C'est notamment le point de vue défendu naguère par P. Krugman (1994, 1995). Cherchant à répondre à une publication de la Banque mondiale sur le « miracle économique » des pays de l'Asie de Sud et de l'Est, l'auteur, devenu entre-temps Prix Nobel d'économie en 2008, avait opportunément offert l'occasion d'une mise au point sur la nature et la portée des changements du sous-continent. La question, on le sait, oppose depuis fort longtemps les Asiatiques et les Occidentaux et, au sein même de ces derniers, ceux qui croient à l'avènement d'un modèle original appelé à rayonner au moins en Asie, et ceux qui parlent d'un simple « *ersatz de capitalisme* », bâti sur le copiage des technologies occidentales et l'appui inconditionnel des gouvernements à leurs entreprises. Les plus circonspects se rangent à une position d'attente et prétendent détecter dans la situation actuelle des symptômes susceptibles d'alimenter des scénarios disparates.

Le débat suscité par la position de P. Krugman permet non seulement de faire le point sur la nature des avancées enregistrées en Asie, mais aussi, avec le recul aujourd'hui possible, de préciser les difficultés que rencontre l'analyse économique à rendre compte du changement et de la variété possible des trajectoires en matière de dynamique de développement. Pour P. Krugman, en 1994, l'affirmation d'un modèle asiatique de développement est un mythe et la croissance forte que connaissent, à l'instar de la Chine, certains États de la région relève du simple bon sens populaire teinté d'occidentalisme. Plutôt que de mettre en œuvre et de cumuler des gains de productivité grâce à l'économie des facteurs et à l'intégration croissante du progrès technique, les firmes asiatiques fondent leurs performances sur une mobilisation plus importante et plus longue des machines, ainsi que sur une usure plus forte du travail, conséquence de durées de travail plus longues qu'au sein des firmes occidentales. En définitive, pour P. Krugman, « l'Asie croît par transpiration et non par innovation ». En d'autres termes, « les Asiatiques travaillent plus, mais pas mieux ». Dans la meilleure hypothèse, le continent ne fait que rattraper son retard par rapport à l'Ouest. La croissance insolente de l'Asie devrait s'estomper aussitôt qu'auront été épuisés les avantages tirés de l'exode rural et de la mobilisation des ressources naturelles. La crise asiatique de 1997-1998, au-delà des nombreux problèmes qu'elle a engendrés, lui apportera pendant quelques mois la preuve de la justesse de son analyse et de ses prédictions. Toutefois, à plus long terme, son point de vue demeure l'objet de doutes persistants.

Certes, on peut voir dans les mutations qui affectent actuellement les sociétés asiatiques, Chine en tête, un rapprochement de l'Orient et de l'Occident (Trinh, 1992). À l'évidence également, des infléchissements sont à l'œuvre qui annoncent des mutations inédites : baisse de la natalité, vieillissement de la population, aspirations aux loisirs, prise de conscience des inégalités sociales, dénonciation répétée des mauvaises conditions d'emploi et de rémunération, impacts grandissants des scandales politiques, pénétration plus forte des supports et des produits de consommation occidentaux, *etc.* Parmi les symboles de cette métamorphose, il y a le fait que celle-ci atteint, semble-t-il, de manière irréversible, les deux institutions cardinales de la société chinoise que sont la famille et l'entreprise. Mais, paradoxalement, ces évolutions ébranlent à peine les rythmes des progrès économiques qui continuent sur leur élan, alors que les performances des autres régions du monde paraissent à distance raisonnable ralentir sensiblement.

La réplique à P. Krugman viendra de toutes parts et, pour commencer, des économistes asiatiques eux-mêmes. Pour J. Nishikawa (1996), le fait que certains pays asiatiques, comme la Chine ou la Corée, aient pu combler une partie de leur retard sur les pays occidentaux, demeurera incompréhensible tant qu'on n'aura pas accédé à la « rationalité économique de leur stratégie ». C'est la saisie du jeu des acteurs, des enchaînements et des synergies, et pas seulement les facteurs partiels de telle ou telle réussite, qui permettra ou non de parler de « modèle » de développement. Il reproche aux analyses occidentales de ne retenir que le critère de la productivité marchande pour diagnostiquer le caractère non performant de l'Asie. Après avoir souligné l'abondance des matières premières et le potentiel que représentera encore pendant longtemps l'exode rural, il en vient à ce qu'il considère comme l'enjeu des prochaines années : l'instauration d'une division asiatique du travail. « Ce qui a échappé à P. Krugman, écrit-il, c'est que le développement de l'économie de marché n'est pas récent ici. Le flux du commerce entre pays asiatiques n'a été interrompu que par la division internationale du travail imposée par les Européens à partir du XVIIIe siècle. Il redémarre aujourd'hui ».

D'autres auteurs, venus à la rescousse, ont mis l'accent sur les autres oublis de l'économie politique occidentale. On peut citer ici notamment le rôle dynamisant, selon les cas, des diasporas chinoises ou de grands groupes japonais délocalisés en Asie, sans oublier les soins unanimement reconnus apportés par les États au développement des infrastructures productives et sociales et au soutien aux efforts d'innovation et d'exportation des entreprises.

La critique viendra aussi des économistes occidentaux, en particulier européens. A.M. Drai (2005) précise que, dans le cadre de sa nouvelle économie géographique, « le même P. Krugman reconnaît que la segmentation internationale des processus productifs favorise les effets d'apprentissage. Comme pour les fabricants de composants électroniques en Écosse ou les entreprises de haute technologie dans la *Silicon Valley*, une partie des régions chinoises a pu tirer parti de ces processus cumulatifs. La Chine est devenue une puissance industrielle de premier plan, premier producteur mondial pour des produits aussi divers que l'acier, le charbon, le ciment, les textiles et vêtements, les chaussures, les jouets, les télévisions, les ordinateurs portables, aspirant une quantité impressionnante d'énergie et de matières premières : zinc, cuivre, caoutchouc, coton, *etc.* [Rien ne semble indiquer que cette tendance est prête à s'arrêter] ».

8.2.2 *Un développement sous protection*

La référence au protectionnisme revient aussi comme un *leitmotiv* dès qu'il s'agit d'expliquer les ressorts du décollage économique de la Chine. Une littérature abondante décrit comment la croissance a été obtenue au prix de protections qui revêtent des formes diverses et qui vont de la mise en œuvre de mesures rudimentaires illicites à la mobilisation de « dispositifs sournois » plus difficiles à dénoncer et surtout à combattre.

Ces deux séries d'instruments traduisent deux formes de protectionnisme qui se sont manifestées historiquement. Le « protectionnisme primitif » est illustré par les premières formes d'intervention de l'État à différents niveaux de la vie économique et sociale, sélectionnant les partenaires étrangers sur la base de leurs apports en capitaux et en technologies, opposant des mesures de contrôle plus ou moins lourdes à l'importation de marchandises rivales afin d'en freiner la pénétration sur le marché intérieur ou, le cas échéant, cherchant par des mesures discriminatoires – fiscales, sociales et administratives – à en entraver l'expansion. Certes, sous la pression de ses partenaires étrangers, la Chine a accepté des assouplissements, mais on est loin d'un traitement équitable des entrées et des sorties de marchandises et de capitaux qui constitue pourtant l'un des engagements solennels de la Chine comme condition de son admission comme membre de l'OMC en 2001.

Avec les progrès accomplis, la Chine change progressivement son mode d'ajustement au jeu de l'économie mondiale. Le pays se hisse vers un modèle d'industrialisation par substitution des exportations. Cela signifie que les produits manufacturés et de haute technologie remplacent de plus en plus les produits faiblement élaborés dans les exportations. Dans le même temps, la base productive érigée, avec par exemple l'importance acquise par les industries de grande consommation comme les produits électroniques divers, fait des marchés extérieurs le prolongement logique du marché intérieur. Sur ces marchés, la Chine rencontre la concurrence des vieilles sociétés industrielles qui exigent des concessions et une stricte réciprocité. L'adaptation de la Chine à cette nouvelle situation conduit le pays à opter pour un « protectionnisme de tri ». Ce dernier repose sur la sélection volontariste des filières industrielles qui permettent d'asseoir les avantages comparatifs acquis précédemment. Cela passe notamment par la segmentation des partenaires commerciaux extérieurs, afin de ne retenir que ceux qui sont nécessaires à la montée des industries domestiques, à travers notamment la formule des entreprises conjointes qui suppose la mutualisation des capitaux et des technologies (automobile, électronique, aéronautique, ciment, *etc.*).

Dans le domaine financier également, la sélectivité prend un relief particulier. Désormais, la Chine a engagé une déréglementation de ses marchés financiers pour développer le crédit et mener une politique souple des taux d'intérêt. Pendant longtemps, des contraintes sévères avaient permis d'orienter les financements afin de protéger le marché intérieur. Aujourd'hui, les excédents financiers chinois sont mis au service du financement des investissements à l'étranger.

En 2016, le yuan s'est effondré de 6,6 % face au dollar, ce qui constitue la plus importante chute en un an contre le billet vert depuis 1994. Selon les prévisions, il devrait subir une nouvelle baisse de 4 % au minimum en 2017, face notamment à la hausse attendue des taux de la Réserve fédérale. Cela n'affecte presque en rien la capacité de la Chine à exporter ses capitaux vers le reste du monde pour les convertir sous forme de création *ex nihilo* d'entreprises ou de rachats d'entreprises existantes. En 2009, la Chine était

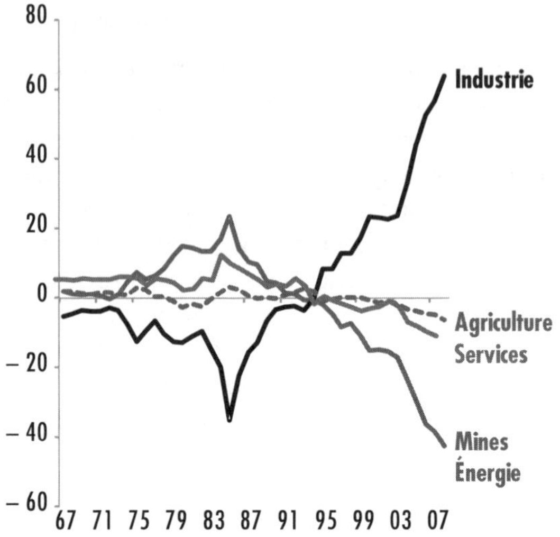

Chine 1967			
Points forts		**Points faibles**	
PIB en millièmes de USD courants			
Autre prod. agricole comestible	1,2	Acier	–1,4
Divers articles industriels	0,9	Produits chimiques biologiques (organiques) de base	–1,4
Viande	0,8	Tubes (Métros)	–0,8
Tissus	0,7	Engrais	–0,7
Habillement	0,6	Instruments de précision	–0,5
Fruits préservés	0,4	Machines-outils	–0,4
Cuir	0,3	Articles en plastique	–0,4
Charbon	0,3	Moteurs	–0,3
Minerais non ferreux	0,3	Métaux non ferreux	–0,3
Tricot	0,2	Véhicules	–0,3

Chine 2008			
Points forts		**Points faibles**	
PIB en millièmes de USD courants			
Autre prod. agricole comestible	19,6	Pétrole brut	–32,6
Ordinateurs	15,3	Composants électroniques	–18,0
Télécommunications	12,9	Minerais de fer	–13,2
Divers articles industriels	10,8	Minerais non ferreux	–9,2
Tricot	9,9	Produits raffinés de pétrole	–5,8
Cuir	9,8	Articles en plastique	–5,7
Électronique grand public	8,1	Optique	–5,3
Matériels informatiques divers	6,2	Produits chimiques biologiques (organiques) de base	–5,2
Meubles	6,1	Autre prod. agricole comestible	–4,7
Appareils électriques	4,5	Prod. agricole non comestible	–4,6

Source : CEPII, CHELEM-International Trade, CHELEM-GDP et CHELEM-Balance of Payments databases

FIGURE 8.1.
La spécialisation de la Chine – Les avantages comparatifs révélés (1967-2008)

déjà le premier exportateur mondial de capitaux (372 milliards de dollars) devant l'Allemagne (256 milliards de dollars). Malgré la crise économique et financière qui dure depuis cette date, elle demeure le premier exportateur mondial, en 2015, avec 293 milliards de dollars, toujours devant l'Allemagne avec 280 milliards de dollars (IFO, Munich, 2016).

8.2.3 *Les performances chinoises sous la pression des périls*

Depuis peu, le « miracle économique de l'empire du Milieu » mobilise une autre catégorie de critiques, celle qui dénonce simultanément les risques économiques externes ainsi que le coût social de la croissance qui obèrent le modèle et menacent sa pérennité future (Boublil et Zlotowski, 2011).

Sur le plan externe, l'ouverture économique a apporté à la Chine deux avantages nets. L'afflux des IDE lui a permis de compter sur une épargne internationale consistante, de résorber une partie de son retard industriel et de s'insérer avantageusement dans la division internationale des processus productifs. L'ouverture lui a également permis de consolider sa position de grand négociant. Ce faisant, la Chine a accru sa dépendance à l'égard des grands marchés d'exportation. Ainsi, la consommation domestique représentait moins de 5 % du PIB en 2007 et cette proportion est passée à 14 % en 2015. Parallèlement, de 1995 à 2015, la demande des pays occidentaux en produits chinois est passée de 11 % à 19 % dans leur consommation globale. Comparativement, la consommation finale des États-Unis pèse d'environ 70 % dans leur PIB. Autant la croissance américaine a des amortisseurs internes, autant la croissance chinoise repose avant tout sur des ressorts externes, que la multiplication des accords bilatéraux (au Proche-Orient, en Afrique et en Amérique latine pour sécuriser les approvisionnements énergétiques) ne fait qu'aggraver.

La dépendance commerciale de la Chine a, en outre, son pendant au niveau monétaire : les excédents commerciaux ont désormais pour équivalent des réserves de change de plus de 3 230 milliards de dollars en 2015, ce qui oblige le pays à une gestion serrée de la parité du yuan vis-à-vis des autres monnaies. Pour la Chine, il s'agit à la fois de préserver le pouvoir d'achat de ses réserves de change et maintenir durablement la compétitivité extérieure de sa monnaie (FMI, 2016).

Sur le plan social, le modèle de croissance a creusé les écarts entre les régions laissant prévoir l'éventualité de tensions internes accrues et la possibilité d'éclatement d'un État incapable de contrôler un vaste territoire de plus en plus hétérogène. Pour J.L. Domenach (2008), la Chine est un « colosse aux pieds d'argile ». Selon ce dernier, un tel cliché n'aura été plus approprié qu'à propos de la Chine actuelle. Mais encore faut-il identifier les crevasses masquées du modèle économique, mesurer l'action des autorités au-delà des affiches rassurantes et pointer les risques sociaux et politiques qui pèsent sur le pays. Ainsi, tous les Chinois ne bougent pas au même rythme. Près d'un milliard d'individus vivent avec moins de 350 dollars par mois en 2015, soit huit fois moins que dans les villes les plus prospères.

Pour éviter l'explosion sociale, il faut toujours plus de croissance. C'est l'obsession des dirigeants. En outre, la stratégie de développement a son prix : l'amoncellement des tensions à l'intérieur et à l'extérieur. « L'État chinois libère, encourage, stimule, enrichit, mais aussi freine, contrôle, réprime… Son choix stratégique en faveur de l'ouverture n'est pas motivé par l'idéologie, la religion ou la morale. Il s'explique par la conviction que, dans le présent et dans un avenir prévisible, le rapport de force est favorable aux puissances occidentales et que le vrai danger réside dans la négligence de cette réalité. La stratégie des dirigeants chinois consiste donc à renverser un tel rapport de force » (Domenach, 2008).

Les détracteurs du modèle objectent également que les progrès industriels enregistrés l'ont été grâce à une opposition exacerbée entre la dimension technico-économique (investissement coûteux, à l'image du projet somptuaire que fut le rendez-vous planétaire des Jeux olympiques de Pékin de l'été 2008) et la dimension sociale (main-d'œuvre bon marché et abandon durable des réformes sociales et de la citoyenneté politique).

En près de trente ans, l'indice de Gini est passé de 30,0 en 1980 (un des plus bas niveaux de l'Asie) à 37,0 en 2013, après être passé il est vrai par un pic à 41,5 en 2008. C'est l'un des niveaux les plus inégalitaires du continent asiatique, au-dessus de celui des grandes économies continentales à l'exclusion du Brésil (52,7) et des États-Unis (41,1). De son côté, l'écart inter-décile qui rapporte le revenu moyen des 10 % de la population les plus aisés au revenu moyen des 10 % de la population les moins nantis, s'établit à 13,2 pour la Chine, certes en dessous de l'indicateur de même ordre pour le Brésil et les États-Unis, mais bien au-dessus de ceux des pays européens[3].

Enfin, on ne manquera pas de signaler que l'hétérogénéité des cultures régionales, ajoutée à l'aspiration au partage de l'exercice du pouvoir économique, politique et institutionnel, constitue un risque interne aussi réel pour la Chine que celui qui résulte, au niveau extérieur, du télescopage de ses intérêts avec ceux des États et/ou des régions du monde dont l'influence chinoise grandissante menace le maintien. Jusqu'ici, le pouvoir de Pékin est parvenu à trouver un compromis permettant d'assurer la coexistence du développement économique et d'une certaine stabilité politique. Il n'est pas certain que cet équilibre soit acquis pour toujours.

---

3. **Inégalités de revenus :** les inégalités dans la répartition des revenus, d'après des enquêtes auprès des ménages, estimée au moyen de l'indice d'inégalité d'Atkinson.
Indice de revenus ajusté aux inégalités : Indice de revenu de l'IDH ajusté aux inégalités dans la répartition des revenus d'après les enquêtes auprès des ménages.
Rapport des quintiles : le rapport entre le revenu moyen des 20 % les plus riches de la population et le revenu moyen des 20 % les plus pauvres.
Ratio de Palma : la proportion entre la part du revenu national brut (RNB) aux mains des 10 % les plus riches de la population et celle des 40 % les plus pauvres.
Coefficient de Gini : sa valeur est comprise entre 0 et 1. Plus il est grand, plus les inégalités au sein de la population sont considérées comme importantes. Pour des raisons de lisibilité, on exprime parfois le coefficient de Gini en « indice », c'est-à-dire par rapport à 100.

	Inégalités de revenus (%)	Indice de revenus ajusté aux inégalités	Rapport des quintiles	Ratio de Palma	Coefficient de Gini
	2014	2014	2005-13	2005-13	2005-13
Chine	29,5	0,514	10,1	2,1	37,0
Inde	16,1	0,508	5,0	1,4	33,6
Brésil	38,7	0,464	16,9	3,8	52,7
États-Unis	35,6	0,610	9,8	2,0	41,1
Japon	13,5	0,773	5,4	1,2	32,2
Allemagne	14,1	0,790	4,7	1,1	36,0
France	13,9	0,772	5,1	1,2	31,7

Source : PNUD (2015), Rapport mondial sur le développement humain

TABLEAU 8.4.
Les inégalités en Chine en comparaison avec les autres puissances

8.2.4 *Après le Japon, la Chine sous le feu de la critique des partenaires extérieurs*

La suspicion n'est pas nouvelle. Durant les années 1980, le Japon a essuyé des critiques répétées sur sa prétendue volonté de construire sa puissance industrielle à l'abri des protections. Ses partenaires extérieurs, principalement américains et européens, lui avaient souvent reproché de fermer son économie à leurs produits et de maintenir la parité du yen à des niveaux anormalement bas pour conforter sa compétitivité extérieure.

C'est un aspect récurrent de l'histoire des grandes puissances contemporaines depuis le XIXe siècle (Gomez, 1992). Aucune ne tolère qu'elle soit débordée par des nations plus jeunes ou parvenues plus tardivement à se hisser dans la compétition internationale. C'est notamment à cette fin que fût promulgué aux États-Unis, en 1988, un nouveau code du commerce. En son sein, la Section Super 301 avait été votée pour contraindre le Japon à des concessions. Curieusement, les mêmes accusations resurgissent aujourd'hui avec la Chine. Et c'est la même Section Super 301 qui est sollicitée de nouveau afin de convier la Chine à la table des négociations pour examiner le « contentieux » de ses excédents commerciaux structurels. En 2009, le déficit commercial des États-Unis avait atteint 549 milliards de dollars dont 241 milliards vis-à-vis de la Chine seule, soit 43,9 % (OMC, 2010).

Certes, l'essor des échanges avec ce pays augmente logiquement la probabilité de l'avènement de conflits. Toutefois, il semble évident qu'une partie au moins des tensions n'a pas pour origine une manifestation évidente de la déloyauté de la Chine. C'est P. Krugman (1996, 1998) lui-même qui a fourni la clé de compréhension des malentendus internationaux à propos des déficits et/ou des excédents commerciaux des nations. Dans plusieurs chapitres polémiques, il raille le simplisme populaire qui oppose mécaniquement les excédents, assimilés à la bonne santé de l'économie, et les déficits, considérés comme l'expression d'une économie déséquilibrée. Selon P. Krugman, la foi inébranlable dans les excédents est dangereuse, car elle procède d'une mauvaise compréhension de l'avantage comparatif. L'auteur rappelle également que les situations de crise ou de basse conjoncture sont traditionnellement l'occasion d'accusations qui portent à rechercher des responsables aux difficultés internes au-delà des frontières nationales : cela est facile et flatte l'orgueil national, ajoute-t-il. Il en vient ensuite à souhaiter un assainissement des croyances collectives en dénonçant trois mythes trompeurs :

- La globalisation supprimerait les emplois dans les pays riches à l'avantage des pays pauvres. Pour lui, la liaison entre la concurrence du Sud et la destruction des emplois au Nord n'est pas démontrée : les importations d'Asie représentent une bien trop faible part du PIB des États-Unis et de l'Europe pour qu'elles soient considérées à juste titre comme responsables des maux qui assaillent ces deux espaces.

- Le « dumping social » serait à l'origine de la précarité et de la montée des inégalités dans les pays riches. Pour lui, il s'agit d'une accusation qui porte mal son nom : des salaires faibles sont d'abord l'expression d'une productivité faible.

- Les délocalisations seraient l'expression de la « concurrence déloyale » des pays asiatiques. P. Krugman assène que les délocalisations ne signent pas le déclin industriel des pays riches. Les mutations industrielles en cours annoncent seulement une nouvelle division internationale du travail qui sert aussi les intérêts des firmes de ces pays. La mondialisation accélère, en effet, le redéploiement mondial des processus productifs. Elle permet aux pays riches de se débarrasser des activités les moins productives, qui s'orientent vers les pays du Sud les mieux situés, au profit des activités nouvelles plus productives.

L'analyse « compréhensive » de P. Krugman appelle sans doute, longtemps après, une mise au point ou des nuances. En attendant, les suspicions vont bon train en s'alimentant parfois des faits d'actualité. Ainsi, plusieurs rumeurs ont circulé au début de 2011 sur le dévoilement d'un secret industriel au sein du constructeur automobile français Renault. Des allégations ont visé trois cadres de l'entreprise qui ont été soupçonnés d'avoir divulgué à des tiers chinois des informations confidentielles et cruciales concernant un nouveau projet de véhicule électrique. Après plusieurs semaines d'investigations et de polémiques, les enquêtes ont conclu à des dysfonctionnements internes au constructeur automobile.

De façon récurrente, les jouets fabriqués en Chine ont également attiré l'attention des autorités et des médias aux États-Unis et en Europe. À plusieurs reprises, les importations des jouets ont été interrompues, car des produits incriminés ont été considérés comme n'étant « toujours pas sûrs pour les enfants ». Pendant l'été 2007, Mattel, le *leader* mondial du secteur, a rappelé plus de 18 millions de jouets. Des aimants se détachaient de poupées miniatures. Trois enfants les ayant avalés ont dû être opérés d'une perforation intestinale. En France, la même année, 1 600 tonnes de jouets fabriqués en Chine ont été renvoyées aux fabricants pour des raisons de « non-conformité aux normes de sécurité ». En novembre 2009, la Commissaire européenne M. Kuneva, à l'issue d'une réunion UE-Chine-États-Unis à Bruxelles, a déclaré que « le marché chinois n'est pas encore à la hauteur de nos attentes en matière de sécurité pour les produits de consommation ». De son côté, N. Nord, Présidente de la Commission américaine pour la sécurité des produits de consommation, a renchéri que « les jouets sont destinés à la population la plus vulnérable : les enfants et leur sécurité ne souffrent pas de demi-mesures ».

La Chine a pris au sérieux les reproches qui lui ont été adressés préférant officiellement les placer dans le registre du « manque de concertation entre les entreprises occidentales et leurs fabricants chinois ». Les vrais enjeux sont ailleurs. Certes, la Chine comptait, en 2008, plus de 8 600 entreprises productrices et exportatrices de jouets, employant près de 4 millions de personnes. Sous la pression de la normalisation aux États-Unis et en Europe, beaucoup d'entreprises ont disparu faute de donneurs d'ordre. Toutefois, la Chine demeure, en 2015, le plus gros producteur (60 % du total) et le plus important exportateur (80 % du total) mondial de jouets. Cette prouesse repose notamment sur un marché du travail singulièrement flexible.

En effet, la politique salariale est fixée au niveau des régions, ce qui favorise la concurrence interrégionale. Ce sont également les régions qui planifient le système des *hukou* (sorte de permis de résidence temporaire) et qui organisent les mobilités alternantes entre les campagnes et les grands centres urbains industrialisés. Environ 150 millions de ruraux effectuent chaque année des migrations de plusieurs mois entre les grands pôles urbains industrialisés et les campagnes reculées de Chine (Duval, 2005)[4].

La question du coût du travail en Chine est de celles qui préoccupent le plus les opinions publiques en Occident. Et pour cause, l'élite politique et les médias ont beaucoup trop souvent incliné leurs analyses pour dénoncer le travail indécent et les conditions d'exploitation dévalorisées auxquels sont soumis les travailleurs chinois. Certains ont même demandé que soit créée une « clause sociale » permettant de se protéger des importations fabriquées par des prisonniers et des salariés privés de liberté. Cette attitude en rappelle d'autres qui ont jalonné le passé (U.S. Bureau of Labor Statistics, 2016 ; Daugareilh, 2005).

4. Au demeurant, le même phénomène d'aggravation des inégalités est mis en lumière par P. Krugman (2007) dans "Trade and Inequality revisited", *Vox*, 15 juin, cité par Sapir J. (2009) « Le retour du protectionnisme et la fureur de ses ennemis », *Le Monde diplomatique*, mars.

Pays	2008	2009	2010	2011	2012	2013	2014	2015
Allemagne	36	36	36	36	36	36	36	35
Chine	45	45	47	46	46	47	47	47
USA	39	38	38	38	39	39	39	39
France	37	37	37	37	37	36	36	36
Japon	40	40	40	40	40	39	39	39
Inde	–	–	48	48	48	48	47	47
Brésil	48	48	47	47	46	45	45	44

Source : U.S. Bureau of Labor Statistics (2016), *International Labor comparisons* et OIT (2017), Base de données statistiques

TABLEAU 8.5.
Durées hebdomadaires moyennes de travail en heures

Pays	2008	2009	2010	2011	2012	2013	2014	2015
Allemagne	29,7	30,00	30,10	31,35	31,93	32,90	33,10	33,91
Chine	1,59	1,59	1,60	1,78	1,95	2,65	2,80	2,90
USA	26,10	26,35	26,95	27,46	28,67	28,95	29,05	29,25
France	33,88	34,05	34,20	34,55	35,20	35,70	35,90	36,19
Japon	29,85	29,90	30,00	30,15	30,34	30,48	30,76	30,90
Inde	–	–	1,46	1,46	1,54	1,54	1,68	1,68
Brésil	1,90	1,90	1,90	2,05	2,10	2,15	2,25	2,25

Sources : U.S. Bureau of Labor Statistics (2016), *International Labor comparisons*; Werner International (2016), Rapport annuel, Bruxelles ; OIT (2017), Base de données statistiques ; UBS (2016), *Prices and Earnings*, Zurich

TABLEAU 8.6.
Coût horaire du travail (activités manufacturières) en $US

La réalité est, cependant, plus nuancée. Le coût du travail en Chine est certainement très inférieur à ce qu'il est dans les pays de l'OCDE. Si l'on prend comme référence un pays comme la France, l'écart de rémunération va de 1 à 12 (voire de 1 à 20 dans certains secteurs traditionnels à fort contenu en main-d'œuvre comme le textile). Pour autant, cela n'épuise pas le sujet du coût du travail, car une vraie comparaison ne peut se satisfaire d'une simple hiérarchie des rémunérations. Beaucoup d'autres variables entrent en ligne de compte, à commencer par les gains de productivité. Or, le niveau de la Chine

Année	Moyenne USD/CNY	Moyenne EUR/CNY	Moyenne GBP/CNY
1990	4,79321	6,09790	8,56405
1994	8,63941	10,38086	13,23231
1998	8,27000	9,21924	13,70456
2002	8,27000	7,81990	12,42865
2006	7,97351	10,00956	14,68601
2010	6,76781	8,97108	10,45603
2011	6,46242	8,99586	10,36344
2012	6,30935	8,10523	9,99628
2013	6,14801	8,16463	9,61632
2014	6,16120	8,18575	10,15251
2015	6,28539	6,97333	9,60844
2016	6,64441	7,35222	8,99374
2017	6,88994	7,33132	8,52653

Source : fxtop.com : historique des taux de change, 2017

TABLEAU 8.7.
Le taux de change nominal du yen (CNY) vis-à-vis du dollar (USD), de l'euro (EUR) et de la *livre sterling* (GBP)

est ici très inférieur à celui de la France. Il y a un écart de 1 à 3, ce qui vient relativiser le coût du travail. L'écart tient notamment aux choix de production. On fabrique en Chine, puisque la main-d'œuvre y est abondante, des produits qui utilisent beaucoup de main-d'œuvre, et on économise du même coup les investissements technologiques destinés à renforcer la productivité. Un autre facteur pèse sur le niveau de la productivité, il s'agit de tous les aléas qui obèrent la production elle-même. Par exemple, il y a des interruptions dans des approvisionnements en énergie, des goulots d'étranglement dans des transports, des ruptures dans l'acheminement des fournitures, *etc.* Tout cela ramène le différentiel de coût du travail à des niveaux bien moins critiques que ce que suggèrent les apparences.

En tout état de cause, comme le montre le tableau ci-dessus, la durée du travail reste bien plus longue en Chine que dans la plupart de ses partenaires commerciaux significatifs. En 2008, la durée hebdomadaire de travail était de 45 heures en Chine, contre 39 heures aux États-Unis, 37 heures en France et 36 heures en Allemagne. En 2015, cette durée est passée à 47 heures en Chine, pendant qu'elle baissait à 36 heures en France et à 35 heures en Allemagne (durée constante aux États-Unis). Ainsi, non seulement le coût du travail est avantageux pour la Chine, mais la durée du travail creuse l'avantage comparatif au profit de ce pays. Certains économistes se plaisent à répéter qu'en vertu des parités existant sur les marchés de change, le coût du travail est 80 fois moins élevé en Chine qu'en Europe, alors que la situation des partenaires européens est assez proche du point de vue de leur capacité à offrir certains mêmes produits sur le marché mondial…

Un tel déséquilibre suggère à J.L. Gréau (2005) que la spécialisation totale et la concurrence ne peuvent subsister ensemble, car la spécialisation supprime la concurrence. Aussi, d'un point de vue pratique, et pour des raisons à la fois d'équité et d'efficacité, la spécialisation devrait demeurer partielle. Les délocalisations sont le fruit d'une course à la baisse des coûts. Il s'ensuit que le seul moyen de les contrecarrer est d'instaurer un néoprotectionnisme adapté pour protéger les économies occidentales d'une course à la maîtrise des coûts perdue d'avance.

ENCADRÉ 8.1. P. KRUGMAN : « LE TEMPS EST VENU DE S'EN PRENDRE À LA CHINE ! »

The New York Times, 14 mars 2010

Parmi les nombreuses réactions d'hostilité à la Chine, P. Krugman est celui qui semble avoir franchi le plus loin la ligne jaune de la diplomatie du langage. Le fait est d'autant plus surprenant que, par un passé récent, il s'était au contraire porté défenseur des économies émergentes (Krugman, 1998). Il avait alors prodigué de ne pas confondre les enseignements de la micro et de la macroéconomie. Car, si au niveau macroéconomique, les firmes sont en concurrence frontale les unes avec les autres, au niveau macroéconomique les États sont, à l'inverse, simultanément clients et fournisseurs les uns des autres. Il s'ensuit que « lorsqu'un État s'enrichit, il enrichit les autres ». P. Krugman prenait ensuite l'histoire à témoin : l'essor des États-Unis n'a pas appauvri l'Europe après 1945 ; il n'y a pas davantage de raison de voir les économies émergentes appauvrir le reste du monde aujourd'hui.

Dans un éditorial au *New York Times* de mars 2010, P. Krugman titre : « Le temps est venu de s'en prendre à la Chine ! ». Il s'agit d'une véritable déclaration de guerre économique. Pour lui, la réaction doit être à la mesure des risques que fait peser sur l'économie mondiale l'accumulation des excédents chinois. Aujourd'hui, la Chine augmente de plus de 30 milliards de dollars par mois ses réserves de devises qui sont d'un montant total de 2 400 milliards de dollars en 2010. Le Fonds Monétaire International estime, pour ce seul exercice, l'excédent chinois de plus à 450 milliards de dollars, soit 10 fois le montant de 2003. C'est, selon les termes de P. Krugman, la politique de taux de change la plus distordue qu'aucune nation industrialisée n'ait jamais appliquée, car elle repose sur une manipulation du cours de la monnaie chinoise qui consiste à vendre des *renminbis* (yuan) contre des devises étrangères afin de maintenir un yuan faible et des exportations chinoises artificiellement compétitives. L'effet tangible de cette politique est que la plupart des grandes économies mondiales sont prises dans une trappe à liquidité. Profondément affaiblies, elles sont incapables de provoquer une reprise en réduisant les taux d'intérêt puisque ces derniers sont voisins de zéro. La Chine, en se procurant un excédent commercial injustifié, impose *de facto* une ponction anti-relance sur les autres économies qui sont incapables de compenser cet effet. L'heure n'est plus à éluder le problème, mais à réagir. Si la raison et la douceur ne fonctionnent pas, il faut revenir aux enseignements de l'histoire. En 1971, les États-Unis avaient réagi à un problème similaire, mais bien moins grave, de sous-évaluation des devises étrangères en imposant une surtaxe temporaire de 10 % sur les importations, qui a été supprimée quelques mois plus tard, après que l'Allemagne, le Japon et d'autres nations aient réévalué leur monnaie. À ce stade, il est difficile de voir la Chine changer de politique à moins d'être confrontée à la menace d'une mesure similaire – si ce n'est que cette fois la surtaxe devrait être beaucoup plus importante, disons de l'ordre de 25 %. Et P. Krugman de conclure : « Je ne suggère pas ce tournant vers un durcissement à la légère. Mais la politique monétaire chinoise accroît de façon sensible les problèmes économiques mondiaux à un moment où ces problèmes sont déjà très sévères. Il est temps de prendre position ».

8.3 LES TRAITS MARQUANTS ET L'ÉVOLUTION RÉCENTE DES ÉCHANGES EXTÉRIEURS DE LA CHINE

L'ascension commerciale de la Chine met en lumière le pragmatisme de sa politique industrielle et commerciale. Toutefois, heurtant la sensibilité des nations asiatiques, à commencer par celle du Japon, la marche de la Chine devient potentiellement source de tensions, non seulement avec ses voisins immédiats, mais aussi avec ses partenaires obligés que sont les États-Unis et l'Europe.

8.3.1 *Le retour de la Chine à l'OMC*

D. Xiaoping est communément considéré comme le concepteur et l'initiateur des réformes chinoises qui vont amener le pays vers sa situation actuelle. À l'origine, compagnon de Mao Zedong, il sera plusieurs fois exilé ou déchu de ses fonctions. Jusqu'au bout, il a dû louvoyer dans un parti solidement verrouillé par le Grand Timonier. Il fera les frais de la violence de la Révolution culturelle en 1966 en étant éloigné des rouages du pouvoir. Il reviendra au pouvoir après la mort de Mao en 1976. Réhabilité au Comité central, en 1977, il reprend aussitôt les fonctions de vice-président du Comité central du PCC. En décembre 1978, il l'emporte sur Hua Guofeng et amorce immédiatement l'ouverture économique du pays : réapparition des parcelles privées, marchés plus libres…

Personnage pragmatique, sa devise la plus célèbre en dehors de la Chine est : « Peu importe que le chat soit noir ou gris s'il attrape les souris ». En Chine même, il a montré qu'il était capable de bousculer l'ordre établi. L'un de ses mots d'ordre aux Chinois, dans un pays où les gens sont plutôt habitués à faire des sacrifices à l'intérêt collectif, fut : « Enrichissez-vous ! ». En 1980, il préconise de suivre les recommandations de Zhou En-Laï et de mettre en place les « Quatre modernisations » : industrie et commerce, éducation, organisation militaire et agriculture. Il préside également à la création des ZES, avec la politique du « un pays, deux systèmes » destinée à attirer les investissements étrangers. Grâce à sa politique d'ouverture, les réformes juridiques se sont multipliées. Entre 1979 et 2002, 1 000 lois et règlements administratifs, 10 000 lois et règlements à caractère local et 30 000 règlements administratifs ont été formulés et/ou amendés.

C'est dans le même esprit que la Chine entreprend parallèlement son retour à l'OMC. En effet, et on l'oublie souvent, la Chine faisait partie des 23 signataires des accords du GATT en 1947. La révolution maoïste l'en a ensuite éloignée.

ENCADRÉ 8.2. LES 23 SIGNATAIRES DU TRAITÉ DU GATT EN OCTOBRE 1947

Australie, Belgique, Brésil, Birmanie, Canada, Ceylan, Chili, Chine, Cuba, États-Unis, France, Inde, Liban, Luxembourg, Norvège, Nouvelle-Zélande, Pakistan, Pays-Bas, Rhodésie du Sud, Grande-Bretagne, Syrie, Tchécoslovaquie, Union sud-africaine.

À la faveur de la réconciliation sino-américaine qui s'amorce à partir du début des années 1970, le pays retrouve son siège à l'ONU où il a remplacé Taipei en octobre 1971. En 1980, la Chine retrouve son siège au FMI et à la Banque mondiale, dont elle était membre fondateur. En 1981, elle participe au troisième AMF (Accords Multifibres) et devient, en 1984, membre du comité du GATT sur les textiles. En 1984, la Chine obtient l'autorisation d'assister, en tant qu'observateur, au conseil du GATT et aux conférences de ses organes subsidiaires. En 1986, déterminée à retrouver son statut de partie contractante originelle, la Chine présente une demande officielle d'adhésion au GATT. Toutefois, ses structures économiques sont inadaptées. Le 1er janvier 1995, l'OMC est créée sans elle, mais avec Hong Kong et Macao pour membres fondateurs. Enfin, en novembre 2001, c'est-à-dire quinze après, la Chine rejoint l'OMC au prix d'une bataille diplomatique qui l'a conduite à négocier 37 accords bilatéraux et à l'engagement d'accorder, à chaque membre à l'issue de son adhésion, un inventaire précis de droits ayant trait simultanément aux domaines agricole, industriel et des services, ainsi qu'à certains domaines voisins (investissements, propriété intellectuelle, marchés publics).

Cette adhésion est officialisée lors de la quatrième conférence ministérielle de l'OMC à Doha (Qatar), en novembre 2001. Les 142 pays membres présents acceptent officiellement la demande d'adhésion de la Chine à l'Organisation. L'événement est considérable, car il modifie la donne du commerce international.

Le Protocole d'accession, d'une épaisseur de 900 pages, précise l'ensemble des droits d'accès au marché. La Chine bénéficie de dérogations provisoires pendant cinq années (2001-2006), afin d'organiser sa transition économique, tandis que les membres de l'OMC se voient accorder une protection spéciale de leurs productions contre un afflux excessif d'exportations chinoises. Cette protection est testée grandeur nature dès le premier trimestre 2005, à l'issue du démantèlement de l'AMF. L'Europe et les États-Unis obtiennent conjointement la mise en œuvre de la « clause de sauvegarde » (Art. 19) pour faire face à l'implosion des importations des textiles chinois.

8.3.2 *L'ascension de la Chine vers le statut de première puissance commerciale*

Le fait le plus marquant de la décennie 2000 est l'ascension de la Chine dans le commerce mondial (Lewis, 2010). La Chine a dépassé l'Allemagne dès 2008, et les États-Unis en 2009, pour les exportations de produits manufacturés. Presque dix ans plus tôt, en 1999, la Chine n'était que le 9e exportateur mondial et le 10e importateur mondial (OMC, 2000). Il faut souligner qu'une partie importante des exportations chinoises est en fait fabriquée par des firmes multinationales occidentales et japonaises implantées en Chine.

Entre 1993 et 2015, les exportations chinoises totales, exprimées en proportion des exportations mondiales, sont passées de 2,5 % à 14,2 %. Cela correspond à une hausse moyenne de 23 % par an durant cette période, soit deux fois le rythme d'augmentation des exportations mondiales totales. Dans le même temps, la part des États-Unis est revenue de 12,6 % à 9,4 %. Selon une étude du FMI publiée en 2009, si le taux de croissance du PIB chinois reste égal ou supérieur à 8 % et que la croissance chinoise continue à dépendre aussi fortement de ses exportations, alors mécaniquement sa part dans les exportations mondiales passerait à 17 % en 2020. La Chine s'approcherait alors des performances historiques, dues à des circonstances exceptionnelles, qui avaient été atteintes par les États-Unis entre 1948 (21,76 %) et 1953 (18,8 %).

En %	1948	1953	1963	1973	1983	1993	2003	2015
Chine	0,9	1,2	1,3	1,0	1,2	2,5	5,9	14,2
Inde	2,2	1,3	1,0	0,5	0,5	0,6	0,8	1,7
Brésil	2,0	1,8	0,9	1,1	1,2	1,0	1,0	1,2
États-Unis	21,7	18,8	14,9	12,3	11,2	12,6	9,8	9,4
Japon	0,4	1,5	3,5	6,4	8,0	9,9	6,4	3,9
Allemagne	1,4	5,3	9,3	11,7	9,2	10,3	10,2	8,3
France	3,4	4,8	5,2	6,3	5,2	6,0	5,3	3,2

Source : OMC (2016), *L'examen statistique du commerce mondial*

TABLEAU 8.8.
Parts des exportations mondiales de marchandises pour la Chine et 6 autres pays

En %	1948	1953	1963	1973	1983	1993	2003	2015
Chine	0,6	1,6	0,9	0,9	1,1	2,7	5,4	10,3
Inde	2,3	1,4	1,5	0,5	0,7	0,6	0,9	2,4
Brésil	1,8	1,6	0,9	1,2	0,9	0,7	0,7	1,1
États-Unis	13,0	13,9	11,4	12,4	14,3	15,9	16,9	14,2
Japon	1,1	2,8	4,1	6,5	6,7	6,4	5,0	4,0
Allemagne	2,2	4,5	8,0	9,2	8,1	9,0	7,9	6,4
France	5,5	4,9	5,3	6,4	5,6	5,7	5,2	3,5

Source : OMC (2016), *L'examen statistique du commerce mondial*

TABLEAU 8.9.
Parts des importations mondiales de services pour la Chine et 6 autres pays

Toutefois, en raison de la crise de 2008, la part des exportations de biens et de services dans le PIB chinois est passée de 37 % en 2005 à 28 % en 2009, puis à 22,8 % en 2015.

Cette tendance, si elle devait se poursuivre, deviendrait inquiétante pour l'économie chinoise. En effet, la poursuite des performances du pays suppose que la conjoncture mondiale soit assainie rapidement. À défaut, il est probable que les exportations chinoises augmenteront moins vite.

La poursuite des performances commerciales de la Chine suppose, il est vrai, d'autres conditions. Une attitude toujours accommodante de la part de ses principaux partenaires n'est pas des plus sûres. En effet, rien ne permet de penser que les États-Unis vont continuer de pratiquer la politique « prudente » qu'ils ont adoptée jusqu'ici à l'égard de la Chine. Selon certaines sources, les réserves colossales en dollars et en bons du Trésor détenues par la Chine interdiraient de s'en prendre à elle, sauf à risquer de déclencher une crise obligataire et une envolée des taux longs. Que se passerait-il, cependant, si la situation économique venait à se détériorer de nouveau significativement aux États-Unis et qu'elle était accompagnée par une nouvelle envolée du chômage ?

Si des variations importantes et brutales venaient également à affecter la parité du yuan, les partenaires extérieurs de la Chine pourraient être tentés, au moins pour certains produits et activités, de s'approvisionner ou de produire en dehors de la Chine. Déjà, les pays voisins immédiats, Vietnam et Philippines en tête, commencent à afficher des standards de compétitivité-coût supérieurs entraînant le redéploiement géographique de certains groupes industriels qui avaient jusqu'ici choisi de se domicilier en Chine. Par exemple, le numéro deux mondial des équipements sportifs, l'allemand Adidas, a jugé récemment que le niveau des salaires en Chine était trop élevé. Il a pris la décision de transférer une partie de sa production dans des pays voisins encore plus compétitifs comme le Vietnam.

Enfin, les exportations chinoises reposent traditionnellement sur la vente de produits standard. C'est avant tout par la maîtrise des coûts et de bons moyens logistiques que le pays a réussi à s'imposer comme un parfait négociant et partenaire recherché à l'échelle mondiale. Pour aller plus loin, la Chine doit faire évoluer ses pratiques et son offre. C'est l'accès à l'information, à la connaissance avancée et à la technologie de pointe qui ont permis aux États-Unis, à l'Europe et au Japon de devenir et de rester de grandes nations. La Chine devra suivre ces autres puissances en accédant aux procédés et produits de haute performance technologique et à très haute valeur ajoutée. C'est aussi le moyen de s'émanciper de trois dépendances devenues pour elle extrêmement dangereuses, car susceptibles de remises en cause brutales et porteuses de germes de guerre avec ses partenaires : dépendance à l'égard d'une monnaie structurellement faible, dépendance vis-à-vis d'activités concurrentielles à haut degré de sensibilité à la fois dans les pays développés et en développement, dépendance envers des approvisionnements énergétiques bon marché qui ne sauraient le demeurer éternellement.

8.4 UN *LEADERSHIP* INACHEVÉ OU LA CHINE À LA RECHERCHE DU STATUT D'ÉCONOMIE DE MARCHÉ

Au sein du continent asiatique, la Chine a 29 pays voisins plus ou moins immédiats dont 15 partagent les mêmes frontières. Dès le virage de l'ouverture, à la fin des années 1970, elle a compris que sans une paix à ses frontières, elle ne peut pas connaître de paix dans son territoire. Elle a alors progressivement engagé une diplomatie « souriante » en s'intéressant aux retombées de son influence culturelle et diplomatique sans toutefois négliger les aspects économiques et commerciaux. Elle est aidée en cela par la puissante diaspora chinoise présente en masse dans tous les pays d'Asie à l'exclusion du Japon. Toutefois, à ce jeu, elle n'est pas la seule. L'Inde ainsi que le Japon lui font une concurrence sévère. En dehors de l'Asie, la Chine rencontre de la même façon la surveillance attentive de l'UE, et surtout la rivalité des États-Unis.

8.4.1 *L'affirmation de la puissance commerciale de la Chine et les enjeux du leadership en Asie*

À sa frontière du Nord, la diplomatie chinoise rencontre l'« Organisation de coopération de Shanghai ». C'est la plateforme dédiée à la gestion de la coopération économique et de la sécurité entre la Chine, l'URSS et les pays de l'Asie centrale. Au Sud, la Chine recherche depuis longtemps, et avec insistance et intérêt, un partenariat stratégique avec l'Association des Nations de l'Asie du Sud-Est (ANASE ou ASEAN). Créée en 1967, l'ANASE regroupe dix pays : Birmanie, Brunei, Cambodge, Indonésie, Laos, Malaisie, Philippines, Singapour, Thaïlande et Vietnam. Au cours des sommets des dirigeants des pays de l'Asie de l'Est tenus à Bali (Indonésie) en octobre 2003, la Chine a été le premier pays (hors ANASE) à signer le Traité d'amitié et de coopération de l'ANASE. Cet espace dit « 10+1 » est considéré potentiellement comme le principal vecteur du décollage économique de l'Asie. Les efforts diplomatiques de la Chine ont été couronnés de succès puisque, le 1er janvier 2010, a été mise en place la zone de libre-échange ASEAN-Chine. Elle regroupe 1,6 milliard d'individus, produit 16 000 milliards de dollars de PIB et échange en son sein environ 4 500 milliards de produits. La zone représente désormais le plus grand regroupement de pays émergents, avec en particulier 7 000 produits échangés en franchise de douane. Parallèlement, un fonds de réserves de change a été créé, amorce d'une coopération monétaire et financière à venir.

Les relations sino-indiennes ont également connu une amélioration sensible depuis 2003. En juin, le Premier ministre indien a effectué une visite officielle en Chine. C'était la première du genre d'un responsable indien de haut niveau depuis 1993. Les deux pays ont signé une déclaration dans laquelle ils s'engagent sur des principes directeurs des relations entre la Chine et l'Inde.

La coopération entre la Chine, le Japon et la République de Corée a été la plus lente et la plus difficile à venir. Cette plateforme est considérée comme une voie essentielle pour maintenir la paix régionale et construire un espace prospère d'échanges commerciaux. En 2010, les trois pays ont adopté la « Vision de coopération trilatérale en 2020 ». Il s'agit d'un document qui présente les grandes lignes du développement de la zone au cours de la décennie qui commence. Parmi les axes privilégiés, il y a la création d'une zone de libre-échange. Son étude de faisabilité est conjointement menée par les trois gouvernements et des organisations industrielles et professionnelles *ad hoc*. La réalisation de tous ces objectifs est corrélée à la capacité de la Chine à tourner la page de ses relations passées avec ses voisins immédiats et aux concessions politiques et économiques qu'elle devra faire pour que ses partenaires oublient les intentions géostratégiques qui se dissimulent derrière toutes ses formes d'engagement en Asie, notamment dès que le Japon est concerné.

8.4.2 *Les rapports tendus de la Chine avec les États-Unis et l'Europe*

Le renforcement de la puissance économique de la Chine devient également un point d'achoppement avec l'UE et les États-Unis. Alors que le « Vieux continent » peine à sortir de la récession, l'économie chinoise affiche des performances impressionnantes. La Chine a profité de la crise mondiale pour rafler de nouvelles et nombreuses positions industrielles et commerciales. Même si la croissance chinoise est tombée à 6,5 % en 2016, venant après 6,9 % en 2015, ses performances restent au-dessus de celles de ses principaux partenaires européens, l'Allemagne et la France, avec une croissance comprise entre 1,1 % (France) et 1,5 % (Allemagne) au cours des deux mêmes années.

La Chine est également devenue, en 2009, le premier marché automobile mondial devant les États-Unis. À la fin de janvier de la même année, la télévision chinoise CCTV a annoncé que la Chine avait produit durant le mois 659 000 automobiles et en avait vendu 735 000, citant l'Association professionnelle des constructeurs chinois. Au même moment, la société d'études de marché américaine, Autodata, estimait les ventes de voitures aux États-Unis en baisse de 37 % à environ 657 000 véhicules. Non seulement la Chine est devenue le premier marché mondial, mais elle a pris également le premier rang en ce qui concerne la fabrication des véhicules automobiles. Ce sont plus de 22,5 millions de voitures et d'utilitaires légers qui ont été fabriqués en 2014 contre moitié moins pour les États-Unis. En 2008, les deux pays étaient à égalité. En 2000, les Américains produisaient sept fois plus de véhicules que les Chinois.

Toutefois, une partie décisive de cette production est entièrement absorbée par le seul marché local. Cela explique la présence si discrète encore des voitures chinoises sur les autres marchés à l'étranger. À l'horizon 2020, on s'attend à une véritable métamorphose de la localisation des parcs automobiles : la Chine, dont le parc représente moins de 10 % du parc mondial en 2012, devrait doubler sa part de marché (+ 13 % par an), tandis que l'Europe, les États-Unis et le Japon, qui représentent encore aujourd'hui plus de la moitié du parc mondial (53 %), ne pèseront plus que 42 % à l'horizon 2020. Les effets de taille associés aux économies d'échelle attendus d'un tel potentiel pourraient renverser l'ordre des choses au détriment des fabricants européens et américains. Il est ainsi prévu qu'en 2030, l'Asie (principalement la Chine) prenne une place prépondérante dans l'industrie mondiale de l'automobile avec un parc en circulation du même ordre que celui de l'Europe.

Ce n'est pas tout. La Chine s'est muée pour ainsi dire en économie à tout faire. Elle construit des autoroutes en Pologne, des stades au Maroc, gère le port d'Athènes, sécurise l'accès aux mines en Australie, construit les oléoducs du Nigeria, rachète les PC d'IBM, propose son expertise sur les rapports entre l'activité industrielle, le commerce et l'environnement au centre des travaux de la conférence de Copenhague sur le climat, *etc.* Pour réduire l'impact de telles percées sur les gouvernants et les opinions publiques échaudés au sein des pays partenaires, la diplomatie chinoise est de plus en plus active. Sa priorité est d'apporter des réponses apaisantes aux interrogations de ses partenaires sur les conséquences de sa montée en puissance. Son souci immédiat est d'améliorer l'image de la Chine en installant Pékin dans la posture d'un partenaire pacifique et utile pour relever, avec ses partenaires à la fois proches et lointains, les grands défis du monde contemporain. La diplomatie chinoise rappelle, à qui veut l'entendre, que la Chine ne ferme pas ses portes au commerce. Si elle a accru ses parts de marché – en Chine et à l'étranger –, son potentiel d'importations n'en demeure pas moins significatif, surtout si on le compare à celui de ses accusateurs. En 2015, à l'exclusion de l'Allemagne (avec 38,3 %), la Chine présente un ratio importations/PIB, de 22,8 % pour les biens et les services, nettement au-dessus de celui des grandes nations commerçantes, singulièrement le Japon (avec 16,9 %) et les États-Unis (avec 14,4 %).

Données 2015	Chine	Inde	Brésil	États-Unis	Japon	Allemagne	France
Exportations Marchandises	2 275	267	191	1 505	625	1 330	506
Exportations Services	287	156	34	710	162	252	240
Exportations totales	2 562	423	225	2 215	787	1 582	746
Importations Marchandises	1 682	392	179	2 308	648	1 050	573
Importations Services	469	123	71	491	176	291	229
Importations totales	2 151	515	250	2 799	824	1 341	802
PIB	10 355	2 048	2 244	17 416	4 770	3 820	2 902
Exportations B&S / PIB	24,7 %	20,7 %	10,0 %	12,7 %	16,5 %	41,4 %	25,7 %
Importations B&S / PIB	20,8 %	25,1 %	11,1 %	16,1 %	17,3 %	35,1 %	27,6 %
Taux d'ouverture*	22,8 %	22,9 %	10,6 %	14,4 %	16,9 %	38,3 %	26,7 %

* Taux d'ouverture = 1/2(Export + Import)/PIB

Sources : À partir de OMC (2016), *L'examen statistique du commerce mondial*; PNUD (2016), *Rapport sur le développement humain*

TABLEAU 8.10.
Taux d'ouverture de la Chine comparé à celui de 6 autres pays

8.4.3 *L'aspiration de la Chine à prendre le leadership du commerce planétaire contrariée par son accession difficile au statut d'économie de marché*

A. La Chine porte-drapeau des défenseurs du libre-échange : réalité ou méprise ?

Au moment où D. Trump arrivait à Washington, le 17 janvier 2017, pour l'accession à la présidence américaine, le président chinois X. Jinping se trouvait, lui, à Davos (Suisse) pour la session annuelle du Forum économique mondial. Le premier a promis, dès son arrivée, un tour de vis protectionniste censé protéger les industries et les emplois de son pays contre la concurrence, jugée insupportable, de la Chine et du Mexique. Le second donne la réplique en affirmant qu'une guerre commerciale ne serait à l'avantage de personne. « *Cela ne sert à rien, répète-t-il, de blâmer la mondialisation pour les problèmes de la planète que sont aujourd'hui le chômage, les migrations et les crises financières à répétition. Toute tentative de stopper les échanges de capitaux, technologies et produits entre pays est impossible et à rebours de l'histoire* ». Le *leader* chinois achève son propos en invitant ses partenaires occidentaux à « *rester attachés au développement du libre-échange et des investissements transnationaux et à dire non au protectionnisme* ». Son discours est à l'identique de celui qu'il a tenu, deux mois auparavant à Lima (Pérou), devant le Sommet de l'Organisation de coopération économique Asie-Pacifique (APEC). Aux délégations présentes, il a demandé un soutien ferme à l'initiative chinoise de libre-échange en Asie-Pacifique pour combler le vide laissé par l'annonce américaine de se désengager du Partenariat transpacifique (TPP) signé, en 2015, par les douze pays de la région sous l'impulsion de la présidence américaine antérieure (B. Obama).

L'occasion est trop belle et la Chine ne se prive pas de tirer parti du contexte pour tenter de renforcer son influence. C'est pourquoi elle propose aux pays de la zone Asie-Pacifique de se ranger derrière elle au sein de l'initiative dite « Alternative RCEP » (*Regional Comprehensive Economic Partnership*). Les discussions en vue du RCEP avaient été formellement lancées en novembre 2012, à Phnom Penh, à l'initiative de l'ANASE, sans la participation de la Chine et l'Inde, mais avec la présence de plusieurs États américains. En 2016, les États membres correspondant à l'aire du RCEP représentent une population totale de 3,4 milliards de personnes et environ 30 % du PIB mondial. Le projet *Alternative RECEP* se veut une étape décisive dans la construction de la zone de libre-échange Asie-Pacifique (FTAAP) qui devra rassembler tous les pays de l'ANASE ainsi que l'Australie, la Chine et l'Inde, mais sans les États-Unis. Si l'Australie et le Pérou, notamment, se sont montrés sensibles à la proposition chinoise, tel n'a pas été le cas pour le Japon traditionnellement méfiant du grand voisin chinois et davantage disposé à plaider, tant qu'il en est encore temps, pour le TPP américain.

De par le monde, beaucoup d'économistes et de responsables politiques ont traduit le retrait des États-Unis des négociations sur l'avenir de la zone Asie-Pacifique comme une occasion inespérée offerte à la Chine pour consolider son influence au sein de la zone, voire au-delà sur le monde. C'est probablement aller trop vite en besogne, car l'ascension de la Chine n'a pas encore triomphé de tous les obstacles qui conviennent à son statut de future (et probable) grande puissance économique et commerciale.

B. La Chine, une économie de marché inachevée ?

En accédant à l'OMC en décembre 2001, la Chine entrait de plain-pied dans la globalisation en tant qu'économie socialiste de marché. Un statut, il faut l'admettre, bien ambigu. En prélude à son entrée dans le commerce multilatéral, elle s'était engagée à lever les obstacles aux importations et à mettre un terme au soutien à de nombreux secteurs d'activité vivant essentiellement ou totalement des exportations. Quinze ans plus tard, la croissance chinoise, malgré son léger tassement en 2015-17, reste soutenue et le pays accumule des excédents précieux vis-à-vis de toutes les régions du monde.

En 2015, elle devient la nation la plus commerçante au monde. Le cumul de ses exportations et de ses importations de marchandises atteint pour la première fois 3 957 milliards de dollars, soit 24,5 % du négoce mondial, devant l'UE (3 899 milliards) les États-Unis (3 818 milliards) (OMC, 2016). Elle représente à cette date plus de 16 % de la production manufacturière mondiale. Elle est définitivement la deuxième destination pour les IDE, derrière les États-Unis.

Mais, c'est surtout dans les détails des dossiers sectoriels que la Chine embarrasse ses partenaires. En quelques années, elle est devenue le premier fabricant de textiles, de chaussures, d'acier, de ciment et de béton, de chauffe-eau solaires, de jouets, de peinture, de conteneurs, de téléphone mobile, de vélos et vélos, de DVD, de produits blancs, *etc.* Elle est le deuxième fabricant de trains et le troisième fabricant d'ordinateurs, *etc.* La liste est longue et, surtout, les prouesses de ses entreprises progressent à grande vitesse. Par exemple, dans le domaine des modules photovoltaïques, le premier fabricant chinois, Suntech, occupait le 11e rang en 2004 avec une capacité de 28 MWp (mégawatts crête). En 2010, parmi les 12 premiers groupes mondiaux, 5 sont chinois. Le *leader* mondial est désormais le groupe chinois Suntech avec une capacité de 1 250 MWp. Seul l'américain First Solar, deuxième dans la hiérarchie, peut encore prétendre à la compétition au plus haut niveau. Les Allemands Q-Cells et Schott Solar (respectivement 4e et 8e mondiaux en 2004), le hollandais Shell Solar (6e rang) et le français (filiale du Canadien ATS) Photowatt (12e rang) ont disparu du haut du classement et certains sont confrontés à de vastes restructurations suite au redéploiement de la fabrication, du montage et de la livraison vers l'Asie. Maigre consolation, l'Europe n'est pas la seule à avoir perdu des positions industrielles, le Japon aussi. Avec l'aide l'État, ou directement grâce à des programmes ambitieux d'investissements publics, le pays a consenti des efforts considérables dans la sidérurgie. Les enquêtes ouvertes à la demande de l'industrie européenne dissimulent difficilement l'agressivité potentielle ou réelle des aciers chinois sur les marchés internationaux où ils rencontrent les produits européens.

La Chine a très efficacement su tirer parti de son arrivée au sein de l'OMC, laquelle a ouvert un espace très vaste à ses exportations. En contrepartie, l'accord d'adhésion contenait des dispositions interdisant les pratiques concurrentielles déloyales, le *dumping* notamment. Il était ainsi prévu que la Chine mettrait en œuvre les réformes nécessaires pour que le statut d'économie de marché, qui mettrait fin à ces procédures dérogatoires, lui soit accordé en 2016. Or, parmi les traits principaux d'une « véritable » économie de marché, il y a notamment la liberté de fonctionnement des marchés de change, du travail et des capitaux qui doit seule orienter les moyens et ressources disponibles en fonction de leur meilleur usage, l'absence de subventions, la réduction voire l'élimination des protections, la suppression des mesures dérogatoires et fiscales donnant des avantages artificiels à tel ou tel acteur, corporation ou secteur d'activité économique. « Ces conditions sont-elles réunies en Chine ? La réponse courte est négative » (Mistral, 2016).

C'est dans ce contexte que s'inscrit le débat sur l'octroi du statut d'économie de marché à la Chine. Cette question, inscrite dans le calendrier de négociation avec la Chine depuis 2001, divise pourtant aussi bien les États que les économistes, à la fois aux États-Unis et au sein de l'UE. En Europe, les États partisans de l'octroi du statut d'économie de marché arguent que si certains secteurs sont perdants dans les rapports commerciaux avec Pékin, comme l'acier ou les panneaux photovoltaïques, d'autres sont gagnants, comme l'automobile et la construction. Cette position est défendue en particulier par la Grande-Bretagne, les Pays-Bas et la plupart des pays scandinaves. La perte de 4 000 emplois dans le secteur de l'acier britannique, en 2015, a amené le Royaume-Uni à une position plus nuancée en demandant une réunion urgente du Conseil des ministres de l'Industrie de l'UE. La discussion a mis en exergue la réalité de l'inquiétude suscitée par la concurrence chinoise. Toutefois, en raison de l'éternel problème du dialogue intra-européen, aucune riposte coordonnée n'a pu être trouvée.

Du côté des économistes, M. Taube et Ch. Schmidkonz (2015) soulignent que les attributs de l'économie chinoise, antérieurs à son admission au sein de l'OMC, sont toujours de mise. La planification demeure centralisée, ce qui la place entièrement entre les mains de l'État. Les rapports entre le système politique, les milieux d'affaires et l'univers de la finance sont totalement imbriqués. Les marchés n'ont qu'une fonction secondaire d'appui à la réalisation des stratégies industrielles planifiées par l'État. Les restrictions imposées aux importations et les soutiens apportés aux exportations rendent les marchés chinois difficilement accessibles aux partenaires étrangers. Cela est vérifié dans le domaine des investissements extérieurs. Les 71 plans quinquennaux qui structurent l'économie chinoise et les 22 plans sectoriels industriels nationaux interdisent définitivement, selon les auteurs, de parler de la Chine comme d'une économie de marché (Peeters, 2016).

Quelle réponse fournir alors à la Chine ? Après avoir déjà annoncé son propre refus d'octroyer le statut d'économie de marché à la Chine, Washington a mis en garde l'UE contre toute attitude conciliante. De leur côté, les Européens savent que la défense de l'industrie et de l'économie européennes ne réside pas dans le seul refus d'octroi du statut d'économie de marché à la Chine qu'il soit total ou partiel, mais bien dans une approche globale de l'ensemble des postures de l'UE dans le commerce et les investissements internationaux. Les négociations enlisées sur le TTIP, entre les États-Unis et l'UE, qui ouvriront fatalement des perspectives importantes à l'économie chinoise en termes d'exportations et d'investissements, sont l'un des morceaux de choix du scénario du futur. Pour les Européens, la vraie menace viendrait surtout des différences de normes sociales et environnementales qui permettent aux pays extra-européens, les pays asiatiques notamment, de produire à moindres coûts sociaux et environnementaux alors qu'ils s'interdisent en principe de le faire. Au demeurant, l'Europe elle-même n'a pas encore réussi à harmoniser ses pratiques à ce niveau et n'y parviendra probablement pas avant la date fatidique du passage de la Chine au statut d'économie de marché.

Devant ce qu'elle considère comme des atermoiements, la Chine a déposé, le 12 décembre 2016, une plainte devant l'OMC à l'encontre des États-Unis et de l'UE. Elle demande l'ouverture de consultations concernant l'utilisation par ces derniers de la méthode dite du « pays analogue » dans les procédures *antidumping* visant ses exportations. Elle considère, en effet, que l'expiration, le 11 décembre 2016, des dispositions de l'article 15-a-ii de son protocole d'accession à l'OMC entraîne l'obligation pour les pays membres d'appliquer la méthode de la « valeur normale » dans le calcul des droits *antidumping*, ce qui revient de fait à lui reconnaître le statut d'économie de marché.

RÉSUMÉ DU CHAPITRE

Les progrès économiques actuels de la Chine offrent une matière abondante aux analyses qui s'intéressent aux conditions d'apparition et de poursuite du développement dans les économies émergentes. Il n'existe historiquement aucun autre pays en développement qui ait amélioré aussi rapidement et sur une période aussi longue ses principaux agrégats économiques et commerciaux. Mais, le fait le plus marquant est l'avènement de la Chine au rang de première puissance commerciale de la planète depuis 2009. Faut-il s'en inquiéter ? La question est récurrente. Pour y répondre, certains se laissent aller à des mises en scène catastrophiques. D'autres simulent l'indifférence ou trouvent même un avantage à l'essor économique et commercial de la Chine. Cette dernière n'est-elle pas l'une des rares locomotives de la croissance mondiale au cours des toutes dernières années ? Quelle doit être l'attitude des autres pays et régions du monde face à l'ascension irrésistible de la Chine au statut de première puissance économique et commerciale mondiale ?

POUR ALLER PLUS LOIN...

[1] Alary P. et Lafaye de Micheaux E. (2015), *Capitalismes asiatiques et puissance chinoise : diversité des modèles, hégémonie de la Chine*, Les Presses de Sciences Po.

[2] Luttwak E. (2012), *La montée en puissance de la Chine et la logique de la stratégie*, Odile Jacob.

[3] OCDE (2016), *Études économiques de l'OCDE : Chine 2015*, Paris.

DES QUESTIONS POUR MIEUX RETENIR OU APPROFONDIR

1. « Les Chinois sont devenus les maîtres du monde ! ». Ce slogan vous paraît-il justifié ?
2. La Chine, partenaire ou prédateur ?
3. Quel est le rôle du yuan dans les succès commerciaux extérieurs de la Chine ?
4. Faut-il considérer la Chine comme un pays ouvert ou fermé aux échanges internationaux ?
5. Quels sont les périls qui pèsent sur les performances économiques et commerciales de la Chine ?

6. L'expérience chinoise justifie-t-elle que l'on parle de l'ouverture comme d'une condition impérative du décollage économique ?
7. La Chine est-elle une économie de marché ?
8. Après le « retrait » annoncé des États-Unis du commerce multilatéral, la Chine peut-elle reprendre à son compte la gouvernance des relations commerciales internationales ?

E-LINK

Pour accéder au dernier Rapport du Secrétariat de l'OMC sur la politique commerciale de la Chine, se reporter au site :
https://www.wto.int/french/tratop_f/tpr_f/tp_rep_f.htm
Pour prendre connaissance de statistiques détaillées sur le commerce de marchandises entre l'UE et la Chine, on peut se reporter au document :
http://trade.ec.europa.eu/doclib/docs/2006/september/tradoc_113366.pdf
Afin de connaître l'ensemble des accords de libre-échange conclus ou en cours de négociation par la Chine avec le reste du monde, on peut consulter avec profit le site du Trésor français :
https://www.tresor.economie.gouv.fr/pays/chine

9

LES ACCORDS COMMERCIAUX DE NOUVELLES GÉNÉRATIONS : LA FIN ANNONCÉE DU MULTILATÉRALISME ?

SOMMAIRE

OBJECTIFS PÉDAGOGIQUES

Analyser les causes du blocage du Cycle de Doha et en montrer les conséquences potentielles qui pourraient se matérialiser sous la forme d'une remise en cause de « l'esprit multilatéral », l'une des plus grandes conquêtes de l'Après-guerre.

Appréhender les mobiles économiques et politiques au fondement des accords commerciaux de nouvelles générations.

Montrer en quoi les accords commerciaux de deuxième génération ont pour objet la régulation de la concurrence entre les producteurs alors que ceux de troisième génération tentent de protéger les consommateurs en renforçant les mécanismes de la « précaution ».

Scruter l'avenir du commerce international en mettant en exergue les rapports de conflit-coopération qui s'organisent entre les grandes puissances commerciales dans un contexte d'essoufflement de la croissance et de tassement des échanges mondiaux.

En ce début du XXIe siècle, l'un des traits marquants du système commercial est le passage aux accords commerciaux de deuxième, puis de troisième génération.

La première génération fut impulsée par les négociations du GATT qui ont amené un nombre croissant de pays à adhérer à des accords de libéralisation conçus et mis en œuvre durant les premières décennies de l'Après-guerre. Il est apparu alors que l'adhésion à des règles communes était le meilleur moyen de tourner le dos aux tensions politiques et économiques de l'entre-deux-guerres en mettant les échanges au service d'une prospérité partagée. Cette première phase s'est achevée avec la conclusion de l'Accord de l'*Uruguay Round* qui a précédé immédiatement l'avènement de l'OMC. Elle a également été marquée par l'essor des accords bilatéraux et régionaux de commerce, principalement à partir du milieu des années 1990. La part du commerce mondial couverte par les différentes formes d'intégration bilatérale et régionale, atteignant aujourd'hui 30 % de l'ensemble, le phénomène vient illustrer les promesses attachées au régionalisme commercial. Concrètement, ces accords recouvrent aujourd'hui une grande variété de modèles. On trouve, à une extrémité, des accords formels accompagnant des dynamiques d'intégration spontanées, comme c'est le cas dans certaines zones en Afrique, en Asie de l'Est ou encore en Europe centrale. On trouve, à une autre extrémité, des formes d'intégration plus poussées comme le montre le cas de l'Union européenne. Dans ce second cas de figure, la dynamique commerciale sert parfois de tremplin à des objectifs plus ambitieux qui peuvent être de nature identitaire et politique, voire géostratégique.

Les accords commerciaux de deuxième et de troisième génération ont vu le jour essentiellement à partir du milieu des années 2000. Ils se démarquent des accords de première génération qui avaient pour but essentiellement la réduction et, si possible, l'élimination des obstacles au commerce. Avec la deuxième génération, les accords tentent d'incorporer les normes sociales et/ou environnementales dans le but d'aller vers des standards (minima) dans ces domaines. Les États-Unis et l'Europe, qui avaient exprimé le souhait d'établir des normes sociales communes, lors de la Conférence de Marrakech de 1994, avaient essuyé un échec, car les pays en développement s'y étaient alors opposés. Le TPP, récemment signé par 12 États riverains du Pacifique, est l'illustration de cette nouvelle génération. Il s'agit pour les États concernés d'établir un lien contractuel entre le régime commercial commun, celui de l'OMC, et leurs propres standards sociaux et environnementaux ou leurs méthodes de lutte contre la corruption dans le but de protéger les producteurs de la concurrence étrangère. Cette évolution devenait logique, car, dans les pays industrialisés, les droits de douane ont beaucoup baissé (ou même sont devenus rares) et la concurrence s'est progressivement déplacée vers les différences dans les conditions de production.

Les deux partenariats transatlantiques, qui ont défrayé récemment la chronique médiatique, c'est-à-dire l'Accord économique et commercial global (AECG[5]) et le Partenariat

5. En anglais, CETA : *Comprehensive Economic and Trade Agreement*.

transatlantique de commerce et d'investissement (PTCI[6]), respectivement avec le Canada et les États-Unis, appartiennent à la troisième génération. P. Lamy en donne l'exégèse en précisant que l'enjeu n'est plus la protection des producteurs, mais celle de consommateurs (Hiault, 2015). Aux différends sur les standards salariaux ou les conditions de travail viennent désormais s'ajouter les discussions sur les normes alimentaires ou celles relatives aux données personnelles et sanitaires. Cette troisième génération d'accords en est à ses premières expérimentations.

Nom de l'accord	Sigle	Domaines	Début des négociations	Date de notification	Entrée en vigueur	Statut
Accords de 2e génération						
UE – Corée du Sud		Marchandises et services	Mai 2007	Juillet 2011	Janvier 2011	En vigueur
UE – Singapour						En cours
États-Unis – Zone Pacifique (1)	TPP (2)	Marchandises et services	Juillet 2005	Mai 2007	Mai 2006	En vigueur (3)
Accords de 3e génération						
UE – Canada	CETA	Marchandises et services	Mai 2009			En cours (4)
UE – États-Unis	TAFTA	Marchandises et services	Juillet 2013			En cours

(1) Pays concernés : Australie, Brunei, Canada, Chili, États-Unis, Japon, Malaisie, Mexique, Nouvelle-Zélande, Pérou, Singapour et Vietnam.
(2) Partenariat économique stratégique transpacifique.
(3) Entrée en vigueur partielle. Fin de la période de mise en œuvre en 2017.
(4) Approuvé par le Parlement européen le 15 février 2017.

TABLEAU 9.1.
Exemples d'accords de 2e et de 3e génération identifiés en 2016

Derrière cette appellation de « troisième génération », il y a manifestement le projet d'aller vers des accords de libre-échange « globaux ». Ces derniers couvriraient non seulement le commerce des biens et des services, mais aussi l'investissement, la coopération en vue d'une meilleure harmonisation dans des standards sociaux et environnementaux, la propriété intellectuelle et la politique de la concurrence. Des volets prévoient également des négociations sur les dispositions réglementant le travail, les services publics, le règlement de différends entre les multinationales et les États, voire la mobi-

6. En anglais, TTIP : *Transatlantic Trade and Investment Partnership*. Il est aussi parfois question de TAFTA : *Transatlantic Free Trade agreement*.

lité des hommes d'affaires. Il s'agit par conséquent de la volonté de parachever le processus de libéralisation entrepris antérieurement, avec l'ambition de couvrir la plupart des dimensions de l'activité économique et des marchés.

Paradoxalement, les grandes nations commerçantes ont entamé des négociations en vue d'accords commerciaux d'un nouveau genre alors même que l'OMC n'a toujours pas conclu le dernier cycle de négociation de Doha. D'où la question qui préoccupe beaucoup de théoriciens et de responsables des politiques commerciales : ces négociations doivent-elles revenir à l'OMC, en tant qu'arbitre ès qualités du commerce international ou, comme le montrent les premières négociations du genre, glisser vers les compétences bilatérales et plurilatérales des États ? Évidemment, les enjeux ne sont pas comparables et l'on peut, à juste titre, s'interroger sur les implications liées à la multiplication de tels accords sur le devenir de l'OMC.

9.1 LES ACCORDS COMMERCIAUX DE NOUVELLES GÉNÉRATIONS : PROBLÈMES ET PROMESSES

Il ne semble pas y avoir un mobile unique, décisif et visible, qui préside à l'avènement des accords commerciaux de nouvelles générations. On peut raisonnablement considérer que plusieurs facteurs aux effets convergents entrent en jeu. Il y a, tout d'abord, des mobiles économiques qui veulent que la diplomatie commerciale s'active à chaque crise pour redonner des perspectives nouvelles à la croissance, au développement des marchés et à l'internationalisation des firmes. Mais, on trouve également des motifs politiques qui entérinent et orientent les motifs d'ordre économique. En effet, si des accords doivent voir le jour, c'est dans un cadre régional ou bilatéral et non plus multilatéral. Le blocage du Cycle de Doha, depuis la fin de 2003, a entraîné avec lui la confiance dans les négociations multilatérales, rendant (provisoirement ?) peu probable la recherche de solutions au sein même de l'OMC.

9.1.1 *Les mobiles économiques et politiques au fondement des accords commerciaux de nouvelles générations*

A. Le parachèvement de la libéralisation des échanges entamée au milieu du XXe siècle

Dès sa création, l'Organisation de Genève a reçu pour mission de poursuivre et d'étendre le processus de libéralisation des échanges commencé cinquante ans plus tôt. En particulier, son mandat prévoit l'approfondissement de la libéralisation du commerce de marchandises et son extension à des domaines neufs. Outre les produits agricoles, la libéralisation doit privilégier le commerce des services ainsi que la réalisation d'accords sur les droits de propriété intellectuelle touchant au commerce afin d'offrir une meilleure protection des droits de la propriété intellectuelle.

La signature d'accords commerciaux régionaux (ACR), relativement plus nombreux au cours de la période 1990-2008, semble elle-même avoir atteint un cap. Ce double fait oblige à rechercher d'autres modalités de relance de la dynamique des échanges. L'OMC a très récemment indiqué avoir reçu 312 notifications concernant des accords commerciaux régionaux couvrant le commerce des marchandises, des services ou les deux à la fois. Ces accords viennent s'ajouter à ceux qui avaient été notifiés ou étaient parvenus à la connaissance du GATT jusqu'à la fin de l'année 1994, soit environ 120 accords régionaux. Au total, 432 accords bilatéraux ou régionaux sont identifiés à la fin de 2016.

Aujourd'hui, presque tous les pays membres de l'OMC ont notifié leur participation à l'un au moins de ces accords pendant que d'autres ont signalé leur adhésion à plus d'une vingtaine. Certains de ces accords rassemblent des pays qui sont déjà totalement ou majoritairement membres de l'OMC. Les notifications concernent également de nouvelles parties accédant à des accords qui existaient auparavant. Certes, des membres de l'OMC continuent de négocier de nouveaux accords, à la fois de type bilatéral, régional ou interrégional, toutefois, beaucoup a déjà été réalisé dans ce domaine et l'avenir est moins à la création de nouveaux accords commerciaux qu'à la reconfiguration de ces derniers pour absorber des accords bilatéraux ou faire naître des ensembles plus vastes (voir par exemple le Partenariat économique régional global ou RCEP en Asie, ou encore l'Accord tripartite entre la COMESA, la CAE et la SADC en Afrique).

Les ACR par catégorie	Clause d'habilitation	Art. V AGCS	Article XXIV du GATT	Total général
Union douanière	8		11	19
Union douanière – Accession	2		9	11
Accord d'intégration économique		138		138
Accord d'intégration éco. – Accession		6		6
Accord de libre-échange	15		223	238
Accord de libre-échange – Accession	1		2	3
Accord de portée partielle	16			16
Accord de portée partielle – Accession	1			1
Total général	**43**	**144**	**245**	**432**

Source : OMC (2016), Base de données sur les ACR

TABLEAU 9.2.
Les accords bilatéraux, plurilatéraux et/ou régionaux notifiés au GATT / à l'OMC et en vigueur au 1er septembre 2016

L'argument du marché apparaît plus sûrement comme un facteur expliquant les initiatives politiques actuelles en faveur de nouvelles générations d'accords commerciaux. En effet, les responsables politiques réagissent aux pressions accrues en faveur de tels accords parce qu'ils apparaissent comme un simple écho à l'interdépendance qui s'est progressivement nouée entre les économies et les continents, mais aussi entre les firmes et les systèmes productifs nationaux et régionaux.

On le sait, le développement international des entreprises peut s'effectuer par les exportations, mais aussi par l'implantation de filiales dans les pays étrangers. Or, ces implantations ont pris récemment une importance considérable, portées notamment par les investissements directs étrangers (IDE) à la fois entrants et sortants. Désormais, les FMN jouent un rôle déterminant dans la mondialisation, nécessitant, lorsque l'on fait des comparaisons internationales, de ne pas se restreindre à la seule mesure des exportations et importations de biens et services.

Dans le cas de la France, par exemple, une note récente de l'INSEE souligne le degré avancé de l'internationalisation de l'économie française par l'entremise de ses firmes multinationales. Cette internationalisation se traduit davantage par l'implantation à l'étranger de filiales de FMN que par les exportations. C'est aussi le cas pour le Royaume-Uni. En revanche, l'Allemagne associe une présence forte de filiales à l'étranger à des exportations importantes (Boccara et Picard, 2015).

En 2012, les FMN sous contrôle français avaient la moitié de leur activité et de leur emploi implanté à l'étranger (respectivement 52 % et 53 %). Symétriquement, au sein de l'économie française, les FMN, qu'elles soient sous contrôle français ou étranger, représentaient environ la moitié de l'emploi (47 %) et de la valeur ajoutée (56 %) des entreprises installées sur le territoire. Les multinationales sous contrôle étranger pèsent respectivement 12 % et 15 %.

Au même moment, les stocks d'IDE en France et français à l'étranger représentaient respectivement 41 % et 64 % du PIB, d'après les définitions officielles du manuel de la balance des paiements. En longue période, selon les données de la Banque de France, le stock d'investissement direct français à l'étranger a été multiplié par 3,6 depuis 2000. Parallèlement, l'ouverture aux investissements étrangers s'est poursuivie avec un stock d'IDE en France multiplié par 2,3. La comparaison avec les autres pays de l'OCDE montre la forte extraversion des FMN françaises relativement à la taille de l'économie nationale.

La CNUCED estime, en 2015, à environ 15 % du PIB mondial la part de la valeur ajoutée brute produite par les filiales étrangères des FMN. Dans cette réalité, qui s'accentue irréversiblement, s'enracine un autre mobile à l'origine des accords commerciaux de nouvelles générations. En effet, la distinction établie traditionnellement par les économistes entre « avantages comparatifs » et « avantages concurrentiels » semble vouée à devenir ténue. L'identité des entreprises se confondrait de moins en moins avec l'identité des économies nationales. Même si l'avantage comparatif garde sa signification, l'avantage concurrentiel devient un puissant vecteur de développement des investissements et des échanges mondiaux. L'avantage concurrentiel qui a trait à la capacité des firmes à combiner les initiatives stratégiques et la gestion de leurs ressources évolue plus rapidement que l'avantage comparatif.

Les écoles de pensée économiques ont traditionnellement des opinions différentes sur le poids relatif de chacun de ces deux types d'avantages. Toutefois, un nombre croissant d'économistes s'accorde actuellement sur le fait que les modèles commerciaux des grandes nations résultent d'une combinaison des deux types d'avantages. L'essor du commerce intra-branche en serait la démonstration (Deichman et Indermit, 2008). Ce dernier articule à la fois l'internationalisation des processus de production des FMN, lesquels se délocalisent d'un pays à l'autre, et la hausse des échanges entre les économies liées par de telles délocalisations.

Certains économistes qui mettaient autrefois l'accent sur la primauté des stratégies d'entreprises en viennent aujourd'hui au constat que l'environnement macroéconomique, la qualité des infrastructures et la transparence des réglementations nationales peuvent nettement influer sur le comportement des entreprises et leurs avantages concurrentiels. Inversement, des économistes qui mettaient plutôt l'accent sur l'avantage comparatif reconnaissent plus volontiers aujourd'hui que les choix stratégiques des firmes deviennent véhicules de commerce tout autant que les avantages comparatifs. Cette évolution conjointe vers l'avantage compétitif a pour effet d'atténuer la distinction entre les économies nationales compliquant d'autant la tâche des négociateurs commerciaux (Fontagné et Toubal, 2010).

B. La crise du Cycle de Doha et la marche forcée vers les accords d'obédience bilatérale et plurilatérale

Arrivé à la tête de l'OMC en septembre 2013, le Brésilien R. Azevedo a été confronté, dès le mois de décembre, soit quelques mois seulement après sa nomination, au tout premier défi inhérent à l'exercice de sa fonction de régulateur du commerce international. Lors de la conférence ministérielle de l'Organisation organisée à Bali (Indonésie), et alors qu'il espérait faire de cet événement la première étape vers un renouveau du multilatéralisme commercial grippé depuis 2003, les discussions ont débouché sur une impasse. Le tout nouveau Premier ministre indien, Narendra Modi, a rejeté un accord qui ne convenait plus à son pays. Presque simultanément, une vingtaine de pays, rassemblés à l'initiative des États-Unis et de l'Australie, ont lancé une initiative restreinte en vue d'une libéralisation du secteur des services. Cette initiative, communément désignée sous le sigle TiSA (*Trade in Service Agreement*), envisageait une élimination substantielle des barrières commerciales en vue de faciliter le retour à la croissance. Cette initiative était ambitieuse, mais elle avait le défaut majeur d'avoir été élaborée et négociée en dehors du giron de l'OMC. Comme telle, elle a contribué à éloigner encore plus la perspective d'un retour rapide à des négociations multilatérales en vue de l'aboutissement du Cycle de Doha.

Entre 2003 et 2013, beaucoup d'autres initiatives ont vu le jour affichant des objectifs plus ou moins comparables. Durant cette seule décennie, 56 accords bilatéraux, plurilatéraux ou régionaux sont entrés en vigueur. Ensuite, le début de 2014 a été marqué par l'engagement de 14 pays, à la marge du Forum économique mondiale de Davos (Suisse), de lancer une initiative dans le domaine de l'environnement. L'objectif était d'abaisser les droits de douane sur les « produits verts ». Les principaux participants ont pris officiellement acte qu'un agenda actualisé pour la relance du Cycle de Doha n'avait aucune chance de voir le jour à court terme.

Pour P. Messerlin, « le problème ne se situe pas au niveau de Genève où les ambassadeurs négocient en fonction des instructions reçues de leur gouvernement, mais au niveau des différentes capitales qui n'envoient plus d'instructions. De plus, tant que l'on négocie baisse de droits de douane ou élimination de quotas d'importation, l'OMC est le forum idoine. Mais, dès que les pays veulent discuter normes ou réglementations, il faut un niveau élevé de confiance entre États, lequel n'existe, pour l'instant, que sur une base bilatérale ou plurilatérale à l'instar du partenariat transatlantique entre les États-Unis et l'Union européenne ou de TiSA » (*Les Échos*, 21 octobre 2014).

9.1.2 *Les nouvelles négociations s'inscrivent dans un contexte renouvelé, incontestablement difficile et qui exacerbe les tensions*

Il faut admettre que le contexte économique et géopolitique actuel est bien plus contraignant, que ne le fut globalement celui de la seconde partie du XXe siècle pour la diplomatie commerciale. Pendant très longtemps, les négociateurs ont soutenu la « *théorie de la bicyclette* »[7] selon laquelle il est important de maintenir la dynamique des négociations pour faire échec au protectionnisme et progresser vers un système commercial toujours plus ouvert. C'est ainsi que la priorité a été donnée pendant plus de cinquante ans à la réduction des barrières douanières et à l'élimination progressive des restrictions quantitatives aux échanges. Bien entendu, ce choix a conduit à négliger d'autres dossiers plus cruciaux (l'investissement, les normes de travail, l'environnement, la sécurité sanitaire, *etc.*) ou plus difficiles (l'agriculture).

Le succès relatif des négociations multilatérales (première phase : 1950-1994) et celui aussi probant de l'affirmation de volontés d'intégration régionale (deuxième phase : 1990-2008) n'ont pourtant pas réussi à éclipser les problèmes laissés durablement en suspens. Le nouveau contexte (2003-2016) a mis en lumière ces problèmes tout en montrant les limites de l'approche fonctionnaliste des négociations antérieures. Jusqu'à ces dernières années, le débat pouvait se résumer à un conflit entre l'*optimum* que représente l'ordre multilatéral et l'autre *optimum* qui s'illustre dans l'édification de blocs régionaux. Alors que ce débat n'est toujours pas clos, il s'enrichit d'interrogations nouvelles, celles qui ont trait en particulier à la portée et aux limites des nouvelles formes de libéralisation visées par les accords commerciaux de nouvelles générations.

7. Jacques Delors, alors qu'il était Président de la Commission européenne (1985 à 1994), a déclaré : « *L'Europe, c'est comme la bicyclette : si elle n'avance pas, elle tombe* ».

Toutefois, les nouvelles négociations se trouvent confrontées à des défis qui résultent de l'émergence de nouveaux facteurs, essentiellement sociaux et politiques, dans des domaines qui étaient jusqu'ici relativement éloignés des négociations. Il s'agit, tout d'abord, de l'affaiblissement avéré du contrôle des États sur les entreprises nationales. Au cours des dernières années, la mondialisation des marchés et l'accélération des investissements transfrontaliers ont sérieusement remis en cause l'association jusque-là au moins partiellement admise entre économies nationales et frontières des entreprises. Un clivage de plus en plus prononcé semble séparer les deux réalités (Andreff, 2013).

Il s'agit, ensuite, du caractère de plus en plus flou de la distinction entre les questions de politique intérieure et celles qui ont trait à la diplomatie extérieure, ce qui se traduit par des obstacles aux échanges plus complexes que par le passé. Certaines de ces évolutions ne sont pas entièrement nouvelles. Déjà, dans les années 1990, on avait pris conscience des interactions certaines qu'il pouvait y avoir entre les politiques publiques d'obédience interne et les politiques commerciales de portée plutôt externe. Enfin, et corrélativement, le doute s'est installé sur la capacité du commerce international de soutenir durablement la croissance et l'amélioration du bien-être des populations ou encore de garantir la protection de l'environnement, posant d'emblée le problème de l'acceptabilité politique des négociations commerciales.

L'actualité récente a montré précisément que cette acceptabilité politique peut faire partie intégrante de tout nouvel accord commercial et non plus seulement constituer un volet collatéral ou un complément désirable, éventuellement relevant de la mise en scène démocratique. Dès lors, il existe dans le nouveau contexte un risque de conflit beaucoup plus grand entre les pouvoirs publics, les structures chargées de la négociation commerciale et l'opinion publique. L'acceptabilité politique devient une exigence dont les négociateurs commerciaux doivent davantage, voire impérativement, tenir compte. C'est ce que P. Lamy a répété dans plusieurs de ses interventions au cours de la dernière période.

Les réactions d'hostilité, au caractère politique très marqué, à l'encontre du CETA en sont l'illustration. Une partie de l'opinion publique européenne, mais aussi canadienne, a exprimé sa crainte qu'un traité négocié par des « technocrates des deux bords », dans des enceintes fermées et donc en dehors de tout contrôle démocratique, conduise à une détérioration de la situation de l'emploi, des normes sociales et de l'environnement. Les négociations sur le TTIP vont dans le même sens. Une partie de l'opinion publique, celle qui s'est fait relativement le plus entendre, a ouvertement protesté contre le *dumping* social et environnemental incorporé dans cet accord. Le terme *dumping* est probablement impropre, mais il est utilisé métaphoriquement pour bien faire ressortir que le commerce ne se fait pas dans des conditions équilibrées et équitables puisque les pays importateurs ne peuvent obliger les pays exportateurs à adopter les mêmes normes et règlements intérieurs (normes techniques, sociales, sanitaires, *etc.*).

Eu égard à ces considérations, les nouveaux accords de libéralisation commerciale semblent ne plus pouvoir être conclus sans tenir compte de ces sensibilités. Dès lors, on aurait tort de voir dans l'intrusion des normes sociales et environnementales, ou encore dans la prégnance croissante des choix politiques et/ou démocratiques dans les calendriers et les contenus des négociations, de simples contrariétés susceptibles de bloquer l'essor des échanges futurs. L'histoire a maintes fois prévenu que les phases de remises en cause peuvent aussi créer des opportunités, plus ou moins inattendues, mais parfaitement en mesure d'ouvrir sur des mutations aux effets considérables.

9.2 LES ACCORDS COMMERCIAUX DE NOUVELLES GÉNÉRATIONS : LES BÉNÉFICES ET LES RISQUES

En 2016, les facteurs intérieurs de croissance sont faibles en Europe et aux États-Unis. Les principaux moteurs sont dans les relations commerciales avec les autres partenaires. Compte tenu du différentiel de croissance entre les zones développées et le reste du monde, il est estimé que plus de 90 % de l'augmentation de la demande mondiale viendraient de l'extérieur de l'Europe et des États-Unis au cours des toutes prochaines années. Or, en raison du blocage du Cycle de Doha, les seules marges de manœuvre pour relancer le commerce mondial et la diplomatie commerciale à court terme résident, semble-t-il, dans les nouveaux accords bilatéraux et plurilatéraux.

Pour leurs défenseurs, les accords commerciaux de nouvelles générations viendraient renforcer l'intégration au niveau à la fois bilatéral et plurilatéral, une sorte de prolongation des processus antérieurs de libéralisation des échanges. Pour P. Lamy, « ces accords traduisent le fait que les disciplines de l'OMC vont moins vite que les changements dans la nature des échanges, qui sont mieux reflétés dans les accords de deuxième et troisième générations. L'histoire prouve que les accords bilatéraux ou régionaux précèdent les accords multilatéraux » (Hiault, 2015).

Reste que cette évolution ne va pas de soi. Beaucoup s'interrogent sur la compatibilité des nouveaux accords avec le multilatéralisme et, plus fondamentalement, avec la réalisation du bien-être des populations, objectif que ces traités disent ouvertement servir. De même, leur cohabitation avec certaines formes d'intégration régionale est sujette à question. Par exemple, l'UE fonctionne sur le modèle de l'intégration commerciale. Toutefois, si l'UE est dotée d'une politique commerciale commune, les choix de politiques industrielle et commerciale des pays membres et/ou de leurs régions (Belgique, Allemagne, Espagne, Italie, *etc.*) conservent toute leur importance. Cela peut être source d'incompréhension, voire de tensions. On l'a vu avec le rejet en octobre 2016, par le parlement de la Fédération de Wallonie-Bruxelles, de la signature par la Belgique du Traité du CETA entre le Canada et l'UE.

9.2.1 *Les mesures non tarifaires et techniques : de nouveaux défis pour la diplomatie commerciale*

Les négociations sur les accords commerciaux de deuxième et de troisième génération portent essentiellement sur l'assouplissement et/ou l'élimination des barrières non tarifaires et des barrières structurelles. Ces appellations visent les mesures autres que les droits de douane appliquées au flux commerciaux parce qu'elles sont susceptibles de les restreindre. Il s'agit donc des restrictions quantitatives, des mesures de contrôle, des barrières techniques au commerce, des règles d'accès aux marchés publics, des subventions publiques et des normes relatives à la santé, à la sécurité et à l'environnement. Tous ces volets ne présentent pas la même importance pour les pays négociateurs et, bien entendu, ne présentent pas les mêmes enjeux pour les secteurs et les activités visés par les négociations.

A. Les barrières douanières

Nous l'avons vu dans la deuxième partie de cet ouvrage, les tarifs douaniers sont les premiers obstacles au commerce à avoir été traités par le GATT et, par la suite, par l'OMC, avec pour résultat une réduction très importante des droits de douane. Au niveau multilatéral, les droits de douane moyens pour les produits manufacturiers sont tombés récemment au voisinage de 3 %, bien qu'il existe encore des crêtes tarifaires importantes. La réduction des droits de douane dans le cadre du cycle de l'Uruguay avait été en moyenne de près de 40 %, ce qui est au-delà de l'objectif initialement retenu de l'ordre de 30 %. Dans certains secteurs, les droits de douane ont été totalement éliminés, tout en continuant à subsister dans d'autres.

Toutefois, la réduction des droits de douane a été davantage opérée à l'intérieur des accords commerciaux régionaux qu'entre ces derniers ou entre pays. Ainsi, l'UE avait été la première à supprimer entièrement les droits de douane, dès la fin des années 1960, en son sein. Aujourd'hui, s'agissant des exportations européennes vers les États-Unis, la protection moyenne est de 6,6 % pour les produits agricoles et de 1,7 % pour les produits manufacturés. Sur le marché européen, c'est dans le secteur agricole que les exportations américaines rencontrent la protection la plus élevée (12,8 % en moyenne). La protection est, en revanche, de 3,3 % pour tous secteurs d'activité.

Cela montre que les marges de manœuvre sont, si l'on exclut le secteur agricole, ailleurs que dans les réductions tarifaires. Avec le TTIP, si la négociation va à son terme, des coupes tarifaires pourraient profiter aux exportations européennes de fromages. Du côté des importations européennes, les producteurs américains subissent une protection très élevée dans le maïs ainsi que dans les produits de l'élevage, en particulier la viande bovine. Toutefois, et globalement, on ne s'attend pas ici un « choc commercial ». Les obstacles tarifaires ne sont pas l'enjeu principal des négociations sur les accords de nouvelles générations (Gourdon et Jean, 2013).

B. Les barrières non tarifaires

Ce type de barrières présente un caractère plus mitigé. Les règles multilatérales ainsi que les principaux ACR couvrent en principe les barrières techniques au commerce, les subventions, les marchés publics et les restrictions quantitatives qui en sont les principaux domaines.

Les barrières techniques sont indiscutablement le domaine où les négociations internationales ont le moins progressé depuis les débuts du GATT. Et, pour cause, les normes en vigueur dans chaque pays relèvent de pratiques installées, voire instituées. Ces normes imposent, par exemple, des caractéristiques aux produits ou aux méthodes de production. Il peut s'agir également de prescriptions en matière d'emballage ou d'étiquetage. Les obstacles résident essentiellement dans le fait que les réglementations peuvent avoir des sources diverses à la fois fédérale (Canada, États-Unis, *etc.*), communautaire (Union européenne), infranationale et/ou professionnelle.

Les règles d'accès aux marchés publics, malgré les progrès réalisés, souffrent de la même complexité. En principe, l'accord sur les marchés publics issu du cycle de l'Uruguay avait amélioré les règles d'accès et étendu leur champ d'application aux entreprises de service public. Toutefois, des différences subsistent selon les pays ou les zones. En Europe, les achats par tous les niveaux de gouvernement sont couverts, tout comme les entreprises privées de service public lorsqu'elles sont soumises aux réglementations officielles. Mais, tel n'est pas le cas au niveau de l'ALENA. Par exemple, aux États-Unis, une partie de la législation (*Small Business Act, Buy American Act, Recovery Act*) réserve certains marchés publics en priorité aux PME américaines, au détriment des entreprises étrangères. Treize États américains ne sont toujours pas couverts par l'accord OMC sur les marchés publics. Cela n'est pas du goût de l'UE.

Une autre forme importante de distorsion commerciale, qui relève habituellement des obstacles non tarifaires, est celle des subventions publiques. Le GATT couvrait les subventions par l'intermédiaire d'un code spécifique adopté dès le cycle de Tokyo. Ce code s'étant révélé inefficace, en l'absence d'une définition claire du vocable *subvention*, bien des différends n'ont pu être résolus. L'amélioration des dispositions antérieures dans l'acte final du cycle de l'Uruguay a permis néanmoins de rectifier partiellement cette situation. Les tentatives récentes pour renforcer les contrôles ont été couronnées d'un certain succès, mais ces contrôles ne font que limiter les subventions qui engendrent le plus de distorsions. Les remèdes nationaux, comme les droits compensateurs, continuent d'être sollicités de fait, bien qu'il existe un système de règlement des différends qui doit contribuer à accélérer la résolution des conflits.

Les règles d'origine se différencient des subventions et des obstacles techniques dans la mesure où elles sont une conséquence directe des préférences commerciales en général et des accords d'intégration régionale en particulier. Les diverses règles d'origine, qu'elles soient nationales ou régionales, se fondent généralement sur la dernière transformation substantielle et utilisent une combinaison de valeur ajoutée et de modification de la position tarifaire. Les règles du jeu héritées du GATT fixaient les principes communs à appliquer, en particulier la notification des changements apportés aux règles d'origine. Ces règles exigeaient des parties contractantes qu'elles aient des procédures d'examen rapides et efficaces. L'application de cette doctrine est restée jusqu'ici d'application difficile et donc restrictive. La question demeure de savoir si les dispositions existantes peuvent être dépassées et si cela suffirait à empêcher des abus. C'est l'un des enjeux centraux des négociations en cours dans le cadre du CETA et du TTIP.

C. Les barrières structurelles

Les obstacles structurels représentent un défi majeur. Ainsi que leur nom l'indique, ces obstacles tiennent de facteurs permanents et lourds de l'économie nationale, comme l'existence de monopoles publics ou privés, ou encore des pratiques commerciales ou des accords restrictifs, en particulier ceux qui créent une intégration verticale des marchés. Dans ce domaine, le champ d'action de la législation multilatérale demeure limité. Les seules règles multilatérales existantes concernent la zone OCDE où les monopoles ont été inclus depuis de nombreuses années dans les dispositions sur les notifications contenues dans les instruments de l'OCDE. En théorie, pour l'Union européenne, la Commission a le pouvoir d'agir contre les pratiques commerciales restrictives et les cartels et, dans une moindre mesure, contre les monopoles publics et/ou privés. Il reste toutefois beaucoup à faire.

Outre les politiques de la concurrence, l'autre grande question à l'ordre du jour est celle de l'environnement. Les règles de l'OMC comportent de nombreuses exceptions portant sur des questions sensibles comme la santé et la sécurité. Mais leur application au travail et à l'environnement continue de faire problème, même si l'on dispose aujourd'hui d'une jurisprudence étoffée permettant d'interpréter et de régler les situations de terrain. Comme à l'OMC, une approche harmonisée sur la question de l'environnement est recherchée à l'OCDE. L'Europe semble être la zone qui a le plus progressé au cours des dernières années. Sa façon d'aborder les questions relatives à l'environnement s'appuie sur une législation qui s'est enrichie de la jurisprudence de la Cour de Justice européenne (CJE) et, plus récemment, de l'inclusion d'objectifs de politique environnementale dans les Traités de Maastricht (1997) et de Lisbonne (2009).

Ces instruments visent, en théorie, à protéger la société (les producteurs, les consommateurs, les salariés, *etc.*) et l'environnement et ne servent pas à renforcer le protectionnisme. Toutefois, il a été identifié des situations où ces mesures sont délibérément utilisées afin de décourager les importations. Leur multiplication est corrélée historiquement avec la diminution de la protection douanière, et cela peut laisser penser qu'elles sont utilisées de façon volontairement restrictive ou déloyale.

Le recours à ces mesures est en principe régi par des accords spécifiques convenus dans le cadre de l'OMC. Ces derniers précisent que, pour être utilisés, les instruments doivent respecter certaines règles comme la transparence, la non-discrimination, ou encore la preuve scientifique dans le cas des normes sanitaires et environnementales. Toutefois, même si tel n'est pas toujours l'objectif, l'usage de ces instruments peut constituer une entrave au commerce. Les petits producteurs peinent généralement à adapter leur production à de nouvelles normes, ce qui sape leur compétitivité et donc leur accès au marché. De la même manière, la mise en place de nouvelles règles de conformité ou de nouvelles normes sanitaires exige des délais et des coûts produisant le même effet contraignant. Les problèmes sont d'autant plus aigus que les pays concernés appliquent des règles et des normes différentes ou s'écartent des normes internationales lorsque celles-ci existent (Gourdon et Jean, 2013).

Pour P. Lamy (2015), les accords de deuxième et troisième générations trouvent, dans ces différences même, la principale explication à leur impopularité. Comme chaque partie a sa propre conception et/ou application du principe de précaution, elle redoute que l'autre partie pratique un « *dumping* de précaution ». L'attachement aux normes (sanitaires, alimentaires, *etc.*) est au centre du mode de vie des populations en Europe. En l'absence de visibilité politique sur ces questions, les ONG et d'autres composantes de la société civile ont eu beau jeu de sonner l'alarme sur le poulet au chlore, le bœuf hormoné ou la sécurité des jouets. Face à de telles craintes, il aurait fallu que la Commission européenne réagisse rapidement pour soutenir que tout accord bilatéral, avec le Canada comme avec les États-Unis, doit respecter et, si possible, renforcer les normes de précaution en vigueur. Il le fallait notamment pour faire écho à l'émotion ressentie en Allemagne où la population est traditionnellement bien plus sensible à la précaution qu'à la protection. Cela a, semble-t-il, échappé à la Commission.

9.2.2 *Deux cas emblématiques d'accords commerciaux de troisième génération : le TTIP et le CETA*

La plupart des Européens ont entendu parler des négociations sur le CETA et le TTIP durant la campagne des élections européennes du printemps 2014. En quelques semaines, le sujet est devenu l'un des plus médiatisés des dossiers de la campagne électorale. Au passage, et surtout depuis, il s'est attiré non seulement la critique des médias, mais aussi la désapprobation d'une grande partie de l'opinion publique. Les milieux d'affaires et les responsables politiques restent, eux, singulièrement divisés. Inquiétude exagérée, voire injustifiée, ou ignorance ?

A. Le TTIP : agenda, enjeux et problèmes en suspens

1°) Le calendrier et le projet

La négociation en vue du TTIP a démarré en juillet 2013 après que le Conseil de l'UE eut adopté le mandat de négociation avec les États-Unis. Auparavant, le Parlement européen avait approuvé l'ouverture de cette négociation sur base d'un vote à la majorité simple. Les négociateurs avaient l'ambition de finaliser l'accord avant la fin de 2015, et au plus tard avant la fin de la présidence de B. Obama, les Américains ayant fait savoir qu'ils refuseraient des négociations qui s'éternisent.

L'enjeu est considérable puisque le partenariat vise la formation de la plus grande zone de libre-échange de l'histoire. Elle représenterait, si l'accord entre en vigueur, un espace de 840 millions de consommateurs, soit 11,5 % de la population mondiale, presque la moitié du PIB mondial, 30 % des échanges mondiaux de biens et services et 20 % des IDE. Les États-Unis ont indiqué que leurs exportations vers l'UE28 sont à l'origine de plus de 26 millions d'emplois et qu'ils ont l'intention de porter ce seuil à un niveau plus élevé. Pour l'UE, il s'agit, pour la première fois, d'un projet d'accord avec un partenaire comparable à la fois en termes de puissance économique et en dimension.

Le TTIP entend couvrir les échanges entre les États-Unis et l'UE, mais également les investissements réalisés réciproquement par chacune des deux parties sur le territoire de l'autre. Les négociateurs ont prévu de s'attaquer aux réglementations dans les différents secteurs de l'économie. L'objectif est de parvenir à une convergence, dans certains cas une harmonisation, des règles dans le plus grand nombre de domaines possibles. À défaut d'harmonisation, il s'agirait de faire que les procédures à l'œuvre dans l'une des deux parties soient reconnues par l'autre partie.

Qui gagne et qui perd ? L'étude publiée en mars 2013 par le *Centre for Economic Policy Research* (CEPR) de Londres souligne que l'économie européenne dans son ensemble générerait 120 milliards d'euros de revenus supplémentaires grâce au TTIP. En d'autres termes, chaque année, un ménage européen disposerait d'un revenu additionnel de 545 euros environ. Selon une autre étude du CEPII (2014) pour la France spécifiquement, le TTIP engendrerait une croissance supplémentaire annuelle moyenne de 0,5 %. Il entraînerait une augmentation des salaires de 1,5 à 2 % pour l'ensemble des salariés et les exportations françaises connaîtraient une hausse moyenne de 10 %. Ces deux projections viennent corroborer une étude plus ancienne de la Fondation Bertelsmann (2013) qui estimait que l'accord pouvait générer environ 2 millions d'emplois de part et d'autre de l'Atlantique, dont 121 000 en France et 180 000 en Allemagne. La fondation existe depuis 1977 et œuvre au renforcement du dialogue transatlantique et, plus généralement, à l'élaboration d'une nouvelle architecture dédiée à une meilleure gouvernance mondiale. Le document avertit que les données ci-dessus sont à relativiser pour tenir compte séquentiellement de l'évolution de la conjoncture internationale, et sont surtout pondérées pour prendre en considération le contenu (en termes de sectoriels concernés) de l'accord.

2°) Le contenu de l'accord entre ambitions et malentendus

La première interrogation a trait au dossier des obstacles techniques au commerce. Ces derniers sont en principe déjà traités au sein de l'OMC. Mais, l'ambition affichée est d'aller plus loin, l'enjeu étant d'éviter le double fardeau de contraintes souvent redondantes tout en restant en phase avec les exigences des partenaires. Pour l'UE, il s'agit en somme d'engranger les bénéfices d'une meilleure coordination avec les États-Unis tout en restant en accord avec les préférences collectives en Europe. La solution passe, soit par la reconnaissance mutuelle de certaines normes et de certains standards, soit par l'harmonisation en adoptant ce qui est considéré par les deux parties comme étant la norme la plus performante. Les enjeux en termes d'influence normative sont immenses, car les points d'accord pourraient prétendre devenir de nouvelles normes de référence au niveau international.

C'est en substance ce que suggère R. Bergstrom, directeur général de la Fédération européenne des industries pharmaceutiques : « Aujourd'hui, les normes sont essentiellement les mêmes. Il s'agit de retirer les doublons. Le plus grand bénéfice est que nous pourrons introduire plus rapidement de nouveaux médicaments avec la simplification des procédures, sans baisser le niveau. En outre, le bénéfice sera important pour les petites compagnies, car les grandes peuvent gérer la bureaucratie alors que les petites compagnies européennes et américaines pourront plus facilement trouver des investisseurs. Mais seulement s'il y a un chemin clair pour atteindre les marchés américains et européens ».

Fallait-il s'inquiéter de la confrontation avec les normes et les standards techniques américains ? K. De Gucht, ancien Commissaire au Commerce et l'un des principaux négociateurs européens, a répété à plusieurs reprises que le TTIP n'a pas vocation à abaisser les normes sanitaires et phytosanitaires de l'UE. Il n'y aurait pas d'importations de bœuf aux hormones en Europe. Les négociateurs s'orienteraient plutôt vers un relèvement des quotas d'importation de viande de bœuf standard sans hormones. Ce qui nécessite, de la part des éleveurs américains, l'organisation d'une filière spécifique. Reste à fixer le montant des quotas en question. Du côté des OGM, la Commission s'orienterait vers une réforme de sa directive qui laisserait le choix d'interdiction aux États membres.

De telles assurances sont rejetées par M. Contiero, conseiller agricole auprès de Greenpeace Europe : « L'UE a banni 80 pesticides et produits chimiques qui sont toujours utilisés aux États-Unis. Concernant la quantité de résidus de pesticides que l'on peut trouver dans les aliments mis sur le marché, l'UE est dans certains cas à des seuils qui sont 100 fois plus stricts qu'aux États-Unis. Les compagnies chimiques n'ont cessé de faire du *lobbying* auprès des autorités européennes et américaines pour être sûres que l'UE révisera à la baisse ses normes en matière de résidus. Une fenêtre pourrait s'ouvrir également pour des produits alimentaires interdits dans l'Union comme la viande de bœuf traitée aux hormones ou des céréales génétiquement modifiées ».

S'agissant des gaz de schiste, l'UE n'a pas le pouvoir de déterminer le mix énergétique des États membres. La décision revient donc aux autorités nationales. Dans la diversité des positions affichées sur cette question par les États de l'UE, la France continue d'interdire la technique controversée de la fracturation hydraulique. Néanmoins, la crise ukrainienne a mis en lumière l'épineuse question de la dépendance énergétique européenne vis-à-vis des hydrocarbures de la Russie. De ce fait, les Européens plaident pour l'instauration d'un chapitre spécifique sur l'énergie dans le TTIP. Les Européens presseraient les États-Unis d'accroître leur production de gaz de schiste afin d'en importer une partie. Les ONG environnementales craignent dès lors que le texte en revienne à éliminer toutes les restrictions à l'exportation de pétrole brut et de gaz naturel américain, avec pour conséquence de freiner l'essor des énergies renouvelables en Europe.

3°) Une émancipation des firmes multinationales de la souveraineté des États : une crainte justifiée ?

Le projet de créer un mécanisme chargé d'arbitrer des conflits éventuels entre les FMN et les États est l'un des points qui font le plus problème. Ce dispositif est connu sous l'appellation de Clause d'arbitrage ou ISDS (*Investor State Disputes Settlement*). La clause d'arbitrage est consignée fréquemment dans des contrats ou conventions qui lient de grandes entreprises qui ont réalisé des investissements importants dans un pays ou un territoire afin de garantir la pérennité de cet investissement. Le risque existe lorsque, suite à une transformation de son cadre législatif, un État en vient à nuire aux intérêts des investisseurs étrangers par des manipulations diverses non prévues (spoliation, nationalisation, détournement, *etc.*).

Ce type de clause est apparu dans des accords dès la fin des années 1950. L'ISDS repose notamment sur le principe d'attente légitime de l'entreprise (*Legitimate Expectation*) ou de l'investisseur. Si cette attente n'est pas satisfaite, l'investisseur peut attaquer la puissance publique responsable. C'est dans un tel contexte que l'entreprise Vattenfall, d'origine suédoise, a attaqué d'État allemand lorsque ce dernier, à l'issue de l'accident de Fukushima en mars 2011, a annoncé l'arrêt de son programme nucléaire avant 2022. Vattenfall avait antérieurement procédé à d'importants investissements dans ce secteur en Allemagne. Pour ce préjudice, la société suédoise a réclamé 4,7 milliards d'euros de dédommagements. La clause se justifie donc par le principe d'incertitude et la nécessité de réduire celle-ci en améliorant la prévisibilité des investisseurs. Elle est parallèlement présente dans l'accord qui lie l'UE au Canada (CETA).

L'un des principaux arguments des partisans de la clause ISDS est que son existence attirerait des investisseurs. On lui oppose que les entreprises ont la possibilité de se préserver d'éventuels abus de la part d'autorités publiques en ayant recours à des assurances privées couvrant les risques politiques, souligne T. Lawson-Remer, économiste à la *Brookings Institution*, une ONG basée à Washington. Celle-ci mentionne également que le Brésil voit ses investissements étrangers augmenter régulièrement, alors que ce pays refuse depuis longtemps de signer des traités incorporant des clauses ISDS. D'autres pays annoncent d'ailleurs qu'ils ont l'intention d'adopter la même position que le Brésil, notamment l'Afrique du Sud, l'Inde, l'Indonésie et l'Australie. Dans le cadre de la négociation sur le TTIP, la France, l'Allemagne et la Belgique ainsi que de nombreuses ONG européennes, ont déclaré leur hostilité à ce volet du projet en affirmant que la justice européenne est suffisamment indépendante pour trancher dans éventuels conflits sur les investissements (Peeters, 2016).

Selon le schéma envisagé initialement, trois juges indépendants, siégeant dans les locaux de la Banque mondiale à Washington, auraient la charge de statuer sur des différends potentiels. Les détracteurs font valoir que les FMN américaines, mais aussi internationales, ne se privent pas de se lancer dans des procès dès qu'un État menace leurs activités et/ou leurs profits. Le cas le plus emblématique est venu de Philip Morris (*leader* mondial des tabacs) qui s'est opposé récemment à la décision de plusieurs gouvernements en Europe et en Australie d'uniformiser les paquets de cigarettes en faisant disparaître les marques. Face à la levée de boucliers en Europe, le dispositif originel a été transformé pour devenir un tribunal permanent, dédié à des cas précis (expropriation, déni de justice, *etc.*) où siègent 15 juges : cinq de l'UE, cinq des États-Unis et cinq d'États tiers.

4°) L'opacité des négociations : la diplomatie commerciale contre la démocratie ?

C'est l'une des accusations les plus régulièrement formulées. Pendant toute la première phase de négociation, les textes préparatoires et les différents chapitres du traité en négociation ne donnaient lieu à aucune publication extérieure. Les documents étaient consignés dans des locaux protégés. Les personnes consultées n'étaient pas publiquement identifiées. Les documents pouvaient être consultés par les parlementaires à la condition seulement de se rendre dans les locaux dédiés. À cela s'ajoute le fait qu'à chaque période hebdomadaire de négociations, une journée seulement est réservée à la consultation des différentes parties prenantes du TTIP. Les ONG, les associations de défense des consommateurs et les syndicats professionnels peuvent y rencontrer les négociateurs pour faire valoir leurs revendications ou faire état de leurs propositions. Cette opacité a accru la suspicion non seulement de la population, mais aussi celle d'une partie de la classe politique européenne, à propos d'un traité dont l'objectif officiel est pourtant d'ouvrir les deux économies et les deux sociétés pour faire le commerce le plus large.

Paradoxalement, le FMI (2015) a condamné cette opacité. Dans son rapport quinquennal sur sa contribution aux travaux sur le commerce mondial, il suggère que l'accord en discussion soit transparent et ouvert à d'autres pays. En contrepartie, les pays qui y seraient associés doivent s'engager à en accepter les termes. Les nouveaux accords de même type, ajoute le Fonds, « *doivent être ouverts, transparents et complets* ». Si l'opinion publique met en avant sa crainte que le débat démocratique soit tronqué, voire spolié, le FMI redoute de son côté que l'accord, comme celui négocié entre les États-Unis et la région Asie-Pacifique (TPP), aboutisse à *« une fragmentation du commerce mondial »*. Afin d'éviter une telle issue, il souhaite que les deux accords contribuent à *« minimiser la discrimination »* vis-à-vis des pays qui n'en sont pas signataires et empêchent de donner *« l'impression que le commerce ne progresse que pour un club privilégié de pays ».*

Les pesanteurs ci-dessus expliquent pourquoi les négociations sur le TTIP traînent en longueur. Ce qui est paradoxal, c'est qu'après avoir soutenu fermement le projet et pressé ses partenaires européens de conclure rapidement, l'administration américaine a opéré une volte-face spectaculaire en novembre 2016. En effet, alors candidat à la présidence des États-Unis, D. Trump avait fait état officiellement de son hostilité à l'accord, ajoutant ainsi sa voix à celle de tous les opposants qui se trouvent essentiellement en Europe. Devenu président depuis le 20 janvier 2017, il est possible qu'il fasse évoluer sa position. Ce changement pourrait être facilité par une reprise des tensions avec la Chine, car les États-Unis trouveraient alors en Europe un allié sûr pour faire face aux frictions sino-américaines.

B. Le CETA : agenda, enjeux et problèmes en suspens

1°) Le calendrier et le projet

Par beaucoup d'aspects, le CETA ressemble au TTIP. Toutefois, à la différence de ce dernier qui reste un projet menacé, le CETA a déjà donné lieu à une signature conjointe de l'UE et du gouvernement fédéral canadien. En effet, les négociations ont été lancées en mai 2009 et un premier accord a été signé en septembre 2014. Cependant, devant les contestations qui ont été suscitées par l'accord, et sans doute renforcées par les suspicions à l'égard TTIP, le traité est revenu à la signature, dans une nouvelle version, en octobre 2016. Le report était aussi justifié par l'opposition de trois entités francophones de Belgique, qui ont finalement donné leur aval après des négociations supplémentaires. Le 15 février 2017, le Parlement européen s'est prononcé à son tour en faveur du CETA. L'accord doit désormais affronter l'approbation des 27 parlements nationaux (hors Royaume-Uni).

En 1976, le Canada et l'UE avaient déjà signé un Accord-cadre de coopération économique et commerciale. Cet accord était le premier du genre à avoir été conclu par l'UE avec un pays industrialisé. Aujourd'hui, l'UE28 constitue le deuxième partenaire commercial du Canada après les États-Unis, sa deuxième source d'investissement direct étranger et la deuxième destination de l'investissement direct canadien à l'étranger : 23,4 milliards d'euros en 2014 contre seulement 11,8 milliards d'euros en 2013. L'UE est aussi la deuxième source de nouvelles technologies du Canada ainsi qu'un partenaire clé dans le domaine de la science et de la technologie. Une fois en vigueur, le CETA impliquerait un espace consolidé représentant 25 % du PIB mondial, un marché de 540 millions de consommateurs et 20 % des échanges de biens et de services.

Selon une étude conjointe publiée en octobre 2008 par le gouvernement du Canada et la Commission européenne, une plus grande libéralisation des échanges dans les biens et les services serait bénéfique à la fois pour l'UE et le Canada. L'étude évalue les gains de revenus réels à approximativement 11,6 milliards d'euros pour l'Europe (ce qui représente 0,08 % de son PIB), et 8,2 milliards d'euros pour le Canada (ce qui représente 0,77 % du PIB canadien) dans les sept années suivant la mise en œuvre d'un accord. Le total des exportations de l'UE vers le Canada pourrait augmenter de 24,3 %, tandis que les exportations bilatérales canadiennes vers l'UE pourraient se hisser de 20,6 %.

Les enjeux justifiaient, selon les deux parties, que l'accord recherché soit de portée beaucoup plus ambitieuse qu'un simple accord lié à la réduction des barrières tarifaires. En conséquence, l'accord vise un ensemble significatif de sujets ayant trait au commerce, mais aussi à l'investissement ainsi qu'aux normes de travail et d'environnement.

2°) Le contenu de l'accord : un projet très proche de lui du TTIP

L'accord envisage les conditions d'accès réciproque aux marchés nationaux des produits, avec une attention particulière réservée à réduction des barrières non tarifaires au commerce. Toutefois, les droits de douane ne sont pas en reste. Ainsi, il est prévu la suppression rapide des droits de douane qui seraient quasi entièrement bannis dès l'entrée en vigueur de l'accord. Sept ans plus tard, il ne subsisterait aucun droit de douane entre l'UE et le Canada pour les produits industriels.

Les secteurs de l'agriculture et de l'alimentation connaîtraient un processus similaire : environ 92 % des produits agricoles et alimentaires de l'UE seront exportés au Canada en franchise de droits. Pour un petit nombre de produits sensibles (viande de bœuf et de porc et maïs doux pour l'UE et produits laitiers pour le Canada, notamment), l'accès préférentiel ne sera ouvert qu'à des quantités limitées de produits.

L'accord établit les règles d'origine des produits et des matières premières utilisées dans les processus de production, aussi bien que des indications géographiques, afin d'éviter la contrefaçon des marques et d'appellations d'origine protégée.

Le CETA prévoit aussi des règles techniques mieux connues sous l'appellation d'« obstacles techniques au commerce » et de « mesures sanitaires et phytosanitaires » (objet des accords SPS et TBT dans le cadre de l'OMC). Simultanément, il soulève les problèmes de recours commerciaux tels que les mesures *antidumping* ou les mesures de sauvegarde (prévues à l'Article XIX GATT), ainsi que le sujet épineux des subventions, avec une particulière attention accordée au sujet brûlant du soutien à l'agriculture et à la pêche.

Un chapitre entier est dédié à l'important secteur des services, en s'intéressant y compris à la reconnaissance mutuelle des qualifications professionnelles et à la mobilité des agents et des hommes d'affaires. Les principales autres activités-clés concernées sont : les services financiers, les télécommunications, l'énergie et le transport maritime.

Le CETA envisage aussi le dossier des marchés publics. Les entreprises de l'UE pourraient participer aux marchés publics canadiens, à tous les niveaux de pouvoir. Pour la première fois, cela concernerait les autorités provinciales qui gèrent une partie importante des dépenses publiques. Chaque année, le budget consolidé du gouvernement fédéral et des autorités provinciales et municipales du Canada s'élève à plus de 30 milliards d'euros. Les entreprises européennes seraient parmi les premières entreprises étrangères à obtenir un niveau aussi élevé d'accès aux marchés publics canadiens.

L'objectif d'une meilleure protection de la propriété intellectuelle est soulevé. Par exemple, le Canada s'est engagé à aligner son niveau de protection des droits d'auteur sur les règles de l'Organisation mondiale de la propriété intellectuelle (OMPI). Un renforcement des droits de propriété industrielle sur les nouveaux médicaments est notamment prévu dans le cadre de l'accord.

Au-delà du commerce international, l'UE et le Canada ont convenu de réserver des dispositions à la question des rapports entre le commerce d'un côté, et le travail et l'environnement d'un autre côté.

La question de l'investissement a aussi fait l'objet d'un accord. C'est un dossier très sensible pour le gouvernement canadien. Le pays a commencé à négocier des accords pour la protection et la promotion des IDE dès 1989 afin d'obtenir des engagements touchant à la protection de l'investissement, en se référant alors au modèle mis au point sous les auspices de l'OCDE. Les négociateurs canadiens ont soutenu qu'en l'absence de tels accords, les investisseurs seraient exposés aux risques de mesures arbitraires ou discriminatoires de la part des pays hôtes. En contrepartie, ils ont reconnu que l'équité recherchée ne doit pas se faire au détriment de la nécessité de prévoir des accommodements et des exceptions afin que les États puissent adopter des règlements conformes à l'intérêt général.

3°) Faire face à la critique et à la contestation

Avertie par les premières critiques reçues par la version originelle de l'accord, la Commission européenne a très vite cherché à désamorcer la contestation. Elle a indiqué que « l'AECG n'aura aucune incidence sur les règles relatives à l'environnement et à l'alimentation dans l'UE. Les producteurs canadiens ne peuvent importer et vendre des produits dans l'UE que s'ils respectent pleinement la réglementation européenne en vigueur, sans aucune exception. Par exemple, l'AECG ne modifiera pas les restrictions imposées par l'UE sur le bœuf aux hormones ou sur les OGM. En outre, il ne prévoit aucunement de limiter le pouvoir réglementaire à l'avenir. L'UE comme le Canada conserveront le droit de légiférer librement dans des domaines d'intérêt public, tels que l'environnement et la santé et la sécurité des citoyens. Enfin, l'UE et le Canada réaffirment dans l'accord leur attachement au développement durable. L'accord établit des modalités permettant aux représentants de la société civile de l'UE et du Canada de participer à la mise en œuvre et au suivi de l'accord. Il comprend également un mécanisme d'arbitrage, qui prévoit la consultation des pouvoirs publics et l'établissement d'un groupe d'experts, qui pourront enquêter sur les conflits du travail et publier des rapports publics sur la question. Finalement, l'accord contient des engagements clairs à respecter les normes strictes de l'UE et à ne pas les sacrifier sur l'autel de la rentabilité commerciale » (Site officiel de la Commission).

Les critiques se sont pourtant poursuivies et se sont même durcies, venant parfois des États membres eux-mêmes. Les uns jugent le CETA dangereux pour les normes sociales et environnementales et surtout pour son effet d'entraînement automatique par rapport TTIP. Les autres estiment qu'il répond au contraire à des attentes du monde de l'entreprise, voire des consommateurs, et qu'il serait donc préjudiciable de ne pas le ratifier. Comme le TTIP, le CETA a également été vilipendé pour son mécanisme de règlement des différends, l'ISDS. C'est pourquoi la Commission a renégocié in extremis ce mécanisme et fait de nouvelles propositions.

Bien que le problème de la transparence des négociations appartienne désormais au passé après la publication du texte, les opposants ont continué de soutenir qu'il représente une menace pour la vie démocratique au niveau national et européen. En particulier, ils expriment leur inquiétude sur le fait que l'assouplissement de la législation sur la mobilité et les investissements des entreprises pourrait affaiblir la capacité des États de légiférer sur des questions telles que la santé, le droit du travail, l'environnement ou encore la sécurité alimentaire. La question des tribunaux d'arbitrage a été la cible privilégiée de ces critiques.

Dans une tentative de remédier à l'hostilité de l'opinion publique et de certains États, comme la France et la Belgique, les deux parties ont apporté des modifications au texte du CETA en février 2016. Le gouvernement canadien a accepté de remplacer l'ISDS initialement prévu par l'ICS (Investment Court System ou Système judiciaire sur l'investissement), un dispositif qui repose sur un Tribunal permanent de 15 juges dont cinq seraient issus de pays tiers. Ce dispositif est assorti d'une Cour d'appel. Toutefois, plusieurs voix se sont levées pour affirmer que, bien que cet amendement tardif garantisse un meilleur niveau d'impartialité, il ne pourra pas résoudre le problème du penchant « naturel » des tribunaux à protéger les investisseurs contre les États.

Une dernière critique vise la proximité existant entre le CETA et le TTIP. Cette proximité étant forte, elle enlève toute marge de manœuvre à l'EU vis-à-vis des États-Unis dans les négociations à venir, ce d'autant qu'il est fait expressément référence au futur TTIP dans le texte du CETA. En effet, le texte de synthèse proposé par la Commission européenne indique que « l'UE et le Canada se sont également entendus sur la possibilité d'un futur cumul des règles d'origine avec les États-Unis pour les véhicules et un nombre très limité de produits agricoles, si le TTIP est conclu et s'il y a accord entre l'UE et le Canada sur les conditions d'un tel cumul. Cela permettrait, par exemple, de prendre en considération les pièces détachées originaires des États-Unis pour l'obtention du caractère originaire d'un véhicule produit dans l'UE ou au Canada ». Un tel propos balise la possibilité, pour une entreprise d'un État tiers, qui aurait par exemple une filiale au Canada, de s'appuyer sur l'accord pour établir des relations avec l'UE. Car, si les origines et la traçabilité sont faciles à identifier pour un bien, c'est moins le cas pour les services. Or, de nombreuses filiales d'entreprises américaines basées au Canada appartiennent aux secteurs des services, les services financiers notamment (Peeters, 2016).

9.3 LES ACCORDS COMMERCIAUX DE NOUVELLES GÉNÉRATIONS : UNE APPROCHE CRITIQUE

Il est difficile de ne retenir que des explications macroéconomiques dans l'analyse des enjeux associés aux accords commerciaux de nouvelles générations. D'autres arguments de nature politique et géostratégique sont immédiatement suggérés par les circonstances, d'autant que des doutes subsistent sur l'efficacité économique même attribuée à ces accords. Enfin, leur impact sur le multilatéralisme reste un sérieux élément d'inquiétude pour ceux qui considèrent qu'ils éloignent un peu plus du sauvetage du Cycle de Doha.

9.3.1 *L'enjeu est-il d'abord économique ou géostratégique ?*

Dans son rapport sur les tendances récentes du commerce mondial, l'OMC (2016) indique que, pour la quatrième année consécutive, la croissance du commerce en volume a été inférieure à 3 %. En outre, les taux de croissance du commerce et du PIB en 2015 sont demeurés inférieurs à leur moyenne respective depuis 1990, à savoir 5 % et 2,7 %. Enfin, la faible croissance du commerce par rapport à celle du PIB, au cours des quatre dernières années (2012-2015) contraste avec la période 1990-2008 pendant laquelle l'augmentation du volume du commerce mondial des marchandises a été, en moyenne, 2,1 fois plus élevée que celle du PIB mondial. Au même moment, le commerce extérieur chinois a continué à progresser beaucoup plus vite que le commerce mondial.

En négociant entre eux des accords commerciaux de nouvelles générations, l'UE, l'Amérique du Nord et la zone Pacifique souhaitent trouver des relais de croissance et des stimuli à leurs échanges extérieurs sérieusement déstabilisés par la crise. Ainsi, l'Europe négocie simultanément une vingtaine d'accords et les États-Unis sont impliqués dans une quinzaine environ à la fin de 2016.

Toutefois, les points de vue divergent sur les retombées attendues. D'un côté, il y a ceux, comme P. Lamy, qui soulignent que ces accords sont globalement avantageux même si leurs effets bénéfiques sur la croissance, l'investissement et l'emploi ne sont pas homothétiques, mais dépendent au contraire de la réactivité à l'ouverture des différentes branches et espaces nationaux. P. Lamy regrette également que l'objet et les implications des accords n'aient pas été correctement présentés et expliqués. D'un autre côté, il y a ceux qui considèrent que les avantages promis par les négociateurs et les États sont loin d'être prouvés. Ils ajoutent d'autres critiques au nom de la nécessité de préserver l'ordre multilatéral. En effet, plus de la moitié des échanges internationaux s'effectuent déjà dans le cadre d'accords préférentiels. Si la création de tels accords s'est accélérée depuis le début des années 1990, elle a pris, depuis la conférence ministérielle de Seattle de novembre 1999, une ampleur sans précédent. Or, cette multiplication peut nuire à des pays qui n'en font pas partie, même sans accroissement de protectionnisme. En outre, il y a le risque d'une montée des tensions entre les accords eux-mêmes.

Pour d'autres encore, l'enjeu économique existe, mais son importance est moindre relativement à l'enjeu géostratégique. En négociant le TTIP et le CETA, l'UE, les États-Unis et le Canada espèrent avant tout contrecarrer la montée en puissance de la Chine afin de continuer à peser politiquement (et économiquement) au niveau mondial. Si l'on considère les échanges de biens et de services, la part de l'UE et des États-Unis dans le total mondial est de 30 % et celle de la Chine est de près de 22 %. La part de l'UE et des États-Unis baisse régulièrement depuis 2004 alors que celle de la Chine progresse irrésistiblement. Il est prévu qu'à l'horizon 2030 la Chine rattrape et même dépasse ses deux grands partenaires pour devenir la nouvelle première puissance commerciale du monde.

Pour l'UE, en particulier, l'objectif est d'éviter que le centre de gravité de la planète ne se déplace vers le Pacifique. L'enjeu est à la fois au niveau du contrôle des marchés et dans la maîtrise des normes. Dans le domaine des panneaux photovoltaïques, la Chine est devenue, depuis 2011, le premier producteur mondial. Or, la Chine ne se contente pas d'inonder les marchés, elle produit également ses normes propres qui pourraient menacer plus ou moins rapidement les normes européennes. Le CETA et le TTIP créent l'opportunité de contrebalancer l'influence croissante de l'offre chinoise et pourraient donner la possibilité de promouvoir des normes alternatives dans ce domaine.

C'est dans ce cadre qu'il faut aussi interpréter les tensions autour de la Clause d'arbitrage. En effet, les négociateurs européens et nord-américains auraient justifié l'inclusion d'une clause ISDS dans les accords par des motivations prioritairement politiques. Tant les États-Unis que l'UE seront amenés à négocier sur les investissements avec la Chine. Or, une telle clause est potentiellement indispensable dans un traité avec le géant asiatique et il faut dès lors créer un précédent incontestable qui pourra être opposé à Pékin. Les négociateurs américains ont à juste titre souligné que, dans le cas du CETA, c'est la partie européenne qui a exigé cette clause, Ottawa demandant de son côté une exception pour son secteur bancaire.

9.3.2 *Les avantages économiques et sociaux des nouveaux accords sont exagérés : la mise au point de Dani Rodrik*

Pour D. Rodrik (2012, 2015), les partisans des nouveaux accords commerciaux en exagèrent souvent les bénéfices. Les négociations commerciales mondiales étant dans l'impasse depuis des années, notamment au niveau du Cycle de Doha, les accords commerciaux récents entrent en scène prioritairement pour relancer une mondialisation visiblement en panne. Les États-Unis sont au centre des deux grands projets qui ont la prétention hégémonique de façonner le commerce mondial (le TPP et le TTIP).

Sur le plan économique, les défenseurs des accords mettent en avant l'argument selon lequel l'élimination des barrières commerciales doit logiquement stimuler la spécialisation internationale et donc l'efficacité des marchés. Ce processus est supposé doper les exportations et créer des emplois en améliorant l'accès aux échanges. Pour D. Rodrik, si le premier argument est celui de l'avantage comparatif, lequel soutient classiquement la thèse de la liberté des échanges, le second argument est, en revanche, de nature mercantiliste. Or, ces deux objectifs sont contradictoires.

Du point de vue de l'avantage comparatif, les gains issus des échanges commerciaux proviennent des importations. Les exportations sont ce que les pays doivent consentir pour obtenir des gains leur permettant de financer leurs importations. Toutefois, un tel objectif suppose une condition draconienne : les échanges doivent croître de manière forte et équilibrée. Ce qui n'est plus le cas depuis plusieurs années. Depuis plusieurs années également, les accords commerciaux ne réalisent plus de créations nettes d'emplois importantes, ils ne font le plus souvent que les redistribuer d'une industrie à l'autre et/ou d'une région à l'autre. Concrètement, cela veut dire que si ces accords venaient à entrer en vigueur, ils ne pourraient se traduire par des créations d'emplois partout, mais seulement à certains endroits et de façon sélective. Le plus souvent, le jeu serait à somme nulle, sauf à supposer une reprise forte de la croissance et de la demande mondiales. Or, cette perspective est très improbable à court terme.

Le second point de vue, celui qui lie la mise en œuvre des accords et la relance des exportations, revendique une thèse inverse, directement inspirée du mercantilisme. En effet, pour le point de vue mercantiliste, le commerce international est un jeu à somme nulle. En d'autres termes, les exportations sont une bonne chose alors que les importations sont une mauvaise chose ou, plus clairement, les unes sont la stricte contrepartie des autres. Les pays qui parviennent à faire progresser leurs exportations nettes gagnent, simultanément tous les autres perdent. Les accords commerciaux peuvent créer des emplois dans certains pays (industries), mais seulement dans la mesure où ils détruisent des emplois dans d'autres pays (industries).

Pour D. Rodrik, les deux arguments pris ensemble sont incompatibles avec l'affirmation fondamentale de leurs défenseurs voulant que de tels accords puissent à la fois créer des effets réciproquement bénéfiques sur un plan commercial et se traduire par des créations d'emplois également bénéfiques pour toutes les parties. Non seulement ces résultats sont visiblement optimistes, mais, dans tous les cas, les objectifs sociaux et environnementaux de ces accords seraient mis à mal.

Moins de barrières et plus de transparence dans la réglementation sont généralement une bonne chose. Mais, dans ce cas également, la réalité est bien plus complexe. Dans le cas du TTIP, la réduction des barrières non tarifaires entre les États-Unis et l'Europe réduirait sans doute la capacité des États à légiférer. Même si l'harmonisation des réglementations ne se traduit pas par un nivellement vers le bas, les intérêts des investisseurs et exportateurs porteront probablement préjudice aux objectifs sociaux et environnementaux si la capacité d'intervention des États européens est affaiblie ou remise en cause. Les nouveaux accords commerciaux pourraient dès lors être assimilés à de véritables putschs orchestrés par les firmes multinationales en vertu des mécanismes prévus de règlement des différends entre les investisseurs et les États.

Des dispositions de ce mécanisme prévoient la création d'instances ou de procédures judiciaires distinctes des systèmes judiciaires nationaux, avec l'intention de permettre aux firmes étrangères d'intenter éventuellement des procès aux gouvernements locaux pour toute violation, réelle ou supposée, des traités négociés. Selon leurs défenseurs, ces mécanismes n'auraient pas d'incidence particulière au sein des grands pays démocratiques (États-Unis, Europe, Canada, Australie, *etc.*) où les règles de droit sont solidement établies. Dans ces conditions, interroge D. Rodrik, pourquoi ces mécanismes sont-ils intégrés dans le TTIP qui prévoit pourtant d'organiser les relations commerciales entre des économies avancées du Nord, en l'occurrence les États-Unis et l'Europe ?

Le fait que les discussions soient conduites dans le secret est un autre point qui fait problème. Il s'agit officiellement de protéger les négociations et d'éliminer tous les obstacles qui entraveraient leur aboutissement. Les négociateurs auraient compris tardivement que la méthode du secret est contre-productive, et même nocive. Elle produit l'effet inverse de celui qui était recherché. Si la transparence fait que l'accord final devient plus difficile à faire adopter par le grand public, il est permis de se demander si le texte négocié dans le secret est vraiment souhaitable.

D. Rodrik pointe, enfin, ce qui est l'un des objectifs cachés de ces accords : l'isolement de la Chine. Tant les États-Unis que l'Europe voudraient voir la Chine se soumettre à leurs principes commerciaux. Négocier de nouveaux principes sans la participation de la Chine peut être une manière de forcer ce pays à se joindre, au prix de réformes que le pays n'est toujours pas disposé à consentir, à un système commercial conçu et gouverné sans lui. Mais, cette approche peut également être considérée comme un stratagème pour dresser des barrières discriminatoires afin de limiter la force de pénétration de ses produits fortement demandés sur les marchés occidentaux. Cela serait à proprement parler une intention mercantiliste (Rodrik, 2015).

C'est le moment de rappeler le plaidoyer de M. Porter (1998) en faveur de la réglementation et contre le laisser-faire en matière de politiques publiques qui ont des effets sur l'environnement. L'auteur fait l'hypothèse que ce n'est pas en laissant les firmes seules juges des produits qu'elles réalisent et surtout des conditions de leur commercialisation que l'on parviendrait à mieux satisfaire les besoins de la société ou protéger l'environnement. Il considère qu'une réglementation bien conçue peut parfois mieux favoriser l'avantage concurrentiel des entreprises nationales, car il existe des relations fortes entre des normes rigoureuses, la dynamique de l'innovation et la croissance. Il écrit : « Certaines villes, certaines régions précèdent les autres par l'intérêt qu'elles portent aux questions de société, de sécurité, de qualité de l'environnement, *etc.* Au lieu de les éviter soigneusement, comme font certaines firmes, mieux vaut aller à leur rencontre. Les entreprises devraient se fixer des objectifs qui soient au moins à la hauteur de ces exigences-là. Elles en bénéficieront plus tard, quand d'autres villes, d'autres régions et finalement d'autres pays adopteront les mêmes réglementations » (pp. 563-564). Selon Michael Porter, si les firmes américaines ont été les premiers *leaders* mondiaux dans l'exportation d'équipements de contrôle de pollution, c'est parce que les normes des États-Unis en matière de protection de l'environnement ont été initialement plus sévères que celles des autres pays. « Dans un monde où la sensibilité écologiste et les préoccupations d'ordre social gagnent du terrain (dans les pays avancés du moins), vendre des produits médiocrement performants, dangereux ou préjudiciables à l'environnement ne constitue pas la meilleure voie vers le gain d'un avantage concurrentiel dans les industries ou les segments sophistiqués » (p. 629).

Ces éléments sont de nature à relativiser le danger que représente le « *dumping* écologique » parfois reproché aux concurrents étrangers, firmes ou États. Indépendamment de la nécessité de protéger l'environnement, il semble que les entreprises des pays les moins nantis auraient proportionnellement plus à perdre de l'application de normes internationales rigoureuses que ce que perdent les entreprises des pays riches du fait de réglementations asymétriques. On comprend mieux, par conséquent, pourquoi toute universalisation de normes environnementales peut être vue comme suspecte dans les pays pauvres. Pour être supportable par ces pays, l'internalisation des coûts environnementaux doit être accompagnée par des transferts techniques et financiers leur permettant de s'adapter sans perte aux exigences de la concurrence internationale.

RÉSUMÉ DU CHAPITRE

L'un des traits saillants du système commercial à l'époque actuelle est le passage aux accords commerciaux de deuxième, puis de troisième génération. Ces accords ont vu le jour essentiellement à partir du milieu des années 2000. Avec la deuxième génération, les accords tentent d'incorporer les normes sociales et/ou environnementales dans le but d'aller vers des standards communs (ou acceptés) dans ces domaines. Les deux partenariats transatlantiques, qui ont défrayé récemment la chronique médiatique, c'est-à-dire l'Accord économique et commercial global (CETA) et le Partenariat transatlantique de commerce et d'investissement (TTIP), respectivement avec le Canada et les États-Unis, appartiennent à la troisième génération. L'enjeu n'est plus la protection des producteurs, mais celle des consommateurs. Les négociations vont bon train alors même que l'OMC n'a toujours pas conclu le Cycle de Doha. D'où les préoccupations partagées de nombreux théoriciens et responsables des politiques commerciales qui voient dans ces accords un glissement dangereux vers une surdétermination des compétences bilatérales et multilatérales des États. Si tel est le cas, ne peut-on redouter pour l'avenir de l'OMC ?

POUR ALLER PLUS LOIN...

[1] Charillon F. et Belin C. (2016), *Les États-Unis dans le monde*, Paris, Éditions du CNRS.
[2] Fontagné L., Gourdon J. et Jean S. (2013), « Les enjeux économiques et commerciaux du partenariat transatlantique », *La Lettre du CEPII*, septembre.
[3] Rodrik D. (2012), *The Globalization paradox : Democracy and the Future of the Economy*, Oxford University Press.

DES QUESTIONS POUR MIEUX RETENIR OU APPROFONDIR

1. Le blocage du Cycle de Doha signe-t-il définitivement la fin de la diplomatie commerciale multilatérale ?
2. En négociant de nouveaux accords commerciaux bilatéraux et plurilatéraux, les grandes nations commerçantes d'Occident cherchent-elles à stimuler le commerce ou à contrecarrer l'essor irrésistible de la Chine ?
3. Pourquoi les revendications de la société civile en faveur de plus de transparence et d'une meilleure prise en compte des normes sanitaires et environnementales sont-elles mieux entendues aujourd'hui qu'il y a une vingtaine d'années ?
4. Les nouveaux accords commerciaux sonnent-ils le triomphe des firmes multinationales sur la souveraineté des nations ?

E-LINK

Pour prendre connaissance de différents documents se référant aux négociations entre l'UE et les États-Unis dans le cadre du TTIP, on peut consulter le site de la Commission européenne sur :
http://trade.ec.europa.eu/doclib/press/index.cfm?id=1248
Pour prendre connaissance de différents documents se référant aux négociations entre l'UE et le Canada dans le cadre du CETA, on peut consulter le site de la Commission européenne sur :
http://ec.europa.eu/trade/policy/in-focus/ceta/index_fr.htm
Pour prendre connaissance du texte de l'accord de libre-échange entre l'Union européenne et la Corée (2011), on peut utiliser le DOI :10.2781/30942 qui pointe sur le document :
http://trade.ec.europa.eu/doclib/docs/2011/october/tradoc_148312.pdf

CONCLUSION DE LA TROISIÈME PARTIE : ZONES D'OMBRE SUR L'AVENIR DU SYSTÈME COMMERCIAL

La présentation des politiques commerciales des grandes puissances, objet principal de cette troisième partie, montre l'importance des déséquilibres commerciaux et des tensions qui traversent les rapports entre les grandes nations commerçantes. En particulier, dans un contexte d'incertitude sur les perspectives de la croissance et du commerce dans le monde, les déficits d'une partie, aussitôt atteints certains seuils, sont souvent interprétés comme un signe de déloyauté par une autre et sont rapidement à l'origine de crispations et d'affrontements qui finissent par peser sur le multilatéralisme incarné par l'OMC.

Toutefois, certains rapports de force peuvent légitimement inspirer davantage d'inquiétude que d'autres. Les conflits commerciaux entre les États-Unis et l'UE, plus nombreux si l'on en juge par la fréquence des plaintes qui font l'objet d'un arbitrage par l'OMC, sont malgré tout d'une autre portée que ceux qui opposent les deux précédents à la Chine. Ici, les tensions ont pour toile de fond des différences dans la logique même, l'organisation et le fonctionnement des systèmes économiques englobants.

L'Europe et les États-Unis subissent les assauts des puissances asiatiques, Chine désormais en tête, car la crise a eu des répercussions plus fortes en Occident qu'ailleurs. Ses coûts sociaux sur le travail et son impact sur les marchés et l'investissement ont produit des effets plus dévastateurs. Les entreprises, traditionnellement à la pointe du progrès technique et de l'innovation comparativement aux autres régions du monde, ont vu leurs efforts stérilisés, depuis plusieurs décennies, par une logique économique trop exclusivement vouée à asseoir la domination du système financier sur le système industriel.

Reste alors la question de l'avenir ! Comment parvenir à des rapports moins déséquilibrés entre les grandes puissances, ainsi qu'entre ces dernières et le reste du monde, objectif dont dépend indubitablement une meilleure régulation des rapports commerciaux au niveau mondial ? L'intérêt des chapitres rassemblés dans cette partie est d'attirer furtivement l'attention sur les effets tout à fait inédits, mais potentiellement risqués, pouvant découler de l'immersion des grandes puissances commerciales dans des alliances préférentielles. Les accords de nouvelles générations offrent, de ce point de vue, des perspectives d'analyse intéressantes, si ce n'est qu'ils menacent, dans l'ordre du concret, l'avenir de l'OMC en éloignant tout le monde de la diplomatie multilatérale aujourd'hui plus que jamais nécessaire.

L'une des principales zones d'ombre pour l'avenir du système commercial résulte bien évidemment de la rupture provoquée par l'élection de D. Trump. Plusieurs experts mettent en exergue les risques qui résulteraient d'un repli avéré des États-Unis sur eux-mêmes pour la « doctrine multilatérale », l'un des principaux acquis des négociations commerciales de l'Après-guerre. Selon R. Godin (2017), les annonces de D. Trump reflètent moins un tempérament qu'elles ne s'enracinent dans un contexte. Les partenaires des États-Unis comme les commentateurs se trompent, précise-t-il, en ne retenant que le retour à une attitude protectionniste et le risque de conflits commerciaux à répétition entre les États-Unis et le reste du monde. La vraie spécificité du programme économique de D. Trump tiendrait à ce que celui-ci repose sur des considérations principalement économiques que les États-Unis tiennent désormais pour une priorité aux dépens de tout autre enjeu.

Pour R. Godin, la politique de la nouvelle administration américaine serait basée sur une hypothèse implicite : depuis le début des années 1980, le pays aurait suivi une ligne stratégique erronée. Depuis près de 30 ans (1988-2016), les États-Unis accusent un déficit courant le plus souvent compris entre 2 % et 6 % du PIB. Pour supporter un tel déficit, le pays a dû consentir des emprunts considérables, notamment auprès de ses plus grands concurrents, la Chine et l'Allemagne. Cette situation, qui tend à devenir insoutenable, refléterait le déclin industriel du pays accompagné d'un transfert massif de richesses et d'emplois vers l'étranger.

Le remède consisterait donc dans une inversion de la doctrine qui a inspiré la politique économique américaine depuis R. Reagan : la puissance viendrait non pas du rayonnement extérieur qui aggrave la dette et les déficits, mais d'une consolidation de la base arrière du pays, ce qui suppose de dégager davantage d'épargne pour financer l'investissement et la modernisation de l'économie, conditions impératives pour éliminer le déficit extérieur.

C'est dans ces termes qu'il faudrait interpréter les attaques frontales que D. Trump a dirigées contre la Chine et l'Allemagne, aujourd'hui parmi les pays les plus excédentaires du monde. Peu importe que ce dernier pays soit un allié inconditionnel des États-Unis en Europe et dans le monde, il apparaît aux yeux de la nouvelle Amérique, en vertu de son excédent courant extravagant, un ennemi aussi nocif que la Chine. Les baisses d'impôts annoncées vont dans le même sens. Il ne s'agit pas de soutenir les revenus moyens et faibles des nombreux consommateurs américains, mais de reconstituer une capacité d'épargne des catégories les plus aisées (à propension à épargner plus élevée) et de favoriser l'investissement domestique.

En d'autres termes, la puissance militaire – que D. Trump veut aussi renforcer – n'est rien sans des fondements macroéconomiques solides au niveau industriel et financier. C'est un point de rupture fondamental avec la doctrine de R. Reagan qui avait donné la priorité à la présence économique, politique et militaire américaine dans le monde au prix d'une dépendance financière accrue du pays.

Au total, la politique annoncée de D. Trump n'est pas tant d'inspiration isolationniste que de type unilatéraliste. Le nouveau pouvoir ne chercherait pas à fermer les frontières du pays, mais à inverser les flux d'échange quitte pour cela à user de la coercition pour imposer de nouvelles règles du jeu comme l'institution de taxes spéciales ou des quotas sur les produits (ré)importés.

L'analyse de I. Bremmer (2016) va dans le même sens. Selon ce dernier, le slogan martelant « l'Amérique d'abord » traduit avant tout la velléité d'une reprise en main de la politique extérieure des États-Unis au moment même où l'influence américaine dans le monde est sur le déclin. La nouvelle stratégie chercherait à privilégier les alliances les plus favorables aux intérêts économiques américains.

Dans l'interprétation qu'il donne de la politique extérieure de D. Trump, R. Godin attribue peut-être à celle-ci une cohérence artificielle, construite après-coup, dont elle n'est pas vraiment dotée, tant il est vrai que nombre de mesures prises à ce jour trahissent une impréparation et semblent plus s'apparenter à un assemblage hétéroclite qu'à un programme véritablement construit. En outre, certaines d'entre elles apparaissent contradictoires avec les objectifs annoncés qu'elles sont supposées servir. Quoi qu'il en soit, il est clair que cette politique ambitionne effectivement de faire cohabiter repli et volonté de puissance. Il est non moins évident qu'elle est aussi porteuse d'incertitudes pour le système de l'économie mondiale.

Pour les États-Unis, elle introduit une rupture avec le passé. En mettant en cause certaines des institutions clés du commerce international (OMC, l'ALENA) ou dans le domaine géopolitique et géostratégique (ONU, OTAN), les États-Unis risquent d'avoir des difficultés à prétendre jouer le rôle de gendarme du monde et d'architecte du système commercial international.

Pour le reste de la planète, la volte-face américaine est source d'incertitude, car la stabilité de l'ordre commercial tenait jusqu'à une date récente à l'intérêt qu'y trouvaient les États-Unis eux-mêmes. Son abandon, même s'il parvenait à déboucher à terme sur la conception de nouvelles règles de gouvernance commerciale, conduira fatalement à court terme à une période d'instabilité d'autant plus importante que la « nouvelle » politique commerciale des États-Unis restera durablement illisible.

CONCLUSION GÉNÉRALE

Le présent ouvrage s'est intéressé aux théories du commerce international et à leurs applications contemporaines. Il s'est en particulier penché sur la distance qui sépare ces théories de la pratique réelle du négoce international des biens et des services entre les nations. L'évidence s'impose, la principale question afférente au sujet, que les premiers théoriciens ont cherché à élucider dès la fin du XVIIIe siècle, est toujours d'actualité : faut-il ouvrir ou fermer les économies ?

1. FAUT-IL OUVRIR OU FERMER LES ÉCONOMIES ?

Face à cette interrogation, les nombreuses analyses théoriques passées en revue ont été, dans une large mesure, orientées vers deux axes de réflexion. Le premier a trait au fait de savoir si les États doivent ou non intervenir dans le commerce. Ici, les modèles théoriques offrent majoritairement un large panel de réponses et d'illustrations vantant les vertus de l'ouverture. Le deuxième axe concerne les formes que doivent revêtir les interventions, mais aussi la nature des instruments qu'elles doivent utiliser, dès lors que l'on a convenu que ces dernières sont, dans les principes ou dans les faits, nécessaires.

Traditionnellement, les analyses prennent comme point de référence le libre-échange et, par un processus itératif, en viennent à rejeter, ou *a contrario* à justifier, les arguments en faveur d'une intervention des pouvoirs publics visant à restreindre les importations ou à encourager les exportations. Dans une tradition purement libérale, une intervention des pouvoirs publics est considérée comme fondée seulement lorsqu'il existe des distorsions qui entravent le fonctionnement « normal » du marché. La présence de ces distorsions est supposée empêcher la maximisation du bien-être social du fait notamment des actions non coordonnées des agents économiques sur les marchés.

Cependant, les progrès théoriques récents, éclairés par l'évolution des politiques commerciales concrètes des États, ont permis d'établir que le bien-être collectif peut, sous certaines conditions, être amélioré par des interventions politiques. Les théories de la politique commerciale stratégique (PCS), dans les années 1980, puis la théorie du commerce administré *(Managed Trade)*, dans les années 1990, de même que la théorie standard de la politique commerciale sous certaines conditions (taille des États, imperfections des marchés, etc.) ont permis de montrer en quoi le modèle du libre-échange n'était pas nécessairement, et en toutes circonstances, un régime commercial optimal (Krugman et Obstfeld, 2015 ; Imai, Katayama et Krishna, 2008).

Si dans le cadre de la politique commerciale traditionnelle, il est recommandé aux gouvernements de s'abstenir d'intervenir, ou seulement de supprimer les distorsions qui font obstacle à l'optimum, les théories du commerce stratégique (PCS, *Managed Trade*, *etc.*) visent, elles, à identifier les circonstances dans lesquelles les gouvernements peuvent et/ou doivent susciter des distorsions dans leur propre intérêt. Comme son nom l'indique, cette partie de l'économie du commerce international cherche à comprendre comment les échanges sont influencés par l'interaction stratégique entre les États, les entreprises et les marchés.

Ainsi que nous l'avons vu, les deux principales justifications théoriques à l'intervention stratégique sont l'existence de marchés oligopolistiques et la présence d'externalités positives dans la production. Lorsque les marchés sont imparfaits, on ne peut présumer que le libre-échange maximise le bien-être national. Les pouvoirs publics peuvent alors avoir à intervenir pour remédier aux dysfonctionnements des marchés et des gains tangibles peuvent être obtenus en aidant les entreprises domestiques à se procurer un avantage compétitif. Par exemple, à mesure que les entreprises mettent au point de nouvelles technologies, le pays prétendant devenir le principal producteur – ou le monopoleur – de ladite technologie sera peut-être celui qui aidera ses entreprises à faire de leurs normes techniques les normes mondiales dans leur domaine d'activité. Si les entreprises concurrentes ne bénéficient pas dans le même temps du soutien de leur propre secteur public, elles peuvent être contraintes de sortir du marché, permettant ainsi aux premières, c'est-à-dire les entreprises aidées, de tirer seules avantage de leur pouvoir de marché (Foray et Freeman, 1992). Il y aurait donc un coût à la non-intervention (Dedieu, Masse-Stamberger et de Tricornot, 2012).

Toutefois, il a été démontré aussi que les analyses qui défendent les interventions publiques sont elles-mêmes contestables (Cohen, 2011). Notamment, leur supériorité, relativement au modèle du libre-échange, n'est pas (toujours) prouvée. Le principal reproche soulevé ici a trait aux difficultés rencontrées dans la pratique pour déterminer *ex ante* la nature et l'ampleur des interventions qui peuvent accroître les rentes et améliorer les externalités de croissance. Comme le montre l'histoire industrielle récente, il n'est pas toujours aisé d'identifier les entreprises et/ou les secteurs à protéger ni la nature et l'ampleur des soutiens à prodiguer à ces derniers. Des erreurs de ciblage sont toujours possibles. Rendant compte de cet aspect du débat, P. Krugman (1998) a très justement écrit que, « si les marchés sont imparfaits, les politiques sont aussi imparfaites que les marchés ».

Outre ces problèmes d'information, les politiques qui visent à générer des rentes ou des profits supplémentaires peuvent à long terme conduire à leur disparition en encourageant l'entrée dans les domaines d'activité protégés. L'aide aux secteurs sensibles ou stratégiques doit aussi prendre en compte les coûts potentiels pour les autres secteurs non aidés. Les profits supplémentaires engrangés par les entreprises privilégiées peuvent être compensés, en partie ou en totalité, par une contraction des profits dans ces derniers secteurs. Enfin, un autre risque qui pèse sur toute politique commerciale active est celui des représailles des pays partenaires qui peuvent annihiler les gains espérés.

2. LES POLITIQUES COMMERCIALES EN PRATIQUE

De manière générale, les politiques commerciales ont comme moyens d'action tous les outils visant à encourager les exportations ou à restreindre les importations. Toutefois, dans l'ordre du concret, elles peuvent prendre des formes extrêmement variées : protection des industries en compétition avec les importations, suppression de restrictions commerciales, entraves aux importations bénéficiant de mesures déloyales, institution de normes techniques, collusions avec des tiers, *etc.* De nombreux modèles ont tenté de simuler les effets isolés, cumulés ou alternatifs de ces différents instruments (Bhagwati, 1989).

Le fait le plus évident est que les gouvernements ne poursuivent pas toujours les conclusions que les travaux théoriques des économistes recommandent. Il est, en conséquence, important de comprendre pourquoi les politiques effectivement mises en œuvre s'écartent de « l'optimum théorique ». Cette partie de la théorie du commerce international a analysé les causes des carences de l'administration ainsi que les nombreuses difficultés rencontrées dans la gestion des instruments commerciaux et a apporté des explications utiles à cet égard (Grossman et Helpman, 2002 ; Feenstra, 1988, 2003).

Jusqu'à la fin des années 1970, un vif intérêt a été porté aux instruments défensifs, ceux qui restreignent les importations. De fait, aujourd'hui encore, ils sont les plus nombreux. Mais la portée de la politique commerciale s'est élargie, à partir du début des années 1980, en raison à la fois de la réduction des restrictions aux frontières résultant des cycles successifs de négociation au GATT, du renforcement des interdépendances entre les économies et des contraintes importantes et inédites engendrées par la crise (contraction des marchés, baisse de la demande, hausse du chômage, *etc.*) qui viennent peser sur la croissance et l'emploi au sein de chacun des États. En outre, l'accélération des investissements directs étrangers (IDE) a eu des conséquences notables sur la géographie et la structure des échanges (Abdelmalki *et alii*, 2012 ; Julius, 1990). Avec l'essor des IDE, l'efficacité des restrictions aux frontières, pour empêcher la pénétration de produits étrangers, a fortement diminué. Simultanément, la hausse des IDE est devenue une réponse aux obstacles commerciaux croissants érigés, pour leur défense par les États, afin d'empêcher les importateurs d'accéder à leurs marchés (Conconi, Sapir et Zanardi, 2010).

Un examen sommaire de l'histoire réelle des politiques commerciales depuis 1947 montre que plusieurs régimes ou tendances se sont succédé. La première tendance, sans doute parmi les plus prégnantes, est indiscutablement la réduction générale des droits de douane et des restrictions quantitatives. Les négociations du GATT, au moins en ce qui concerne le chapitre des négociations tarifaires, ont ici très largement atteint leurs objectifs. Toutefois, on le sait, ce succès a été amoindri par la tendance inverse à la multiplication des mesures non tarifaires.

Une autre tendance est la régulation des échanges en vue de l'adoption de mesures coercitives à l'encontre des pays dont les pratiques commerciales sont jugées « déloyales ». Dans un contexte de crise économique, ces mesures coercitives sont réclamées plus fréquemment et avec de plus en plus d'insistance. Dans une large mesure, dans chacun des pays concernés, les industries qui sont les plus promptes à se plaindre des pratiques « déloyales » des étrangers ou des importateurs sont celles qui ont le plus d'influence politique et/ou qui se sont laissé distancer dans la course au développement de nouveaux produits et technologies. Elles justifient leurs appels au protectionnisme en jouant sur le « patriotisme économique », et notamment en arguant que l'érosion de la base technologique nationale conduirait à la dépendance à l'égard de la technologie et des produits étrangers. Bien entendu, elles ne manquent pas de revendiquer des « politiques d'équilibre » en soulignant que les stratégies industrielles et commerciales des pays partenaires, mises en œuvre illicitement, confèrent un avantage compétitif à leurs rivaux. Cela ne fait que renforcer le sentiment selon lequel les politiques commerciales sont un moyen de privilégier les intérêts nationaux au détriment des intérêts étrangers. Ce sentiment a largement stimulé une perception de la concurrence comme phénomène influencé de façon décisive par les politiques intérieures.

Une dernière tendance a trait à la préoccupation croissante suscitée par l'incidence sur les échanges des politiques intérieures des autres pays. Reconnaissant ces interactions, les « négociations d'Uruguay » se sont efforcées de négocier de nouvelles mesures concernant les services, les investissements et les droits de propriété intellectuelle. L'accent a été mis notamment, mais certes tardivement, sur les « obstacles structurels », ceux généralement qui ont trait aux règles relatives aux rachats d'entreprises, aux réseaux de distribution, *etc.*

3. LE RÔLE DES INSTITUTIONS INTERNATIONALES ET LES DISCIPLINES MULTILATÉRALES

Les études consacrées au commerce international font très logiquement une distinction entre la maximisation du bien-être national et la maximisation du bien-être mondial. Les deux ne vont pas nécessairement de pair, du moins pas toujours et pas de la même manière et selon la même intensité pour tous les pays. Il a été démontré que, pour les petits pays, les deux objectifs convergent. Pour les grands pays, les objectifs peuvent diverger (Salvatore, 2008 ; Krugman et Venables, 1995). En l'absence de coopération, il peut y avoir conflit entre les intérêts nationaux et les intérêts du monde dans son ensemble. Il n'est donc pas surprenant que les fondateurs du GATT aient conçu celui-ci comme le moyen d'empêcher que se reproduisent les guerres commerciales et les autres politiques du « chacun pour soi » des années 1930. On sait à quels résultats avaient mené ces politiques.

Entre 1950 et 1994, le GATT a permis d'éliminer en grande partie les droits de douane. C'est son plus grand succès. C'est aussi le gage de son réalisme. Il a également contribué à la réduction des restrictions quantitatives aux échanges de produits manufacturés et permis de modérer l'interventionnisme commercial des grands pays en offrant aux petits pays une tribune pour demander protection face à la domination des grands. La dernière session de négociation parvenue à son terme, celle d'Uruguay, a été la plus longue (1986-1994), la plus importante et probablement la plus difficile, car elle s'est inscrite dans un contexte de crise économique larvée, notamment pour les États-Unis et la Communauté européenne. Malgré la détérioration de la situation économique mondiale, elle a offert l'opportunité de brasser de nombreux sujets (télécommunications, services financiers, investissements, agriculture et services) et débouché sur la naissance de l'OMC.

Globalement, le système commercial multilatéral hérité du GATT, loin d'être achevé, permet aux pays de prétendre tirer des avantages des échanges en acceptant d'adhérer à des politiques commerciales qui se veulent non discriminatoires, transparentes et prévisibles. Toutefois, on reproche à ce système d'avoir fonctionné tel un « système politique » et non comme une véritable « Organisation internationale », avec peu de structures (un seul organe permanent : le secrétariat à Genève) et pas de personnalité juridique internationale. On lui reproche aussi d'avoir multiplié les dérogations et les exceptions. Pour les États contractants, cela revenait à adhérer à un « GATT à la carte » avec la prolifération d'accords multilatéraux dans des domaines aussi divers que les subventions, l'évaluation en douane et les licences d'importation, qui ne s'appliquent qu'à ceux (principalement des pays de l'OCDE) qui les signent. En fin de compte, le GATT subissait cumulativement les effets des orientations politiques et commerciales nationales et de leur variation, particulièrement celles émanant des nations influentes.

Depuis 1995, l'OMC a endossé l'héritage du GATT avec l'ambition de préserver ses acquis et d'en élargir les domaines d'application. Cet objectif est d'autant plus difficile que le poids des obstacles traditionnels (c'est-à-dire les droits de douane) ayant diminué, les courants d'échanges sont de plus en plus influencés par des mesures autres que les dispositions fiscales aux frontières. L'érosion des instruments tarifaires classiques a été progressivement contrebalancée par l'essor des dispositions prises dans le cadre des prérogatives réglementaires et/ou des politiques industrielles, budgétaires et monétaires des États.

Malgré cet obstacle de taille, l'OMC s'est imposée comme une institution centrale de la vie économique internationale. Elle a, en particulier, élargi son audience : le nombre de ses adhérents est passé de 113 en 1995 à 164 à la fin de 2016. Elle couvre désormais la presque totalité du commerce mondial. Grâce à son action, des accords commerciaux sont intervenus dans des domaines neufs comme les services financiers et les télécommunications. De leur côté, les pays en développement ont négocié et obtenu, sur un plan juridique, le droit de bénéficier d'un traitement préférentiel (Siroën, 2010 ; Côté, 2010). Symboliquement, la spécificité des PMA a été reconnue, grâce au Cycle de Doha, comme devant appeler des avantages spécifiques en leur faveur. Enfin, L'OMC a su se donner des alliances nécessaires à son action. L'Organisation est connectée à une armature d'ONG de près de 30 000 organisations. Le dialogue avec la société civile se veut définitivement porteur d'une libéralisation davantage soucieuse du bien-être des populations et de l'environnement à travers le monde.

Toutefois, l'OMC doit aussi composer avec la sophistication croissante des échanges commerciaux. Notamment, le nombre et la complexité des accords commerciaux bilatéraux, plurilatéraux et régionaux ne cessent d'augmenter, contribuant à minorer le rôle de la diplomatie commerciale multilatérale qui est l'apanage propre de l'Organisation. Sur les 432 accords commerciaux reconnus à la fin de 2016, environ 312 sont nés après janvier 1995. *A priori*, ces accords entrent pleinement dans le cadre d'une libéralisation du commerce, car beaucoup sont de simples zones de libre-échange. Il n'en demeure pas moins que, désormais fort nombreux, ils remettent en cause le rôle de l'OMC sur de nombreux points. Le multilatéralisme de l'Organisation cède la place aux rapports de force frontaux entre pays et entre zones. Les trois quarts des accords et traités revêtent un caractère bilatéral. Les règles de base de l'OMC, sur lesquelles peut s'appuyer l'Organe de règlement des différends (ORD), afin de régler les conflits entre pays, sont remplacées par des nébuleuses de partenariats et de procédures aussi enchevêtrées que subtiles. Une complexité entretenue par l'émergence d'accords commerciaux signés non plus entre des pays, mais entre des accords commerciaux, comme ceux entre l'UE et le MERCOSUR ou encore entre l'UE et l'UEMOA. Dépassée par le nombre des accords, l'OMC l'est également parfois par leur contenu. En effet, certains sont source de réglementations locales sur les politiques de la concurrence, des investissements ou d'environnement dans des termes qui ne font pas encore totalement consensus au sein de l'OMC. Cette tendance s'est singulièrement complexifiée avec les négociations en cours sur le TTIP, le CETA et le TPP.

Fort logiquement, la libéralisation se heurte en permanence à la résistance de ceux qui risquent de perdre les privilèges dont ils jouissaient sous la forme de protections contre la concurrence des importations. Ainsi, malgré la tendance générale à la réduction des droits de douane, il y a encore des secteurs d'activité dans lesquels les importations et les exportations sont fortement restreintes (par exemple, l'agriculture dans les pays industriels, certaines matières premières dans les pays en développement). C'est en partie en raison de cette singularité que les négociations de l'OMC ont été focalisées sur la nécessité de renforcer et d'étendre les disciplines héritées du GATT. Dans cette optique, l'autre reproche que l'on peut faire à l'OMC est de n'avoir pas encore été en mesure d'empêcher l'apparition ou le maintien de restrictions commerciales opaques et sélectives.

Enfin, c'est la doctrine même qui sous-tend l'action de l'OMC qui se trouve au centre de l'évaluation de son action. Après le GATT, l'OMC s'est mise au service d'une intervention constante en faveur de l'ouverture, d'abord celle des économies, puis progressivement aujourd'hui celle des domaines d'activités demeurés totalement ou partiellement sous protection. Or, de nombreux travaux ont établi que l'ouverture commerciale accroît la volatilité de la croissance. D'autres travaux sont allés plus loin montrant que les pays qui ont le plus convergé au cours des trois dernières décennies ne sont pas nécessairement ceux qui sont les plus ouverts. Les degrés et les marges d'ouverture ne permettent guère de discriminer entre ceux parmi les pays qui ont rejoint les PDEM, en termes de niveau de vie, et entre ceux qui s'en sont éloignés (Dollar et Kraay, 2004 ; Boudhiaf et Siroën, 2001 ; Jin, 2000).

Ces résultats sont confirmés par d'autres sources qui conditionnent les bénéfices de l'ouverture et la propension au rattrapage au niveau de développement atteint, et donc au degré de maturité des économies et à la capacité d'apprentissage des nations. Les enseignements essentiels issus de ces observations sont que les mesures de libéralisation envisagées, indépendamment d'actions d'envergure sur les structures de production, les infrastructures socio-économiques, la recherche-développement et la formation sont condamnées à échouer. Mais, ce sont indiscutablement F. Rodriguez et D. Rodrik (1999) qui, au terme d'un vaste travail de synthèse théorique et de vérifications économétriques, ont exprimé le plus grand doute sur l'existence d'une relation significative entre ouverture, croissance et bien-être : « nous sommes sceptiques qu'il y ait un rapport général et non ambigu entre ouverture commerciale et croissance. Il y a des raisons de penser que ce rapport est contingent et qu'il dépend à la fois de caractéristiques internes à de nombreux pays, mais aussi de caractéristiques externes à ces derniers [...]. Les politiques commerciales peuvent avoir des effets positifs sur le bien-être sans affecter le taux de croissance économique. Réciproquement, même si les politiques qui entravent le commerce international ont pour effet de réduire la croissance économique, elles ne réduisent pas nécessairement le niveau du bien-être » (Abdelmalki et Sandretto, 2005).

4. LES POLITIQUES COMMERCIALES, INSTRUMENT DE RIVALITÉ ENTRE LES GRANDES PUISSANCES

Selon une classification devenue usuelle, on peut classer les États, à partir de leurs atouts, en trois catégories : les petits, les moyens et les grands. Les petites ou toutes petites puissances rassemblent la plus grande masse des États. Ces derniers participent au commerce international, mais n'ont pas les moyens d'en influencer les règles et le cours. Les puissances moyennes, beaucoup moins nombreuses, exercent une influence sur une partie seulement d'un continent, comme le Brésil, la Turquie, l'Inde ou l'Afrique du Sud. Elles cherchent à s'assurer un minimum d'autonomie à partir de la valorisation de leur territoire national tout en tentant d'organiser leur voisinage en sphère d'influence. Ces tentatives peuvent parfois déboucher sur des guerres régionales (Inde, Israël, etc.). Les grandes puissances, très peu nombreuses – c'est ce qui fait leur spécificité –, développent leur influence d'emblée à l'échelle mondiale. La volonté de ces dernières d'étendre leur domination, ou simplement de défendre leurs intérêts, se traduit non seulement par des rivalités avec les autres puissances, mais aussi entre elles (Ross, 2016 ; Nye, 2015 ; Kennedy, 1987).

Cet ouvrage s'est penché sur la politique commerciale des trois acteurs dont les échanges et les décisions, à la fois à usage interne et international, ont le plus influé sur la dynamique des échanges mondiaux au cours des vingt dernières années : les États-Unis, l'Union européenne et la Chine. Il a été constaté que les progrès commerciaux engrangés simultanément ou alternativement par ces trois grands acteurs l'ont été au moins en partie en prenant des positions aux autres. C'est là une évidence statistique qu'il conviendrait de confronter à la vision idyllique de certaines doctrines du commerce qui se restreignent à une vision coopérative ou de complémentarité entre les nations. Cette tradition a été exaltée très tôt par Montesquieu (1748) avant d'être théorisée plus tard par D. Ricardo (1817). Inversement, on doit admettre que les échanges commerciaux croisés entre ces espaces ont été au moins autant des vecteurs de croissance pour leur propre économie que pour celle des autres pays du monde.

Pendant une trentaine d'années (1948-1978), l'économie des États-Unis est restée protégée par la « grande muraille » (Thurow, 1992) des avantages économiques et commerciaux que lui procuraient ses traits caractéristiques, notamment la grande taille de son marché intérieur, un socle technologique unique au monde, une force de travail de très haut niveau de qualification et une population aisée qui a servi de débouché opérationnel de premier plan. Toutefois, par-delà la muraille, la situation du reste du monde changeait rapidement, mais sûrement. Ce changement était porté principalement par deux dynamiques : celle de la reconstruction puis de l'intégration européenne, d'une part, celle du rattrapage économique technologique et commercial du Japon, d'autre part. Les progrès engrangés par l'Europe – principalement par l'Allemagne – sont à l'inverse du recul spectaculaire essuyé par les États-Unis au cours de la même période. Alors que la part des États-Unis dans les exportations mondiales revenait de 21,7 % en 1948 à 12,6 % en 1978, celle de l'Europe bondissait dans le même temps de 35,1 % à 45,4 %. Entre-temps, les États-Unis sont devenus les plus gros importateurs mondiaux, situation d'autant plus inquiétante pour ce pays que les déficits concernent aussi les produits de haute valeur ajoutée et de technologie avancée.

La perte progressive de leur suprématie par les États-Unis, ainsi que le changement profond de l'environnement du commerce international, ont fini par convaincre une partie importante les décideurs et des théoriciens américains qu'une autre politique commerciale est nécessaire. On le sait, cette prise de conscience a inspiré un renouvellement important de la théorie du commerce international au cours des trente dernières années. C'est notamment dans ce contexte que sont nées les théories de la politique commerciale stratégique et celle du commerce administré *(Managed Trade)*.

Toutefois, il ne semble pas que les progrès théoriques accumulés aient contribué à une amélioration notable de la situation commerciale des États-Unis. Les difficultés rencontrées par l'économie du Japon, à partir de 1993, n'ont pas davantage soulagé l'économie américaine des pressions concurrentielles venues de l'extérieur. En effet, déjà une nouvelle puissance pointait à l'horizon : la Chine. L'avènement de « l'Empire du Milieu » sur la scène économique et commerciale mondiale, amorcé au début des années 1980, et confirmé à partir de 2001 avec son admission au sein de l'OMC, va se préciser et s'amplifier durant toute la période 2001-2015. Alors qu'elle représentait 1,8 % des exportations mondiales de marchandises en 1990, cette part est passée à 4,4 % en 2001 puis à 14,2 % en 2015. Symétriquement, les États-Unis ont rétrogradé sensiblement de 11,6 % en 1990 à 9,4 % en 2015 après avoir connu un court répit à 12,2 % en 2001. La Chine qui est désormais la deuxième puissance exportatrice de biens et de services attend son heure pour affirmer son rang de première puissance économique et financière de la planète. Qu'est-ce qui pourrait l'en empêcher ?

5. VERS UNE NOUVELLE DONNE DU COMMERCE INTERNATIONAL

Au moment où les États-Unis se replient sur une stratégie unilatéraliste, revirement annoncé dès l'élection de D. Trump en novembre 2016, la Chine tente, elle, de mettre la main sur la diplomatie commerciale internationale. Ses appels répétés en faveur de la liberté des échanges, depuis le Forum mondial de Davos de décembre 2016, témoignent de sa volonté de préserver un ordre commercial qui aura été pour beaucoup dans son ascension récente. De leur côté, les pays du Sud, qui ont pour beaucoup d'entre eux accepté le jeu de l'ouverture, attendent le déblocage du Cycle de Doha pour continuer d'espérer dans le dialogue multilatéral et surtout dans une solidarité retrouvée entre le commerce et le développement.

On le voit, l'avenir du commerce international est lié à des enjeux multiples et complexes, reste à savoir si ces enjeux sont susceptibles de trouver des points de convergence.

Hélas, rien n'est moins sûr, car le contexte économique et commercial s'y prête beaucoup moins qu'avant. Entre 1950 et 1990, l'essor des échanges a soutenu et a été soutenu à son tour par une croissance économique forte et relativement stable. L'idée de l'ouverture des frontières, dans ce contexte d'ensemble relativement prospère, a bénéficié d'une certaine légitimité politique qui a permis aux négociations multilatérales d'aboutir à la création de l'OMC. C'est cette légitimité politique qui semble aujourd'hui mise à mal. En effet, à l'inverse de la période précédente, les années 2000-2017 sont marquées par une évolution divergente du PIB mondial et des exportations mondiales. La croissance et le commerce mondiaux décrochent, mais simultanément se désolidarisent. Des milieux politiques et/ou d'affaires, nombreux, ont trouvé dans ce contexte instable – et surtout incertain – des arguments pour dénoncer l'excès d'extraversion des économies fournissant à une partie de l'opinion publique des motifs faciles pour dénoncer pêle-mêle la désindustrialisation, les destructions d'emplois et le recul de pouvoir d'achat résultant de cette extraversion.

Quels seront les effets de cette situation sur les échanges au cours des prochaines années ? L'histoire tranchera comme elle avait pu le faire à d'autres moments cruciaux du XXe siècle. En attendant, ce qui apparaît avec une relative évidence, est que les négociations en cours en vue d'accords commerciaux de dernière génération font partie indubitablement des facteurs qui vont le plus peser dans le remodelage des relations commerciales internationales. Ces négociations témoignent d'une nette rupture par rapport à la diplomatie commerciale qui avait prévalu au cours des décennies antérieures. Ce constat interroge inévitablement le rôle des grandes puissances quant à leur capacité – et leur responsabilité ? – d'offrir une moindre perspective au retour de la diplomatie multilatérale, car seul un tel « dégel » peut permettre de lever les incertitudes qui continuent de peser sur l'évolution du commerce, de la croissance et du développement dans le monde.

Un autre constat s'impose : la course ininterrompue à la puissance commerciale n'est pas achevée. Elle n'a pas fini non plus de reconfigurer les rapports économiques et géostratégiques internationaux !

BIBLIOGRAPHIE

Abdelmalki L. & Sandretto R. (2005) « Les effets contrastés des mesures de libéralisation », *Les Cahiers français*, numéro spécial « Mondialisation et commerce international », n° 325, mai, Paris, La Documentation française, pp. 73-78.

Abdelmalki L., Sadni-Jallab M. & Sandretto R. (2007), "The Free Trade Agreement Between the United States and Morocco. The Importance of a Gradual and Assymetric Agreement", *Journal of Economic Integration* 22(4), December, pp. 852-887.

Abdelmalki L. & Sandretto R. (2011), *Politiques commerciales des grandes puissances, La tentation néoprotectionniste,* Bruxelles, De Boeck.

Abdelmalki L., Gbakou P., Sadni-Jallab M. & Sandretto R. (2012), « La stabilité macroéconomique, conditionne-t-elle l'impact des IDE sur la croissance économique et l'émergence ? Une étude empirique sur des pays d'Afrique, d'Amérique latine, des Caraïbes et d'Asie », *Monde en développement*, tome 40, n° 158, 2012/2, pp. 101-14.

Abd-El-Rahman K.S. (1986), La « différence » et la « similitude » dans l'analyse de la composition du commerce international. *Revue économique*, vol. 37, n° 2, pp. 307-340.

Andreff W. (sous la dir.) (2013), *La mondialisation, stade suprême du capitalisme ?* Presses universitaires de Paris-Ouest.

Asselain Jean-Charles (1985), « Croissance, dépression et récurrence du protectionnisme français ». In : Lassudrie-Duchêne Bernard et Reiffers Jean-Louis (éd.), *Le protectionnisme. Croissance, limites, voies alternatives*, Paris, Economica.

Balassa B. (1961), *The theory of economic integration*, Richard D. Irwin Inc. Homewood.

Banque mondiale (2015), *Indicateurs du développement dans le monde.*

Barrichella A. (2016), « Les relations transatlantiques après le *Brexit* », *Question d'Europe*, Fondation Robert Schuman, n° 409, 31 octobre.

Bhagwati J. (1987), "VERs, Quid Pro Quo DFI and VIEs : Political-Economy-Theoretic Analyses", *International Economy Journal*, vol. 1, Issue 1, Spring 1, pp. 1-14.

Bhagwati J. & Patrick, Hugh T., ed. (1990), *Agressive Unilateralism, America's 301 Trade Policy and the World Trading System*, University of Michigan Press.

Bhagwati Y. (2005), *L'éloge du libre-échange*, Paris, Éditions d'Organisation.

Boccara F. & Picard, T. (2015), *Commerce extérieur et implantations de firmes multinationales : des profils différents selon les pays*, INSEE, Département Synthèses sectorielles, juin.

Boublil C. & Zlotowski Y. (2011), « Où sont les risques de l'économie chinoise ? », *in L'émergence de la Chine : impact économique et implications de politique économique*, Rapport du Conseil d'analyse économique, n° 98, juin, pp. 275-290.

Bouët A. (1998), *Le protectionnisme. Analyse économique*, Paris, Vuibert.

Boulanger P. & Messerlin P. (2014), « La politique commerciale européenne : entre recherche de stabilité politique et de croissance économique », *Revue de l'OFCE*, vol. 3, n° 134, pp. 269-279.

Brander J. & Spencer B. (1985), "Export subsidies and international market share rivalry", *Journal of International Economics* 18, 83-100. Reprinted in *International Trade, volume 1. Welfare and Trade Policy*, ed. Neary Peter, Aldershot, UK and Brookfield, VT : Edward Elgar, 1995.

Bremmer I. (2015), *Superpower : three Choices for America's Role in the World*, Portfolio-Penguin.

Bremmer I. (2016), "Trump's 'America First' Foreign Policy Will Leave America Behind", *Time*, March 29.

Boudhiaf M. & Siroën J.M. (sous la dir.) (2001), *Ouverture et développement économique*, Paris, Economica.

Byé M. (1965), « Changements structurels exigés par la croissance et l'équilibre dans les échanges internationaux ». Minutes de la conférence de Brissago, *Cahiers de l'ISEA,* Série P 11, n° 167, novembre.

Campan G.J. (2016), *Théorie générale de l'interaction*, Éditeur CreateSpace Independent Publishing Platform, coll. Théorie générale de l'interaction.

CEPII (2015), *L'économie mondiale 2016*, Paris, La Découverte, coll. Repères.

Charillon F. & Belin C. (2016), *Les États-Unis dans le monde*, Paris, Éditions du CNRS.

Chavagneux Ch. (2009), « Faut-il craindre un retour du protectionnisme ? », *Alternatives économiques*, hors-série, n° 80, février.

CNUCED (2015), *Rapport sur l'investissement dans le monde 2015 : réformer la gouvernance de l'investissement international*, New York/Genève, Nations unies.

CNUCED (2016), *Manuel de statistique,* New York/Genève, Nations unies.

Cohen D. (2011), *La mondialisation et ses ennemis*, Paris, Fayard-Pluriel.

Conconi A., Sapir A. & Zanardi M. (2010), "The Internationalization process of firms : From exports to FDI?". National Bank of Belgium, *Working Paper* n° 198, October.

Confédération mondiale du Travail (2004), *L'Organisation mondiale du commerce : acteur du processus de la globalisation*. Manuel sur le fonctionnement de l'OMC, Willy Thys, Bruxelles, novembre.

Corden W.M. (1971), *The Theory of Protection*, Oxford, Oxford University Press (traduction française : *La théorie de la protection*, Paris, Economica, 1977).

Corporate Europe Observatory (2015), *The Climat smokescreen, PR companies lobbying for big polluters in Europe*, December.

Côté E. (2010), « De Genève à Doha : évolution du traitement spécial et différencié des pays en développement dans le droit de l'OMC » *McGill Law Journal*, vol. 56, n° 1, décembre, pp. 115-176.

Crozet Y., Abdelmalki L., Dufourt D. & Sandretto R. (2005), *Les grandes questions de l'économie internationale*, Paris, Armand Colin.

D'Andrea Tyson L. (1990), "*Managed Trade* : Making the best from the second best", *in* R. Z. Lawrence (1990), *An American Strategy. Options for the 90's,* Washington, The Brooking Institution.

Degeorge D. (2013), « L'Arctique : une région d'avenir pour l'Union européenne et l'économie mondiale », *Question d'Europe*, Fondation Robert Schuman, n° 263, 7 janvier.

Deichmann U. & Indermit G. (2008), « Géographie économique de l'intégration régionale », *Finances et Développement*, décembre.

Dervis K. (2012), « Économie mondiale : convergence, interdépendance et divergence », *Finances & Développement*, septembre, pp. 10-14.

D'estournelles de Constant P. (1896), « L'Europe et ses rivaux », *Revue des deux mondes*, avril.

Dollar D. & Kraay A. (2004), "Trade, Growth and Poverty", *The Economic Journal*, n° 114, February, pp. 22-49.

Dupuy M. (2008), *Les impacts des fluctuations des taux de change sur la politique commerciale*. Note d'information pour la commission Commerce international du Parlement européen, Bruxelles, Département thématique « Politiques extérieures ».

Feenstra R.C. (Ed.) (1997), *The Effects of U.S. Trade Protection and Promotion Policies*, NBER project Report, The University of Chicago Press.

Finger J.M., Hall K.H. & Nelson Douglas (1982), "The Political Economy of Administered Protection", *American Economic Review*, 72(3), pp. 452-466.

FMI (2016), *Mise à jour des perspectives de l'économie mondiale*, 19 juillet.

FMI (2016), *Perspectives de l'économie mondiale : une croissance trop faible depuis longtemps*, avril.

Fondation Bertelsmann (2013), *Who benefits from Transatlantic Free Trade Agreement*, avril.

Fontagné L. (2017), « Le bilatéralisme voulu par Trump est un brusque retour en arrière », lemonde.fr, 28 janvier.

Fontagné L. & Toubal F. (2010), *Investissement direct étranger et performances des entreprises*, Rapport du Conseil d'Analyse économique, Paris La Documentation française, 2010.

Fontagné L., Gourdon J. et Jean S. (2013), "Transatlantic trade : whither partnership, which economic consequences?", *CEPII Policy Brief*, n° 2013-01.

Gandillot Th. (1992), *La dernière bataille de l'automobile européenne*, Paris, Fayard.

Gandolfo G. (1998), *International trade theory and policy*, Springer-Verlag, Heidelberg, New York.

Godin R. (2017), « États-Unis : à quoi ressembleront les 'Trumponomics' ? », latribune.fr, 20 janvier.

Gould B., « La Chine défie le monde », *in Chine : le temps des périls, Problèmes économiques*, n° 3037, 15 février 2012, La Documentation française.

Gourdon J. & Sébastien J. (2013), « Les enjeux d'un accord commercial transatlantique », *Documents du CEPII*, 15 février.

Grossman G. & Krueger A. (1993), "Environmental Impacts of a North American Free Trade Agreement", in *The Mexico-U.S. Free Trade Agreement*, P. Garber (Ed.) Cambridge, Mass. MIT Press, pp. 13-56.

Grossman G.M., & Helpman E., (2002), *Interest Groups and Trade Policy*, Princeton University Press.

Guillochon B. & Kawecki A. (2016), *Économie internationale. Commerce et macroéconomie*, Paris, Dunod, coll. Éco Sup, 8e édition.

Guillochon B. & Siroën J.M. (1997), « L'OMC, un nouveau multilatéralisme ? », *Revue française d'Économie*, vol. XII, nº 4, automne.

Henn Ch. & McDonald B. (2014), "Crisis Protectionism : the Observed Trade Impact", *IMF Economic Review*, vol. 62, Issue 1, pp. 77-118.

Hiault R. (2014), « Le Traité transatlantique en 10 questions », *lesechos.fr*, 16 juin.

Hiault R. (2015), « Pascal Lamy : le Traité transatlantique est un accord de troisième génération », *lesechos.fr*, 20 janvier.

HMRC (2016), *Overseas Trade Statistics.*

Imai S., H. Katayama H. & Krishna K. (2008), "Is Protection really for sale? Survey and Directions for future research", *NBER Working Paper*.

IMF (2015), *Executive Board Reviews the Role of Trade in the Fund's Work*, Washington, March 23.

IMF (2016), *World Economic Outlook Database*, October.

Javelot S. & Siroën J.M. (1994), « Les nouveaux instruments de politique commerciale », *Revue économique*, volume 45, nº 3, mai, pp. 487-500.

Jin J.C. (2000), "Openness and Growth : An Interpretation of Empirical Evidence from East Asian Countries", *The Journal of International Trade and Economic Development*, vol. 9, nº 1, pp. 5-17.

Kierzkowski H. (Edit.) (1984), *Monopolistic Competition and International Trade*, Oxford University Press.

Kierzenkowsk, R. *et alii* (2016), "The Economic Consequences of *Brexit* : A Taxing Decision", *OECD Economic Policy Papers*, nº 16.

Krugman P., Obstfeld M. & Melitz M. (2015), *Économie internationale*, Pearson, 10e édition.

Krugman P. (1998), *La mondialisation n'est pas coupable. Vertus et limites du libre-échange*, Paris, La Découverte (Épilogue : « Le libre-échange est-il dépassé ? »).

Krugman P. & Venables A. (1995), "Globalization and the Inequality of Nations", *Quarterly Journal of Economics*, nº 110, pp. 857-880.

Lamy P. (2014), Quand la France s'éveillera, Paris, Éditions Odile Jacob.

Leontief W. (1953), "Domestic Production and Foreign Trade; The American Capital Position Re-Examined". *Proceedings of the American Philosophical Society*, vol. 97, nº 4, Sept. 28, pp. 332-349.

List F. (1841), *Das Nationale System der Politischen Ökonomie*. Traduction française : *Système national d'économie politique* (2012), Paris, Hachette Livre.

Maciej M. & Karolewski I.P. (2014), *New Approaches to EU Foreign Policy*, Routledge.

Melandri P. (2016), *Le siècle américain*, Paris, Perrin.

Messerlin P. (1995), *La nouvelle organisation mondiale du commerce*, Paris, Dunod.

Miller F.P., Vandome A.F. & McBrewster J. (2010) (sous la dir.) (2010), *Problème Principal-agent : la théorie de l'agence*, Alphascript Publishing.

Mistral J. (2016), « La Chine est-elle une économie de marché ? », Cercle des économistes, *Boursorama*, 18 janvier.

Nyahoho E. & Proulx P.P. (2011), *Le commerce international. Théories, politiques et perspectives industrielles*, Presses universitaires du Québec, 4e édition.

Nye J.S. (2015), *Is the American Century Over?,* Cambridge, Polity Press.

OCDE (2016), *Perspectives économiques de l'OCDE*, no 2.

OCDE (2017), *Statistiques trimestrielles du commerce international*, février.

OFCE (2016), « Exit la croissance ? Perspectives 2016-2018 pour l'économie mondiale et la zone euro », *Revue de l'OFCE*, 2016/4, no 148, pp. 13-129.

Offerlé M. (1998), *Sociologie des groupes d'intérêt*, Paris, Montchrestien.

OMC (2013), *Examen des politiques commerciales*, Rapport du Secrétariat, Union européenne, WT/TPR/S/284, 28 mai, Genève.

OMC (2015), *Statistiques du commerce international*, Genève.

OMC (2016), *L'examen statistique du commerce mondial*, Genève.

OMC (2016), Base de données sur les ACR.

Parmar I. & Cox M. (Eds) (2010), *Soft Power and U.S. Foreign Policy : Theoretical, Historical and Contemporary Perspectives*, Routledge Ed.

Peeters A. (2016), « La Chine est-elle un partenaire comme les autres ? Les leçons du débat sur l'octroi du statut d'économie de marché », *Working Paper*, ULB, Bruxelles.

Peeters A. (2016), « TTIP : état des lieux et points d'attention pour la Wallonie », *Working Paper*, ULB, Bruxelles.

Perez Y. (1985), *La dissuasion par les embargos : les embargos américains contre l'URSS et leurs conséquences sur les relations transatlantiques,* Centre interdisciplinaire de Recherches sur la Paix et d'Études Stratégiques (CIRPES). Collection « Cahiers d'Études stratégiques », Paris, no 9, juin.

PNUD (2015), *Rapport sur le développement humain* : *le travail au service du développement humain*, New York.

PNUD (2016), *Rapport sur le développement humain*, New York.

Rainelli M. (1996), *L'Organisation mondiale du commerce*, Paris, La Découverte, coll. Repères.

Ricardo D. (1971), *Des Principes de l'Économie politique et de l'Impôt.* Flammarion, coll. Science, Paris (préface de P. Dockès), édition originale : *On the Principles of Political Economy and Taxation* (1817).

Rodrik D. (2015), « Les avantages contestables des accords commerciaux internationaux », *La Tribune*, 26 juin.

Rodrik D. (2012), *The Globalization paradox : Democraty and the Future of the Economy*, Oxford University Press.

Ross R.J (2016), *After the Cold War : Domestic factors and U.S.-China relations*, Routledge.

Salin P. (1991), *Libre-échange et protectionnisme*, Paris, PUF, « Que sais-je ? », n° 1032.

Salin P. (2002), *Libre-échange*, Paris, PUF, « Que sais-je ? », n° 3636.

Salvatore D. (2007), *Économie internationale,* traduction de la 9e édition américaine, Bruxelles, De Boeck.

Samuelson P. (1949), "International Trade and the Equalization of Factor Prices Once Again", *Economic Journal*, vol. 59, n° 234, June, pp. 181-197.

Sandretto R. (1976), *Inégalités transnationales. Une application de la théorie des jeux*, Paris, Éditions du CNRS.

Sandretto R. (1995), *Le commerce international*, Paris, Armand Colin, coll. Cursus.

Sandretto R. (1998), « Le protectionnisme au tournant du siècle : opacité et furtivité », *Études internationales*, Institut québécois des hautes Études internationales, vol. XXIX, n° 2, juin, pp. 349-364.

Sandretto R. (2000), « L'OMC, une organisation mal connue et méconnue », *Management & Conjoncture sociale*, n° 588, septembre, pp. 50-57.

Sawyer W.Ch. (2017), *U.S. International Trade policy : an introduction*, Praeger, California.

Siroën J.M. (1988). « La politique commerciale américaine : une perspective historique », *Revue française d'Économie*, vol. 3, n° 4, pp. 95-124.

Siroën J.M. (2007), « L'OMC et les négociations commerciales multilatérales », *Négociations*, vol. 1, n° 7, pp. 7-22.

Siroën J.M. (2010), « L'accord de Bali n'a pas sauvé l'OMC », *Alternatives économiques*, n° 331, janvier.

Siroën J.M. (2011), « Négociations commerciales multilatérales et Cycle de Doha : les leçons d'un échec annoncé », *Négociations*, vol. 2, n° 16, pp. 9-21.

Trepant I. (2012), « La politique commerciale européenne et les pays en développement », *Courrier hebdomadaire du CRIDP*, vol. 39, n° 2164-2165, pp. 5-6.

U.S. Bureau of Labor Statistics (2016), *International Labor comparisons*, Washington DC.

U.S. Geological Survey, *Mineral Commodity Summaries*, Rapports 2009-2016.

VanGrasstek C. (2013), *Histoire et avenir de l'Organisation mondiale du commerce*. Publications de l'OMC, Genève.

West E. (1815), *On the Application of Capital to Land*, Ed. Jacob H. Hollander (Baltimore, 1903).

Wintrebert R. (2007), « Libre-échange, protectionnisme : comment sortir d'un faux dilemme ? », *Working Paper*, Fondation pour l'innovation politique, Paris, septembre.

INDEX THÉMATIQUE

A

B

C

D

E

F

G

H

I

K

L

M

N

O

P

U

W

Y

Z

LISTE DES ENCADRÉS

LISTE DES FIGURES

LISTE DES TABLEAUX

TABLE DES MATIÈRES

DEUXIÈME PARTIE

Instruments et cadre institutionnel des politiques commerciales